"十四五"职业教育国家规划教材

中国司法制度（第五版）

主　编 ◎ 左卫民
副主编 ◎ 冯　军
撰稿人 ◎（以撰写章节先后为序）
左卫民　谢小剑　刘方权
冯　军　郭　烁　程　龙
张嘉军　何永军　蒋志如

中国政法大学出版社
2024 · 北京

图书在版编目（CIP）数据

中国司法制度 / 左卫民主编. —5版. —北京：中国政法大学出版社，2024.4
ISBN 978-7-5764-1454-7

Ⅰ.①中…　Ⅱ.①左…　Ⅲ.①司法制度－研究－中国　Ⅳ.①D926

中国国家版本馆CIP数据核字(2024)第080935号

书　名　中国司法制度 ZHONG GUO SI FA ZHI DU
出版者　中国政法大学出版社
地　址　北京市海淀区西土城路25号
邮　箱　fadapress@163.com
网　址　http://www.cuplpress.com (网络实名：中国政法大学出版社)
电　话　010-58908435(第一编辑部) 58908334(邮购部)
承　印　保定市中画美凯印刷有限公司
开　本　720mm×960mm　1/16
印　张　20.00
字　数　340千字
版　次　2024年4月第5版
印　次　2024年4月第1次印刷
印　数　1~5000册
定　价　62.00元

作者简介

左卫民 法学博士，四川大学法学院院长、杰出教授、博士生导师。兼任中国法学会理事，中国刑事诉讼法学研究会副会长，中国计算机学会计算法学分会副会长，教育部法学教育指导委员会委员，最高人民检察院专家咨询委员等职务。主要研究领域为法律大数据与法律人工智能、实证法律研究、纠纷解决、诉讼法学（司法制度）、依法治国（行政）的理论与实践。承担国家社科基金重大项目等科研课题；在《中国社会科学》《法学研究》《中国法学》等期刊发表学术论文近200篇，其中50余篇被《新华文摘》《人大复印报刊资料》《高等学校文科学术文摘》《中国社会科学文摘》等转载或转摘；出版《实证研究：中国法学的范式转型》等著作10余部；研究成果获省部级一等奖4次。

冯　军 法学博士、博士后，河北政法职业学院院长、党委副书记、教授。兼任中国刑法学研究会理事、河北省法学会副会长、河北省犯罪学研究会副会长。长期致力于刑事一体化视野下的刑事实体法学和刑事程序法学研究，在《法学家》等刊物发表学术论文100余篇，出版论著和教材20余部，获河北省优秀社会科学研究成果奖一等奖1项、二等奖3项。

谢小剑 法学博士，江西财经大学法学院副院长、教授、博士生导师，兼任中国刑事诉讼法学会理事。研究方向为刑事诉讼法学、司法制度。出版6本个人专著，曾经主持国家社科基金项目3项以及10余个省部级课题，在《中国法学》《法学家》等核心刊物发表论文70余篇，8篇论文被《人大复印报刊资料》转载。研究成果获省部级一等奖1次，二等奖5次。

刘方权 法学博士，福建师范大学教授，硕士研究生导师，诉讼法学学科带头人。中国刑事诉讼法学研究会理事、福建省法学会诉讼法学研究会副会长。

郭　烁 法学博士，中国政法大学诉讼法学研究院教授、博士生导师，中国政法大学钱端升学者，国家“万人计划”青年拔尖人才，美国康奈尔大学法学院访问学者。研究方向为刑事诉讼法学，在《法学研究》《中国法学》等杂志发表文章70余篇。兼任中国刑事诉讼法学研究会理事，国家自然科学基金委员会第一届法律顾问等职务。

程　龙　法学博士，云南大学法学院副教授、硕士生导师、诉讼法教研室主任。长期致力于刑事一体化视野下的刑事实体法学和刑事程序法学研究，在《政法论坛》《政治与法律》《中国刑事法杂志》《法学杂志》等核心期刊发表论文20余篇，多篇论文被《人大复印报刊资料》全文转载。主持国家社科基金项目、国家重点研发项目子课题等重要课题多项。

张嘉军　法学博士，郑州大学法学院副院长、教授、博士生导师。兼任中国案例法研究会常务理事、中国民事诉讼法研究会理事、中国法学教育研究会理事等职务。研究方向为民事诉讼、司法制度、公益诉讼。主持国家社科基金重点项目2项、国家社科基金一般项目1项，以及其他省部级项目共18项。在《法学研究》《中国法学》等刊物发表文章70余篇，其中部分文章被《中国社会科学文摘》《人大复印报刊资料》等转载或转摘。出版专著和教材共17部。获得河南省哲学社会科学优秀成果二等奖等省部级科研奖励13次。

何永军　法学博士，云南大学法学院教授，主要从事诉讼法学和中国法律思想史的研究，在《法制与社会发展》《华东政法大学学报》等刊物发表论文50余篇，代表性著作有《断裂与延续：人民法院建设（1978～2005）》《中国古代法制的思想世界》《政法传统与司法理性》《中国古代司法的精神》等。

蒋志如　法学博士，兰州大学法学院教授，兼任《兰大法律评论》主编。出版独著专著4部、合著2部、参编教材1部；发表论文近100篇，其中CSSCI文章20余篇（含CSSCI扩展版、CSSCI辑刊）；主持并完成国家社科项目1项，省哲社、教育厅、学校项目10余项；曾获评四川省第十七次社会科学优秀成果奖三等奖。

出 版 说 明

世纪之交，我国高等职业教育进入了一个以内涵发展为主要特征的新的发展时期。1999 年 1 月，随着教育部和国家发展计划委员会《试行按新的管理模式和运行机制举办高等职业技术教育的实施意见》的颁布，各地成人政法院校纷纷开展高等法律职业教育。随后，全国大部分司法警官学校，或单独升格，或与司法学校、政法管理干部学院等院校合并组建法律类高等职业院校以举办高等法律职业教育，一些普通本科院校、非法律类高等职业院校也纷纷开设高等职业教育法律类专业，高等法律职业教育蓬勃兴起。2004 年 10 月，教育部颁布《普通高等学校高职高专教育指导性专业目录（试行）》，将法律类专业作为一大独立的专业门类，正式确立了高等法律职业教育在我国高等职业教育中的重要地位。2005 年 12 月，受教育部委托，司法部组建了全国高职高专教育法律类专业教学指导委员会。2012 年 12 月，全国高职高专教育法律类专业教学指导委员会经教育部调整为全国司法职业教育教学指导委员会，积极指导并大力推进高等法律职业教育的发展。

为了进一步推动和深化高等法律职业教育教学改革，促进我国高等法律职业教育的质量提升和协调发展，原全国高职高专教育法律类专业教学指导委员会（现全国司法职业教育教学指导委员会，以下简称“行指委”）于 2007 年 10 月，启动了高等法律职业教育规划教材编写工作。自教材编写工作启动以来，行指委共组织编写、修订教材近百种，该系列教材积极响应专业人才培养模式改革要求，紧密联系课程教学模式改革需要，以工作过程为导向，对课程教学内容进行了整合，并重新设计相关学习情景、安排相应教学进程，突出培养学生在一线职业岗位所必需的职业能力及相关职业技能，体现高职教育的职业性特点。

为贯彻落实全国职业教育大会和全国教材工作会议精神，根据《“十

四五”职业教育规划教材建设实施方案》，2021 年 12 月，教育部启动了“十四五”职业教育国家规划教材遴选工作。我社积极响应教育部有关职业教育国家规划教材建设的部署，从行指委组织、指导编写的近百种教材中挑选出编写质量高、行业特色鲜明的部分教材参与申报，经过教育部一系列评审、遴选程序，我社出版的一批高质量法律职业教育教材入选“十四五”职业教育国家规划教材。此外，另有四本“十三五”职业教育国家规划教材经过复核后纳入“十四五”职业教育国家规划教材。

我社以“十四五”职业教育国家规划教材建设为契机，对高职系列教材进行了全面修订。此次修订坚持以习近平新时代中国特色社会主义思想为指导，积极推进习近平法治思想和党的二十大精神进教材。全面贯彻党的教育方针，落实立德树人根本任务，突出职业教育的类型特点，统筹推进教师、教材、教法改革，以司法类专业教学标准为基本依据，以更深入地实施司教融合、校局联盟、校监所（企）合作、德技双修、工学结合为根本途径，以国家规划教材建设为引领，加强和改进法律职业教育教材建设，充分发挥教材建设在提高人才培养质量中的基础性作用，努力培养德智体美劳全面发展的高素质劳动者和技术型人才。

经过全体编写人员的共同努力和出版社编辑们的辛勤付出，“十四五”职业教育国家规划教材已陆续出版，欢迎各院校选用，敬请各选用院校和广大师生提出宝贵意见和建议，我们将及时根据教材评价和使用情况反馈对教材进行修订，逐步丰富教材内容，优化教材结构，促进教材质量不断提高。

中国政法大学出版社

2024 年 4 月

第五版说明

《中国司法制度（第四版）》受到了广大读者的好评，并且有幸入选首批“十四五”职业教育国家规划教材，但最近我国对法律文件的清理和立改废释活动频繁，而且在此期间司法实践出现了许多新的景象，理论研究也取得了丰硕的新成果，这一系列变化使本教材的一些内容已显得陈旧和过时，故有对其进行修订的必要。为此，我们特别邀请主编左卫民教授召集各位老师，以习近平法治思想为指导，结合党的二十大报告，对本教材的相关内容进行了全面的修订。

现各章撰写分工如下（以撰写章节先后为序）：

左卫民：导论、第一章

谢小剑：第二章

刘方权：第三章

冯　军：第四章

郭　烁：第五章

程　龙：第六章

张嘉军：第七章

何永军：第八章

蒋志如：第九章

编　者

2024 年 1 月

内容提要

司法制度是有关司法机关和司法组织的性质、任务、组织体系、运作原则和程序的一系列制度的总称，具体而言，其包括基本制度和相关制度两大制度体系。本书以基本制度和相关制度为标准，将全书内容分为上、下两篇，在上篇中分章讲解了法院制度、检察制度、侦查制度、执行制度等司法的基本制度；在下篇中分章讲解了中国律师制度、公证制度、仲裁制度、调解制度、司法鉴定制度等司法的相关制度。每一章对相关司法制度的基础理论、立法规定和实务运作均给予准确、清晰和简洁的阐述，同时为便于教学，每章均附有“学习目的和要求”“思考题”以及“拓展阅读”。

目录 CONTENTS

下篇 中国司法相关制度

导 论

学习目的和要求

通过学习，系统掌握司法制度的概念和本质、司法制度的起源和演变以及司法制度的特征和功能；并在此基础上了解我国司法制度的发展及其未来的改革方向。

第一节 司法制度的概念和本质

一、司法制度的概念

（一）司法制度的含义

所谓制度，通常是指由国家制定或认可并予以遵守和维护的规则和体制。它有着不同的层次：广义上是指社会形态，如社会主义制度；一般意义上包括各种具体的社会制度，如军事制度、教育制度、司法制度等。依照马克思主义的观点，司法制度这一重要的社会制度，是人类社会发展到一定历史阶段的产物。不同社会、不同国家的司法制度，在性质、内容和形式等方面存在差异；而同一社会和国家的司法制度，在不同的历史时期，其内容也有所不同。作为一种上层建筑，司法制度的差异性和变异性是由经济基础所决定的，有什么样的经济基础，就有什么样的司法制度。同时，司法制度又反作用于经济基础，当它适应经济基础时，就促进和加速经济发展进程；当它违背经济基础时，就阻碍或破坏经济发展。

司法制度作为一种制度文明，影响着人类对公正的追求，牵涉到国家解决社会冲突和矛盾的有效性，关系着国家和社会的稳定，因此，司法制度健全与否意义重大。司法制度是人类理性、经验与良知在制度层面的一种体现。完善的司法制度会把社会关系调整得更加流畅、自然；反之，不完善或“恶”的司法制度将导致社会的无序，将使公正与文明受到冲击

甚至荡然无存。

由于对司法的认识不同，关于司法制度也有着多种界定：第一种观点认为，司法制度仅指法院制度，至多包括检察制度；第二种观点认为，司法即为执法，司法机关即是执法机关，那么司法制度也就是执法制度；第三种观点认为，司法是有关司法机关和其他司法组织的性质、任务、组织体系、权利义务、活动原则以及工作制度等方面规范的总称。这里需要对各种观点一一加以评析。[1]

要对第一种观点进行准确、全面的评价，首先应对司法的历史有一定的了解。司法是一种历史现象，它是伴随着生产力的发展和人们对自然及社会的认识而产生的。就中国历史来看，远在奴隶社会便有“司寇”的官职，以后历朝历代均有诸如廷尉、大理寺等专掌“听讼”和“治狱”事务的审判官员和审判机关。及至清末的“变法修律”，制定《法院编制法》《大清新刑律》等，才正式出现现代意义的“司法”一词。在《大清法规大全·宪政部》中便有“立法、行政、司法则总揽于君上统治之大权”。古希腊的亚里士多德将政权分为三种：①议事权，即审议有关宣战、缔约和立法等重大决策问题的权力，相当于立法权；②行政权；③司法权。其后，英国学者洛克、法国资产阶级启蒙思想家孟德斯鸠也相继创立了相关学说，从而奠定了现代司法的概念及其活动范围的基础。因此，一般意义上，人们认为司法便是法院的运作行为，是法官的审判、裁判或解决纠纷的活动。

但是，近年来随着所谓“新司法”概念的出现，这种传统的司法制度观念已受到一定的冲击。当前，一些法学家认为，由于社会生活的分散化和民主化，以及具有综合职能的国家机关的广泛产生，司法权已经不完全为法院和法官所垄断，一些社会团体和组织在某种意义上分享着司法权，[2]也承担着裁判等解决纠纷的职能。而20世纪以来诞生的社会主义国家，更是摒弃了传统的司法概念，马克思、恩格斯认为国家的统治权不可分割，社会主义国家的政权组织原则是民主集中制和“议行合一”制，即要保证国家权力的统一，而其内容仅仅在职能上有一定的分工。

实际上，那种认为只有国家的审判机关才是司法机关、法官的执法活

〔1〕 钟玉瑜主编：《中国特色司法制度》，中国政法大学出版社2000年版，第3页。

〔2〕 于慈珂：《司法机关与司法机关组织法论纲》，载《现代法学》1993年第2期。

动才是司法活动的传统狭隘的司法观念，存在着不可避免的缺陷。一方面，司法机关因社会生活的变迁造成的纠纷数量和类型的增加，需要满足人们对司法更高、更多的要求。另一方面，司法活动是以裁判为中心的，但它也离不开相关机构活动的辅助和促进，如公证机关、鉴定机构的活动等。在现代社会，法院不应该也没有必要垄断全部的纠纷解决；同时，仲裁和调解机关的活动又是非常必要和有积极意义的，值得大力提倡。因此，无论从司法实践还是从法律规定的角度分析，第一种观点均失之过窄，不足为取。

至于第二种说法，即把司法与执法等同起来的观点，也值得商榷。因为司法机关执法只是执法的根本部分或主要部分。如果把司法等同于执法，实际上混淆了司法职能与行政职能的界限，失之过宽。司法与行政虽然都是执法，但司法是一种特殊的执法，与行政有很大的不同。实际上，在一个法治国家里，所有国家机关都在各自的职权范围内执行着一定的法律法规，如税务、交通、港务、海关、工商行政管理等部门也是在执行法律。我们不能说税务机关对偷税漏税者的罚款、交通警察对违反交通法规者的行政处罚就不是一种执法活动。如果把所有行政处罚和行政强制措施都统统视为司法，那我们将无从区分司法和行政的界限，更无法把握司法的本质特征。

司法的特殊性在于它必须恪守不告不理、控审分离、消极中立等原则，它担负的任务主要是解决纠纷、对违法活动（包括犯罪活动、违约行为、违规行为）造成的损害进行救济和恢复。它不同于税务、海关、工商管理等行政机关，后者是以一种积极的、双方组合的、以“管理”为主的方式执行法律。总而言之，司法虽然是法律适用或执法活动，但司法是以一种特定的方式进行着法的适用，与国家的行政活动有本质区别。

对于第三种观点，我们基本赞同。因此，关于司法制度的概念，可总结如下：司法制度是有关司法机关和司法组织的性质、任务、组织体系、运作原则和程序的规范的总称。

（二）司法机关和司法制度的范围

国家的司法活动是由特定国家机关进行的特殊权力运作活动，有其自身的规律性和法定性。司法活动的特殊作用在于其一方面为公民提供公共服务以解决纠纷，另一方面把社会冲突纳入到秩序化和程序化的轨道中，以维护社会和国家秩序。正如上文所言，司法不是针对某一部分人和某些

部门的，而是对于任何公民和法人的合法权益都要予以保护，对于任何人的犯罪行为都要依法惩罚，以期实现纠纷的解决和社会秩序的恢复，最终达到“依法治国”之目的。同时，司法又是国家的一种特殊职能，是一种特定的执法活动，由特定的机关执行。究竟哪些机关属于司法机关，古今中外，各不相同。一般而论，认定司法机关的标准有三个：①法定标准，即国家以法律的形式规定了司法机关的范围；②习惯标准，在人类历史发展中，某些组织或机构逐渐演变为司法机关，并被公众所认同；③功能标准，有的国家机关在法律或习惯上并未明确其司法性质，但它发挥的作用及其活动所产生的效果，却同司法机关十分相近，甚至并无二致，其也被认为是司法机关。[1]

这里，我们依据功能标准和习惯标准，对司法机关和司法制度的范围加以界定。就各国宪法、司法组织法、程序法及相关法律规定和司法实践来看，侦查机关行使侦查权，检察机关行使检察权，法院行使审判权，因此，可以把它们列入司法机关的范围。近年来，人们对于检察机关属于司法机关还是属于行政机关有了较大的争议。我们认为，由于各国权力体制的差异，不能一概而论。就中国司法实践现状而言，将其视为司法机关较为适宜，因为它担负着公诉、法律监督、抗诉等职能，这些都是典型的司法职能。虽然其内部上下级机关间的领导关系颇具行政机关的特色，但并不影响它的性质。另外，侦查机关的活动对于程序的启动亦具有重要作用。总而言之，司法机关主要是侦查机关、检察院和法院。

人们对司法制度包括审判制度、检察制度、侦查制度、执行制度等并无争论，但对于律师制度、公证制度、调解制度、仲裁制度、司法鉴定制度是否属于司法制度的范畴，则认识不一。一般认为，调解、仲裁是半民间活动，不应属于司法制度。这虽然有一定道理，但我们认为，它们也应属于司法制度的范畴，将其纳入司法体系，正是司法制度特色的充分体现。客观地分析，调解、仲裁制度与法院制度在程序方面有着密切联系，例如仲裁程序中的财产保全措施、证据保全措施都有赖于审判机关实施。鉴于此，人们将调解与仲裁视为“准司法”程序；有人将其视为“类法律式”的冲突解决手段，是介于冲突主体自决、和解与法

---

〔1〕 于慈珂：《司法机关与司法机关组织法论纲》，载《现代法学》1993年第2期。

院诉讼的中间形式,[1]认为它们和审判程序一样都是可供当事人选择的、解决民事和经济纠纷的渠道。特别是进入现代社会以来，在市场经济高度发达的背景下，调解和仲裁在解决经济纠纷、保障市场经济正常运作方面发挥着越来越大的作用。调解和仲裁措施的运用，标志着社会力量对冲突的介入与干预，同时也意味着人类冲突解决方式的发展与进步。可以断言，假如一个社会缺少制度化的调解、仲裁机构，那么它就是法律不发达的社会。[2] 因此，将调解和仲裁纳入司法制度范畴可以使司法制度体系更为完善、更适应现代社会的需要。至于律师制度、公证制度、司法鉴定制度，则是司法活动运作必不可少的环节。一言以蔽之，要建构一套完整的司法制度，上述的调解制度、仲裁制度、律师制度、公证制度、司法鉴定制度等均不可少。

由此，我们可以得出这样一个结论：将法院制度、检察制度、侦查制度、执行制度视为司法的基本制度，将律师制度、公证制度、仲裁制度、调解制度、司法鉴定制度视为司法的相关制度。这两大制度体系各具特色又紧密联系、相辅相成。本书的撰写体例也是这样安排的。

二、司法制度的本质

司法制度是在一定经济基础上产生的、为经济基础服务的上层建筑。司法制度的本质是由国家的性质所决定的，有什么样的国家，就有什么样的司法制度。我国司法制度的本质在于它是以马克思主义国家法制理论为指导、以宪法为依据，是为社会主义市场经济服务的、人民的司法制度。

同时，依照现代民主的要求，司法制度的本质又体现为它的民主性。司法制度是维护公民权利、对抗国家权力滥施的制度。在民主理念和制度确立以前，司法权作为国家权力的一部分具有神圣性和权威性，它的主要职责是维护国家的权威。但随着民主自由理念的弘扬，司法权演变成了公民恢复被损害的权益、寻求救济的权力。这样，司法权力也就转化成为保护公民的权力。这种变化折射出人们对国家权力的角色认知和公民自由权利认识的深刻变化。司法制度的本质在于民主性，是人类认识文明进步的体现。在我国，亦应注意以此构建中国的司法制度，以促进我国的民主法治建设。

---

〔1〕 顾培东:《社会冲突与诉讼机制》，四川人民出版社 1991 年版，第 41 页。

〔2〕［美］戈尔丁:《法律哲学》，齐海滨译，生活·读书·新知三联书店 1987 年版，第 229 页。

第二节 司法制度的起源和演变

一、司法制度的起源

原始公社时期，没有文字，不存在国家，也就没有严格意义上的国家司法制度。霍格尔认为，真正的原始民族没有法院和国家的观念，习惯就是国王。[1]恩格斯在《家庭、私有制和国家的起源》一书中对人类的原始社会作了如下描述："这种十分单纯质朴的氏族制度是一种多么美妙的制度呵！没有军队、宪兵和警察，没有贵族、国王、总督、地方官和法官，没有监狱，没有诉讼，而一切都是有条有理的。一切争端和纠纷，都由当事人的全体即氏族或部落来解决，或者由各个氏族相互解决；血族复仇仅仅当作一种极端的、很少应用的手段……一切问题，都由当事人自己解决，在大多数情况下，历来的习俗就把一切调整好了。"[2]这些习俗就是当时社会的控制手段。

虽然原始公社时期不存在国家，但并非没有社会组织——这就是氏族组织，氏族有最高权力机关——议事会，一切有关氏族的重要事务，如选举、撤换氏族的领导人、发动战争等，都由议事会决定。那时，用来调整人们之间相互关系的行为规则是世代相传下来的各种习惯。解决人们争执与冲突的原则和方式是血族复仇、血亲复仇、同态复仇。到原始公社晚期，逐渐有了赎偿和赔礼的方式。因此，可以说氏族组织中的议事会和国家中的司法机关有一些相似的职能。原始公社末期，随着社会生产力的发展，出现了私有制，社会被分裂为相互对抗的奴隶主和奴隶两大阶级。奴隶主建立了奴隶制国家，作为新的完备的暴力组织以镇压奴隶的反抗和抵御外来的侵犯。相应地，国家也需要法律来规范社会关系和维护社会秩序。于是，在奴隶制国家，司法制度应运而生。

二、司法制度的演变

在奴隶制初期，其国家职能没有分工。一方面，国家机器中最为发

---

〔1〕［美］E·A·霍贝尔：《初民的法律——法的动态比较研究》，周勇译，中国社会科学出版社1993年版，第22～23页。

〔2〕中共中央马克思恩格斯列宁斯大林著作编译局编：《马克思恩格斯选集（第四卷）》，人民出版社1972年版，第92～93页。

达的是军事机构，军法即刑法，兵刑同制；另一方面，国家审判主要是为了完成惩罚功能。值得一提的变化是，国家产生以后，血亲复仇、同态复仇冲击着国家的秩序和统治的有效性，与国法不相容，而逐渐被禁止。

从司法权的产生来看，在相当长的时期内，司法权与立法权、行政权、军事指挥权并未从根本上区分开来。随着专业化国家机器的建立，才有了专门的司法机关，使司法权逐渐从其他国家职能中独立出来，自成一体。据史籍记载，在古希腊和古罗马时期，法院已从行政机关中分离，成为专门的审判组织。在当时，由于商品经济的发展，还出现了律师、公证、仲裁制度的雏形，以适应贸易往来的需要。

进入封建社会后，国家虽然设有专门的审判机关，但行政机关和行政长官却全面、普遍地兼理审判工作。在中国的封建社会里，中央虽设置了专门的司法机关，如主管审判的大理寺和主掌复核的刑部，但它们始终从属于行政。封建皇帝一直集立法、司法和行政大权于一身。在地方，审判由地方行政长官兼理，而且由于司法的工具性和无讼、息讼思想的影响，根本不存在律师、公证活动。到了明清时期，国家更是对讼师以所谓的“教唆诉讼罪”进行重惩，根本就无律师制度产生的机会和律师的容身之地。

在资产阶级民主革命时期，受启蒙思想家的思想和主张的影响，资产阶级国家建立后，国家管理的专业化程度越来越高，审判机关的设置也日益专门化，出现了刑事法院、民事法院、行政法院的划分。另外，这一时期的律师组织、公证组织、仲裁组织等司法相关机构得到了极大的发展。各国的司法制度逐步形成了全面、完善的体系。

社会主义国家的诞生使司法制度的发展有了新的变化。根据列宁的学说，社会主义国家赋予了检察机关新的职权。它不仅代表国家行使公诉权，而且负责监督国家法律的实施，成了与法院和行政机关并立的国家机关。此外，社会主义国家在司法组织的职权设置等方面与资本主义国家也有着一定的区别。

在当代世界范围内，由于各国政治制度和历史传统的差异，目前各国的司法制度也有着不同的特色：有的是审检合署、侦控一体；有的则是检察、侦查机关从属于司法行政机关。就司法审查而言，有的由普通法院兼理司法审查职权，有的则设立专门法院或机关从事司法审查。

司法制度演变到今天，一方面，各国的司法体制虽有一定的共同发展

趋势，但差异性也不小。另一方面，由于社会生活的变化，各国正普遍地进行着大规模的司法改革，使得司法制度颇具变动性。

总而言之，司法制度的演变，可以视为经历了一个由简单到复杂、由国家权威制度到公民权利制度的发展过程。回顾司法制度的演变，它经历了如下的一个变化过程：首先是司法制度的萌芽；其次是司法权与行政权合一，司法活动较为频繁；再次是司法与行政分离，在专门的审判机关形成的基础上，司法权进一步地分立为审判权和检察权，司法制度也分为了审判制度和检察制度；最后，律师、公证、仲裁、调解和司法鉴定等与司法有关的组织发展完备，相应地，律师、公证、调解和仲裁制度甚为发达，现代司法的基本框架形成。

第三节 司法制度的特征和功能

一、司法制度的特征

司法制度是用来规范和保障司法活动顺利展开的，因此，它必须遵循司法活动的特有规律。这样，司法制度就呈现出一些独有的特性。在司法制度中，保障司法活动的独立性、消极中立性、司法主体的特定性、司法程序的严密性是其基本特征。

（一）保障司法活动的独立性

司法机关运用法律处理案件必须做到客观公正。为此，司法活动必须独立进行，不受其他机关、组织和个人的干涉，否则客观公正既无从谈起，也没有保障。

司法活动不同于行政机关的活动和行为。行政行为要求的是快速、有效，因此，行政制度要保证行政指令由上而下的有效贯彻和行政长官命令的有效实现，呈现出紧密联系、不可孤立和分割的特点。而司法活动主要是围绕着审判活动进行的，它要求审判机关具有独立性，不受外界的干扰和干涉，以保证作出不偏不倚的公正判决。在当代，参与司法活动的机构和组织必须能够按照自己对法律的理解自主地进行相应的司法活动，否则司法的公正性将无从保障。作为规范司法活动的司法制度，应当以构建一个不受干涉的司法组织体系为目标。

（二）保障司法活动的消极性和中立性

司法活动有其特别的运行原则，如不告不理、控审分离等。同时，它还要求法院和法官在审判中恪守中立原则，与原、被告双方保持相等的距离，不可过于积极主动，这些都体现了司法的消极性和中立性的特质。一方面，司法的中立性和消极性是为了保证审判和诉讼的顺利进行；另一方面，司法的消极性和中立性可以提高人们对裁判结果的认同度和裁判本身的信服力，因为法院和法官过于积极会使涉案的当事人对其公正的立场产生怀疑。“司法的特殊位置并不意味着它在社会及政治体系中享有至高无上的地位，也不意味着法律万能。相反，通过诉讼审判活动而发挥的上述特殊作用以及人们对裁判的信任，在很大程度上正是以司法的消极性和自我抑制为前提的。”[1]可见，法官的消极性和中立性是司法得以发挥作用并提高其正统性和信任度，避免司法游离于民众之外的基本要求。这样司法制度也应保障司法行为的消极性和中立性，并且以之为制度设计和改革的目标。同样，仲裁制度、调解制度也应在一定程度上恪守消极性和中立性。值得注意的是，检察制度、律师制度、司法鉴定制度、公证制度虽然不要求中立性和消极性，但它们是为审判制度服务的，而司法制度则以审判制度为中心。因此，司法制度要保障司法活动的消极性和中立性是成立的。

（三）司法主体的特定性

司法的主体应当由两部分组成：①审判机关、检察机关和侦查机关，它们作为国家的司法机关，进行的职能活动就是司法活动。②为保障司法机关正确地处理诉讼案件和非诉讼案件，国家又设立了一系列组织或机构，包括律师组织、仲裁组织、公证机构、调解组织、司法鉴定机构、法律援助机构等。这些组织或机构虽然不属于国家司法机关，但它们围绕着司法机关开展工作，它们也是司法系统运转中必不可少的部分，因而不可避免地要参与到司法活动中来。因此，这些组织和机构的活动也是司法活动的组成部分。

在司法制度中，对于主体的要求是特定的，只有上述机构或组织开展的活动和工作属于司法制度规范和约束的范围。民间性质的社团和其他组织，如村民委员会、街道办事处、单位内部的工会等，即便从事了纠纷和冲突的解决活动，也不能将其称为司法活动，因为它们不是司法机关，司法制度不对它们进行规范和调整。

---

〔1〕 王亚新：《民事诉讼中的依法审判原则和程序保障》，载王亚新：《社会变革中的民事诉讼》，北京大学出版社 2014 年版，第 33 页。

（四）司法程序的严密性

国家为司法活动设定了严密的程序，以有效地防止司法机关的武断专横，保护参与司法活动的公民、法人或其他组织的合法权益，保障人权。当然，这也是司法机关有效、准确地查明事实和适用法律，作出公正裁判的必然要求。当前程序公正的理念得到了更为普遍的认同，人们更加重视司法程序的制定和落实。

司法程序的严密性体现在两方面：①司法组织设置程序的严密性，具体体现在各国的法院组织法、检察院组织法中；②对司法活动进行规范的司法程序的严密性，如审判中的回避程序、庭审规则、辩论程序、证据规则、执行程序等。

二、司法制度的功能

功能，可以理解为功效、潜在的作用等。司法制度功效和作用的发挥关系着司法机关和组织的运作效果，进而影响着司法职能的实现。因此，我们只有明确了司法制度所担负的职责和特殊功能，才能认识到司法制度的合理建构对于一个国家法治实现的重要意义。也只有认清了司法制度的功能之所在，才能对司法改革的必要性和迫切性有深刻的认识。

（一）纠纷解决功能

在司法制度中，以法院为中心的司法机关和相关司法机构的首要功能在于解决纠纷，日本法学家棚濑孝雄和美国法学家卢埃林均有这样的论断。毋庸置疑，无论是从司法权设立的初衷和其运作的目的来分析，还是从其实际的运作状况来考察，司法机关都以解决纠纷为中心工作。它存在和发展的作用与意义就在于解决人类社会产生的各种类型的纠纷，而衡量这些机关工作好坏的标准也在于纠纷的解决是否有效、快捷和切实。因此，应当从纠纷处理的角度对司法权及司法程序予以再次审视并进行相应的改革，有学者就此表达了这样的观点："纠纷处理制度的改革更甚于纠纷的处理。"〔1〕同样，不仅法院是以纠纷解决作为首要工作，调解组织、仲裁组织也以其独特方式、按照特定的程序解决纠纷。至于检察机关、律师组织、公证组织和司法鉴定组织，其主要职责也是为纠纷的解决作辅助性工作。

---

〔1〕［意］莫诺·卡佩莱蒂编：《福利国家与接近正义》，刘俊祥等译，法律出版社2000年版，第17页。

（二）保障功能

所谓保障功能，是指司法制度对公民的权利、自由以及各种广泛存在的社会关系的保护和促进作用。从根本上说，司法权是公民的权利，民主政体中国家权力因人的自主和发展而有存在的必要，司法权更是肩负着直接保护公民以及通过制约立法权和行政权以保障公民权利的任务。司法是公民的主要凭借，司法权是公民行使权利的权力。司法权与司法制度只有全面发挥对公民权利和自由保障的功能，才符合司法权设立的初衷和目的。

司法制度的保障功能是在司法机关和司法组织的各项司法活动中体现出来的。就中国司法制度与程序而言，主要体现在以下几个方面：①侦查机关、检察院、法院以及律师组织进行的侦查、起诉、审判和辩护活动，除了要惩罚犯罪分子外，更要保障无辜的人不受刑事追究，保护公民的人身、财产和民主权利。在现代刑事司法中，更强调司法权要保障犯罪嫌疑人、被告人的人权在刑事诉讼过程中不受侵犯。②法院、仲裁机构、调解组织进行的相应民事审判、民事仲裁和调解活动通过对民事、经济法律关系的调整和制裁，发挥着不可替代的救济和保障民事主体权利的功能。③公证机构通过证明法律行为、法律文书和事实的真实性、合法性，进而达到保护当事人合法权益的目的。而司法鉴定机关的鉴定活动也是通过技术手段得出可靠结论以保护公民权益的。

（三）惩罚功能

惩罚犯罪仍不失为现代司法的重要任务和功能。刑事犯罪作为一种严重冲击社会秩序、危害公民权利的社会现象必须得到遏制。而司法权作为国家权力的一个分支，必然承担着对这种反社会行为进行惩罚的任务。因此，国家设置的司法机关必须依据法律，对各种刑事犯罪分子予以有效的惩罚，以维护社会秩序，保护公民的生命、财产安全。

司法机关按照刑事诉讼程序进行的一系列国家职权活动，其目的之一就是对犯罪行为进行惩罚和预防，以遏制犯罪、稳定国家秩序。就我国司法机关的运作过程来看，对刑事案件的侦查，对犯罪嫌疑人的拘留、逮捕和预审，由公安机关负责；检察、批准逮捕、对检察机关直接受理的案件的侦查、提起公诉，由检察院负责；审判由法院负责。法院经过依法审理，如果认为案件事实已经查清，证据确实、充分，被告人的行为已经构成犯罪，则应对被告人定罪量刑，从而给其以应得的惩罚。法院判决生效

以后，刑罚主要由专司司法行政管理的监狱执行。由此可见，承担侦查、控诉和审判职能的国家司法机关在刑事诉讼程序不同的阶段以不同的方式发挥对犯罪的训诫和惩罚功能。就总体上看，这些司法机关又相互配合、紧密关联，共同发挥着惩罚犯罪的功能。尽管人权和民主为现代各国司法所追求，但在世界各国的司法制度中，司法机关的惩罚功能可以说从来就没有消退乃至消失过。

（四）教育功能

所谓教育功能，是指司法制度所规范和调整的司法机关活动对公民的教育、感化作用，它是司法制度所具有的不可忽略的显著功能。因此，从法律规定的角度分析，教育公民自觉地遵守法律，是我国司法机关进行司法活动所应担负的一项重要职责；而教育公民自觉地遵守法律，也是在司法机关的侦查、起诉、审判、辩护、辩论、调解和执行等各项动态的诉讼活动中完成的。

尽管有些国家的相关法律未明文规定司法机关要承担教育功能，但司法机关却以其现实、具体的运作方式对公民进行着生动的法制教育。这种活动所具有的对公民的教育功效是其他机关如立法机关、行政机关的活动所不能比拟的。

思考题

1. 什么是司法制度？如何理解司法制度的本质？
2. 应如何理解司法制度的起源和演变？
3. 司法制度具有哪些特征？
4. 司法制度具有哪些功能？对其各项功能应如何理解？
5. 谈谈你对中国司法制度的发展与改革展望的认识。

上　篇　中国司法基本制度

第一章　法院制度

学习目的和要求

通过学习，掌握法院制度的概念、本质及特征，法院的职权和功能；掌握我国法院制度的基本原则，我国人民法院的组织体系、设置及其职责；了解我国的法官制度，法院的审判组织、内部组织结构及法院审判活动的基本制度。

第一节　法院制度的概念、本质及特征

一、法院制度的概念

法院制度，是指有关法院的性质、功能、组织体系、法官制度及其基本运作机制等方面制度的总称。法院制度既是一国法律制度整体的重要构成要素，同时也是国家制度的重要组成部分。

法院制度、行政制度与立法制度共同构成了国家制度的基本内容，是国家固有的立法、司法、行政权能在制度形态上的反映。作为社会主义国家，我国实行的是在国家权力机关的统一领导下，由行政机关和司法机关分别行使行政权和司法权的国家机关体制。而且，司法机关亦非专指人民法院，但人民法院是国家的专职审判机关，我国《宪法》[1]第128条规定，“中华人民共和国人民法院是国家的审判机关。”这与世界各国

---

〔1〕本教材涉及的相关法律名称均省略“中华人民共和国”。

由法院代表国家统一行使审判权的规定在本质上相同。

法院制度与行政制度、立法制度有着明显的区别：

1. 法院制度是关于国家审判机关的组织制度；而立法制度和行政制度是关于立法机关和行政机关的组织制度。

2. 法院制度是有关审判机关的性质、功能、组织体系以及适用法律解决各类争议等方面的制度；行政制度是关于国家行政机关行政权力的范围及运用规则方面的制度；而立法制度是有关立法机关创制法律的权限、程序方面的制度。

3. 法院制度所规定的审判机关的职权是通过审理各类诉讼案件，适用国家的法律，保证国家法律的贯彻实施；行政制度所规定的行政机关的职权是通过管理社会各方面的行政性事务，保证社会的有序运转；立法制度所规定的立法机关的职权是通过创制法律的活动，为社会组织和个人提供行为准则和依据。

二、法院制度的本质

法院制度的本质指法院制度的本质属性。作为有关法院组织体系和审理裁决案件等方面制度的总称，从微观的角度看，法院制度带有比较浓厚的技术操作性色彩。

法院制度作为国家制度的重要组成部分，其性质是由国家性质决定的，即有什么性质的国家就有什么性质的法院制度。此外，国家政权组织形式，即政体，亦对法院制度有诸多方面的影响，由于国家职能的不同分配形式，尤其是国家不同职能部门彼此之间的关系必然赋予审判机关不同的角色和职权。实际上，法院制度的演变就是遵循着国家职能部门相互关系的演变这根主线而定型和发展的。

三、法院制度的特征

法院制度作为国家制度和国家法律制度的重要组成部分，具有下列特征：

1. 从形式上看，法院制度是国家司法职能的制度化表现形态。在法理上，一切国家职能都是法定的职能，即由国家立法予以固定化、明确化和形式化。世界各国无不通过宪法、法院组织法以及刑事诉讼法、民事诉讼法、行政诉讼法等法律的形式，明确规定法院作为审判机关在国家结构中的地位、职权、组织结构以及诉讼程序等，这些规定不仅使法院制度本身构成一国法律制度的一部分，而且将国家的司法职能以制度形式规定下来。

2. 从目的上看，法院制度为维护法律秩序服务。法治社会中国家活动从根本上可以归纳为两种：一是立法，二是执法（执法有两种不同的制度形态，即司法和行政)。立法是执法的逻辑前提，执法是方法和结果，并且在法律的实现过程中起着前后联系的必不可少的媒介作用。[1]如果缺少执法这一动态过程，特别是在这一过程中发挥着重要作用的法院的审判活动，法律适用就只能处于静止状态，法也就无从实现，法治目标难以达到。对此，马克思曾有过精辟的论述："法律本身不能自我适用，为了适用法律，就需要有机关，就需要有法官。"[2]列宁从另一角度也指出："如果没有一个能够迫使人们遵守法权规范的机构，法权也就等于零。"[3]马克思、列宁所指的机关或机构就是指行使审判权的法院。因此，从法的实现的动态过程看，法院作为审判机关，其审判职能的发挥就是为了恢复因冲突而被破坏了的法律秩序。就目的而言，法院制度是为维护法律制度服务的。

3. 从文化角度看，法院制度是一国法文化传统的重要组成部分。法院制度作为一国法律制度的一部分，与该国法律制度的其他部分共同构成了该国区别于另一国的法文化传统。在法院制度与整体法文化传统的互动关系中，一方面，法院制度体现了整体法文化传统并打上了整体法文化的印记；另一方面，整体法文化传统反过来又受到法院制度的深刻影响。因而，在理解和解释为什么国体、政体基本相同的国家会在法院制度上有明显的不同时，必须将法院制度放在一国整体法文化的背景下进行考察。如果不从法文化传统的渊源上入手，仅停留在政治哲学的圈子内，是难以解开这一费解之谜的。同样，一国的法院制度在不同的历史时期会呈现出不同的特色，也与该国法文化传统的演变息息相关。中国法院制度的现代化进程，为我们提供了这方面的范例。

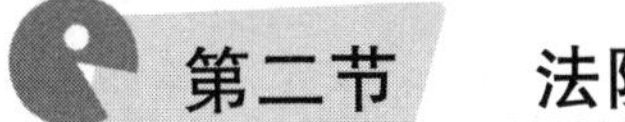

第二节 法院的职权和功能

一、法院的职权

（一）法院职权概述

法院的职权，是指法律所规定的法院在其职责范围内所享有的权力。

---

〔1〕 龚祥瑞：《西方国家司法制度》，北京大学出版社1993年版，第13页。

〔2〕 中共中央马克思恩格斯列宁斯大林著作编译局编译：《马克思恩格斯全集（第一卷）》，人民出版社1972年版，第76页。

〔3〕 中共中央马克思恩格斯列宁斯大林著作编译局编译：《列宁全集（第三卷）》，人民出版社1959年版，第256页。

它有两类：①专有职权，即审判职权。这是任何一个国家的法院作为国家的审判机关所享有的排他性权力。②特殊职权，诸如法律解释权、立法权、司法审查权、程序规则制定权以及司法行政事务处置权等。这类职权不具有排他性，某些机关也可依据法律授权而享有。因此，这类职权因各国具体国情不同而不同。

（二）我国人民法院的职权

根据有关法律规定，我国法院享有以下几种职权：

1. 审判权。我国《宪法》第128条明确规定："中华人民共和国人民法院是国家的审判机关。"这表明人民法院是代表国家行使审判权的唯一机关，审判职权是人民法院的专有职权。

2. 司法解释权。最高人民法院作为最高审判机关，除行使审判职权外，还有权对审判过程中如何具体适用法律、法令等问题进行解释。最高人民法院的司法解释是有权解释，属法律渊源之一，对下级法院具有约束力。司法解释有两种表现形式：①最高人民法院就审判实践中所遇到的法律适用问题所作的指示性解释，这种解释通常表现为对基层人民法院或中级人民法院、高级人民法院的个别请示的批复；②最高人民法院针对某一部法律的具体适用而作的集中解释。

最高人民法院的司法解释在我国法律渊源中占有十分重要的地位。在我国审判实践中，由于审判人员在适用法律时往往遇到新情况、新问题，这样，对法律适用进行有权解释的任务通常由最高人民法院以司法解释的形式来完成。

3. 指导权。基层人民法院除行使审判职权外，还享有指导人民调解委员会工作的权力。

4. 司法行政权。各级人民法院内部机构中都设有主管法院内部行政工作的组织和职位，行使有关司法行政方面的职权。

5. 司法建议权。人民法院在审理案件时，发现不属于人民法院主管的违法行为，有权向相应的机关提出司法建议，要求其予以处理。

（三）国外法院的几种基本职权

从整体上考察，现代法治国家普遍赋予法院以下几种基本职权：

1. 审判权。审判权是审理权和裁决权的合称，它是法院所专有的一种排他性的基本权力，除法院之外其他任何机关不享有这种权力。对此，各国皆以立法的形式明确加以规定。

2. 司法解释权。司法解释权，是指法院享有的解释立法机关制定的法律的权力。司法解释权的范围和大小在两大法系中由于历史传统和价值观念不同而差异甚大。在大陆法系国家，早期理论上否认法院享有司法解释权，认为无论法院或法官对法律作何种解释，都意味着“法官立法”，必然侵蚀应当由立法机关享有的立法权。为了保证法官在没有解释权的情况下正确适用法律解决案件，大陆法系国家要求立法必须“明晰、完整而且逻辑严密”，并尽量穷尽一切社会事实，达到法律“疏而不漏”的效果。但长期的司法实践表明，没有任何一部法典能够囊括一切社会事实。20 世纪以来，立法逐步肯定了法院的法律解释作用。当然，立法机关对法院司法解释权行使的程序、方法、范围附加了诸多限制，如一方面允许法官作解释，另一方面又通过撤销制或复审制授权上级法院对依据错误解释而作出的判决予以撤销。

3. 立法权。各国法院在行使审判权时，都要适用立法机关事先制定的法律，即制定法。但英美法系国家还实行“遵循先例”的判例原则。所谓判例，它不是产生于立法机关制定的法律，而是产生于法官的判决，即法官在适用制定法的解释过程中推导出的法律规则。尽管“遵循先例”原则的传统现在有被不断突破的趋势，但判例法仍然是普通法系国家主要的法律渊源之一。

在大陆法系国家，传统上法官行使审判职权作出的裁决必须以制定法为依据，不适用遵循先例的原则。判例不是大陆法系国家法律的渊源，但由于社会生活的纷繁复杂和发展变化，任何事先制定的成文法都不可能完全涵盖发生的各种社会冲突，法官作为法律的适用者，总是无法回避诉诸他们的、但立法又没有明确规定处置办法的某些冲突。在这种特殊情形下，由于法官不能以法律规定不明确为理由拒绝作出判决，于是判例的作用就凸显出来。而且，由于严格的审级制度的存在，上级法院特别是最高法院的先前判例，总是对下级法院的法官处理同类案件具有拘束性质的影响力。因此，在司法实践中，判例在个别情况下被允许使用。

4. 程序规则的制定权。在一些国家，最高法院除行使上述权力外，还享有程序规则制定权。但大多数国家制定程序规则的权力仍然由立法机关行使。

5. 司法行政事务管理权。对于法院系统内部的司法行政事务，多数国家由政府的司法部主管。但第二次世界大战以来，将司法行政事务管理权与普通行政权相区别，列入司法权之内，统一由司法机关行使，已成为现代司法权发展的一大趋势。

6. 非司法职权。除上述职权外，许多国家的法院还处理一些非诉讼事

务，如财产登记、检验遗嘱、处理死亡者遗产等。法院在这方面享有的职权，称作非司法职权。

二、法院的功能

在政治社会科学中，功能的基本含义是指一定组织或体系发挥的作用，以及为发挥作用而完成的一整套任务、活动与职责。[1]对于法院而言，其作为审判组织具有两类基本功能，即直接功能和间接功能。

（一）直接功能

直接功能，是指法院解决纠纷的功能。日本法学家棚濑孝雄指出，审判制度的首要任务就是纠纷的解决。[2]英国法学家卢埃林指出，解决争端是法院最为重要的职能，并始终为其功能的实施创造条件。[3]因此，解决纠纷是法院制度的普遍特征，它构成法院制度产生的基础、运作的主要内容和直接任务，也是其他功能发挥的先决条件。

（二）间接功能

间接功能也称延伸性功能，是指法院在社会生活中除其承担的直接功能以外的其他功能，具体而言即控制功能。控制功能实质在于维护社会秩序的稳定，法院通过解决纠纷的方式弥补和恢复被破坏了的法律所规范的社会秩序，而且法院“通过对每个人所施加的压力迫使他自己维护文明社会并阻止他从事反社会行为”。[4]

第三节　法院制度的基本原则

法院制度的基本原则，是指建构法院制度必须遵守的基本准则和审判工作中必须遵循的最基本的行为规则，它贯穿于审判活动始终，对全部审判活动具有普遍的指导意义。

---

〔1〕［法］莫里斯·迪韦尔热：《政治社会学——政治学要素》，杨祖功、王大东译，华夏出版社1987年版，第180页。

〔2〕［日］棚濑孝雄：《纠纷的解决与审判制度》，王亚新译，中国政法大学出版社1994年版，第1页。

〔3〕［英］罗杰·科特威尔：《法律社会学导论》，潘大松等译，华夏出版社1989年版，第89~91页。

〔4〕［美］罗·庞德：《通过法律的社会控制：法律的任务》，沈宗灵、董世忠译，商务印书馆1984年版，第8~9页。

我国法院制度的基本原则主要包括：审判权由人民法院统一行使原则；审判权独立行使原则；以事实为根据、以法律为准绳原则；诉讼效益原则等。

(一) 审判权由人民法院统一行使原则

审判权作为国家权力的重要组成部分，我国宪法、人民法院组织法和诉讼法明文规定，人民法院是代表国家行使审判权的专门机关。审判权由人民法院统一行使原则包含以下几个方面的内容：

1. 人民法院是代表国家行使审判权的唯一机关，即除人民法院外，其他任何国家机关、团体或组织都不能代表国家行使审判权。有些国家机关，如工商、税务、海关、审计等行政执法机关，对违反行政法律、法规的行为和某些权益争议也会作出处理，但这种处理是代表国家行使行政管理权。仲裁组织对一些民事、商事纠纷有时也会作出裁决，但仲裁机构作出裁决的行为不具有审判权性质，属于民间性质的行为。

2. 人民法院的级别设置不影响审判权的统一性，基层人民法院、中级人民法院、高级人民法院和最高人民法院共同构成人民法院的统一体系，依据各自的权责分工统一行使审判权。

3. 法律适用的统一性保障了审判权的一致性和完整性，国家依据统一的《人民法院组织法》组建人民法院，各级人民法院依据三大诉讼法规定的统一的诉讼程序审理各类案件，而且在实体法的适用上，各级人民法院以统一的、生效的实体法作为办案依据。严格遵循法律适用的统一性确保了审判权的一致性和完整性。

需要说明的是，香港特别行政区和澳门特别行政区依据特别行政区基本法在“一国两制”的前提下，实行不同于内地的司法制度。从整体来看，这没有影响审判权由人民法院统一行使原则。

(二) 审判权独立行使原则

审判权独立行使原则，是指人民法院依法独立行使审判权，不受行政机关、社会团体和个人的干涉。《人民法院组织法》、诉讼法均明确规定了这一原则。该原则包含以下两层意思：①人民法院审判案件只服从法律，任何行政机关、社会团体和个人不得干涉；②在我国，审判权独立行使是指人民法院作为一个整体独立行使，而不是西方法治国家的法官个人独立行使。坚持审判权独立行使原则时必须明确以下几个关系：

1. 接受党的领导。中国共产党是我国宪法确认的执政党，国家的各个机关和部门在发挥职能作用时，都要严格贯彻、执行党的路线方针和政

策，人民法院亦不例外，不能以“审判独立”为名排斥党在政治、思想和组织上的领导。

2. 接受人民代表大会及其常委会的监督。《宪法》第3条第3款规定：“国家行政机关、监察机关、审判机关、检察机关都由人民代表大会产生，对它负责，受它监督。”《人民法院组织法》第9条规定：“最高人民法院对全国人民代表大会及其常务委员会负责并报告工作。地方各级人民法院对本级人民代表大会及其常务委员会负责并报告工作。各级人民代表大会及其常务委员会对本级人民法院的工作实施监督。”各级人民代表大会及其常委会对人民法院的工作进行监督是其法定权力，各级人民法院应当主动向人大及其常委会报告工作，认真听取人大代表、人大及其常委会对法院工作的意见和建议，接受人大代表对法院工作的质询和评议。

3. 依法接受上级人民法院对审判工作的监督。《宪法》第132条和《人民法院组织法》第10条规定，下级人民法院的审判工作受上级人民法院的监督。这一规定明确了上下级法院之间是监督和被监督的关系。上级人民法院对下级人民法院审判工作的监督，主要通过二审程序和审判监督程序进行。

（三）以事实为根据、以法律为准绳原则

以事实为根据、以法律为准绳原则是我国诉讼法规定的一项基本原则。《刑事诉讼法》第6条和《民事诉讼法》第7条规定，人民法院进行刑事诉讼和审理民事案件必须以事实为根据、以法律为准绳。

以事实为根据，是指人民法院在对案件作出处理决定时，必须以经过证据证明了的案件事实为依据，而不能以主观想象、臆测的事实为依据。对于事实的理解，我们认为，由于时间的一维性和不可逆转性、案件审理的时限性，以及特定时空条件下人们认识能力的局限性，人民法院对案件作出处理决定时所依据的事实不能苛求其全部是客观存在的事实，而只能是经过庭审查明并由证据证明了的法律事实。这种法律事实在绝大多数情况下与客观存在的事实是一致的，但在有些时候，也存在不一致的情况。由于这种不一致而导致的败诉风险，根据证明责任的风险分配规则，由举证不能或举证不力者承担。以事实为根据要求人民法院在审理案件时，要严格依照法律规定的程序调查证据，证据必须经过当事人举证、质证和法院的认证，在证据确实、充分的基础上准确认定案情，作出裁判，即“证据裁判”。

以法律为准绳有两层含义：①人民法院在审理案件时必须严格遵守法

定程序；②人民法院在对案件进行实体处理时必须严格按照法律的规定。也就是说，这里的法律不仅包括实体法，还包括程序法。值得注意的是，我国长期以来就有“重实体、轻程序”的传统，在推进依法治国的今天，程序法的价值和作用日益凸显，加强程序法制和程序意识实属必要。

（四）诉讼效益原则

诉讼效益原则，是指人民法院审理案件时，在保障公正的前提下，必须以最小的投入获得最大的产出。随着社会的发展、各类纠纷的增多，法院面临着日益增长的案件积压现象日趋严重，提高诉讼效率已成为当代各国诉讼制度设计的重要价值取向之一。作为规范审判机构的法院制度，当然应当服从诉讼效益这一原则。

诉讼效益原则有以下几点基本要求：①人民法院在机构设置上应尽量地符合经济原则，如我国基层人民法院的派出法庭就是根据这一原则而设置的；②人民法院的审判方式、审判活动应当经济，如我国的就地审判制度、巡回审判制度就是应这一要求而设立的；③在程序设计上讲求效益，人民法院的审判程序包括审判的各类规则等都应当讲求经济，如我国现行的简易程序以及地方各级人民法院正在进行的审判方式改革所追求的主要目标之一就是诉讼效益。

第四节 法院的组织体系

一、法院的组织体系

法院的组织体系，是指法院机构的设置，具体包括法院的种类、法院的组织体系和法院的纵向组织结构三方面内容。

（一）法院的种类

法院的种类就是指法院的类型。从各国法院设置的实际情形考察，依据不同的标准，可将法院的类型大致划分为以下几种：

1. 普通法院和专门法院。按照法院管辖案件的范围来分，法院可分为普通法院和专门法院。普通法院的管辖范围最广，原则上可以受理公法和私法上的争讼案件。普通法院构成一国法院组织体系的主干。大多数国家在普通法院内设置刑事、民事审判庭审理刑事、民事案件。少数国家，如法国，则把基层普通法院分设为刑事法院和民事法院，分别受理刑事案件

和民事案件。与普通法院相对应的是专门法院，其管辖案件的性质比较特殊，原则上主要受理公法范围内的行政争讼和宪法争讼。此外，还根据审判实践的特殊需要，设置一些受理特别类型案件的专门法院。如联邦德国的专门法院，除行政法院和宪法法院外，还有劳动法院、社会法院和财政法院。美国国会也设立了多种专门审理特殊类型案件的法院，如联邦的海关和专利上诉法院、税收法院、军事审判法院等。

2. 初审法院、上诉法院和终审法院。根据审级来分，法院可分为初审法院、上诉法院和终审法院。初审法院一般为基层法院，管辖轻微刑事、民事案件；区域法院一般为上诉法院；在上诉法院之上设终审法院。各国因级别管辖和审级制度的不同，其初审法院、上诉法院和终审法院的确定也不相同。一般而言，初审法院的上一级法院为上诉法院，允许一次上诉的情况下，上诉法院即为终审法院；允许二次上诉的情况下，上诉法院之上的法院为终审法院。以美国为例，联邦法院系统由联邦地方法院、联邦上诉法院、联邦最高法院三级构成。联邦地方法院为联邦初审法院，目前设置的联邦地方法院有90所，大体上每州1所，而人口较多的州则设有好几所。在全国11个巡回区内设立11所联邦上诉法院，上诉法院审理该巡回区内不服联邦地方法院和联邦专门法院以及某些具有部分司法权的行政机构裁决的上诉案件。对上诉法院的判决只有极少数可向联邦最高法院上诉，因此，上诉法院一般也是终审法院。联邦最高法院是全国最高审级的法院，有权管辖宪法赋予其管辖的初审案件，其判决是终审判决；在少数允许二次上诉的情况下，其是终审法院。

（二）法院的组织体系

依据不同的标准，法院的组织体系可分为以下几类：

1. 单轨制法院体系和双轨制法院体系。单轨制法院体系和双轨制法院体系的划分基础是国家结构分为单一制和联邦制两种，其适用范围仅限于普通法院。单轨制法院体系与单一制国家结构相对应，指各级普通法院统一在全国最高法院之下，形成一个完整的系统。英国、日本、法国的普通法院采取单轨制组织体系。双轨制法院体系一般与联邦制国家结构相符合，如联邦制的美国，其法院组织体系就属双轨制。联邦普通法院由联邦地方法院、联邦上诉法院和联邦最高法院组成。州法院由州地方法院、州上诉法院和州最高法院三级构成。州法院和联邦法院分别适用自己的法律，两套法院系统平行并列，互不隶属。需要注意的是德国，虽然其国家结构形式采取联邦制，但其普通法院由地方法院、州中级法院、州高级法院和联邦最高法院四级构成，州法院和联邦法院虽各有管辖上的分工，但二者适用同一法典，这与单一制国家的法院体制在本质上是一样的，属单轨制法院体系。

2. 一元化法院体系与多元化法院体系。

（1）一元化法院体系，是指在一国内仅有一个统一的法院系统。英美法系国家比较普遍地实行一元化法院体系。一元化法院体系如同金字塔一样，最高法院位于塔顶，无论有多少不同种类的法院，也不论这些法院划分为多少级，都分布在塔顶的下面，每一个案件都可能受到最高法院的最后审查。下级法院既可以审理普通的刑事、民事案件，还可以审理由违法行政行为引起的行政争讼案件。这些案件都可以由其上级法院审查，而且上级法院对大量的民刑案件拥有最终的审查权。如在美国，虽有一些处理行政性争议的专门法院，但其上诉法院和终审法院仍然是普通法院。专门法院未能形成独立于普通法院之外的单独体系。英国法院由普通法院构成全国统一的法院体系，与美国是一样的。

（2）多元化法院体系，是指在一国内针对不同类型案件而设置各类专门的法院系统来审理，这些专门法院系统都有自己互不隶属且平级的最高法院。大陆法系国家比较普遍地设置了多元化法院体系。在多元化法院体系中，各类案件是由两个或更多的分离的且拥有各自最高法院的专门法院系统来审理。裁决大多数公法案件以及政府作为一方当事人的案件的法院与普通法院互不相关，它们各自都有其司法管辖、审级、法官和程序制度，而且同时存在于一个国家之中。例如，法国的法院分成两个独立的系统：普通法院系统和行政法院系统，普通法院不得干预行政法院。普通法院受理刑事、民事案件，其最高审级是最高法院。行政法院受理涉及国家机关之间或公民对国家机关、官吏行使行政权产生异议的诉讼，在审判级别上分为两级，即各地的 27 个行政法庭和设在巴黎的最高行政法院。受法国的影响，德国的法院由普通法院、行政法院、宪法法院、劳动法院、社会法院和财政法院六个不同的系统构成。每个法院系统都有自己的管辖范围，并受本系统最高法院的领导。其中最主要的是普通法院和行政法院系统。

（三）法院的纵向组织结构

各国法院都由初审法院、上诉法院和最高法院构成金字塔形的层次性审级结构，数量众多的初审法院居于金字塔的底层，数量较少的上诉法院居中，最高法院居于金字塔的顶端。法院纵向组织结构层次性设置的基本

理由在于：①通过上级法院对下级法院的审判监督保证法律实施的统一性。②避免把冲突的最后处置权一次性地委诸某一法官，最大限度地减少错判发生的可能性。③便于当事人诉讼。初审法院按地域设置，承担着辖区内的各类讼争案件，为数众多，便于当事人起诉、应诉。④允许上诉，从制度上保证当事人诉权的充分实现，体现诉讼的公正性和民主性。法院纵向组织结构建构和运行的基础在于审级制度的划分以及上诉和复审制度的采用。

二、我国人民法院的组织体系

（一）我国法院的种类

1. 普通法院和专门法院。我国的普通法院包括基层人民法院、中级人民法院、高级人民法院和最高人民法院，前三者一般称为地方各级人民法院。专门人民法院包括军事法院和海事法院、知识产权法院、金融法院等。专门人民法院主要根据特定的组织系统或按照审判案件的特殊性质设置。

根据审理案件特殊性质的需要而设置专门法院，我国与英美法系国家专门法院的设置具有相似之处，与大陆法系国家专门法院的设置相去甚远。造成这种差别的原因是，作为社会主义国家，我国反对和抛弃公、私法的传统划分，在国家机构的建制上以人民代表大会制的“议行合一”原则为基础。因此，没有设置专门的行政法院，行政诉讼由设在普通法院内部的行政审判庭来审理。

2. 初审法院、上诉法院和终审法院。我国实行四级两审终审制。基层人民法院、中级人民法院、高级人民法院和最高人民法院组成了明晰的审级序列。诉讼法对各级法院审理各类案件的审级管辖权有明确、具体的规定。一般来说，基层人民法院作为初审法院，其上诉法院和终审法院是中级人民法院。中级人民法院和高级人民法院作为初审法院，其上诉法院、终审法院分别是高级人民法院和最高人民法院。但最高人民法院作为初审法院时，其判决是终审判决。

（二）我国法院的组织体系

依据前述标准，我国的法院组织体系属于以下类型：

1. 单轨制法院体系。我国是单一制国家，与国家结构的形式相适应，我国的法院结构体系是单轨制。地方各级人民法院和各专门人民法院统属最高人民法院领导，构成完整的单一体系。

2. 一元化法院体系。虽然我国设置了军事法院、海事法院等专门法院用于处理特定领域内的案件，但我国仍然是一元化法院体系，专门法院的设置局限于初级、中级和高级，最高人民法院只有一个，统一行使最高司法权，所有的地方各级法院和专门法院都属于最高人民法院的下级机构。

3. 我国法院的纵向组织结构。我国法院的纵向组织结构由基层人民法院、中级人民法院、高级人民法院和最高人民法院这样由低到高的四级构成。我国法院纵向组织结构带有明显的等级色彩，上级法院对下级法院的控制比较强，广泛地采用上诉审和审判监督程序。

三、我国人民法院的设置及其职责

根据《人民法院组织法》第 12 条、第 13 条、第 15 条的规定，人民法院由地方各级人民法院、专门人民法院和最高人民法院构成。地方各级人民法院包括基层人民法院、中级人民法院和高级人民法院三级。专门人民法院包括军事法院和海事法院、知识产权法院、金融法院等。

（一）地方各级人民法院的设置及其职责

1. 基层人民法院。基层人民法院设在县、自治县、不设区的市和市辖区。其职责是：

（1）审判刑事、民事和行政的第一审案件，但是法律另有规定的除外。对于所受理的案件，认为案情重大应当由上级人民法院审判的时候，可以请求移送上级人民法院审判。

（2）指导人民调解委员会的工作。基层人民法院根据地区、人口和案件的情况设若干基层人民法院派出法庭。其职责是审理一般民事案件和轻微刑事案件，指导人民调解委员会的工作，进行法制宣传，处理人民来信，接待人民来访。需注意的是，派出法庭不是一个独立的审级，其判决和裁定就是基层人民法院的判决和裁定。

2. 中级人民法院。中级人民法院设于省、自治区内的各地区，中央直辖市，省、自治区辖市和自治州。其职责是：

（1）审判案件，具体包括：①诉讼法规定由它管辖的第一审案件；②基层人民法院报请审理的第一审案件；③上级人民法院指定管辖的第一审案件；④对基层人民法院判决和裁定的上诉、抗诉案件；⑤按照审判监督程序提起的再审案件。

（2）监督辖区内基层人民法院的审判工作。对基层人民法院已经发生法律效力的判决和裁定，如果发现确有错误，有权提审或者指令基层人民法院再审。

3. 高级人民法院。高级人民法院设于省、自治区和直辖市。其职责是：

(1) 审判案件，具体包括：①诉讼法规定由它管辖的第一审案件；②下级人民法院报请审理的第一审案件；③最高人民法院指定管辖的第一审案件；④对中级人民法院判决和裁定的上诉、抗诉案件；⑤按照审判监督程序提起的再审案件；⑥中级人民法院报请复核的死刑案件。

(2) 监督辖区内各下级人民法院的审判工作。对下级人民法院已经发生法律效力的判决和裁定，如果发现确有错误，有权提审或者指令下级人民法院再审。

(二) 专门人民法院的设置及其职责

专门人民法院是人民法院组织体系中比较特殊的组成部分，是专门性质的审判机关。它是按照特定部门或者特定案件而设立的，管辖与该部门有关的案件或特定案件。

根据《人民法院组织法》第 15 条规定，我国设有军事法院等专门人民法院，“专门人民法院的设置、组织、职权和法官任免，由全国人民代表大会常务委员会规定。”下面简要介绍军事法院、海事法院和铁路运输法院三种专门人民法院。

1. 军事法院。我国的军事法院在设置上几经变更。1954 年 1 月，中央军委批准成立中国人民解放军军事法庭和各级军法处。同年 11 月，根据宪法和法院组织法的规定，将各级国事审判机关改为军事法院，纳入国家审判体系，军队的最高审判机关称中国人民解放军军事法院。1956 年 12 月，中国人民解放军军事法院改称中华人民共和国最高人民法院军事审判庭。1961 年 1 月—次年 9 月，军队保卫部门、检察院和法院合署办公。1965 年 5 月，中共中央批准恢复中国人民解放军军事法院。但 1969 年 12 月，又予以取消。1979 年 1 月，中央军委决定恢复中国人民解放军军事法院和军区、海军、空军、解放军总直属队军事法院。同年 11 月，中央军委又批准恢复海军舰队、军区空军和陆军军级单位的军事法院。目前已形成以中国人民解放军军事法院为首的三级军事法院体系。但军事法院的最高审级仍然是最高人民法院。军内的三级军事法院设置与职责如下：

(1) 中国人民解放军军事法院。它是军内的最高审级，其职责是：①审判正师职以上人员犯罪的第一审案件；②审判涉外刑事案件；③最高人民法院授权或指定审判的案件以及它认为应当由自己审判的其他第一审刑事案件；④负责二审、再审的审判任务。

(2) 大军区、军兵种军事法院。包括各大军区军事法院，海军、空军军事法院，二炮部队军事法院，解放军总直属队军事法院等。它是中级层次的军事法院，其职责是：①审判副师职和团职人员犯罪的第一审案件；②审判可能判处死刑的案件以及上级军事法院授权或指定审判的案件；③负责上诉、抗诉案件的审判。

（3）军级军事法院。包括陆军军级单位军事法院、各省军区军事法院、海军舰队军事法院、大军区空军军事法院和在京直属部队军事法院等。这是军队中的基层法院，其职责是：①审判正营职以下人员犯罪；②可能判处无期徒刑以下刑罚的第一审案件；③上级军事法院授权或指定审判的第一审案件。军事法院主要受理军人违反职责方面的犯罪。此外，军事法院还审理涉及军人的普通刑事案件以及军内部分民事案件等。

2. 海事法院。海事法院是为行使海事司法管辖权而设立的专门审理一审海事、海商案件的专门人民法院。

海事法院的设置亦几经变更。建国初期，人民法院内部的民事审判庭负责受理海事、海商案件。1954 年设立了天津、上海、武汉等水上运输专门法院，但于 1957 年撤销。1984 年 11 月 14 日，第六届全国人大常委会第八次会议《关于在沿海港口城市设立海事法院的决定》规定，成立海事法院专门受理海事、海商一审案件。据此，同年 11 月 28 日，最高人民法院在广州、上海、武汉、青岛、天津和大连等港口城市设立海事法院。1990 年，最高人民法院增设了海口和厦门海事法院。1999 年，又在北京增设了海事法院。

依据 2016 年 2 月最高人民法院发布的《关于海事法院受理案件范围的规定》，海事法院受理案件范围包括：海事侵权纠纷案件、海商合同纠纷案件、海洋及通海可航水域开发利用与环境保护相关纠纷案件、其他海事海商纠纷案件。

需要注意两点：①海事法院只受理海事、海商案件而不受理刑事和其他民事案件；②各海事法院的建制相当于地方的中级人民法院，对不服海事法院判决、裁定的上诉案件，由各海事法院所在地的高级人民法院负责审理。

3. 铁路运输法院。铁路运输法院是设在铁路沿线的专门人民法院。1953 年—1954 年先后在全国铁路管理局所在地设立了 16 个铁路运输法院，在铁路管理分局所在地设立了 39 个派出法庭，受理与铁路运输有关的刑事案件。1957 年下半年铁路运输法院全部被撤销，有关案件归案发地的基层人民法院或者中级人民法院审理。1980 年 3 月—1982 年 5 月，重建了铁路运输法院。

铁路运输法院的设置如下：在铁路管理分局所在地设立铁路运输基层法院，在铁路管理局所在地设立铁路运输中级法院，其所在省、自治区、直辖市高级人民法院受理对铁路运输中级法院判决、裁定的上诉案件和抗诉案件。铁路运输法院的职责主要是审理发生在铁路沿线的刑事犯罪案件和与铁路运输有关的民事案件。

（三）最高人民法院

作为国家最高审判机关，最高人民法院设在首都北京。根据我国《宪法》《人民法院组织法》及诉讼法的有关规定，最高人民法院的职责是：

1. 监督地方各级人民法院和专门人民法院的工作。对地方各级人民法院和专门人民法院已经发生法律效力的判决和裁定，如果发现确有错误，有权提审或者指令下级法院再审。

2. 审判案件。具体包括：①法律规定由它管辖的和它认为应当由自己审判的第一审案件；②对高级人民法院、专门人民法院判决和裁定的上诉案件和抗诉案件；③按照全国人民代表大会常务委员会的规定提起的上诉、抗诉案件；④按照审判监督程序提起的再审案件。

3. 核准判处死刑的案件。死刑除依法由最高人民法院判决的以外，应当报请最高人民法院核准。

4. 进行司法解释。最高人民法院对于人民法院在审判过程中如何具体应用法律、法令的问题，有权进行解释，有权通过对个案请示的答复、批复等指导下级法院的审判工作。

5. 领导和管理全国各级人民法院的司法行政事务。最高人民法院通过制定法院内部管理规定，制定法官、书记员及司法警察管理办法等方式领导和管理法院司法、行政事务。

四、我国人民法院的领导和监督体制

1. 外部领导和监督。人民法院服从党的领导、接受人大监督是法院外部领导和监督体制的主要内容。

人民法院必须服从党的领导，这是由中国共产党是执政党这一地位所决定的，也是几十年来法院审判工作经验的总结。[1] 人民代表大会是我国的国家权力机关，各级人民法院的工作都必须接受人大的监督，我国《宪法》第133条规定："最高人民法院对全国人民代表大会和全国人民代表大会常务委

---

〔1〕 参见何永军：《断裂与延续：人民法院建设（1978～2005）》，中国政法大学出版社2018年版，第65～80页。

员会负责。地方各级人民法院对产生它的国家权力机关负责。”《人民法院组织法》也有相应规定。人大监督主要通过两种方式进行：①对法院工作进行规范制约，如决定法院的机构设置、人员任免，制定法院工作的法律规范、程序模式等；②听取并审议法院的工作报告，检查、质询和监督法院日常工作。

2. 内部领导和监督。人民法院内部的领导和监督体制包括三个方面：①从法院的整体来看，上、下级法院之间是相互独立的审级，不是领导和被领导的关系；②上、下级法院之间是监督与被监督关系，《人民法院组织法》第 10 条第 2 款规定，“上级人民法院监督下级人民法院的审判工作”；③法院内部实行的是院长负责制，由院长、副院长和庭长等部门领导对审判人员进行管理。

第五节　法官制度

一、我国法官制度

（一）法官的资格和任免

1. 法官的界定。依据《法官法》第 2 条的规定，法官是依法行使国家审判权的审判人员，包括最高人民法院、地方各级人民法院和军事法院等专门人民法院的院长、副院长、审判委员会委员、庭长、副庭长和审判员。

2. 担任法官的条件。根据《法官法》第 12、13 条的规定，担任法官必须同时具备下列条件：

（1）具有中华人民共和国国籍。

（2）拥护中华人民共和国宪法，拥护中国共产党领导和社会主义制度。

（3）具有良好的政治、业务素质和道德品行。

（4）具有正常履行职责的身体条件。

（5）具备普通高等学校法学类本科学历并获得学士及以上学位；或者普通高等学校非法学类本科及以上学历并获得法律硕士、法学硕士及以上学位；或者普通高等学校非法学类本科及以上学历，获得其他相应学位，并具有法律专业知识。但适用以上学历条件确有困难的地方，经最高人民法院审核确定，在一定期限内，可以将担任法官的学历条件放宽为高等学

校本科毕业。

(6) 从事法律工作满5年。其中获得法律硕士、法学硕士学位，或者获得法学博士学位的，从事法律工作的年限可以分别放宽至4年、3年。

(7) 初任法官应当通过国家统一法律职业资格考试取得法律职业资格。

(8) 有下列情形之一者不得担任法官：一是因犯罪受过刑事处罚的；二是被开除公职的；三是被吊销律师、公证员执业证书或者被仲裁委员会除名的；四是有法律规定的其他情形的。

根据《法官法》第14条的规定，初任法官采用考试、考核的办法，按照德才兼备的标准，从具备法官条件的人员中择优提出人选。人民法院的院长应当具有法学专业知识和法律职业经历。副院长、审判委员会委员应当从法官、检察官或者其他具备法官条件的人员中产生。

此外，根据《法官法》第15条的规定，人民法院可以根据审判工作需要，从律师或者法学教学、研究人员等从事法律职业的人员中公开选拔法官。除应当具备法官任职条件外，参加公开选拔的律师应当实际执业不少于5年，执业经验丰富，从业声誉良好，参加公开选拔的法学教学、研究人员应当具有中级以上职称，从事教学、研究工作5年以上，有突出研究能力和相应研究成果。

3. 法官职务的任免。依据宪法和法律的有关规定，法官职务的任免依照下列权限和程序办理：最高人民法院院长由全国人民代表大会选举和罢免，副院长、审判委员会委员、庭长、副庭长和审判员由本院院长提请全国人民代表大会常务委员会任免。

地方各级人民法院院长由地方各级人民代表大会选举和罢免，副院长、审判委员会委员、庭长、副庭长和审判员由本院院长提请本级人民代表大会常务委员会任免。在省、自治区内按地区设立的和在直辖市内设立的中级人民法院院长，由省、自治区、直辖市人民代表大会常务委员会根据主任会议的提名决定任免，副院长、审判委员会委员、庭长、副庭长和审判员由高级人民法院院长提请省、自治区、直辖市的人民代表大会常务委员会任免；在民族自治地方设立的地方各级人民法院院长，由民族自治地方各级人民代表大会选举和罢免，副院长、审判委员会委员、庭长、副庭长和审判员由本院院长提请本级人民代表大会常务委员会任免；人民法院的助理审判员由本院院长任免。军事法院等专门人民法院的建制本身有其特殊性，军事法院等专门人民法院院长、副院长、审判委员会委员、庭长、副庭长和审判员，依照全国人民代表大会常务委员会的有关规定任免。

对于有下列情形之一的法官，应当依照法定的程序提请免除其职务：①丧失中华人民共和国国籍的；②调出所任职人民法院的；③职务变动不需要保留法官职务的，或者本人申请免除法官职务经批准的；④经考核不能胜任法官职务的；⑤因健康原因长期不能履行职务的；⑥退休的；⑦辞职或者依法应当予以辞退的；⑧因违纪违法不宜继续任职的。

对于违反《法官法》规定的条件任命法官的，一经发现，作出该项任命的机关应当撤销其任命；上级人民法院发现下级人民法院法官的任命有违反《法官法》规定条件的，应当建议下级人民法院依法撤销该项任命。

4. 法官任职回避。为保证司法公正，《法官法》第22—24条规定了法官任职回避制度。法官不得兼任人民代表大会常务委员会的组成人员，不得兼任行政机关、监察机关、检察机关的职务，不得兼任企业或者其他营利性组织、事业单位的职务，不得兼任律师、仲裁员和公证员。

法官之间有夫妻关系、直系血亲关系、三代以内旁系血亲以及近姻亲关系的，不得同时担任下列职务：①同一人民法院的院长、副院长、审判委员会委员、庭长、副庭长；②同一人民法院的院长、副院长和审判员；③同一审判庭的庭长、副庭长、审判员；④上下相邻两级人民法院的院长、副院长。

法官的配偶、父母、子女，担任该法官所任职人民法院辖区内律师事务所的合伙人或者设立人的，或者在该法官所任职人民法院辖区内以律师身份担任诉讼代理人、辩护人，或者为诉讼案件当事人提供其他有偿法律服务的，该法官应当回避。

（二）法官的义务和权利

1. 法官的义务。根据《法官法》第10条的规定，法官应履行下列义务：①严格遵守宪法和法律；②秉公办案，不得徇私枉法；③依法保障当事人和其他诉讼参与人的诉讼权利；④维护国家利益、社会公共利益，维护个人和组织的合法权益；⑤保守国家秘密和审判工作秘密，对履行职责中知悉的商业秘密和个人隐私予以保密；⑥依法接受法律监督和人民群众监督；⑦通过依法办理案件以案释法，增强全民法治观念，推进法治社会建设；⑧法律规定的其他义务。

2. 法官的权利及其保障。根据《法官法》第11条的规定，法官享有

下列权利：①履行法官职责应当具有的职权和工作条件；②非因法定事由、非经法定程序，不被调离、免职、降职、辞退或者处分；③履行法官职责应当享有的职业保障和福利待遇；④人身、财产和住所安全受法律保护；⑤提出申诉或者控告；⑥法律规定的其他权利。

为确保法官上述权利的实现，《法官法》第64、65条规定了法官的权利保障机制——申诉控告制度：①对于国家机关及其工作人员侵犯《法官法》第11条所规定法官权利的行为，法官有权提出控告。②对法官处分或者人事处理错误的，应当及时予以纠正；造成名誉损害的，应当恢复名誉、消除影响、赔礼道歉；造成经济损失的，应当赔偿。对打击报复的直接责任人员，应当依法追究其责任。

（三）法官的管理

1. 员额制。国家对法官实行单独职务序列，并在此基础上对法官实行员额制管理。法官员额根据案件数量、经济社会发展情况、人口数量和人民法院审级等因素确定，在省、自治区、直辖市内实行总量控制、动态管理，优先考虑基层人民法院和案件数量多的人民法院办案需要。法官员额出现空缺的，应当按照程序及时补充。最高人民法院法官员额由最高人民法院商有关部门确定。

2. 法官等级和晋升。法官等级分为十二级，依次为首席大法官、一级大法官、二级大法官、一级高级法官、二级高级法官、三级高级法官、四级高级法官、一级法官、二级法官、三级法官、四级法官、五级法官。最高人民法院院长为首席大法官。法官等级的确定，以法官德才表现、业务水平、审判工作实绩和工作年限等为依据。法官等级晋升采取按期晋升和择优选升相结合的方式，特别优秀或者工作特殊需要的一线办案岗位法官可以特别选升。法官的等级设置、确定和晋升的具体办法，由国家另行规定。

3. 法官的培训。根据《法官法》第30条的规定，初任法官实行统一职前培训制度。国家对法官应当有计划地进行政治、理论和业务培训。法官的培训应当理论联系实际、按需施教、讲求实效。法官培训情况，作为法官任职、等级晋升的依据之一。法官培训机构按照有关规定承担培训法官的任务。

4. 法官的离任。法官申请辞职，应当由本人书面提出，经批准后，依照法律规定的程序免除其职务。辞退法官应当依照法律规定的程序免除其职务。辞退法官应当按照管理权限决定。辞退决定应当以书面形式通知被辞退的法官，并列明作出决定的理由和依据。法官从人民法院离任后两年内，不得以律师身份担任诉讼代理人或者辩护人。法官从人民法院离任后，不得担任原任职法院办理案件的诉讼代理人或者辩护人，但是作为当事人的监护人或者近亲属代理诉讼或者进行辩护的除外。法官被开除后，不得担任诉讼代理人或者辩护人，但是作为当事人的监护人或者近亲属代理诉讼或者进行辩护的除外。

5. 法官协助开展实践性教学、研究工作。法官因工作需要，经单位选派或者批准，可以在高等学校、科研院所协助开展实践性教学、研究工作，并遵守国家有关规定。

《法官法》对法官辞职、辞退法官的程序，以及离任法官担任诉讼代理人、辩护人的限制与法官协助开展实践性教学、研究工作等作出了具体的制度安排。

（四）法官的考核、奖励和惩戒

1. 法官的考核。《法官法》第38—43条对法官的考核问题作出了相关安排，其规定：人民法院设立法官考评委员会，负责对本院法官的考核工作。法官考评委员会的组成人员为5—9人。法官考评委员会主任由本院院长担任。对法官的考核，应当全面、客观、公正，实行平时考核和年度考核相结合。对法官的考核内容包括：审判工作实绩、职业道德、专业水平、工作能力、审判作风。重点考核审判工作实绩。年度考核结果分为优秀、称职、基本称职和不称职四个等次。考核结果作为调整法官等级、工资以及法官奖惩、免职、降职、辞退的依据。考核结果以书面形式通知法官本人。法官对考核结果如果有异议，可以申请复核。

2. 法官的奖励。《法官法》第44条规定：“法官在审判工作中有显著成绩和贡献的，或者有其他突出事迹的，应当给予奖励。”《法官法》第45条规定，法官有下列表现之一的，应当给予奖励：①公正司法，成绩显著的；②总结审判实践经验成果突出，对审判工作有指导作用的；③在办理重大案件、处理突发事件和承担专项重要工作中，做出显著成绩和贡献的；④对审判工作提出改革建议被采纳，效果显著的；⑤提出司法建议被采纳或者开展法治宣传、指导调解组织调解各类纠纷，效果显著的；⑥有其他功绩的。法官的奖励按照有关规定办理。

3. 法官的惩戒。根据《法官法》第46条的规定，法官有下列行为之一的，应当给予处分；构成犯罪的，依法追究刑事责任：①贪污受贿、徇私舞弊、枉法裁判的；②隐瞒、伪造、变造、故意损毁证据、案件材料的；③泄露国家秘密、审判工作秘密、商业秘密或者个人隐私的；④故意违反法律

法规办理案件的；⑤因重大过失导致裁判结果错误并造成严重后果的；⑥拖延办案，贻误工作的；⑦利用职权为自己或者他人谋取私利的；⑧接受当事人及其代理人利益输送，或者违反有关规定会见当事人及其代理人的；⑨违反有关规定从事或者参与营利性活动，在企业或者其他营利性组织中兼任职务的；⑩有其他违纪违法行为的。法官的处分按照有关规定办理。

法官涉嫌违纪违法，已经被立案调查、侦查，不宜继续履行职责的，按照管理权限和规定的程序暂时停止其履行职务。最高人民法院和省、自治区、直辖市设立法官惩戒委员会，负责从专业角度审查认定法官是否存在《法官法》第46条第4、5项规定的违反审判职责的行为，提出构成故意违反职责、存在重大过失、存在一般过失或者没有违反职责等审查意见。法官惩戒委员会提出审查意见后，人民法院依照有关规定作出是否予以惩戒的决定，并给予相应处理。法官惩戒委员会由法官代表、其他从事法律职业的人员和有关方面代表组成，其中法官代表不少于半数。最高人民法院法官惩戒委员会、省级法官惩戒委员会的日常工作，由相关人民法院的内设职能部门承担。法官惩戒委员会审议惩戒事项时，当事法官有权申请有关人员回避，有权进行陈述、举证、辩解。法官惩戒委员会作出的审查意见应当送达当事法官。当事法官对审查意见有异议的，可以向惩戒委员会提出，惩戒委员会应当对异议及其理由进行审查，作出决定。法官惩戒委员会审议惩戒事项的具体程序，由最高人民法院商有关部门确定。

（五）法官的职业保障

人民法院设立法官权益保障委员会，维护法官合法权益，保障法官依法履行职责。根据《法官法》的有关规定，法官的保障制度主要有：

1. 职业保障。除下列情形外，不得将法官调离审判岗位：①按规定需要任职回避的；②按规定实行任职交流的；③因机构调整、撤销、合并或者缩减编制员额需要调整工作的；④因违纪违法不适合在审判岗位工作的；⑤法律规定的其他情形。任何单位或者个人不得要求法官从事超出法定职责范围的事务。对任何干涉法官办理案件的行为，法官有权拒绝并予以全面如实记录和报告；有违纪违法情形的，由有关机关根据情节轻重追究有关责任人员、行为人的责任。

2. 人身保障。法官的职业尊严和人身安全受法律保护。任何单位和个人不得对法官及其近亲属打击报复。对法官及其近亲属实施报复陷害、侮辱诽谤、暴力侵害、威胁恐吓、滋事骚扰等违法犯罪行为的，应当依法从严惩治。法官因依法履行职责遭受不实举报、诬告陷害、侮辱诽谤，致使名誉受到损害的，人民法院应当会同有关部门及时澄清事实，消除不良影响，并依法追究相关单位或者个人的责任。法官因依法履行职责，本人及其近亲属人身安全面临危险的，人民法院、公安机关应当对法官及其近亲属采取人身保护、禁止特定人员接触等必要保护措施。

3. 工资保险福利保障。法官实行与其职责相适应的工资制度，按照法官等级享有国家规定的工资待遇，并建立与公务员工资同步调整机制。法官的工资制度，根据审判工作特点，由国家另行规定。法官实行定期增资制度。经年度考核确定为优秀、称职的，可以按照规定晋升工资档次。法官享受国家规定的津贴、补贴、奖金、保险和福利待遇。法官因公致残的，享受国家规定的伤残待遇。法官因公牺牲、因公死亡或者病故的，其亲属享受国家规定的抚恤和优待。法官退休后，享受国家规定的养老金和其他待遇。

二、国外法官制度简介

法官制度作为司法制度的重要组成部分，内容比较多，下面以英美法系的美国、英国和大陆法系的法国、德国和日本为代表作简要介绍。

（一）法官的任职条件

法官的任职条件，是指法律所规定的担任法官必须具备的基本条件。从总体上考察，西方国家对法官都规定了很高的任职条件。比较明显的差异是，英美法系国家的法官主要从律师中产生，而大陆法系国家则没有此要求。

在英国，法官必须从律师中挑选，担任地方法院法官（不含治安法官，但含“带薪治安法官”）须有不少于 7 年的出庭律师资历；担任高等法院法官（又称“普通法官”，职业法官中最重要的一种）须有 10 年以上出庭律师资历，而且年龄须在 50 岁以上；担任上诉法院法官须有 15 年以上出庭律师或者 2 年以上高等法院法官的资历；担任贵族院常设上诉议员，亦须有 2 年以上高等法院法官或者 15 年以上出庭律师的资历。

在美国，担任联邦法院法官的条件是：①美国公民；②美国大学法学院毕业；③经过严格的律师资格考试，取得律师资格，并从事律师工作若干年。担任州法院的法官一般也需具备上述条件。

在法国，取得法官资格的必须是国家司法官学院的毕业生。高等司法委员会从国家司法官学院的毕业生中提出任命法官的名单，经司法部长、总理、总统签字后，由政府正式发布公报。

在德国，大学法学教授具有法官资格，除此之外，法官资格经各州司法考试委员会组织的两次严格的司法考试取得。考试合格后，各州根据法

官缺额和求职情况，由州法官挑选委员会挑选，法官挑选委员会主要审查求职者的品行（对国家的忠诚和自身的道德品质）、身体和专业情况。经审查同意后，才能被任命为法官；而且新任命的法官还有3年~5年的试用期。在试用期间如果表现不好，可以解雇、开除；试用期满，转为正式法官。

在日本，要取得法官资格，必须通过极为严格的全国统一司法考试，并进入司法进修所培训2年，毕业考试合格，才能被任命为助理法官、检察官或者律师。此外，作为一种普遍性限制条件，被判处徒刑以上刑罚的人和受过弹劾且裁判所作出罢免裁判的人不得被任命为法官。

（二）法官的产生方式

从世界范围内考察，法官产生的方式大致分为两种，即任命和选举。大多数国家采用任命的方式，少数国家采用选举的方式，部分国家兼采两种方式。

1. 任命式。任命式是指法官由国家元首、政府机构、议会或最高法院院长任命而产生。采用或部分采用这种方式的国家主要有英国、美国、日本等。

在英国，大法官、上议院常任法官、上诉法院法官和高级法院法官，经过司法部长和首相提名，由英王（女王）任命；其他法官由司法大臣提名，英王（女王）任命；治安法官由司法大臣任命。

在美国，联邦法院系统的三级法院法官均由美国总统提名，经参议院批准后由总统任命。

在德国，依据基本法规定，除法律另有规定外，联邦法官由联邦总统任免。各州可以规定各州法官的任用，由州司法部长同法官选任委员会共同决定。

在日本，裁判所法规定，最高裁判所所长（长官）由内阁提名，天皇任命；最高裁判所大法官由内阁任命，天皇认证；高等裁判所所长、法官、助理法官和简易裁判所所长的任免，由天皇认证。以上任命，均须交付国会审查通过。

2. 选举式。选举式是指法官由选举机关选举产生。

在美国，依据大多数州宪法规定，州法院的法官通过选民直接选举产生（包括州选举或者当地选举）。具体而言，州法院法官产生的方法有五种：①由党派提名并经选举产生；②不由党派提名，经选举产生；③由特定的委员会向州长提名，由州长选择产生；④由州议会选举法官，只有卡洛罗纳和弗吉尼亚两个州采用此种方法；⑤同时采用上述方法分别产生各级法官。

在德国，联邦宪法法院法官由选举产生。联邦宪法法院共有16名法官，分为2个法庭，每庭8人。16名法官由众议院和参议院各选8名，选举时须由议会2/3多数通过。

（三）法官的保障制度

1. 法官任期。总体而言，西方国家对法官这一特定职业规定了比其他公职人员更长的任期，多数国家直接规定法官终身任职，其目的主要是为了保障法官独立行使职权。法官任期大体上可以分为三种，即终身制、任期制和终身制与任期制兼用。

（1）终身制。英国、法国、德国、意大利等许多国家的法官都是终身制，但都规定有退休年龄，法官到退休年龄应退休。

（2）任期制。日本等国实行任期制。日本裁判所法规定，最高裁判所法官和简易裁判所法官年满70岁退休；高等裁判所、地方裁判所和家庭裁判所法官年满65岁退休，退休后还可以到简易裁判所任法官。

（3）终身制与任期制兼用。美国、委内瑞拉等属于兼用两种制度的国家。美国联邦法院的法官实行终身制，法律没有明确规定法官的退休年龄；但规定在自愿的前提下，法官年满65岁、任法官满15年，或者年满70岁、任法官满10年，可以拿全薪退休。美国大多数州的法官则实行任期制，任期时间为4年～15年，各州规定不一。

2. 法官的薪金。西方国家普遍规定了法官享有比同级一般公职人员高的薪金待遇，以保障法官专职从事审判活动。

在美国，法官的工资是由宪法予以保障的。宪法规定，联邦法官的薪水在连续任职期间不得减少，法官的工资随着生活指数的上涨而逐年增加。在薪金级别上，联邦最高法院首席大法官工资与副总统相等，联邦法院法官与国会议员、政府内阁官员工资大体相等。

在英国，法官的收入属高薪阶层。法官被任命后，任何机关不得对其报酬和其他职务条件（包括退休金在内）作出不利的变更。而且，高级法官（贵族院常设上诉议员、上诉法院院长和法官、高等法院的王座法庭庭长等）的工资高于政府大臣。

在德国，法官实行单独工资序列，分10个级别，高于同等条件公务员的工资水平。

在日本，宪法和法官工资法对于法官的工资待遇作了明确规定。法官

的工资待遇标准较高。而且，在任职期间工资不得减额。

（四）法官的培训

法官工作的职业特点对法官专业素质要求很高，需要不断地补充学习相关知识和技能。世界各国对法官的培训非常重视，大多数国家都建立了专门的培训机构。

在美国，联邦最高法院附设联邦司法中心，负责研究、改进司法工作和训练司法人员，还建立了各种培训机构，如联邦法官培训中心、全国法官学院、法官培训和研究中心及专业法官培训学校。

在德国，法律规定参加培训是法官的义务。德国设有专门的法官进修学院，专门培训在职法官。法官参加培训占用工作时间，培训经费由国家统一负担。

在法国，国家设有专门的国家司法官学院。学院分两部分：一部分的主要任务是为法国培养新法官；另一部分的主要任务是负责在职法官的短期培训。法国对在职法官的培训十分重视，每年有50%的法官要到巴黎的培训部参加为期一周的短期专业培训。

在日本，法律规定在最高裁判所领导下，设置司法进修所（也称司法研修所）、裁判所书记官进修所和家庭裁判所调查官进修所，分别完成规定的培训任务。

（五）法官的纪律和惩戒

现代法治国家都很重视对法官进行职业道德教育和纪律教育，以规范法官行为。在美国，法官要受严格的纪律约束。1924年，美国律师协会制定了《法官行为规则》，于1972年修改后由美国众议院增订和通过。这个规则包括了法官在法庭外的活动以及在法庭上的行为责任。

在德国，依据法官法规定，法官于其职务内和职务外的行为及政治活动中，应保持人民对其独立性的信任不受损害的态度。法官不得从事与其职务不相符的兼职工作而损害公务利益。德国联邦最高普通法院设法官职务法庭，各州亦设立法官职务法庭，就法官纪律、惩戒和其他事项进行裁判。

在法国，如果法官没有执行回避制度或者经济上有挪用公款等行为，会受到纪律处分。纪律处分有警告、调换工作岗位、降级和解雇。给予法官纪律处分由高等司法委员会开庭审理后决定。

在日本，裁判所法规定，法官如有违反职务上的义务或者疏忽职守，或有品德不端正的行为时，根据法律另行规定送交裁判，予以惩戒。依据宪法规定，对法官的惩戒处分不能由行政机关施行，而是由高等法院或者最高法院进行。

（六）法官的辞退和免职

西方法治国家对法官的辞退和免职规定了严格的条件和程序，非经法定事由和法定程序不得辞退和免职。

在英国，法官是终身任职（1959 年后，法官的任职年龄被限制在 75 岁以下），只要其行为端正，职位就受到法律保护。只有在其违反正当行为原则并经上、下两院一致通过，才能由国王（女王）予以免职。

在美国，按照宪法规定，联邦法官只能因诉讼原因，而且必须通过弹劾程序，经参、众两院批准，才能被撤销职务。审理弹劾案件由参议院听证和审批。绝大多数州也采纳了这种弹劾程序。

在德国，原则上对终身制的法官，不得违反其意愿而在其任期届满前将其撤职、停职、调职或命令退休。但立法可以限定终身制法官的退休年龄。出现法定的辞退和免职事由时，必须依法律规定的程序作出司法裁决。

在法国，法官实行终身制。在任职期间非因可弹劾之罪并经法定弹劾程序，不得被免职、撤换或者强令退休。

在日本，裁判所法规定，法官除因公开弹劾或者根据法律规定被裁判为因身心障碍不能执行职务外，不得违反其意愿予以免职、改变职务、调动工作、停止职务或者减少其报酬。而且，对法官的处分不得由行政机关实施。

第六节　法院的基本运作机制

一、法院的审判组织与内部组织结构

（一）审判组织

审判组织是指人民法院内部代表人民法院对案件进行审理和裁判的组织形式。依据《人民法院组织法》和三大诉讼法的规定，我国人民法院的审判组织有三种，即独任庭、合议庭和审判委员会。

1. 独任庭。独任庭是由审判员一人审判简易案件的组织形式。依照法律规定，独任庭可以审判以下案件：①第一审的刑事自诉案件和其他轻微的刑事案件；②简单的民事和经济纠纷案件；③适用特别程序审理的案

件，除选民资格案件或者其他重大、疑难案件由审判员组成合议庭审判外，其他案件由审判员一人独任审判。

独任庭审判案件，均按照简易程序进行，这样便于当事人参加诉讼，节省人力、物力，有利于诉讼经济。但独任庭审理案件并不是一切从简，更不能草率行事，而是仍要依照规定进行操作。在审理过程中，仍然要执行公开审判、回避、辩护、两审终审等各项原则和制度，切实保障当事人和其他诉讼参与人的诉讼权利，确保办案质量。

2. 合议庭。合议庭是由审判人员数人集体审判案件的组织形式。《人民法院组织法》第 30 条规定，合议庭由法官组成，或者由法官和人民陪审员组成，成员为 3 人以上单数。就是说，合议庭的组成有两种：一种是完全由审判员组成合议庭，另一种是由审判员和人民陪审员共同组成合议庭。根据我国三大诉讼法的有关规定，除选民资格案件或者重大、疑难的非讼案件以及上诉、抗诉案件必须由审判员组成合议庭外，其他的案件都可以由审判员和人民陪审员共同组成合议庭。

3. 审判委员会。审判委员会是人民法院内部负责重大、疑难、复杂案件的审判组织。《人民法院组织法》第 36 条规定，各级人民法院设审判委员会。审判委员会由院长、副院长和若干资深法官组成，成员应当为单数。审判委员会会议分为全体会议和专业委员会会议。中级以上人民法院根据审判工作需要，可以按照审判委员会委员专业和工作分工，召开刑事审判、民事行政审判等专业委员会会议。

根据《人民法院组织法》及诉讼法的有关规定，审判委员会的职能主要有以下四项：①总结审判工作经验；②讨论决定重大、疑难、复杂案件的法律适用；③讨论决定本院已经发生法律效力的判决、裁定、调解书是否应当再审；④讨论决定其他有关审判工作的重大问题。最高人民法院对属于审判工作中具体应用法律的问题进行解释，应当由审判委员会全体会议讨论通过；发布指导性案例，可以由审判委员会专业委员会会议讨论通过。

根据《人民法院组织法》的规定，审判委员会召开全体会议和专业委员会会议，应当有其组成人员的过半数出席。审判委员会会议由院长或者院长委托的副院长主持。审判委员会实行民主集中制。审判委员会举行会议时，同级人民检察院检察长或者检察长委托的副检察长可以列席。合议庭认为案件需要提交审判委员会讨论决定的，由审判长提出申请，院长批准。审判委员会讨论案件，合议庭对其汇报的事实负责，审判委员会委员对本人发表的意见和表决负责。审判委员会的决定，合议庭应当执行。审判委员会讨论案件的决定及其理由应当在裁判文书中公开，法律规定不公开的除外。

（二）法院内部组织结构

法院内部组织结构，系指法院内部机构的设置。具体而言，我国法院内部组织结构由横向的专门审判庭和纵向的审判组织两部分构成。

横向结构上，与一元化的法院组织体系相对，人民法院根据审判工作需要，可以设必要的专业审判庭。但法官员额较少的中级人民法院和基层人民法院，可以设综合审判庭或者不设审判庭。此外，人民法院内部与专门审判庭平行的还有立案庭、综合办公室、政治部、审判管理办公室、执行局等辅助性机构。专门审判庭和与之平行的辅助性机构构成了法院内部组织结构的横向框架。

纵向结构上，我国法院内部组织结构由承审法官（独任制）、合议庭（审判长）、审判庭（庭长）、审判委员会（院长）这样由低到高的权力等级结构组成。处于权力等级结构底端的是独任庭和合议庭，居于顶端的是审判委员会。审判委员会虽不直接开庭审理案件，但法律规定审判委员会对重大、疑难案件有最终决定权，独任庭、合议庭必须遵守审判委员会的决定。

二、法院审判活动的基本制度

（一）公开审判制度

《宪法》第130条、《人民法院组织法》第7条以及三大诉讼法均明确规定，人民法院审判案件，除法律规定的特殊情况外，一律公开进行。

1. 公开审判的含义。公开审判的基本含义，是指人民法院审理案件除法律另有规定外，都应当公开进行。“公开”的对象和范围包括：向当事人和其他诉讼参与人公开；向社会公开，向社会公开的方式是，人民法院开庭审判的全过程，除合议庭评议外，允许公民旁听，允许新闻记者采访和报道；裁判理由公开。

需要注意的是，向社会公开中的允许公民旁听和新闻记者采访报道是指针对中国公民和新闻记者，外国公民（包括无国籍人）和新闻记者不具有此资格。根据有关规定，外国人要求旁听或采访刑事案件的公开审判的，应向我国外事主管部门提出申请，经外事部门与人民法院同意后，凭人民法院发给的旁听证或者采访证进入法庭旁听或者采访，并必须遵守人民法院的法庭规则。

2. 公开审判的例外。公开是审判活动的一项基本原则，但在少数情况下，出于保护特定社会利益的需要，法律规定了审判公开的例外。

具体而言，法律规定不公开审理的案件包括：涉及国家机密的案件；

涉及个人隐私的案件；未成年人犯罪的案件，我国《刑事诉讼法》规定，审判的时候被告人不满18周岁的案件，不公开审理。但是，经未成年被告人及其法定代理人同意，未成年被告人所在学校和未成年人保护组织可以派代表到场。此外，根据我国诉讼法的有关规定，离婚案件当事人和涉及商业秘密案件的当事人申请不公开审理的，可以不公开审理。

对于不公开审理的案件，法庭应当庭宣布不公开审理的理由，而且，与案件审判无关的法院工作人员也不能旁听。但是，无论案件是否公开审理，宣判一律公开进行。

（二）两审终审制度

根据三大诉讼法的规定，人民法院审判案件，实行两审终审制。

1. 两审终审制度的含义。两审终审制度作为复审制度的一种做法，是指一个案件经过两级法院审判后即告终结，裁判书发生终局效力的制度。由上级法院对下级法院的裁判进行复审有利于保障案件的正确处理和保护当事人的诉讼权利。

两审终审是我国审级制度的一般原则，但根据我国法院组织体系和诉讼法的有关规定，下列两类案件实行一审终审：①最高人民法院审理的第一审案件。因为最高人民法院是国家最高审判机关，不可能有更高的审判机构对其一审案件进行复审。事实上，由最高人民法院审理的第一审案件是相当少的。②基层人民法院按照《民事诉讼法》规定的适用小额诉讼程序的案件，以及适用特别程序审理的选民资格案件、宣告失踪案件、宣告死亡案件、认定公民无民事行为能力或限制民事行为能力案件和认定财产无主等案件。这些案件一般无双方当事人发生争执，只需对事实作出认定，而且有的时间性较强，需及时作出裁决，故而实行一审终审。

2. 两审终审制的运行。地方各级人民法院第一审案件的判决和裁定，当事人可以按照法律规定的程序向原审人民法院的上一级人民法院上诉，人民检察院可以按照法律规定的程序向原审人民法院的上一级人民法院抗诉。上一级人民法院对上诉、抗诉案件，按照第二审程序进行审理后所作的判决或裁定，就是终审的判决或裁定，除判处死刑的案件需要依法进行复核外，其他判决、裁定立即发生法律效力。

如果在上诉期限内，当事人不上诉、人民检察院不抗诉，该一审判决或裁定就是发生法律效力的判决或裁定。

（三）人民陪审制度

1. 陪审制度的含义。陪审制度是指由审判员和人民陪审员共同组成合议庭对案件进行审判的一项司法制度。在人民法院的审判活动中，由人民陪审员代表人民参与案件的审理，是司法民主的重要表现形式。

2. 陪审制度的沿革。在第二次国内革命战争时期，革命根据地司法工作开始逐步确立了法院审判案件吸收人民群众代表参加审理的惯例。中华人民共和国成立后，在 1951 年 9 月中央人民政府委员会通过的《人民法院暂行组织条例》规定，为了便于人民参与审判，人民法院应视案件的性质，实行人民陪审制。1954 年《宪法》明确把人民陪审作为一种制度予以规定。60 年代后期和 70 年代由于众所周知的历史原因，陪审制度衰落。1979 年以来，陪审制度逐步恢复。现行《人民法院组织法》第 30 条第 1 款规定“合议庭由法官组成，或者由法官和人民陪审员组成”，第 34 条规定“人民陪审员依照法律规定参加合议庭审理案件。”现行《刑事诉讼法》第 13 条规定“人民法院审判案件，依照本法实行人民陪审员陪审的制度”，第 183 条第 1 款规定“基层人民法院、中级人民法院审判第一审案件，应当由审判员三人或者由审判员和人民陪审员共三人或者七人组成合议庭进行”。现行《民事诉讼法》第 40 条第 1 款规定“人民法院审理第一审民事案件，由审判员、人民陪审员共同组成合议庭或者由审判员组成合议庭”。《行政诉讼法》第 68 条规定“人民法院审理行政案件，由审判员组成合议庭，或者由审判员、陪审员组成合议庭”。2018 年 4 月，《人民陪审员法》正式颁布实施，这标志着中国人民陪审制度法治化迈上了新台阶。由此可见，人民陪审制度是各级人民法院审理第一审刑事、民事、经济、行政案件普遍适用的一项司法制度。

3. 人民陪审员的产生。根据《人民陪审员法》第 8 条的规定，人民陪审员的名额，由基层人民法院根据审判案件的需要，提请同级人民代表大会常务委员会确定。人民陪审员的名额数不低于本院法官数的 3 倍。

4. 人民陪审员的资格和任期。根据有关法律的规定，担任人民陪审员的基本条件为：①拥护中华人民共和国宪法；②年满 28 周岁；③遵纪守法、品行良好、公道正派；④具有正常履行职责的身体条件；⑤担任人民陪审员，一般应当具有高中以上文化程度。下列人员不得担任人民陪审员：①人民代表大会常务委员会的组成人员，监察委员会、人民法院、人民检察院、公安机关、国家安全机关、司法行政机关的工作人员；②律师、公证员、仲裁员、基层法律服务工作者；③其他因职务原因不适宜担任人民陪审员的人员。同时，受过刑事处罚的，被开除公职的，被吊销律师、公证员执业证书的，被纳入失信被执行人名单的，因受惩戒被免除人

民陪审员职务的，其他有严重违法违纪行为，可能影响司法公信的也不得担任人民陪审员。人民陪审员的任期为5年，一般不得连任。

5. 人民陪审员的权利与义务。根据法律的有关规定，人民陪审员依法享有参加审判活动、独立发表意见、获得履职保障等权利。人民陪审员应当忠实履行审判职责，保守审判秘密，注重司法礼仪，维护司法形象。

（四）回避制度

1. 回避制度的含义。回避制度是我国法院制度中一项重要的基本制度，其含义是指为保障公正审判，审判人员和法律规定的特定人员如果与案件或案件当事人有某种特殊关系，可能影响案件的公正处理，则不得参与该案件的处理。

2. 回避的理由和范围。回避的理由，根据我国《刑事诉讼法》第29条的规定，审判人员、检察人员、侦查人员有下列情形之一的，应当自行回避，当事人及其法定代理人也有权要求他们回避：①是本案的当事人或者是当事人的近亲属的；②本人或者他的近亲属和本案有利害关系的；③担任过本案的证人、鉴定人、辩护人、诉讼代理人的；④与本案当事人有其他关系，可能影响公正处理案件的。此外，审判人员、检察人员、侦查人员接受当事人及其委托的人的请客送礼，违反规定会见当事人及其委托的人的，应当依法追究法律责任，当事人及其法定代理人有权要求他们回避。根据《民事诉讼法》第47条的规定，审判人员有下列情形之一的，应当自行回避，当事人有权用口头或者书面方式申请他们回避：①是本案当事人或者当事人、诉讼代理人近亲属的；②与本案有利害关系的；③与本案当事人、诉讼代理人有其他关系，可能影响对案件公正审理的。此外，审判人员接受当事人、诉讼代理人请客送礼，或者违反规定会见当事人、诉讼代理人的，当事人有权要求他们回避。

依据有关法律和司法解释，回避人员的范围包括：直接承办案件的审判员、助理审判员、人民陪审员，有权参与案件讨论并作出决定的审判委员会委员，案件的书记员、翻译人员、鉴定人员。

3. 回避的种类。根据我国诉讼法的有关规定，回避分为以下三种：

（1）自行回避。自行回避又称主动回避，是指具有法定回避情形之一的有关办案人员自行要求回避。

（2）申请回避。申请回避，是指应当回避的人员具有法定的回避情形却没有自行回避时，当事人及其诉讼代理人有权向人民法院提出申请，要求他们回避。申请回避权是法律赋予当事人及其诉讼代理人的重要诉讼权利之一，人民法院有义务在开庭时按照法定程序告知当事人及其诉讼代理人该案的审判组织情况和他们享有申请回避的权利，并询问他们是否申请回避。

根据诉讼法的有关规定，我国的回避制度是有因回避，即当事人及其诉讼代理人申请回避必须说明法定理由，否则法院会驳回其申请。申请回避的时间，一般是在案件开始审理时提出，若回避事由在案件开始审理后知道的，也可以在法庭辩论终结前提出。

（3）指令回避。指令回避，是指应当回避的人员遇有法定回避情形没有自行回避，当事人及其诉讼代理人也没有申请回避时，人民法院发现后，有权作出回避决定的有关负责人或组织责令其退出诉讼活动的一种回避。指令回避是对自行回避和申请回避制度的必要补充。

4. 回避制度的运作。诉讼法规定，院长担任合议庭审判长的，其是否回避由本院审判委员会决定；审判人员的回避，由院长决定；其他人员的回避，由院长或审判长决定。被要求回避的人员在作出是否回避的决定前，应当暂停参与本案的工作，但案件需要采取紧急措施的除外。

诉讼法规定，人民法院对当事人提出的回避申请，应当在申请提出后的3日内，以口头或者书面形式作出决定。申请人对决定不服的，可以在接到决定时申请复议一次。复议期间，被申请回避的人员，不停止参与本案的工作。人民法院对复议申请，应当在3日内作出复议决定，并通知复议申请人。

（五）合议制度

1. 合议制度的含义。合议制度，是指人民法院在审判案件时由3名以上（包括3名）审判员或者审判员和人民陪审员共同组成合议庭进行审判的制度。

2. 合议制度的运作。依据《人民法院组织法》和诉讼法的有关规定，合议制是审判组织的一般形式，即人民法院审判案件原则上由合议庭进行。只有简单的民事案件、轻微的刑事案件和法律另有规定的案件，才可以由审判员一人独任审判。

在合议庭的组成上，第一审案件由审判员组成或者由审判员和人民陪审员组成。对于上诉和抗诉案件，则只能由审判员组成合议庭进行。合议庭的成员人数必须是单数。

根据《人民陪审员法》的规定，人民法院审判下列第一审案件，由人民陪审员和法官组成七人合议庭进行：①可能判处10年以上有期徒刑、无期徒刑、死刑，社会影响重大的刑事案件；②根据民事诉讼法、行政诉讼法提起的公益诉讼案件；③涉及征地拆迁、生态环境保护、食品药品安

全，社会影响重大的案件；④其他社会影响重大的案件。

在合议庭进行审判活动时，由院长或者庭长指定一名审判员担任审判长。院长或庭长参加案件审判的时候，自己担任审判长。审判长主持法庭的审判活动，并负责维持法庭秩序。

人民陪审员参加三人合议庭审判案件，对事实认定、法律适用，独立发表意见，行使表决权。人民陪审员参加七人合议庭审判案件，对事实认定，独立发表意见，并与法官共同表决；对法律适用，可以发表意见，但不参加表决。在合议庭评议案件时，实行民主集中制原则，如果意见有分歧，遵循少数服从多数的原则，以多数人意见作出结论，但是少数人的意见应当写入笔录。评议笔录由合议庭成员签名并装卷存档。

（六）审判监督制度

1. 审判监督制度的含义。审判监督制度也称再审制度，是指人民法院对已经发生法律效力的判决和裁定依法重新审理并作出判决的一种审判制度。在性质上，它是一种救济程序，是对两审终审制度的补充。其理论基础是我国长期以来一贯坚持的“实事求是、有错必纠”的政法工作原则。

具体而言，审判监督制度包括以下内容：①适用对象是已经发生法律效力的判决、裁定或调解协议。没有发生法律效力的判决、裁定，或者未经过裁判的案件，不能适用。②适用的条件是已经发生法律效力的裁判确有错误。③在审判适用的程序上，可以是一审程序，也可以是二审程序。审判监督程序并未规定审理再审案件的具体程序，而是规定如果案件原来是第一审案件的，再审时则适用第一审程序；如果案件原来是第二审案件，或者是由上级法院提审的，则适用第二审程序。

2. 审判监督程序的启动方式。

（1）人民法院自行提起。人民法院在日常业务活动中发现已发生法律效力的判决、裁定确有错误的，有义务主动提起审判监督程序，对该案进行再审。具体分为以下两种：①本院自行决定再审。《刑事诉讼法》第254条第1款、《民事诉讼法》第209条第1款均明确规定，各级人民法院院长对本院已经发生法律效力的判决、裁定，发现确有错误，认为需要再审的，应提交审判委员会讨论决定。经审判委员会决定再审的，应当提起审判监督程序。②上级法院提审或指令再审。《民事诉讼法》第209条第2款、《刑事诉讼法》第254条第2款规定，最高人民法院对地方各级人民法院已经发生法律效力的判决、裁定，上级人民法院对下级人民法院已经发生法律效力的判决、裁定，发现确有错误的，有权提审或者指令下级人民法院再审。当然，对于人民法院自行启动审判监督程序的做法，现已受到了学者们的诸多批评，其确实存在一定问题。

(2) 检察机关抗诉。人民检察院对已经发生法律效力的判决、裁定发现确有错误有权提出抗诉。《刑事诉讼法》第254条第3款规定，最高人民检察院对各级人民法院已经发生法律效力的判决和裁定，上级人民检察院对下级人民法院已经发生法律效力的判决和裁定，如果发现确有错误，有权按照审判监督程序向同级人民法院提出抗诉。《民事诉讼法》第219条规定，最高人民检察院对各级人民法院已经发生法律效力的判决、裁定，上级人民检察院对下级人民法院已经发生法律效力的判决、裁定，发现有《民事诉讼法》第211条规定情形之一的，或者发现调解书损害国家利益、社会公共利益的，应当提出抗诉。地方各级人民检察院对同级人民法院已经发生法律效力的判决、裁定，发现有《民事诉讼法》第211条规定情形之一的，或者发现调解书损害国家利益、社会公共利益的，可以向同级人民法院提出检察建议，并报上级人民检察院备案；也可以提请上级人民检察院向同级人民法院提出抗诉。各级人民检察院对审判监督程序以外的其他审判程序中审判人员的违法行为，有权向同级人民法院提出检察建议。人民检察院提出抗诉的案件，人民法院应当再审。

(3) 当事人申请再审。当事人对于已经发生法律效力的判决、裁定，认为其认定事实或适用法律不当的，有权申请再审，人民法院审查后，符合条件的，应当提起再审程序。根据《刑事诉讼法》第253条的规定，当事人及其法定代理人、近亲属的申诉符合下列情形之一的，人民法院应当重新审判：①有新的证据证明原判决、裁定认定的事实确有错误，可能影响定罪量刑的；②据以定罪量刑的证据不确实、不充分、依法应当予以排除，或者证明案件事实的主要证据之间存在矛盾的；③原判决、裁定适用法律确有错误的；④违反法律规定的诉讼程序，可能影响公正审判的；⑤审判人员在审理该案件的时候，有贪污受贿，徇私舞弊，枉法裁判行为的。

根据《民事诉讼法》第211条的规定，当事人的申请符合下列情形之一的，人民法院应当再审：①有新的证据，足以推翻原判决、裁定的；②原判决、裁定认定的基本事实缺乏证据证明的；③原判决、裁定认定事实的主要证据是伪造的；④原判决、裁定认定事实的主要证据未经质证的；⑤对审理案件需要的主要证据，当事人因客观原因不能自行收集，书面申请人民法院调查收集，人民法院未调查收集的；⑥原判决、裁定适用法律确有错

误的；⑦审判组织的组成不合法或者依法应当回避的审判人员没有回避的；⑧无诉讼行为能力人未经法定代理人代为诉讼或者应当参加诉讼的当事人，因不能归责于本人或者其诉讼代理人的事由，未参加诉讼的；⑨违反法律规定，剥夺当事人辩论权利的；⑩未经传票传唤，缺席判决的；⑪原判决、裁定遗漏或者超出诉讼请求的；⑫据以作出原判决、裁定的法律文书被撤销或者变更的；⑬审判人员审理该案件时有贪污受贿，徇私舞弊，枉法裁判行为的。

需注意的是，根据《民事诉讼法》第 216 条的规定，当事人申请再审，应当在判决、裁定发生法律效力后 6 个月内提出；有本法第 211 条第 1 项、第 3 项、第 12 项、第 13 项规定情形的，自知道或者应当知道之日起 6 个月内提出。但在刑事申诉中，当事人及其法定代理人、近亲属的申诉没有期间的限制。

3. 审判监督程序的运作。

（1）再审程序的确定。诉讼法规定，人民法院按照审判监督程序审理案件，若发生法律效力的判决、裁定是由第一审法院作出的，则按照第一审程序审理，所作的判决、裁定，当事人可以上诉；若发生法律效力的判决、裁定是由第二审法院作出的，则按照第二审程序审理，所作的判决、裁定，是发生法律效力的判决、裁定；若发生法律效力的判决、裁定是由上级人民法院按照审判监督程序提审的，则按照第二审程序审理，所作的判决、裁定是发生法律效力的判决、裁定。而且，再审程序不得适用简易程序。

（2）再审合议庭的组成。再审案件必须由合议庭进行审理。诉讼法规定，人民法院按照审判监督程序再审案件，应当另行组成合议庭，不能由审判员一人独任审判；而且，原审合议庭的组成人员或原独任庭的审判员，不得参加再审合议庭。

（3）在具体运作中还需注意，决定再审后，人民法院应作出中止原判决执行的裁定。裁定由院长署名并加盖人民法院印章，上级人民法院在紧急情况下，也可以在裁定前，通知原审人民法院暂缓执行。因人民检察院抗诉而再审的，再审时应当通知人民检察院派员出席法庭。在审理期限上，诉讼法规定，刑事再审案件的审限为 3 个月，需要延长期限的，不得超过 6 个月。按照第一审程序审理的民事再审案件的审限为 6 个月，按照第二审程序审理的民事再审案件的审限为 3 个月，审限自决定再审之日起计算。

思考题

1. 什么是法院制度？如何理解法院制度的本质？法院制度具有哪些特征？
2. 法院具有哪些职权？法院具有哪些功能？
3. 我国法院制度具有哪些基本原则？
4. 什么是法院的组织体系？我国各级人民法院具有哪些职责？
5. 我国法院有哪些审判组织形式与内部组织结构？

拓展阅读

第二章 检察制度

学习目的和要求

通过学习，系统掌握检察制度的发展、性质、特点以及任务；了解检察机关的组织体系和检察官制度；熟悉我国检察工作的基本内容。在系统掌握我国检察制度的基础上，结合我国司法实践状况，积极思考和探索我国检察制度改革中的前沿问题，奠定良好的检察理论素养和法治精神。

第一节 检察制度概述

一、检察制度的概念

检察制度是指由国家制定和认可的有关检察机关及其性质、任务、职权、组织机构和活动原则等一系列制度的总和。检察制度是由检察机关代表国家提起诉讼及维护法律实施的司法制度，是国家制度的重要组成部分。

检察制度作为世界各国共同具有的一项重要的司法制度，是社会发展需要的产物，对刑事司法的构造和运作发挥着至关重要的作用。不同的国家由于政治法律制度的传统和法律文化发展的脉络不同，检察制度的产生、演进的道路及检察制度的内容、运作模式等也会有所不同。

在国家发展历史上，对犯罪的起诉最先是国家和法产生初期私人复仇这一原始习俗演变而成的私人起诉模式，由受害人或其亲属起诉；随着人们对犯罪的认知的转变，犯罪不再被认为仅仅是对私人利益的侵害，而是对国家统治秩序的一种破坏，公共起诉应运而生，有行为能力的人均可起诉；之后，统治者实行了国家起诉制度，由统治者确认哪些行为是犯罪，什么样的案件可以国家名义起诉。目前，世界各国普遍规定由检察机关行使公诉权，这构成检察制度的主要内容。广义的检察制度以法律监督为核心内容，狭义的检察制度以追诉犯罪为核心内容。

二、检察制度的起源与发展概况

（一）中国检察制度的发展历程

中华苏维埃共和国1932年6月9日制定了《裁判部暂行组织及裁判条例》，1934年2月17日制定《中华苏维埃共和国中央苏维埃组织法》，确立了包括检察制度在内的人民司法制度，当时的检察机关是作为裁判部（即法院）的一个组成部分而建立起来的。[1]抗日战争时期，在中国共产党领导的陕甘宁、晋察冀等抗日根据地，建立了审检合署的检察制度，即在法院设置检察机构，人民检察制度作为人民政权的重要组成部分得到了延续与发展。到解放战争时期，审检开始分离，检察机关独立行使职权，不受其他机关及审判机关的干涉，只服从于上级检察机关首长的命令，检察制度取得了新发展。1949年中华人民共和国成立至1951年9月，新中国先后通过了《中央人民政府组织法》《中国人民政治协商会议共同纲领》《中央人民政府最高人民检察署试行组织条例》《中央人民政府最高人民检察署暂行组织条例》《各级地方人民检察署组织通则》等规范性文件，中共中央也发出了关于建立检察机关的指示，党和国家开始重视和关怀检察机关的建设，基本确定了我国检察制度的基本内容，为全面、系统地建立检察制度奠定了法律基础。1954年9月21日，第一届全国人民代表大会第一次会议通过了《人民检察院组织法》，这是我国历史上第一部检察院组织法典，规定国家设置最高人民检察院、地方各级人民检察院和专门人民检察院，并对检察院的职权、组织、活动原则和行使职权的程序作出了明确规定，全国各级人民检察院逐步建立和健全起来。

从1957年反右派斗争开始，检察制度受到了很大冲击。由于“文化大革命”的影响，检察机关于1968年年底被撤销，我国检察制度出现倒退。1975年《宪法》第25条第2款规定“检察机关的职权由各级公安机关行使”，标志着检察制度就此中断。

“文化大革命”结束后，1979年7月1日第五届全国人民代表大会第二次会议修正通过了《人民检察院组织法》，同年7月7日颁布了《刑事诉讼法》，我国的检察制度得以重新建立和发展。[2]此后，全国人大常委会先后于1983年、1986年对《人民检察院组织法》的部分条文进行了修正，对检察机关的法律监督职权及行使职权的原则、程序等作了进一步的

---

〔1〕 王桂五：《王桂五论检察》，中国检察出版社2008年版，第3页。

〔2〕 石少侠主编：《检察学新论》，中国检察出版社2013年版，第67页。

修正和补充，我国检察制度愈发完善。1995 年 2 月 28 日第八届全国人大常委会第十二次会议审议通过的《检察官法》对人民检察院组织法的有关内容进行了重要修改和补充，这是人民检察制度上的一件大事，标志着我国检察官制度的正式建立，在我国检察制度建设中具有里程碑意义。

2006 年 5 月 3 日《中共中央关于进一步加强人民法院、人民检察院工作的决定》印发，为新时期检察工作发展提供了坚强的制度保障。2008 年以来，深化司法体制改革逐渐提上了我国社会主义法治建设的日程，党的十七大、十八大报告都提出了深化司法体制改革，确保审判机关、检察机关依法独立公正行使审判权、检察权的目标。2012 年，党的十八大胜利召开，中国进入了新时代。党的十八届四中全会通过的《中共中央关于全面推进依法治国若干重大问题的决定》和党的十九大报告提出的“深化司法体制综合配套改革”，更突出了深化检察体制改革的任务。2018 年 3 月监察体制改革深入推进，检察机关的职能发生了重大调整，原有的反贪、反渎等部门转隶监察委员会。2021 年 6 月，《中共中央关于加强新时代检察机关法律监督工作的意见》的出台，为加强新时代检察机关法律监督工作指出方向、明确政策、提供保障，确保检察权依法规范行使。

（二）国外检察制度的发展概况

1. 大陆法系的检察制度。一般认为，西方国家的检察制度发源于中世纪的法国。在中世纪初期，诉讼制度受自治观念支配，法国采取不告不理的私诉形式。12 世纪时，王室领地不断扩大，王权逐渐得到加强，领主的司法权被削弱。国王为了弥补私诉形式的缺陷，加强中央集权，有效维护其统治，便设置王室代理人，由王室代理人出席国王法院审判庭，代表国王提起租税等内容的诉讼。法国菲利普四世（1285 年—1314 年）时，王室代理人成为专职的国家官员。17 世纪国王路易十四时代，在最高审判机关中设立检察长；在各级审判机关中设立检察官和助理检察官，赋予检察机关提起刑事追诉的排他性权力。至此，法国检察制度完全确立。[1] 1789 年法国爆发了大革命，废除了司法职务世袭制，并完全颠覆了旧的司法机构体系。1804 年《法国民法典》和 1807 年的《法国民事诉讼法典》首次对民事检察制度进行了全面规定，法国民事检察制度基本形成。1808 年的《法国刑事诉讼法典》全面规定了检察官在刑事诉讼中的地位和职权，法

---

〔1〕 魏武：《法德检察制度》，中国检察出版社 2008 年版，第 5 页。

国检察系统在组织体系、领导体制等方面也逐步趋于成熟和稳定，经过1808年—1810年之间的改革及整顿，法国之检察制度乃告奠定：检察官在司法制度中占据独特且重要的一角。此后的190多年间，法国检察制度的基本格局没有太大的变化。法国检察制度随着法国大革命的影响而传播，之后，比利时、德国、意大利、日本等国都沿袭了法国式的检察制度。

2. 英美法系的检察制度。英国是英美法系检察制度的发源地，检察制度的发展较为曲折。英国检察制度的出现与英国的代理人制度密切相关，英国的检察制度走的是普通法传统下的演进之路，[1]国王的法律代理人担负着在皇家法庭上维护君主利益的职责，主要从事政府法律顾问方面的工作，这是英国检察官制度的雏形阶段。1461年，国王律师更名为总检察长，同时设置“国王的辩护人”。[2]1515年，新任国王辩护人被赋予副总检察长的头衔。这是英国检察官制度的雏形阶段。[3]到1879年，英国颁布《罪行检控法》，规定设立专门办理破坏王室之外利益的案件的检察机关——公诉处，在中央一级是受总检察长和副总检察长的指导，在地方上由内政大臣领导。此后，经过1884年、1908年两次颁布同名《罪行检控法》，英国确立了现代检察官制度的基本结构，公诉长官可以独立成为刑事追诉的主体，这被看作是英国历史上的检察官。1985年英国制定《犯罪起诉法》，建立了由检察机关提出诉讼的制度。1986年后，英国建立了自上而下、统一的检察机关体系，加强了对公诉权的控制，扩大了检察机关的职权，改变了英国“私人起诉主义”传统。其刑事追诉制度在具有自身特点的同时，已经与现代其他国家趋于一致。[4]由此可见，英国在19世纪末20世纪初正式确立检察制度。

美国独立伊始，仿效英国建立了检察制度。到1870年，美国成立了司法部，正式形成了今日美国的检察制度格局。美国是一个联邦制国家，检察机构也分为隶属于联邦司法部的联邦检察机关和隶属于各州的地方检察机关。在联邦，司法部长、副部长同时兼任联邦总检察长、副总检察长，直接领导和监督联邦检察官。美国检察体系的第二套系统是各州的检察机关。联邦检察系统与各州检察系统并无隶属关系。美国检察机关的主要职

---

〔1〕 石少侠主编：《检察学新论》，中国检察出版社2013年版，第39页。

〔2〕 李军、韩红俊、薛少峰：《中国司法制度》，法律出版社2017年版，第81页。

〔3〕 孙谦主编：《中国特色社会主义检察制度》，中国检察出版社2009年版，第70页。

〔4〕 石少侠主编：《检察学新论》，中国检察出版社2013年版，第41~43页。

责就是追诉犯罪。

澳大利亚属于英美法系国家之一。在澳大利亚，对刑事案件的起诉权一直由警察行使，直到维多利亚州根据凯伊政府颁布的1982年《检察长法》规定，在1983年设立了检察总长，起诉权与侦查权分离。1987年7月，新南威尔士州成立了起诉办公室（检察总署）。之后，其他几个州和区也相继效仿，纷纷设立了各自的独立起诉机构。它们在运作中逐渐演化成了独立的、统一的、专门的起诉组织。澳大利亚检察机关的设立，使得刑事案件的起诉权从警察手里独立出来，这不仅有利于提高刑事案件的起诉效率，也能够对警察的侦查权构成一种监督与制衡，有利于保证刑事案件的办理质量。澳大利亚系联邦制国家，由六个州、两个区组成，各州、区都有自己的立法机构和司法制度。全国共有九个独立的司法辖区，每个辖区都有自己的刑事机构和行政体制，各司法区内的检察官在各辖区的法律制度下负责刑事案件的起诉工作。州检察总署是州一级的最高检察机关，其与联邦检察总署并不存在上下级的隶属关系，更多的是一种合作关系，各自在职责范围内决定起诉事项。

三、检察制度的性质与特点

（一）我国检察制度的性质与特点

我国的检察制度是宪法、法律所规定的检察机关的性质、地位、任务、职权、组织体系、活动原则以及各项工作制度的总称，以苏联的模式为基础，并结合我国的国情而设立。

1. 我国检察制度的性质。我国的检察机关是由国家权力机关产生并赋予它行使检察权的法律监督机关，检察制度是国家设置的专门机关即检察机关对法律的执行和遵守实行专门监督的制度，应隶属于法律监督制度。

主流观点认为，我国检察权的性质是法律监督权，因为在我国的国家权力结构中不论是从宪法的规定上看还是从我国权力运作的实际情况来看，检察权都是作为法律监督权存在的。检察权行政性质和司法性质的有机结合，构成了法律监督权所特有的属性，既不同于行政权，又不同于司法权，而成为国家权力分类中一种独立的权力。检察机关的各项权能都应当统一于法律监督，都是法律监督的一种表现形式，因为检察权本身就是检察机关所依法享有的职权，检察机关的法律监督性质也就直接决定了检察权的法律监督性质，检察机关的所有职权都应与法律监督机关相适应。在现实社会中，检察机关行使职权的基本功能是法律的统一正确实施，具有不容置疑的法律监督功能，这种法律监督功能正是检察权特殊本质的表现。

我国《宪法》第134条规定："中华人民共和国人民检察院是国家的法律监督机关。"我国检察权的性质是法律监督权，而法律监督指人民检察院运用法律赋予的职务犯罪侦查权、公诉权和诉讼监督权，追诉犯罪和纠正法律适用中的违法行为，保障国家法律在全国范围内统一正确实施。检察机关虽然参与诉讼，追究犯罪者的法律责任，但只是检察机关行使法律监督权的主要形式，不能忽视检察制度属于法律监督制度的客观性质。

法律监督有广义和狭义之分：广义的法律监督，是指国家对法律的执行和遵守情况所进行的多方面的监督；狭义的法律监督，是指国家专门机关即检察机关对法律的执行和遵守情况所进行的专门监督。我国人民检察院作为国家的法律监督机关所进行的法律监督，显然是指狭义的法律监督。检察机关依法行使法律监督权，开展对刑事、民事、行政、公益诉讼"四大检察"的监督。

事实上，我国检察机关的法律监督权正是吸收了列宁以检察权维护法制统一的观点，列宁主张检察垂直领导体制是为了监督全苏俄境内法制的统一，可以使"检察长有权利和有义务做的只有一件事：注意使整个共和国对法制有真正一致的理解，不管任何地方差别，不受任何地方影响。"〔1〕我国检察机关的内部领导关系正是为了实现列宁所提出的监督地方违法，保障法律统一实施的目标。1979年修改宪法时，将检察院上下级之间改为"领导关系"，即是为了"保证检察院对全国实行统一的法律监督"。〔2〕2007年8月，最高人民检察院印发《关于加强上级人民检察院对下级人民检察院工作领导的意见》，加强上级人民检察院对下级人民检察院工作的领导，发挥检察机关的体制优势，增强法律监督的整体合力。

2. 我国检察制度的特点。

人民性。检察权来源于人民又服务于人民，广泛的人民性是人民检察院最根本的属性，我国检察制度充分体现了我们国家人民民主专政的性质，因此又被称为人民检察制度。《宪法》第2条规定，中华人民共和国的一切权力属于人民。马克思主义历史唯物观认为历史由人民创造，实践

---

〔1〕 中共中央马克思恩格斯列宁斯大林著作编译局编译：《列宁全集（第四十三卷）》，人民出版社1987年版，第195页。

〔2〕 彭真：《关于七个法律草案的说明》，载《彭真文选（一九四一——一九九〇年）》，人民出版社1991年版，第378页。

证明人民才是历史的真正主人，是历史的创造者，是社会主义真正的捍卫者、建设者。中国共产党在人民检察制度萌芽探索阶段就将人民性的内涵赋予其中，如陕甘宁边区检察队伍由工人、农民、知识分子组成，彰显了人民检察来自人民、为了人民的本质特征。当前，在人民代表大会制度的结构中，检察机关由人民代表大会产生，对它负责，受它监督，这是检察制度人民性的重要体现。一些检察制度设计也蕴含了人民性的宗旨使命，如在2003年最高人民检察院推进人民监督员制度，是检察机关创立的旨在加强对检察工作自身的外部监督的一项重要改革举措。人民监督员制度不同于一般意义上的监督，是一种民众参与司法的监督方式。

专门性。《宪法》第134条、《人民检察院组织法》第2条规定，我国的人民检察院是国家的法律监督机关。它以法律监督为其专门职责。这种专门性要求检察机关独立行使检察权，以维护法律的正确统一实施。

独立性。《宪法》第136条、《人民检察院组织法》第4条规定："人民检察院依照法律规定独立行使检察权，不受行政机关、社会团体和个人的干涉。"独立性是我国检察权的基本特征，是保障检察监督公正有效的根本前提，更是奠定检察监督客观自主、构建检察权威地位的基石。检察机关的独立性强调的是整体的独立性，即检察机关作为一个整体对外独立。当然，党的领导和人大的监督既是检察工作必须坚持的一项重要原则，也是检察权独立行使的重要保障。

强制性。我国检察机关履行法律监督职责是由国家强制力来保证实现的。我国法律赋予检察机关可以采取很多强制性措施，比如检察机关依法能够对犯罪嫌疑人的人身自由进行限制或者剥夺。同时，检察机关在履行法律监督职责中发现行政机关违法行使职权或者不行使职权的，可以依照法律规定制发检察建议等督促其纠正。人民检察院行使法律规定的法律监督职权，可以进行调查核实，并依法提出抗诉、纠正意见、检察建议。有关单位应当予以配合，并及时将纠正意见、检察建议的采纳和落实情况书面回复人民检察院。

监督性。检察机关作为法律监督机关，其制度具有监督特性。《中共中央关于加强新时代检察机关法律监督工作的意见》开篇明确："人民检察院是国家的法律监督机关，是保障国家法律统一正确实施的司法机关，是保护国家利益和社会公共利益的重要力量，是国家监督体系的重要组成部分"，进一步强调了监督性。检察机关在履行法律监督职责中发现行政机关违法行使职权或者不行使职权的，可以依照法律规定制发检察建议等督促其纠正，彰显了监督性。

程序性。在一般情况下，检察机关所实施的监督性法律行为所产生的法律后果不是直接变更实体的法律关系，如确定某一财产的归属、决定对某人实施何种处罚，而是导致某一处理程序的发生、发展或终止，也就是说，它建议、监督某一问题的处置，同时为这种处置提供适当的条件，却不代替行使国家行政权和审判权的机关决定问题如何处理。

（二）国外检察制度的性质与特点

因社会、政治、经济、文化、历史传统等方面不尽相同，各国检察机关的设置和职能也不尽相同。检察权性质是检察制度的核心问题，也是检察理论研究中的基础问题。

检察制度的性质与检察权的性质密切相关。由于检察权的多样性，引发了对其属性的讨论，并呈现行政权说、司法权说、双重属性说、法律监督说等不同认识。[1]具体来看：

1. 行政权说。英美法系国家检察权主要表现为行政权的性质。支持该种学说的理由主要是：一是各国的检察机关在组织结构上都实行检察一体制度，检察机关内部的层阶性非常明显，不同于司法机关。检察权具有命令性，上下级检察机关之间、检察机关与组成人员之间均是命令与服从的关系，上级检察机关可以领导和指挥下级检察机关，甚至可以亲自处理应由下级检察机关处理的案件，而下级检察机关对此必须服从，这种上令下行的权力运作模式与行政机关非常类似。[2]二是以公诉权力为主要内容的检察权在本质属性上和终极意义上应属于行政权，检察机关的行为具有主动性、程序性的特点，区别于法院审判活动的被动性、终局性的特点。检察权是主动性权力，如果不主动地行使职权去侦查、控诉违法行为就是失职；检察权属执行性权力，它最终要接受司法权的裁判。[3]特别是，检察机关直接组织实施侦查的行为，因其严密的组织结构和监督指挥关系，且突出行为的实效（破案），也具有明显的行政性质。三是检察权不属立法，也不属于具有依法裁判功能并受宪法独立保障的司法，检察官是政府在诉讼中的“代言人”。[4]在组织体系上，西方国家检察机关与司法行政体系

---

〔1〕 张永进：《检察权运行机制研究》，知识产权出版社 2021 年版，第 15 页。

〔2〕 陈群主编：《中国司法制度》，武汉大学出版社 2016 年版，第 77 页。

〔3〕 徐显明：《司法改革二十题》，载《法学》1999 年第 9 期。

〔4〕 龙宗智：《论检察权的性质与检察机关的改革》，载《法学》1999 年第 10 期。

关系密切，接受司法部长指令，行政色彩非常浓厚，更符合行政权的特点。

2. 司法权说。支持该种学说的理由为：一是从检察制度发展的趋势来看，强调检察权的司法属性有利于防止行政权对检察权的不当干预。检察官本质上属于广义的司法官，其身份与职务应该受到与法官同等的保障。在司法实务中，检察官的活动已经很少受制于上级的命令，其独立性远高于一般行政官员。二是从价值追求上看，检察官与法官关于事实的审查与法律的判断，均依同一目标，即保证法律的正确实施和社会正义的最后实现，而不问行政的需求。在法国等大陆法系国家，检察官更被定义为承担严格客观义务的“法律守护人”。三是从检察制度的历史发展来看，新生的检察官行使的实际上是原本属于法官的部分职权，检察权实质上就是司法权的一部分。检察官应当是审前程序中的法官，其与主持审判程序的法官，在司法属性上不应当有任何差别。

3. 双重属性说。大陆法系国家多主张检察权兼顾司法和行政的双重属性。所谓行政性，是指检察机关的上下领导关系，包括检察一体制及相关制度，突出体现了检察权的行政性；所谓司法性，是指检察机关的活动具有一定独立性，检察官在诉讼活动中也具有一定的独立性，他不是长官的附庸，而能独立地作出诉讼判断并付诸实施（美国、德国、日本等现代各国检察官的独立性都有制度上的保障）。[1]司法部长对检察官的指令以及上级检察机关对下级检察机关的指令都必须受到客观主义和法定主义的限制，检察官的相对独立性也越来越强。[2]比如，在德国刑事诉讼程序中，检察官并不是以一方当事人而是以客观、公正的司法官身份参与诉讼的，其职务行为受到法定义务和客观义务的严格约束，其目的亦不是单方面打击犯罪，而是致力于全面查清事实真相，公正地展开追诉和审判，并确保法院判决的公正性。由此可见，德国的检察官在刑事诉讼上角色虽然与法官存在差异，但两者在功能上却具有同质性。

4. 法律监督说。该种原说认为法律监督才是检察权的本质特点，司法属性和行政属性都只是检察权的兼有特征和局部特征。[3]英美法系的检察制度作为司法制度的组成部分，其形成和发展深受自由主义国家观念的影

---

〔1〕 朱孝清：《中国检察制度的几个问题》，载《中国法学》2007 年第 2 期。

〔2〕 陈永生：《论检察机关的性质》，载《国家检察官学院学报》2001 年第 2 期。

〔3〕 谢鹏程：《论检察权的性质》，载《法学》2000 年第 2 期。

响。一是检察机关在行使职权时的法律地位与公民对等；二是检察机关的主要职能是代表政府进行公诉，一般不具有对侦查的领导、指挥和监督的权力，检察机关对审判权不具有监督职责或有限监督；三是检察机关的组织体系较为松散，检察官队伍具有不稳定性特征。

大陆法系的检察制度深受国家主义观念的影响，形成了以权力为主线的制度模式，表现为在刑事诉讼中国家权力积极、全面地介入以及各诉讼权力机关之间的协同配合。一是检察机关的地位、性质、职权和行使职权的人员及程序都由法律明确规定；二是检察机关在诉讼中和侦查机关、审判机关一样是行使国家职权的机关，而非诉讼中平等的当事人地位；三是检察机关主要实行的是刑事诉讼职权，代表国家对罪犯追究刑事责任和提起公诉，具有对刑事案件的侦查权及公诉权，并对侦查、审判行为开展监督；四是检察机关往往在事实上被作为司法机关从一般行政机构中分离出来，建立起与法院组织结构相应的组织体系，形成一体化的领导机制，检察官和法官一样被作为司法官看待。

四、我国检察制度的任务

我国《人民检察院组织法》第 20 条规定，人民检察院行使下列职权：①依照法律规定对有关刑事案件行使侦查权；②对刑事案件进行审查，批准或者决定是否逮捕犯罪嫌疑人；③对刑事案件进行审查，决定是否提起公诉，对决定提起公诉的案件支持公诉；④依照法律规定提起公益诉讼；⑤对诉讼活动实行法律监督；⑥对判决、裁定等生效法律文书的执行工作实行法律监督；⑦对监狱、看守所的执法活动实行法律监督；⑧法律规定的其他职权。上述职权都是检察权的内容。人民检察院通过行使检察权，追诉犯罪，维护国家安全和社会秩序，维护个人和组织的合法权益，维护国家利益和社会公共利益，保障法律正确实施，维护社会公平正义，维护国家法制统一、尊严和权威，保障中国特色社会主义建设的顺利进行。

（一）维护国家安全和社会秩序

国家的统一、民族的团结、人民民主专政制度的巩固、社会主义法律制度的执行是建设社会主义事业的基本保证。检察机关坚决维护国家政治安全，通过行使检察权，依法办理危害国家安全的犯罪案件。依法惩治一切叛国的、分裂国家的和其他危害国家安全的违法犯罪活动，保证准确、及时地打击犯罪，维护社会主义法制，维护国家统一，维护人民民主专政制度。

(二) 维护国家利益和社会公共利益

2021年6月中国共产党中央委员会印发《中共中央关于加强新时代检察机关法律监督工作的意见》，首次以中共中央文件的形式明确人民检察院是“保护国家利益和社会公共利益的重要力量”。检察机关通过行使检察权，追诉犯罪，维护国家安全和社会秩序，维护国家利益和社会公共利益，保障法律正确实施，维护社会公平正义，保障中国特色社会主义建设的顺利进行。检察机关通过行使检察权，保护国有的财产、劳动群众集体所有的财产和公民私人所有的合法财产，积极同破坏社会主义经济、侵犯财产等犯罪行为作斗争，积极稳妥推进公益诉讼检察，维护社会主义市场经济秩序，保护社会主义物质基础，保障社会主义现代化顺利进行。

(三) 维护个人和社会组织的合法权益

检察机关通过行使检察权，保护公民的人身权利、民主权利和其他合法权益。公民的人身权利和民主权利是公民的基本权利，公民权利的正确行使，体现了公民在国家政治、经济、社会生活中的地位和作用。人民检察院通过行使检察权，监督国家法律严格执行，依法惩治侵犯公民人身权利、民主权利的犯罪，以充分尊重公民的人身权利和保障公民的合法权益。我国宪法和法律对公民的人身权利、民主权利和其他权利均加以保护，因此，作为法律监督机关的检察机关理所应当地肩负起保护公民基本权利的任务。检察机关通过行使检察权，重视人权司法保障，坚持遵循正当法律程序，坚持以事实为根据、以法律为准绳，严格审查每一起刑事案件，确保犯罪的人受到依法惩处，保障无罪的人不受刑事追究。

(四) 保障法律公正实施，维护社会公平正义

公平正义是司法活动的内在品质和价值追求，是人民群众对法治的期望和信心所在。司法的错误和不公，必然违背法律制定的初衷和法律适用的目的，导致司法权对公民权利的不当侵害。检察机关通过行使检察权，强化对司法活动的监督。维护和促进公平正义，是检察机关的重要职责使命。

(五) 维护法律的统一实施和权威，保障中国特色社会主义建设的顺利进行

法律实施是指国家法律在社会生活中被实际的运用施行，包括国家行政机关执行法律，国家司法机关适用法律，公民、社会组织、国家机关等社会全体成员遵守法律的活动。保障法律的正确统一实施就是确保国家机构、社会组织、国家工作人员和全国人民严格遵守国家法律，维护宪法、

法律、法规、政令的统一性、秩序性和权威性。检察机关通过行使公权力，及时追诉犯罪维护法律适用的统一。在刑事诉讼、民事诉讼和行政诉讼中检察机关行使抗诉权等职能活动，保障和促进审判机关在法律适用上的统一。最高人民检察院还通过行使司法解释权来统一各级检察机关对法律的理解，以具有约束力的司法解释来经常性和有针对性地指导各级检察机关正确依法履行职权，维护法律的统一适用。通过行使上述职权，保障中国特色社会主义建设的顺利进行。

第二节　检察工作的基本原则

检察工作的基本原则，是指检察机关在行使法定职权活动中必须遵循的准则，是由《宪法》《人民检察院组织法》《刑事诉讼法》所规定的，用于指导人民检察院进行检察活动的基本准则。人民检察院的工作原则主要包括：

一、坚持党的领导和接受人大监督原则

坚持党的领导、接受人大及其常委会的监督是中国检察机关进行检察工作、履行法律监督职能过程中始终必须坚持的首要原则。

依法独立行使检察权，是党对检察机关工作的基本要求，坚持党的领导，正是为了更好地依法独立行使检察权。党对检察工作的领导主要是对检察机关政治、思想、组织方面的宏观领导，以及对查办重大案件的指导和监督，主要包括：其一，党的组织领导体现在党管干部的原则，把政治标准作为选配领导干部的第一标准，选优配强各级检察机关领导班子，为检察机关输送合格的检察干部，监督其遵守党和国家的纪律、法律。其二，党的政治、思想领导，是从政治思想上对检察干部进行领导、监督，主要表现为严格执行《中国共产党政法工作条例》，最高人民检察院党组要认真履行领导责任，贯彻落实党中央决策部署，对于检察机关法律监督工作中的重大问题和重大事项，按照规定向党中央和总书记以及中央政法委请示报告；地方各级检察机关党组要严格执行向同级党委及其政法委请示报告工作的制度；各级党委要定期听取检察机关工作情况汇报，研究解决检察机关法律监督工作中的重大问题；各级党委政法委要指导、支持、督促检察机关在宪法法律规定的职责范围内开展工作。

在我国，人大与检察机关的关系是一种监督与被监督的关系，而不是相互制约的关系，这与我国的政治体制密切相关。人民代表大会作为国家权力机关统一行使国家权力，实行民主集中制，集体决定重大问题；国家行政机关、监察机关、审判机关、检察机关由人民代表大会产生，对它负责、受它监督。自觉接受人大监督是人民主权原则的必然要求。因此，我国宪法在规定检察机关依法独立行使检察权的同时又明确规定，最高人民检察院和地方各级人民检察院对产生它的本级人民代表大会及其常委会负责并报告工作。由此可见，人民代表大会及其常委会对检察机关的工作具有监督权。这种监督，主要体现在审议检察机关的工作报告、专项工作报告，任免检察机关的组成人员，对最高人民检察院所作的司法解释进行审查，对检察机关的执法活动进行检查，对检察机关所办的案件提出质询等方面。

二、依法独立行使检察权原则

《宪法》第 136 条规定，人民检察院依照法律规定独立行使检察权，不受行政机关、社会团体和个人的干涉。人民检察院独立行使检察权的原则的内容是：①人民检察院在法律规定的范围内独立行使检察权，不受行政机关、社会团体和个人的干涉，但是还应当接受以下领导、监督和制约。具体表现为：要坚持党对检察工作的领导；要自觉接受人大监督；要自觉接受政协民主监督；要依法接受监察机关、公安机关、审判机关的制约；要依法接受人民监督员对办案活动的监督；要依法接受人民群众包括新闻媒体的监督。②人民检察院独立行使检察权是一项司法工作原则。我国的人民检察作为一个组织整体，集体对检察权的行使负责。检察机关内部，以检察长、检察委员会为领导的组织形式实现检察权；下级检察机关必须服从于上级检察机关的领导，地方各级检察机关必须服从最高人民检察院的领导。③人民检察院独立行使检察权必须严格遵守宪法和法律的各项规定。行使职权所作的各项决定必须符合法律规定的要求。检察机关在办理具体案件的过程中应当注意听取人民群众的意见和建议，以防止主观片面性，保证案件处理的客观性和公正性。

为了保障依法独立行使检察权，贯彻落实《中共中央关于全面推进依法治国若干重大问题的决定》有关要求，防止领导干部干预司法活动、插手具体案件处理，防止司法机关内部人员干预办案，确保司法机关依法独立公正行使职权，确保公正廉洁司法，2015 年，《领导干部干预司法活动、插手具体案件处理的记录、通报和责任追究规定》等“三个规定”印发实施。要求任何单位或者个人不得要求检察官从事超出法定职责范围的事务。对于领导干部等干预司法活动、插手具体案件处理，或者人民检察院内部人员过问案件情况的，办案人员应当全面如实记录并报告。有违法违纪情形的，由有关机关根据情节轻重追究行为人的责任。

三、以事实为依据，以法律为准绳原则

人民检察院应当坚持司法公正，以事实为根据，以法律为准绳，遵守法定程序，尊重和保障人权。检察机关在刑事诉讼中必须以事实为依据，以法律为准绳。两者是一个不可分割的完整统一体，有机结合才能有效地保证案件的正确处理。查清案件事实是正确适用法律的前提，坚持依法办案又必须以查清的事实为依据。以事实为依据，要求检察机关在行使职权活动中，必须以客观存在的案件事实作为处理问题的根本依据，要尊重客观事实，坚持“重证据，重调查研究，不轻信口供”的证据原则，这就要求检察人员必须进行调查研究，以保证事实的客观真实性。以法律为准绳，要求检察机关在行使法律监督职责时，应以法律作为衡量是否已经查明案件事实和情节的尺度，以法律的规定作为判断罪与非罪的标准；在行使法律监督职权时严格遵守法律规定的程序，加强程序法意识。

四、依靠群众开展检察工作原则

人民检察院进行刑事诉讼必须依靠群众。人民检察院应当通过一定的途径和形式让广大人民群众参与检察活动，实现人民主体意志、彰显人民主体地位、维护人民主体权利。人民检察院在工作中必须坚持实事求是，贯彻执行群众路线，倾听群众意见，接受群众监督，这是维护公平正义的客观需要，是扩大检察民主的基本途径，也是检察机关强化法律监督的重要手段。人民检察院应当接受人民群众监督，保障人民群众对人民检察院工作依法享有知情权、参与权和监督权。

与群众路线相结合原则包括以下几方面内容：一是依靠群众检举揭露犯罪。检察机关应注意群众的控告、举报、揭发，及时捕捉案件信息，保证及时依法立案，使检察机关的举报和立案工作建立在广泛的群众基础上。二是依靠群众调查案情、收集证据。在检察工作中，相信群众，依靠群众，听取群众的意见，可以及时、准确地收集违法犯罪的证据，查明违法犯罪事实。三是依靠群众，预防和减少犯罪。检察机关通过检察活动，依靠群众宣传法治，提高公民的守法观念，预防和减少犯罪，依靠群众开展社会治安综合治理工作。四是认真听取群众意见，接受群众监督，不断改进检察工作。在实践中，检察机关既要注重人民群众参与检察活动的广

泛性和有序性，也要确保人民群众参与检察活动的实效性，使得组织法中的原则性规定真正落实到位。

五、检察委员会民主集中制与检察长负责制相结合原则

我国检察机关内部，实行检察委员会民主集中制与检察长负责制相结合的领导体制和决策机制。

检察委员会实行民主集中制，这是我国宪法关于“中华人民共和国的国家机构实行民主集中制的原则”在检察机关领导体制内中的具体体现。1979年人大通过的《人民检察院组织法》首次将民主集中制的组织原则引入检察委员会，其第3条第2款规定：“检察委员会实行民主集中制，在检察长的主持下，讨论决定重大案件和其他重大问题。”检察委员会不再由检察长“领导”，而是由检察长“主持”，明确检察委员会内部采取少数服从多数的原则，此后都未改变此民主集中制原则。现行《人民检察院组织法》第32条第2款、第3款规定，检察委员会会议由检察长或者检察长委托的副检察长主持。检察委员会实行民主集中制。地方各级人民检察院的检察长不同意本院检察委员会多数人的意见，属于办理案件的，可以报请上一级人民检察院决定；属于重大事项的，可以报请上一级人民检察院或者本级人民代表大会常务委员会决定。

民主集中制度表现在以下两个方面：一方面，检察长作为检察院的最高领导者，作为检察委员会的主持人，有权搁置检察委员会的重大争议，不同意多数人意见时有权提交同级人大或上级决定，这体现了民主集中制中集中的一面。另一方面，检察长作为检察委员会成员享有和其他成员相同的表决权；检察委员会决议一般采取少数服从多数原则，并且由检察委员会全体成员的过半数决定；检察机关的内部争议可以交由民主政治机构——同级人大常委会决策；体现了民主集中制中民主的一面。检察委员会通过民主集中制，以集体决策的方式保障法律的统一实施，弥补个体检察官的“知识不足”，是我国检察机关整体独立的必然途径，是法律监督权内部分权的需要，有助于防止检察官滥权，保障司法公正。

人民检察院检察长领导本院检察工作，检察长在检察机关中占据领导地位，发挥统辖作用。检察官在检察长领导下开展工作，重大办案事项由检察长决定。检察长可以将部分职权委托检察官行使，可以授权检察官签发法律文书。检察官可以就重大案件和其他重大问题，提请检察长决定。检察长可以根据案件情况，提交检察委员会讨论决定。这体现了检察长负责制的要求。

我国检察机关实行的内部决策体制属于检察委员会民主集中制与检察长负责制相结合，既保留了首长负责制的优势，尊重和维护检察长权威，确保工作效率；又有利于发扬民主，集思广益，避免一长制可能带来的弊端，保证检察权的依法正确行使和对重大案件、重大问题的正确决策。

六、检察一体化原则

检察一体化原则，即上级检察机关、上级检察官对于下级检察机关、下级检察官履行检察职权上的事项可以进行一般或者个别的指示。[1]检察一体化始于大陆法系。目前，检察一体化原则是除美国以外，法国、德国、英国、日本检察制度普遍遵循的一项规则，其已经成为世界许多国家检察机关内部组织关系的基本制度。检察一体化是指在一个宪法框架内检察权的行使必须保持整体统一，上下级检察机关依层级行政机构原理构造，上下级检察官之间成为一种相对的“上命下从”的领导与被领导关系。正是因为采取检察一体化原则，上级检察官才有对下级检察官的指令权，可要求下级检察官采取一定的诉讼行为。检察一体化意味着检察机关不再属于地方政府的构成，而成为执行中央意志的机关，监督具有“国家性”的特点，从而维护法律的统一实施以及国家法治秩序的稳定。

一般来说，上级检察官的指令权主要包含三项内容：一是指挥监督权，上级检察官有权作出指令要求下级检察官采取一定诉讼行为；二是职务承继权，上级检察官有权将下级检察官正在办理的公诉案件接收过来自己办理；三是职务移转权，上级检察院有权终止下级检察官对公诉案件的办理，然后将案件移交给其所管辖范围内的其他检察官办理。

现行《人民检察院组织法》第24条规定，上级人民检察院对下级人民检察院行使下列职权：认为下级人民检察院的决定错误的，指令下级人民检察院纠正，或者依法撤销、变更；可以对下级人民检察院管辖的案件指定管辖；可以办理下级人民检察院管辖的案件；可以统一调用辖区的检察人员办理案件。上级人民检察院的决定，应当以书面形式作出。第25条规定，下级人民检察院应当执行上级人民检察院的决定；有不同意见的，可以在执行的同时向上级人民检察院报告。可见，我国法律规定上级检察院领导下级检察院，这种领导关系从制度上认可上级检察院对下级检察院进行指挥监督。

我国检察机关的领导体制经历了多次变化。中华人民共和国成立之初，我国学习苏联建立独立的检察制度，虽然最高检察机关要向全国人大常委会

〔1〕 樊崇义主编：《检察制度原理》，中国人民公安大学出版社2020年版，第73页。

负责并报告工作，但地方检察机关实行垂直领导的体制，不对地方权力机关负责，不受地方权力机关制约。1949 年《中央人民政府最高人民检察署试行组织条例》第 2 条规定："……全国各级检察署均独立行使职权，不受地方机关干涉，只服从最高人民检察署之指挥"。但这种体制在实施之后，效果并不理想。

1951 年 9 月公布的《各级地方人民检察署组织通则》将检察机关的领导体制由垂直领导型改为双重领导型，即各级地方人民检察署受上级人民检察署的领导，同时接受同级人民政府委员会的领导。由于当时我国还未成立人大常委会机关，这时的检察机关的双重领导是指接受同级政府和上级检察署的领导。当时的最高人民检察署李六如副检察长在《关于"最高人民检察署暂行组织条例"修正案和"各级地方人民检察署组织通则"草案的说明》中指出：我国过去曾经是半封建半殖民地的社会，经济发展极不平衡，各地悬殊不一，地区辽阔，交通不便，而各级人民检察署及其分署，目前又多不健全或尚未建立，因此暂时还只能在中央统一的政策方针下，授权于地方人民政府，使其发挥机动性与积极性。同时我们人民民主政权的发展过程，是由地方而中央。关于当地的一些具体问题，地方政权领导强，经验多，易于指导处理；各级地方人民检察署是一个新设立的机构，干部弱，经验少，尚需当地政府机关根据中央的方针计划，就近予以指导和协助。故此时将垂直领导改为双重领导，是切合目前实际情况的。〔1〕此时的检察权开始受到上级检察院的领导和地方权力的监督制约。

但 1954 年又恢复了检察机关的垂直领导体制。1954 年《宪法》第 81 条第 2 款规定："地方各级人民检察院和专门人民检察院在上级人民检察院的领导下，并且一律在最高人民检察院的统一领导下，进行工作。"第 83 条规定："地方各级人民检察院独立行使职权，不受地方国家机关的干涉。""文化大革命"中，在林彪江青反革命集团的破坏下，1975 年《宪法》第 25 条第 2 款规定："检察机关的职权由各级公安机关行使。"1978 年《宪法》第 43 条第 2 款、第 3 款规定：最高人民检察院监督地方各级人民检察院和专门人民检察院的检察工作，上级人民检察院监督下级人民检察院的检察工作。最高人民检察院对全国人民代表大会和全国人民代表大会常务委员会负责并报告工作。地方各级人民检察院对本级人民代表大会负责并报告工作。上下级检察机关的关系改为"监督"关系，而不是"领导"关系。

---

〔1〕 李六如：《关于"最高人民检察署暂行组织条例"修正案和"各级地方人民检察署组织通则"草案的说明》，载《人民日报》1951 年 9 月 5 日，第 3 版。

为了保证检察院对全国实行统一的法律监督，1979 年修正《宪法》时在主要维持 1978 年《宪法》第 43 条的基础上，将上下级检察机关的关系从“监督”关系改回“领导”关系。于是又恢复了双重领导体制。此后，我国检察机关的领导体制没有再发生过变化。

目前，我国检察机关实行双重领导体制，既接受上级领导，又接受同级人大及其常委会监督。为了扭转我国实践中下级检察院受地方干预较大、上级检察院监督制约不足的现象，近年来，我国逐步推进了检察一体化改革，致力于健全上级检察院对下级检察院的领导体制，加大领导力度，形成上下一体、政令畅通、指挥有力的领导体制，确保依法独立高效行使检察权。我国检察机关内部领导关系的确定正是建立在我国检察权性质的基础上，必须从中央与地方的关系上理解这种变化，其目标正是为了监督地方，防止地方保护主义，避免地方违法，从而实现法律的统一。

当然，检察机关工作一体化要尊重法律正当程序，一体化不能取代法律正当程序，要按照法律程序办事；检察机关工作一体化与上下级检察院关系、检察官个人关系特别是下级检察院、检察官的积极性也存在矛盾与冲突，要注意调动两个积极性，进行科学决策。

七、司法责任制原则

人民检察院实行司法责任制，建立健全权责统一的司法权力运行机制。2015 年最高人民检察院发布《关于完善人民检察院司法责任制的若干意见》，提出要健全司法办案组织，科学界定内部司法办案权限，完善司法办案责任体系，构建公正高效的检察权运行机制和公平合理的司法责任认定、追责机制，做到谁办案谁负责、谁决定谁负责。人民检察院实行检察官办案责任制。检察官对其职权范围内就案件作出的决定负责。检察长、检察委员会对案件作出决定的，承担相应责任。人民检察院办理案件，根据案件情况可以由一名检察官独任办理，也可以由两名以上检察官组成办案组办理。由检察官办案组办理的，检察长应当指定一名检察官担任主办检察官，组织、指挥办案组办理案件。检察官必须在司法一线办案，并对办案质量终身负责。检察长（分管副检察长）有权对独任检察官、检察官办案组承办的案件进行审核。检察长（分管副检察长）不同意检察官处理意见，可以要求检察官复核或提请检察委员会讨论决定，也可以直接作出决定。要求复核的意见、决定应当以书面形式作出，归入案件卷宗。检察官执行检察长（分管副检察长）决定时，认为决定错误的，可以提出异议；检察长（分管副检察长）不改变该决定，或要求立即执行

的，检察官应当执行，执行的后果由检察长（分管副检察长）负责，检察官不承担司法责任。检察官执行检察长（分管副检察长）明显违法的决定的，应当承担相应的司法责任。检察委员会讨论案件，检察官对其汇报的事实负责，检察委员会委员对本人发表的意见和表决负责。

第三节　检察机关的组织体系

检察机关的组织体系，是指按照法律规定组成的具有法律监督职能，行使国家检察权的各级各类检察机关的统一整体。它是国家检察制度存在和发展的组织结构形式，是履行法律监督职能的组织保证。

一、我国检察机关的组织体系

根据《宪法》和《人民检察院组织法》的规定，目前检察机关的组织体系由最高人民检察院、地方各级人民检察院和军事检察院等专门人民检察院组成。

（一）最高人民检察院

最高人民检察院是中华人民共和国最高检察机关，由全国人民代表大会产生，依法履行法律监督职能，对全国人民代表大会及其常务委员会负责并报告工作。最高人民检察院对最高人民法院的死刑复核活动实行监督；对报请核准追诉的案件进行审查，决定是否追诉；对属于检察工作中具体应用法律的问题进行解释；发布指导性案例。

（二）地方各级人民检察院

地方各级人民检察院分为：①省级人民检察院，包括省、自治区、直辖市人民检察院；②设区的市级人民检察院，包括省、自治区辖市人民检察院，自治州人民检察院，省、自治区、直辖市人民检察院分院；③基层人民检察院，包括县、自治县、不设区的市、市辖区人民检察院。地方各级人民检察院由地方各级人民代表大会选举产生，对同级人民代表大会及其常务委员会负责并报告工作。地方各级人民检察院接受最高人民检察院领导，下级人民检察院接受上级人民检察院领导。

（三）专门人民检察院

专门人民检察院的设置、组织、职权和检察官任免，由全国人民代表大会常务委员会规定。专门人民检察院是在特定的组织系统内设置的检察机关，以其专属的管辖权和所保护的特定社会关系而有别于其他检察机关。我国设置的专门人民检察院包括铁路运输检察院和中国人民解放军军事检察院。①铁路运输检察院是国家设置在铁路运输系统的法律监督机关，是我国检察机关的组成部分。②军事检察院是国家设置在人民解放军系统的法律监督机构，属于军队编制，是我国检察机关的组成部分，在最高人民检察院和中央军事委员会政法委员会领导下工作。

（四）派出机构

《人民检察院组织法》第16条规定，省级人民检察院和设区的市级人民检察院根据检察工作需要，经最高人民检察院和省级有关部门同意，并提请本级人民代表大会常务委员会批准，可以在辖区内特定区域设立人民检察院，作为派出机构。

二、我国检察机关组织设置原则

检察机关的组织体系的设置实行与国家的行政区划、审判机关体系以及检察工作的需要相一致的原则。根据这一原则设置的各级各类检察机关分别为最高人民检察院、地方各级人民检察院、专门人民检察院和派出机构。其中最高人民检察院和地方各级人民检察院的设置与国家的行政区划和审判机关的体系相对应，有助于保证诉讼活动的及时、顺利进行；专门人民检察院和派出机构则是根据检察工作的需要而设置的，能够适配各区域、部门、单位的特殊性。

（一）依法设置原则

法治是现代国家权力设置的基本准则，它要求任何国家权力的设立、配置、运行都要依法进行。《人民检察院组织法》第3条规定，人民检察院依照宪法、法律和全国人民代表大会常委会的决定设置。一般情况下，检察院的设置在宪法和作为宪法性法律的检察院组织法中予以规定。检察机关组织系统依法设置，也须依法变更或者撤销，而不能超越法律随意改变、增加或减少。各种专门检察院、检察院派出机构及检察室的设置和变更，也必须遵循法律、法令的明确规定。检察机关组织系统设置上所体现出的法定性与规范性，是依法治国及国家权力依法行使原则的重要体现。

（二）与审判机关对应设置原则

从检察机关履行的职能看，检察活动主要是在诉讼过程中，围绕控诉职能和监督职能进行的，因此必然与审判机关有对应关系。所以，实行检察机关四级设置，与审判机关相对应，有利于保证诉讼活动的及时、顺利进行。

（三）按区域设置兼顾实际需要原则

检察机关一般按照行政区划或司法区域设置。这种设置方式与刑事案件的地域管辖相适应，有利于划分纵向的和横向的检察机关的区域管理范围，及时有效地处理案件。人民检察院根据工作需要，可以设必要的业务机构、检察辅助机构和行政管理机构。

三、我国检察机关内部组织

（一）检察长

人民检察院检察长领导本院检察工作，管理本院行政事务。检察长的基本职权是：①组织领导权。《人民检察院组织法》规定，检察长统一领导检察院的工作。检察长对检察机关的工作负有全面的领导责任，检察长主持检察委员会会议，并负责执行会议决定。②决定权。检察长对各项工作在行使职权时依法享有决定权，如人民检察院批准逮捕犯罪嫌疑人时由检察长决定，检察长还有权决定参与诉讼的检察人员是否回避等。③任免权。根据法律规定，检察长有权任免和提请任免检察人员，建议撤换下级人民检察院检察长、副检察长和检察委员会委员。④代表权。检察长对外代表人民检察院，各级人民检察院检察长代表本检察院向同级人民代表大会报告工作。⑤办理案件权。检察长可以直接办理案件。⑥处理人民检察院的日常事务。

（二）检察委员会

检察委员会是依据人民检察院组织法设立的，是我国各级检察机关实行集体领导，讨论决定重大案件和检察工作中其他重大问题的机构。检察委员会是法律规定讨论业务问题的机构，是业务方面的最高决策机构，处于业务领导地位。检察委员会会议由检察长或者检察长委托副检察长主持，检察委员会实行民主集中制。检察委员会的决定，检察官应当执行。

根据《人民检察院组织法》第31条规定，检察委员会履行下列职能：①总结检察工作经验；②讨论决定重大、疑难、复杂案件；③讨论决定其他有关检察工作的重大问题。根据2020年7月31日施行的《人民检察院检察委员会工作规则》规定，应当提交检察委员会讨论决定的案件包括：①涉及国家重大利益和严重影响社会稳定的案件；②拟层报最高人民检察院核准追诉或者核准按照缺席审判程序提起公诉的案件；③拟提请或者提出抗诉的重大、疑难、复杂案件；④拟向上级人民检察院请示的案件；⑤对检察委员会原决定进行复议的案件；⑥其他重大、疑难、复杂案件。应当提交检察委员会讨论决定的事项包括：①在检察工作中贯彻执行党中央关于全面依法治国重大战略部署和国家法律、政策的重大问题；②贯彻执行本级人民代表大会及其常务委员会决议的重要措施，拟提交本级人民代表大会及其常务委员会的工作报告；③最高人民检察院对属于检察工作中具体应用法律的问题进行解释，发布指导性案例；④围绕刑事、民事、行政、公益诉讼检察业务工作遇到的重大情况、重要问题，总结办案经验教训，研究对策措施；⑤对检察委员会原决定进行复议的事项；⑥本级人民检察院检察长、公安机关负责人的回避；⑦拟向上一级人民检察院请示或者报告的重大事项；⑧其他重大事项。从中可以看出检察委员会讨论、决定的事项及案件都围绕着检察业务或者与检察业务相关。检察委员会的职权应定位在业务上，检察委员会的作用体现在对检察业务工作的全面领导和指导上，通过对检察业务工作中的重大案件和重大问题进行研讨以实现检察机关的职能。

（三）内设机构

人民检察院的内部工作机构是指人民检察院对于内部各部门职责权限的科学划分，既包括内部各机构的设置和名称，也包括各部门权限的配置。人民检察院根据检察工作需要，设必要的业务机构。检察官员额较少的设区的市级人民检察院和基层人民检察院，可以设综合业务机构。人民检察院根据工作需要，可以设必要的检察辅助机构和行政管理机构。

2018 年 12 月中央印发了《最高人民检察院职能配置、内设机构和人员编制规定》，以“协调发展、专业化建设、提升司法质量效率、规范统一”为目标展开了最高人民检察院的内设机构改革，按照案件类别以及职能作用的不同分别设置了十个检察厅，将批捕与公诉部门及其职能加以合并，形成了刑事、民事、行政、公益诉讼“四大检察”并行的法律监督总体布局。[1] 2018 年底的内设机构改革，是最高人民检察院恢复重建以来规模最大、调整最多、影响全部职能作用发挥的一次改革。从之前以诉讼流程作为机构设置的标准，转而以刑事检察、民事检察、行政检察、公益检察等不同的业务类型作为内设机构设置的标准。目前，我国最高人民检察院设第一检察厅（普通犯罪检察厅）、第二检察厅（重大犯罪检察厅）、第三检察厅（职务犯罪检察厅）、第四检察厅（经济犯罪检察厅）、第五检察厅（刑事执行检察厅）、第六检察厅（民事检察厅）、第七检察厅（行政检察厅）、第八检察厅（公益诉讼检察厅）、第九检察厅（未成年人检察厅）、第十检察厅（控告申诉检察厅）、法律政策研究室、案件管理办公室

---

〔1〕 沈红卫、沈泽钰：《新时代检察制度研究》，九州出版社 2022 年版，第 21 页。

等十多个职能部门。地方检察机关参照落实，业务机构统一名称为“部”。同时，从之前强调捕诉分离，转而强调捕诉合一。

人民检察院根据检察工作需要，可以在监狱、看守所等场所设立检察室，行使派出它的人民检察院的部分职权，也可以对上述场所进行巡回检察。省级人民检察院设立检察室，应当经最高人民检察院和省级有关部门同意。设区的市级人民检察院、基层人民检察院设立检察室，应当经省级人民检察院和省级有关部门同意。

四、国外检察机关组织系统简介

科学的检察机关组织系统是检察机关发挥检察功能的基本保障。由于各国检察制度产生的历史背景不一样，社会政治体制不同，所以各国检察机关的组织系统也有很大的差别。

法国检察体制实行的是审检合署制，即国家不设立与各级法院平行的检察院，而是由司法部向各级法院派驻检察官。除治安法院外，在初审法院、上诉法院和最高法院均设检察署。总检察长和所有检察官均由总统根据司法部长的推荐任命，司法部长对总检察长有指示权，总检察长直接对司法部负责。[1]检察院是由“站着的法官”组成，这是与法院中“坐着的法官”相对而言。最高检察院即最高法院总检察院，由总检察长、首席总检察官、总检察官组成。法国共有35个上诉法院，在每个上诉法院均设有一个检察机关，驻上诉法院检察院由上诉法院检察长、上诉法院检察官、代理检察官组成。在全国的181个大审法院中都设有一个检察机关，大审法院检察院由共和国检察官、代理共和检察官组成。对轻罪案件，检察机关的职能由驻大审法院检察院行使。对违警罪，检察院的职能由大审法院检察官、法院所在地的警察局长或检察长指定的警官行使。[2]

日本虽然属于大陆法系国家，但是在检察机关的设立上却实行审检分离，检察机关拥有独立的检察权、指挥监督权、事务收取权和转移权、职务代理权等。日本检察机关的组织体系奉行检察一体原则，检察官的决定被认为是检察机关整体的决定。检察厅基本要求检察官上命下从，检察权的行使整体独立于外界，检察厅与法院对等设置，分为最高、高等、地方和区四级检察厅。在体制上，检察厅仍属于法务省，检事总长须向法务大臣负责。但检察厅具有相对独立性，法务大臣只对检察厅进行一般的监

〔1〕 王桂五主编：《中华人民共和国检察制度研究》，中国检察出版社2008年版，第5页。

〔2〕 张智辉：《刑事法研究（第九卷·检察权论）》，中国检察出版社2023年版，第3页。

督，具体案件的调查处理，只能由检事总长指挥进行。

美国的检察体制具有“三级双轨、相互独立”的特点。所谓“三级”，是指美国的检察机关建立在联邦、州和市这三个政府“级别”上；所谓“双轨”，是指美国的检察职能分别由联邦检察系统和地方检察系统行使。在联邦，司法部长、副部长兼任联邦总检察长和副检察长，直接领导和监督联邦检察官。联邦检察官分设在联邦地区法院的管辖区域内。联邦总检察长即司法部长，由总统征得参议院同意任命，为内阁阁员。联邦检察长则由总检察长提名，经参议院同意后，由总统任命。美国的地方检察系统以州检察机关为主，一般由州检察长办公室和州检察署组成。州检察长名义上是一州的首席检察官，但他们一般都不承担诉讼职能，也很少干涉各地检察署的具体工作。由于美国各地的司法传统不同，各州检察机构的名称也不一致，有法务部、检察事务所等不同称号；各州检察官的称谓也不统一，包括州检察官、地区检察官、县检察官、公诉律师、县公诉人、法务官、地区检察长等。联邦检察系统与各州检察系统并无隶属关系。

1986 年生效的英国《犯罪起诉法》确立了英国刑事诉讼的基本框架，明确规定在英格兰和威尔士设立独立的皇家检察署系统，由检察长领导，受辖于总检察长，直接对英国议会负责，统一行使公诉权。现在的皇家检察署系统共有 14 个地区检察署，42 个地方检察区。虽然皇家检察署并没有自行侦查和指挥警察进行侦查的权力，但在事实上皇家检察官与警察的关系十分密切。除一些特殊案件（如叛国、暴乱、高级官员腐败等），英国检察总长并不干预皇家检察署的案件办理和日常管理，皇家检察署具有相当的独立性。英国检察机构在诉讼中的影响较法国要小得多。具体说，大多数刑事案件由警察侦查并充当公诉人向法院起诉（或由警方委托私人出庭律师来进行）；轻微犯罪的受害者则可在警方支持下实行自诉；此外，中央和地方机关也可以充当某些案件的起诉人，只有一些重大的刑事案件才由检察机构负责起诉。

德国检察官是政府行政部门的组成部分，检察官的组织是分等级的，最上层是司法部长，政治上负责检控政策。主要执行官是总检察长，对各州上诉法院负责。在这一层级下，每一地区法院都对应设有检察院；检察院由检察长领导。地区法院这一层级的检察官也处理由初级法院审理的案件。[1] 在某些城市，为了处理严重经济犯罪，还设有特别检察院。由于德

〔1〕［德］托马斯·魏根特：《德国刑事诉讼程序》，岳礼玲、温小洁译，中国政法大学出版社 2004 年版，第 38 页。

国在政体上采用联邦制，所以，德国的检察体系分为联邦检察院和州检察院两个系统。但联邦检察院与州检察院之间在组织上是完全独立的，相互之间不存在任何形式的隶属和领导关系。

第四节 检察官制度

就现行的立法状况及司法实践看，我国的检察官制度是指国家制定的专门的法律对在检察机关中行使国家检察权的检察官依法进行科学管理的制度，包括检察官职责、权利义务、资格条件、任免、考核、培训、奖惩、工资福利、辞职、退休等一系列规定。2015 年，根据 2014 年中央全面深化改革领导小组第三次会议通过的《关于司法体制改革试点若干问题的框架意见》，最高人民检察院修订了《关于深化检察改革的意见（2013 –2017 年工作规划）》，提出了建立检察官员额制度和制定配套措施的要求，并启动了检察官员额制度的试点工作。至 2018 年，检察官、检察辅助人员、司法行政人员分类管理格局基本形成。

检察辅助人员是指在各级检察院中依法协助检察官履行检察职责，在检察官的指挥之下从事辅助性工作，保障检察活动有序开展的人员。人民检察院的检察官助理在检察官指导下负责审查案件材料，草拟法律文书等检察辅助事务。符合检察官任职条件的检察官助理，经遴选后可以按照检察官任免程序任命为检察官。书记员负责案件的记录等检察辅助事务。司法警察负责办案场所警戒、人员押解和看管等警务事项，司法警察依照《人民警察法》管理。人民检察院根据检察工作需要，可以设检察技术人员，负责与检察工作有关的事项。

司法行政人员是检察机关从事政工检察、后勤保障等行政事务管理的检察人员，包括从事人事、财务、装备、政工以及综合行政事务管理的人员。检察院的司法行政人员是检察机关工作人员，但不行使检察权。

由于检察官制度在检察制度中处于核心地位，本节主要介绍检察官制度。

一、检察官的概念与范围

检察官是人民群众合法权益的守护者，是公共利益的代言人。《检察官法》第 2 条规定：检察官是依法行使国家检察权的检察人员，包括最高人民检察院、地方各级人民检察院和军事检察院等专门人民检察院的检察长、副检察长、检察委员会委员和检察员。该规定从法律上确定了检察官从事检察工作、行使国家检察权的基本属性，我国的检察官属于司法官。

二、检察官的任职条件

（一）积极条件

检察官必须忠实执行宪法和法律，维护公平正义，全心全意为人民服务。检察官应当勤勉尽责，清正廉明，恪守职业道德。因此，担任检察官必须具备下列条件：①具有中华人民共和国国籍；②拥护中华人民共和国宪法，拥护中国共产党领导和社会主义制度；③具有良好的政治、业务素质和道德品行；④具有正常履行职责的身体条件；⑤具备普通高等学校法学类本科学历并获得学士及以上学位；或者普通高等学校非法学类本科及以上学历并获得法律硕士、法学硕士及以上学位；或者普通高等学校非法学类本科及以上学历，获得其他相应学位，并具有法律专业知识；⑥从事法律工作满五年。其中获得法律硕士、法学硕士学位，或者获得法学博士学位的，从事法律工作的年限可以分别放宽至四年、三年。学历条件确有困难的地方，经最高人民检察院审核确定，在一定期限内，可以将担任检察官的学历条件放宽为高等学校本科毕业；⑦初任检察官应当通过国家统一法律职业资格考试取得法律职业资格。

（二）消极条件

检察官在刑事司法体系中发挥着十分重要的作用，其在很大程度上决定着刑事案件的走向，因此，对于不符合检察官任职的条件应当予以明确。《检察官法》第 13 条规定，下列人员不得担任检察官：因犯罪受过刑事处罚的；被开除公职的；被吊销律师、公证员执业证书或者被仲裁委员会除名的及有法律规定的其他情形的。

三、检察官的任免

《人民检察院组织法》和《检察官法》规定了检察官的任免程序。检察官的任免是检察官任职与免职的统称。检察官的任免，依照宪法和法律规定的任免权限和程序办理。根据我国法律规定，检察官实行两种任免方式，即选举制和任命制。其中，检察长实行选举制，其他检察官实行任命制。

最高人民检察院检察长由全国人民代表大会选举和罢免，副检察长、检察委员会委员和检察员，由检察长提请全国人民代表大会常务委员会任

免。地方各级人民检察院检察长由本级人民代表大会选举和罢免，副检察长、检察委员会委员和检察员，由检察长提请本级人民代表大会常务委员会任免。

地方各级人民检察院检察长的任免，须报上一级人民检察院检察长提请本级人民代表大会常务委员会批准。省、自治区、直辖市人民检察院分院检察长、副检察长、检察委员会委员和检察员，由省、自治区、直辖市人民检察院检察长提请本级人民代表大会常务委员会任免。省级人民检察院和设区的市级人民检察院依法设立作为派出机构的人民检察院的检察长、副检察长、检察委员会委员和检察员，由派出的人民检察院检察长提请本级人民代表大会常务委员会任免。

新疆生产建设兵团各级人民检察院、专门人民检察院的检察长、副检察长、检察委员会委员和检察员，依照全国人民代表大会常务委员会的有关规定任免。

对于不具备《检察官法》规定条件或者违反法定程序被选举为人民检察院检察长的，上一级人民检察院检察长有权提请该级人民代表大会常务委员会不批准。

（一）检察官的选任

我国《检察官法》规定，初任检察官采用考试、考核的办法，按照德才兼备的标准，从具备检察官条件的人员中择优提出人选。初任检察官考试制度依据公开、公正、合理原则，严格把好检察官入口关，提高检察官队伍专业素质水平，保障检察队伍质量，实现检察官队伍建设革命化、正规化、专业化、职业化。

人民检察院的检察长应当具有法学专业知识和法律职业经历。副检察长、检察委员会委员应当从检察官、法官或者其他具备检察官条件的人员中产生。人民检察院可以根据检察工作需要，从律师或者法学教学、研究人员等从事法律职业的人员中公开选拔检察官。除应当具备检察官任职条件外，参加公开选拔的律师应当实际执业不少于五年，执业丰富，从业声誉良好，参加公开选拔的法学教学、研究人员应当具有中级以上职称，从事教学、研究工作五年以上，有突出研究能力和相应研究成果。检察官在依照法定程序产生后，在就职时应当公开进行宪法宣誓。

（二）检察官的遴选

检察官实行逐级遴选制度，符合检察官队伍建设和发展的规律。根据中央有关文件规定，最高人民检察院设立检察官遴选委员会，省、自治区、直辖市设立检察官遴选委员会，负责初任检察官人选专业能力的审核。省级检察官遴选委员会的组成人员应当包括地方各级人民检察院检察官代表、其他从事法律职业的人员和有关方面代表，其中检察官代表不少于1/3。省级检察官遴选委员会的日常工作由省级人民检察院的内设职能部门承担。初任检察官一般到基层人民检察院任职。上级人民检察院检察官一般逐级遴选；最高人民检察院和省级人民检察院检察官可以从下两级人民检察院遴选。参加上级人民检察院遴选的检察官应当在下级人民检察院担任检察官一定年限，并具有遴选职位相关工作经历。

（三）检察官的免职

《检察官法》规定，检察官有下列情形之一的，应当依法提请免除其检察官职务：①丧失中华人民共和国国籍的；②调出所任职人民检察院的；③职务变动不需要保留检察官职务的，或者本人申请免除检察官职务经批准的；④经考核不能胜任检察官职务的；⑤因健康原因长期不能履行职务的；⑥退休的；⑦辞职或者依法应当予以辞退的；⑧因违纪违法不宜继续任职的。

对于不具备条件或者违反法定程序被选举为人民检察院检察长的，上一级人民检察院检察长有权提请本级人民代表大会常务委员会不批准；发现违反本法规定的条件任命检察官的，任命机关应当撤销该项任命；上级人民检察院发现下级人民检察院检察官的任命违反本法规定的条件的，应当要求下级人民检察院依法提请任命机关撤销该项任命。

四、检察官的职责与义务

（一）检察官的职责

《检察官法》第7条规定，检察官的职责包括：①对法律规定由人民检察院直接受理的刑事案件进行侦查；②对刑事案件进行审查逮捕、审查起诉，代表国家进行公诉；③开展公益诉讼工作；④开展对刑事、民事、行政诉讼活动的监督工作；⑤法律规定的其他职责。检察官对其职权范围内就案件作出的决定负责。

《人民检察院组织法》第28、29条从制度上确认了检察官办案责任制：独任检察官、检察官办案组为检察院工作的基本形式；检察长领导检察官开展工作，并对检察官承办案件的重大办案事项作出决定；检察长可以将部分职权委托检察官行使，可以授权检察官签发法律文书等。

（二）检察官的义务

检察官具备客观公正义务，主要是指检察官作为法律的守护者，其应

承担的在法律实施中实现公正、真实目的的义务。检察官不仅是个案正义的保卫者，其也通过履行客观公正义务实现对法律的护卫。《检察官法》第10条规定，检察官应当履行下列义务：①严格遵守宪法和法律；②秉公办案，不得徇私枉法；③依法保障当事人和其他诉讼参与人的诉讼权利；④维护国家利益、社会公共利益，维护个人和组织的合法权益；⑤保守国家秘密和检察工作秘密，对履行职责中知悉的商业秘密和个人隐私予以保密；⑥依法接受法律监督和人民群众监督；⑦通过依法办理案件以案释法，增强全民法治观念，推进法治社会建设；⑧法律规定的其他义务。

（三）检察官的权利

《检察官法》第11条规定，检察官享有下列权利：①履行检察官职责应当具有的职权和工作条件；②非因法定事由、非经法定程序，不被调离、免职、降职、辞退或者处分；③履行检察官职责应当享有的职业保障和福利待遇；④人身、财产和住所安全受法律保护；⑤提出申诉或者控告；⑥法律规定的其他权利。

五、检察官的管理

检察官实行员额制管理。检察官员额根据案件数量、经济社会发展情况、人口数量和人民检察院层级等因素确定，在省、自治区、直辖市内实行总量控制、动态管理，优先考虑基层人民检察院和案件数量多的人民检察院办案需要。检察官员额出现空缺的，应当按照程序及时补充。最高人民检察院检察官员额由最高人民检察院商有关部门确定。

检察官不得兼任人民代表大会常务委员会的组成人员，不得兼任行政机关、监察机关、审判机关的职务，不得兼任企业或者其他营利性组织、事业单位的职务，不得兼任律师、仲裁员和公证员。

检察官之间有夫妻关系、直系血亲关系、三代以内旁系血亲以及近姻亲关系的，不得同时担任下列职务：①同一人民检察院的检察长、副检察长、检察委员会委员；②同一人民检察院的检察长、副检察长和检察员；③同一业务部门的检察员；④上下相邻两级人民检察院的检察长、副检察长。

检察官的配偶、父母、子女有下列情形之一的，检察官应当实行任职回避：①担任该检察官所任职人民检察院辖区律师事务所的合伙人或者设立人的；②在该检察官所任职人民检察院辖区内以律师身份担任诉讼代理人、辩护人，或者为诉讼案件当事人提供其他有偿法律服务的。

六、检察官的考核、奖励和惩戒

（一）检察官的考核

人民检察院设立检察官考评委员会，负责本院检察官的考核工作。检察官考评委员会的组成人员为五至九人，检察官考评委员会主任由本院检察长担任。对检察官的考核，应当客观公正，实行领导和群众相结合，平时考核和年度考核相结合。考察的内容包括检察工作实绩、职业道德、专业水平、工作能力、工作作风等。年度考核结果分为优秀、称职、基本称职和不称职四个等次，考核结果作为调整检察官等级、工资以及检察官奖惩、免职、降职、辞退的依据。考核结果以书面形式通知检察官本人。检察官对考核结果如果有异议，可以申请复核。2020 年 5 月，最高人民检察院在之前公务员考核的基础上，在全国部署展开检察官业绩考评。在推进检察官业绩考评中，又逐步深化、完善为“全员、全面、全时”的检察人员考核。

（二）检察官的奖励

检察官在检察工作中有显著成绩和贡献的，或者有其他突出事迹的，应当予以奖励。我国《检察官法》第 46 条规定，应当给予检察官奖励的情形有：公正司法，成绩显著的；总结检察实践经验成果突出，对检察工作有指导作用的；在办理重大案件、处理突发事件和承担专项重要工作中，做出显著成绩和贡献的；对检察工作提出改革建议被采纳，效果显著的；提出检察建议被采纳或者开展法治宣传、解决各类纠纷，效果显著的；有其他功绩的。奖励分为嘉奖，记三等功、二等功、一等功，授予荣誉称号。

（三）检察官的惩戒

我国《检察官法》第 47 条规定，检察官有下列行为之一的，应当给予处分；构成犯罪的，依法追究刑事责任。受撤职处分的，同时降低工资和等级。具体情形有：①贪污受贿、徇私枉法、刑讯逼供的；②隐瞒、伪造、变造、故意损毁证据、案件材料的；③泄露国家秘密、检察工作秘密、商业秘密或者个人隐私的；④故意违反法律法规办理案件的；⑤因重大过失导致案件错误并造成严重后果的；⑥拖延办案、贻误工作的；⑦利用职权为自己或者他人谋取私利的；⑧接受当事人及其代理人利益输送，或者违反有关规定会见当事人及其代理人的；⑨违反有关规定从事或者参与营利性活动，在企业或者其他营利性组织中兼任职务的；⑩有其他违纪违法行为的。处分为警告、记过、记大过、降级、撤职、开除。

2020年10月，最高人民检察院制定印发了《人民检察院司法责任追究条例》，明确了违反检察职责线索受理、调查核实、追责情形、责任划分、责任豁免、处理方式等方面的具体要求，并适用于检察官惩戒工作。最高人民检察院2022年3月印发《检察官惩戒工作程序规定（试行）》，进一步标志着人民检察院司法责任追究和检察官惩戒制度基本完成了顶层设计。就检察官在司法履职中实施违反检察职责的行为，经检察官惩戒委员会审议程序，追究司法责任予以惩戒的程序性事项作出规定，为人民检察院依规依纪依法追究检察官司法责任提供了制度依据。

七、检察官的职业保障

检察官的职业保障是指为了保障检察官依法公正地履行职责而设定的关于检察官行使职权、检察官的身份、工资保险福利、人身财产、退休等方面的保障制度。建立检察官保障制度，对于稳定检察官队伍，调动检察官依法履行职责的积极性并依法行使职权具有重要的作用。检察官享有的保障权利主要有：履行检察官职责应当具有的职权和工作条件；非因法定事由、非经法定程序，不被调离、免职、降职、辞退或者处分；履行检察官职责应当享有的职业保障和福利待遇；人身、财产和住所安全受法律保护；提出申诉或者控告；法律规定的其他权利。

第五节　检察工作的基本业务

检察机关以业务性质为标准将检察职能划分为四个不同板块，刑事、民事、行政及公益诉讼“四大检察”各显功效，有机联系，发挥合力，共同推进法律监督机制走向体系化、完善化、科学化。“十大业务”涵盖生活方方面面，包括普通犯罪检察业务、重大犯罪检察业务、职务犯罪检察业务、经济犯罪检察业务、刑事执行检察业务、民事检察业务、行政检察业务、公益诉讼检察业务、未成年人检察业务、控告申诉检察业务。

一、刑事检察

刑事检察是检察机关最基本、最核心的业务，是履行检察机关法律监督职能，发挥检察机关在国家政治、经济、社会生活中保障法律实施作用的最为重要的方式和途径。刑事检察处在检察机关法律监督体系中最基础的地位，通过刑事办案，为民事、行政、公益诉讼检察提供助力。刑事检察与打击刑事犯罪相关联，其中主要包括审查逮捕、审查起诉、刑事法律监督以及14个罪名的侦查权等。

(一) 立案侦查

立案侦查是指行使侦查权的机关按照刑事案件的管辖范围，对于报案、控告、自首等材料进行审查，判明是否存在犯罪事实和需要追究刑事责任，依法决定是否立为刑事案件而进行侦查的诉讼活动。检察机关的侦查权分为对诉讼活动实现法律监督过程中发现司法工作人员利用职权实施犯罪的立案侦查权，对于公安机关或监察机关移送案件的补充侦查权，以及公安机关侦查的国家机关工作人员利用职权实施的其他重大犯罪案件的机动侦查权。《刑事诉讼法》第19条第2款规定，人民检察院在对诉讼活动实行法律监督中发现的司法工作人员利用职权实施的非法拘禁、刑讯逼供、非法搜查等侵犯公民权利、损害司法公正的犯罪，可以由人民检察院立案侦查。对于公安机关管辖的国家机关工作人员利用职权实施的重大犯罪案件，需要由人民检察院直接受理的时候，经省级以上人民检察院决定，可以由人民检察院立案侦查。对于决定立案的案件，检察机关应当及时开展侦查活动。

在侦查过程中，检察机关有权讯问犯罪嫌疑人，询问证人或被害人，进行勘验、检查、搜查，扣押物证和书证，组织鉴定、辨认，采取技术侦查措施并按规定交有关机关执行，向有关单位和个人收集和调取物证、书证、视听资料等证据，对犯罪嫌疑人采取拘传、取保候审、监视居住、拘留、逮捕等强制措施；需要通缉犯罪嫌疑人的，检察机关可以做出决定，通知公安机关发布通缉令。人民检察院在立案后，对于利用职权实施的严重侵犯公民人身权利的重大犯罪案件，根据侦查犯罪的需要，经过严格的批准手续，可以采取技术侦查措施，按照规定交有关机关执行。在侦查中，检察机关应当严格遵守适用强制措施的条件和办理案件的法定期限，严禁超期羁押。检察机关侦查部门经过侦查，认为犯罪事实清楚，证据确实、充分，依法应当追究刑事责任的案件，应当写出侦查终结报告，并且制作起诉意见书；对于犯罪情节轻微，依照刑法不需要判处刑罚的案件，应当写出侦查终结报告，并且制作不起诉意见书。起诉意见书或者不起诉意见书应当移交公诉部门审查，以决定是否起诉。

(二) 审查批准或决定逮捕

检察机关的逮捕，是指人民检察院为保证刑事诉讼案件的顺利进行，防止犯罪嫌疑人、被告人妨碍刑事诉讼，逃避侦查、起诉和审判，发生社

会危害性，在一定期限内依法剥夺犯罪嫌疑人、被告人的人身自由，予以羁押并进行审查的强制措施。批准逮捕，是指在刑事诉讼中，人民检察院对公安机关或者国家安全机关在侦查过程中，需要采取逮捕措施而提起批准逮捕犯罪嫌疑人的请求，进行审查并决定是否批准逮捕的权力。决定逮捕，是指人民检察院对于自行侦查的职务犯罪案件，在侦查过程中需要对犯罪嫌疑人采取逮捕措施时，依法决定对其予以逮捕的权力。在审查逮捕中，通过对逮捕条件及社会危险性的判断，通过对犯罪类案逮捕标准的研判，在宽严相济的刑事政策指导下，科学适用逮捕措施。在审查批准或决定逮捕时，应重视社会危险性审查，对于没有必要逮捕的不予逮捕，以发挥逮捕制度保障人权的功能。

（三）审查起诉

公诉机关居于追诉犯罪的重要环节，在刑事诉讼中处于承前启后的地位。通过审查决定起诉或不起诉、提起公诉和派员出庭支持公诉，依法履行刑事公诉权是我国检察机关的一项重要的职能，是检察机关依法展开法律监督的重要手段。

审查起诉是指人民检察院对侦查（监察）机关或侦查部门侦查（调查）终结移送起诉的案件受理后，依法对侦查（监察）机关或侦查部门认定的犯罪事实和证据、犯罪性质以及适用的法律进行调查核实，并作出处理决定的一项诉讼活动。其内容包括：对移送起诉案件的受理；对案件的实体问题和程序问题进行全面审查，监督侦查（监察）机关或侦查部门的侦查活动，纠正违法情况；通过审查依法作出起诉或不起诉决定等。

在审查起诉阶段，检察机关依法享有以下职权：有权对侦查终结移送起诉的案件进行审查，决定提起公诉或不起诉；对国家财产、集体财产遭受损失的，有权在提起公诉的同时提起附带民事诉讼；在审查起诉时，对于需要补充侦查的案件，有权决定自行侦查或退回补充侦查。

人民检察院对于监察机关移送起诉的案件，依照刑事诉讼法和监察法的有关规定进行审查。人民检察院经审查，认为需要补充核实的，应当退回监察机关补充调查，必要时可以自行补充侦查。

提起公诉是指人民检察院代表国家为追究被告人刑事责任向审判机关提起公诉，指控犯罪，要求法院予以审判，保障国家刑罚权得以实行的权能。人民检察院认为犯罪嫌疑人的犯罪事实已经查清，证据确实、充分，应依法追究刑事责任的，应当作出起诉决定，按照审判管辖的规定，向人民法院提起公诉，并将案卷材料、证据移送人民法院。犯罪嫌疑人认罪认罚的，人民检察院应当就主刑、附加刑、是否适用缓刑等提出量刑建议，并随案移送认罪认罚具结书等材料。

（四）刑事监督

1. 立案监督。立案监督是指检察机关依法对公安机关的立案活动是否合法进行的监督。刑事立案监督的任务是确保依法立案，防止和纠正有案不立和违法立案。立案活动是否依法进行，立案决定是否正确，直接关系到刑事诉讼能否顺利进行，关系到能否有效地追究犯罪，以及能否切实保护国家的利益和公民的合法权益。人民检察院经调查核实，认为公安机关不立案或者立案理由不成立的，经检察长或者检察委员会决定，应当通知公安机关立案或者撤销案件。人民检察院认为公安机关对应当立案侦查的案件而不立案侦查的，或者被害人认为公安机关对应当立案侦查的案件而不立案侦查，向人民检察院提出的，人民检察院应当要求公安机关说明不立案的理由。人民检察院认为公安机关不立案理由不能成立的，应当通知公安机关立案，公安机关接到通知后应当立案。

2. 侦查监督。侦查监督是人民检察院刑事诉讼法律监督的重要组成部分，是指人民检察院对于侦查机关的侦查活动是否合法实行的监督。通过实施侦查监督，人民检察院可以及时发现侦查机关和人员在侦查活动中违反法定程序的行为和刑讯逼供、贪赃枉法等违法犯罪行为，从而采取纠正和预防措施，以保证侦查活动的顺利进行，保障诉讼参与人特别是犯罪嫌疑人的合法权益，保证刑事案件的正确处理。

3. 刑事审判监督。刑事审判监督是检察机关对法院的刑事审判工作实行的监督，包括对法院所进行的审判活动是否合法的监督，以及对其所作判决、裁定是否正确的监督。换言之，刑事审判监督在程序方面的监督，主要是对法院的刑事审判活动是否合法进行监督，主要指是否违反管辖规定，是否违反法定审理和送达的期限，法庭组成人员是否合理，是否违反法定程序，是否侵犯当事人、其他诉讼参与人的诉讼权利和其他合法权利等。

4. 刑罚执行和监所监督。刑罚执行监督和监所监督，是指检察机关依照法律规定对人民法院已经生效的判决、裁定的执行和对监狱、看守所、劳动改造机关等执行机关执行刑罚的活动是否合法，实行监督。主要包括对执行死刑判决的监督；对监所改造机关执行刑罚的监督；对在社会上执行刑罚的活动的监督。如果发现违法情况，应当通知执行机关

纠正。

人民检察院对监狱、看守所实行巡回检察，保障被监管人合法权益，维护监管秩序稳定，促进监狱、看守所严格执法，保障诉讼活动顺利进行，保证国家法律在刑罚执行和监管活动中的正确实施。人民检察院应当结合对监狱、看守所的巡回检察，对承担派驻检察职责的检察机关履职情况进行检查，推动检察监督和监管执法水平的共同提升。人民检察院对监狱进行巡回检察，重点监督监狱刑罚执行、罪犯教育改造、监管安全等情况，注重对减刑、假释、暂予监外执行是否合法的监督。发现违法情形的，依法进行纠正；发现司法工作人员相关职务犯罪线索的，依法立案侦查或者按照规定移送监察机关处理。人民检察院对看守所进行巡回检察，重点监督看守所监管执法、执行羁押期限、罪犯留所服刑等情况，注重对在押人员合法权益保障的监督。发现违法情形的，依法进行纠正；发现司法工作人员相关职务犯罪线索的，依法立案侦查或者按照规定移送监察机关处理。

二、民事检察

民事检察即民事诉讼监督，对人民法院生效的民事判决、裁定确有错误，或民事调解书损害国家利益或公共利益的，以及民事审判中审判人员的违法行为或民事执行活动存在违法情形的，都可以由检察院进行监督。人民检察院依法对民事诉讼和执行活动实行法律监督，是中国特色社会制度的重要内容，也是我国司法制度的鲜明特色。民事检察职能包括：对生效裁判、调解书进行监督，监督的方式主要是向法院提出抗诉和再审检察建议；对法院的审判违法行为进行监督，监督的主要方式是向法院提出检察建议；对法院的执行活动进行监督，监督的方式主要是向法院提出检察建议；开展对虚假诉讼的监督及开展支持起诉工作。负责控告申诉检察、民事检察、案件管理的部门分别承担民事诉讼监督案件的受理、办理、管理工作，各部门相互配合，相互制约。

三、行政检察

行政检察包含对行政诉讼和行政行为的监督，对人民法院生效的行政判决、裁定确有错误，行政调解书损害国家利益、社会公共利益的，行政审判中审判人员的违法行为或行政执行活动存在违法情形的，行政机关违法行使职权或不行使职权，检察机关予以监督，以促进审判机关依法审判，推进行政机关依法履职，维护行政相对人合法权益，在履行法律监督职责中开展行政争议实质性化解工作，促进案结事了。检察机关以行政诉讼监督为基石，以行政争议实质性化解为牵引，以行政非诉执行监督和行政违法行为监督为新的增长点。人民检察院对行政诉讼实行法律监督，既包括对审判活动的监督，也包括对当事人诉讼活动的监督，是检察机关法律监督职能的重要表现，也是国家干预行政诉讼的重要形式。如果只对审判活动是否合法进行监督，而不对当事人的诉讼活动是否合法进行监督，或者只对当事人的诉讼活动是否合法进行监督，而不对人民法院的审判活动是否合法进行监督，都不能达到监督行政法律正确贯彻实施，使行政诉讼活动依法进行的目的。检察机关负责办理向检察机关申请监督的行政案件的审查、提请抗诉。承办对行政诉讼活动的法律监督，对审判监督程序以下的其他行政审判人员的违法行为提出检察建议，对行政执行活动实行法律监督。办理检察机关管辖的行政申诉案件。对人民法院行政非诉执行案件的受理、审查、裁定及执行活动，以及行政机关的行政非诉执行活动实施法律监督。

四、公益诉讼检察

探索建立检察机关提起公益诉讼制度，是党的十八届四中全会作出的一项重大改革部署，也是以法治思维和法治方式推进国家治理体系和治理能力现代化的一项重要制度安排。公益诉讼检察涉及公共利益的诉讼，根据被诉主体不同，分为民事公益诉讼和行政公益诉讼。

民事公益诉讼工作机制为：人民检察院在履行职责中发现破坏生态环境和资源保护、食品药品安全领域侵害众多消费者合法权益等损害社会公共利益的行为，拟提起公益诉讼的，应当依法公告，公告期间为30日。公告期满，法律规定的机关和有关组织不提起诉讼的，人民检察院可以向人民法院提起诉讼。

行政公益诉讼工作机制为：人民检察院在履行职责中发现生态环境和资源保护、食品药品安全、国有财产保护、国有土地使用权出让等领域负有监督管理职责的行政机关违法行使职权或者不作为，致使国家利益或者社会公共利益受到侵害的，应当向行政机关提出检察建议，督促其依法履行职责。行政机关应当在收到检察建议书之日起2个月内依法履行职责，并书面回复人民检察院；出现国家利益或者社会公共利益损害继续扩大等紧急情形的，行政机关应当在15日内书面回复。行政机关不依法履行职责的，人民检察院依法向人民法院提起诉讼。人民检察院通过检察建议、提起诉讼和支持起诉等方式履行公益诉讼检察职责。

思考题

1. 如何理解检察制度的性质和特点？
2. 如何理解我国检察制度的任务？
3. 试论检察一体化原则。
4. 试论检察工作的基本业务。

拓展阅读

第三章　侦查制度

学习目的和要求：

全面掌握我国侦查制度的基本情况，掌握侦查的概念、任务、模式、原则、侦查主体的结构，及侦查程序的主要内容。重点掌握各种侦查行为的主要内容及程序规范，培养侦查程序观念。

第一节　侦查制度概述

一、侦查的概念

2018年修正的《刑事诉讼法》第3条规定：对刑事案件的侦查、拘留、执行逮捕、预审，由公安机关负责。检察、批准逮捕、检察机关直接受理的案件的侦查、提起公诉，由人民检察院负责。审判由人民法院负责。除法律特别规定的以外，其他任何机关、团体和个人都无权行使这些权力。与此同时，《刑事诉讼法》第108条第1项进一步明确："侦查"是指公安机关、人民检察院对于刑事案件，依照法律进行的收集证据、查明案情的工作和有关的强制性措施。据此对侦查的概念理解可以从以下几个方面来展开：

（一）侦查主体具有特定性

根据《刑事诉讼法》第3条第1款、第19条第1、2款规定，大部刑事案件的侦查都由公安机关负责。人民检察院在对诉讼活动实行法律监督中发现的司法工作人员利用职权实施的非法拘禁、刑讯逼供、非法搜查等侵犯公民权利、损害司法公正的犯罪，可以由人民检察院立案侦查。

除了公安机关、检察机关以外，根据《刑事诉讼法》第4条、《国家安全法》第42条第1款规定，国家安全机关在刑事诉讼中与公安机关具有相同的法律地位，行使相同的职权，即在国家安全工作中依法行使侦查、拘留、预审和执行逮捕等权力。

根据《刑事诉讼法》第308条规定，军队保卫部门对军队内部发生的刑事案件行使侦查权；中国海警局履行海上维权执法职责，对海上发生的

刑事案件行使侦查权；对罪犯在监狱内犯罪的案件由监狱进行侦查。军队保卫部门、中国海警局、监狱办理刑事案件，适用《刑事诉讼法》的有关规定。此外，从1998年开始，各级海关设立走私犯罪侦查部门，专门负责对走私犯罪案件的侦查工作。这些走私犯罪侦查部门在侦查活动中享有与公安机关同样的权力与地位，承担同样的责任。

需要指出的是，虽然根据《监察法》第3条规定，各级监察委员会依法对所有行使公权力的公职人员进行监察，对职务违法和职务犯罪进行调查，事实上承担了职务犯罪的侦查职能，但鉴于监察委员会的调查活动并不适用《刑事诉讼法》，监察委员会也不包括在《刑事诉讼法》第108条第1项所列举的侦查主体之内，因此，各级监察委员会不属于侦查主体之一。

（二）侦查内容具有专门性

证据是刑事诉讼程序的核心问题之一，在某种程度上可以认为，从侦查到起诉、审判都是围绕证据的收集、审查、判断来展开的。根据《刑事诉讼法》相关规定，“收集证据、查明案情的工作”具体包括讯问犯罪嫌疑人，询问证人、被害人，勘验、检查，侦查实验，辨认，搜查，查封、扣押物证、书证，查询、冻结存款、汇款、债券、股票等财产，鉴定，技术侦查等活动。公安机关等侦查主体依法通过这些工作收集到的证据，经法定程序查证属实之后可以作为定案的根据。

需要注意的是，我国一些行政机关在日常行政执法和查办行政案件过程中，根据相关的行政法律法规有权采取一些行政调查措施，例如，根据《税收征收管理法》第54条规定，税务机关在进行税务检查过程中可以查询纳税人、扣缴义务人在银行或者其他金融机构的存款帐户，在调查税收违法案件时，可以查询涉嫌人员的储蓄存款等。这些行政调查行为从外观上与刑事诉讼法规定的查询类侦查措施非常接近，而且根据《刑事诉讼法》第54条第2款规定，行政机关在行政执法和查办案件过程中收集的物证、书证、视听资料、电子数据等证据材料，在刑事诉讼中可以作为证据使用。但是，鉴于行为根据的差异，尽管行政机关的调查行为在外观上、结果功能上与侦查机关的侦查行为都较为接近，仍然不能将行政机关的行政调查行为视为侦查行为。

（三）侦查措施具有强制性

为了收集证据、查明犯罪事实，公安机关、检察机关等侦查主体有时不得不采取一些对相关人员的人身、财产、隐私等权利进行限制、剥夺的“强制性措施”。根据《刑事诉讼法》第一编第六章“强制措施”和第二编第二章“侦查”的相关规定，大致可以将“强制性措施”分为三大类：

第一类是针对犯罪嫌疑人人身自由的强制性措施，即拘传、取保候审、监视居住、拘留、逮捕等五种强制措施；第二类是针对犯罪嫌疑人财产的强制性措施，如《刑事诉讼法》第144条第1款规定，人民检察院、公安机关根据侦查犯罪的需要，可以依照规定查询、冻结犯罪嫌疑人的存款、汇款、债券、股票、基金份额等财产，有关单位和个人应当配合；第三类是针对犯罪嫌疑人隐私等的强制性措施，主要包括《刑事诉讼法》第150条至第154条规定的技术侦查措施。

鉴于这些“强制性措施”对公民个人权利直接或间接的干预或威胁，我国《刑事诉讼法》在总结历史经验与教训的基础上，借鉴其他国家和地区相关制度与实践，结合当前我国的具体情况，对侦查活动，特别是对“强制性措施”的适用主体、条件、程序、方式、方法等都进行了明确的规定。例如，《刑事诉讼法》第85条第1款、第93条第1款分别规定，“公安机关拘留人的时候，必须出示拘留证”，“公安机关逮捕人的时候，必须出示逮捕证。”第138条第1款规定：“进行搜查，必须向被搜查人出示搜查证。”第152条第1款规定：“采取技术侦查措施，必须严格按照批准的措施种类、适用对象和期限执行。”侦查机关和侦查人员只有严格遵守法律规定，切实依照法律规定的程序进行证据收集和案情查明工作，才能确保侦查活动的合法性和所取得证据的有效性。

二、侦查的任务

根据《刑事诉讼法》第2条、第115条、第116条等相关规定，侦查的主要任务包括；

（一）收集证据、查明案情、查获犯罪嫌疑人，有效惩罚犯罪

根据《刑事诉讼法》第115条规定，公安机关对已经立案的刑事案件，应当进行侦查，收集、调取犯罪嫌疑人有罪或者无罪、罪轻或者罪重的证据材料。侦查最主要的任务在于厘清犯罪事实，收集并保全证据，并通过这些证据尽可能地还原过去的犯罪事实情况，从而为检察机关审查提起公诉做准备。值得注意的是，侦查机关在调查收集证据的过程中应本着客观全面的原则，既要收集能够证明犯罪嫌疑人有罪、罪重的证据，也不得对那些能够证明犯罪嫌疑人无罪、罪轻的证据视而不见，甚至故意隐匿，更不得伪造证据。事实证明，侦查机关和侦查人员无视、隐匿能够证明犯罪嫌疑人无罪的证据是导致冤假错案的重要原因之一。

大部分自然犯案件的侦查过程都是“从案到人”的认识过程，即针对已经发生的犯罪案件，侦查的首要任务就是查明实施犯罪案件的人。根据

《刑事诉讼法》的有关规定，在侦查过程中，对现行犯或者重大嫌疑分子可以依法先行拘留，对符合逮捕条件的犯罪嫌疑人，经人民检察院批准或者决定，可以依法逮捕，对应当依法逮捕却在逃的犯罪嫌疑人，可以发布通缉令，采取有效措施将其追捕归案。但同样需要注意的是，在过去较长一段时间里，由于种种原因，一些侦查机关惯用羁押类强制措施，经常出现"以捕代侦""以押代侦"等现象，犯罪嫌疑人到案后，无论是否有羁押必要都对其采取羁押类强制措施。

（二）保障无罪的人不受刑事追究，充分尊重和保障人权

根据《刑事诉讼法》第2条规定，尊重和保障人权，保护公民的人身权利、财产权利、民主权利和其他权利是我国刑事诉讼法的重要任务之一。通过侦查可以惩罚犯罪，保障被害人的各项权利。与此同时，在侦查过程中遵守刑事诉讼法等相关法律法规的规定，可以保障犯罪嫌疑人和其他诉讼参与人的各项诉讼权利不受侵害。为了尊重和保障人权，《刑事诉讼法》一方面赋予了犯罪嫌疑人、被害人等当事人及其他诉讼参与人一系列的诉讼权利，与侦查机关的权力形成必要的抗衡，例如，犯罪嫌疑人在侦查中有自我辩护的权利，也有委托律师辩护的权利；对侦查机关侵害其权利的行为有控告的权利，有申请回避的权利，有申请解除或者变更强制措施的权利；对公安机关不立案的决定不服的，被害人等控告人有权申请复议。另一方面，赋予侦查机关相应的职责，要求侦查机关实施特定的行为，或者采取特定的措施，以保障犯罪嫌疑人和其他诉讼参与人的各项权利得以实现，例如，在侦查过程中，发现不应当对犯罪嫌疑人追究刑事责任的，公安机关应当撤销案件，[1]犯罪嫌疑人已被拘留、逮捕的，

---

[1] 从侦查实践看，根据犯罪嫌疑人与案件之间的关系可以将刑事案件分成两种类型，一是"人案一体"型，二是"人案分离"型。在"人案一体"案件类型下，一旦发现不应对犯罪嫌疑人追究刑事责任，该案即不构成刑事案件，根据《刑事诉讼法》第163条规定，应当撤销案件。例如醉酒型危险驾驶案件，假设交警在路面交通巡查过程中，要求驾驶人员接受呼气检测酒精含量，检测结果显示达到了醉驾立案标准，随后进行的血液酒精含量检测结果亦显示达到了醉驾立案标准，从而立案侦查。但驾驶人员对血液酒精含量检测结果提出异议，重新鉴定意见显示，驾驶人员血液酒精含量并未达到醉驾立案标准，依法不应追究刑事责任，则应对驾驶人员涉嫌危险驾驶案撤销案件。而在"人案分离"案件类型下，虽然有证据证明不应对犯罪嫌疑人追究刑事责任，但尚需要进一步侦查应对何人追究刑事责任时，案件并不能撤销，而只能对该犯罪嫌疑人终止侦查，同时对案件继续侦查。例如故意杀人案件，假设公安机关在立案之后，初步确定甲为犯罪嫌疑人，并对甲采取了强制措施，但在后续的侦查中发现，甲并无犯罪时间，不可能实施故意杀人犯罪，根据《公安机关办理刑事案件程序规定》第186条第2款规定，应对甲终止侦查，但本案并不能撤销，仍需继续侦查。

应当立即释放；侦查机关应当告知犯罪嫌疑人有辩护的权利并有权委托律师或者要求法律援助机构指派律师担任辩护人；侦查人员不得采用刑讯逼供、威胁、引诱、欺骗等非法方法收集证据，不得强迫任何人证实自己有罪。

（三）总结犯罪活动规律，积极参与预防犯罪

从刑事诉讼的规范逻辑而言，侦查只是公诉的准备，侦查的价值必须通过公诉和审判的结果才能得到最终的评价。但从犯罪治理的事实逻辑而言，侦查的任务并不仅仅局限于为公诉做准备，因为无论侦查体制与技术如何发展，我们都必然面对大量案件无法侦破的事实。也许从刑事诉讼的规范逻辑而言，这些无法侦破的案件由于最终未能进入审查起诉、审判程序，因此无法得到对犯罪嫌疑人、被告人进行定罪处罚的结果，而使侦查活动的价值大打折扣，甚至被视为“失败”的侦查，但从犯罪治理的事实逻辑而言，这些“失败”的侦查却与那些成功的侦查有一样的价值和意义。

近些年来，电信诈骗犯罪如同毒瘤一般威胁着人民群众的财产安全，由于犯罪环境的虚拟性，加以大部分主要犯罪分子盘踞域外，严重制约了这类犯罪案件的侦查破案率。但各级公安机关在侦查过程中通过对电信网络诈骗犯罪案件的主体、手段、方式、方法、过程等分析研究，及时有效地发现总结电信网络诈骗犯罪的规律特点，并通过各种媒介方式进行广泛的宣传教育，与银行等金融机构有效互动，做好被害预防，收到了较好的犯罪预防效果。

三、侦查的模式

侦查模式，是以侦查机关与犯罪嫌疑人在侦查过程中的地位及权力（利）为标准，对侦查类型进行的划分。大体而言，世界各国的侦查模式大致可以分为两种类型：纠问式（或称审问式）侦查模式和弹劾式（或称对抗式）侦查模式。[1]

（一）纠问式侦查模式

纠问式侦查模式把查明实体真实作为侦查的主要目的，认为侦查不仅要查明犯罪事实，还要查明影响量刑的情节，这既是准备提起公诉和审判的需要，而且也是检察官基于特别预防的刑事政策根据起诉便宜主义对案件作出适当处理的前提。主张侦查机关与犯罪嫌疑人不是对等的当

---

〔1〕 参见傅美惠：《侦查法学》，中国检察出版社 2016 年版，第 39 页。

事人，而是上位对下位的关系，其核心观点是强调实体真实的发现以及以此为目的的侦查裁量性，其程序上的归结点主要在于确认犯罪嫌疑人对于侦查机关讯问的“忍受义务”，以及侦查机关出于侦查目的而动用强制措施的权力，而对侦查中的令状主义、沉默权、律师帮助权等则持形式化的主张。[1]

(二) 弹劾式侦查模式

弹劾式侦查模式认为侦查程序的目的是侦查机关与犯罪嫌疑人双方各自为起诉或审判作准备，刑事诉讼程序的重心在于审判阶段。因此侦查程序与审判程序一样，系以法官为顶点，侦查机关与犯罪嫌疑人为平等对立双方的等边三角形结构。强调侦查机关与犯罪嫌疑人之间的诉讼地位平等，将辩论原则引入侦查活动，法官以第三方身份介入侦查，通过“令状原则”对侦查机关的强制取证行为进行控制，实现对侦查机关的监督与制约。因此，在弹劾式侦查模式下，犯罪嫌疑人被视为侦查程序的主体之一，而非客体，享有充分的辩护权、沉默权等防御性权利，从而与侦查机关处于实质对等地位。

然而，需要指出的是，虽然在历史上存在纠问式与弹劾式两种侦查模式的理论界分，但从当前世界各国侦查制度与实践发展的情况来看，似乎已经很难说某个国家或地区的侦查制度可以被视为一种纯粹的纠问式或者弹劾式侦查模式。一些在历史上曾经主要采取纠问式侦查模式的国家或地区可能逐渐吸收了弹劾式侦查模式的部分要素，从而具有了一些弹劾式侦查模式的特征；与此同时，一些在历史上弹劾式侦查模式占主导地位的国家和地区可能也开始赋予侦查机关决定实施强制取证措施的权力，以应对各种紧急情形的需要。特别是随着国际刑事司法交流与合作的日渐紧密，任何国家或地区的侦查制度与实践都不可能独自存活于区域性、阶段性的“真空”之中，无论是基于相互借鉴、取长补短的需要，还是基于刑事司法合作实际的需要，“以往处在光谱两端之侦查构造模式，在今日仅属论理上之分析模式而已……世界各国或地区之侦查构造模式，或多或少均掺杂纠问式侦查构造或弹劾式侦查构造之精神在内，只不过，究以纠问式侦查构造或弹劾式侦查构造为主轴罢了。”[2]

---

〔1〕 相关论述参见孙长永：《侦查程序与人权——比较法考察》，中国方正出版社2000年版，第10～11页。

〔2〕 参见傅美惠：《侦查法学》，中国检察出版社2016年版，第40～42页。

四、侦查的原则

侦查工作除了必须遵守“依靠群众”“以事实为根据，以法律为准绳”“适用法律一律平等”“（三机关）分工负责、互相配合、互相制约”等刑事诉讼基本原则外，为了保证侦查工作合法有效地开展，还必须遵守以下侦查工作的特有原则。

（一）迅速及时原则

所谓侦查的迅速及时原则，是指侦查机关在接到报案、控告、举报、自首或者其他机关移送的刑事案件线索之后，对认为有犯罪事实发生，需要追究刑事责任的，应当立即履行立案手续，组织力量迅速开展侦查活动，及时发现和收集与犯罪有关的证据，揭露、证实犯罪。对于不属于自己管辖而又必须采取紧急措施的，应当先采取紧急措施后移送主管机关处理。

从事实层面而言，侦查的过程是一个认识案情的过程，而据以认识案情的各种信息总是随着时间的流逝而逐渐耗散，侦查启动时间距离案发时间越久，查明犯罪分子身份及收集证据的难度也就越高。因为，犯罪分子通常都会在犯罪之后第一时间逃离以及破坏犯罪现场，转移或者毁灭犯罪证据、赃款赃物，妨碍、逃避侦查，还有些犯罪分子甚至趁着侦查机关和人民群众还未反应过来继续实施新的犯罪，这种情形在电信网络诈骗犯罪中表现得尤为突出；遗留在犯罪现场及周边的痕迹、物品等各种证据材料则有可能因为物理环境的变化而变质或者毁灭，失去其原本具有的侦查破案线索或者证据功能；被害人、现场目击证人的记忆可能因为时间的流逝而逐渐模糊，或者因为其他因素的干扰而产生扭曲变形。

（二）客观全面原则

侦查的目的在于收集能够还原事实真相的证据，以厘清犯罪事实。侦查人员所收集的证据必须是客观存在的，而不是侦查人员主观想象、推测、道听途说的，更不能是杜撰、捏造的。侦查机关在判断和认定案情时，必须有经调查属实的证据作为根据，任何脱离事实的主观臆断都会妨碍侦查目的的实现，甚至造成冤假错案。侦查一方面要求侦查机关应当重证据，另一方面也要重视侦查机关对案情的分析工作。因证据本身具有独立性，证据与待证事实之间的关联性只有经过侦查机关的深入研究分析之后才能确定，并成为证明犯罪事实有无的根据。

客观全面原则一方面要求侦查人员将收集客观存在的证据作为侦查的目的，另一方面要求侦查人员在收集证据过程中必须坚持客观的立场，根

据《刑事诉讼法》第115条、《公安机关办理刑事案件程序规定》第191条规定，公安机关对已经立案的刑事案件，应当及时进行侦查，全面、客观地收集、调取犯罪嫌疑人有罪或者无罪、罪轻或者罪重的证据材料。因此，侦查机关既不能对那些能够证明犯罪嫌疑人无罪、罪轻的证据视而不见，更不能隐匿、毁弃那些有利于犯罪嫌疑人的证据。事实证明，侦查机关隐匿、毁弃能够证明犯罪嫌疑人无罪的证据也是造成冤假错案的重要原因之一。

（三）尊重科学原则

近些年来，一些犯罪分子的犯罪技术和手段越来越专业，给侦查工作带来了巨大的挑战，传统的犯罪侦查理念、技术与手段大部分已经跟不上现代犯罪技术的发展。为有效应对现代犯罪的技术化、专业化发展趋势，侦查机关与侦查工作必须从理念到技术都进行转型。在传统的犯罪侦查实践中，大多数的犯罪案件凭借侦查人员的经验、常识，辅以一些常规性侦查技术、手段即可应对，而在面对那些技术性、专业性较强的现代犯罪时，只有提升侦查工作的科学化程度，才能有效实现侦查目的。

从侦查实践发展历史的角度来看，从某种程度上讲，现代侦查制度的发展史就是一部科学技术知识不断运用于侦查实践的历史。从指纹、脚印、各种痕迹、笔迹的比对，到血液、唾液、精液等各种生物体液的检验，生物、化学、物理、医学、心理学等自然科学技术知识被广泛运用于犯罪侦查之中，为查明犯罪事实、收集犯罪证据、查获犯罪分子发挥了重要的作用。而在人类社会进入计算机时代，特别是进入互联网、大数据、人工智能技术时代以来，一些犯罪分子利用其所掌握的先进技术，实施了大量侵犯公民人身权利、财产权利的犯罪，电信网络诈骗犯罪即是这些技术型犯罪的典型代表。犯罪的场域、手段呈现出虚拟化的特点，与犯罪相关的痕迹、线索、证据相应地发生、存在于现实物理空间之外的虚拟空间。因此，要实现对这类技术型犯罪的有效打击，就必须加强犯罪侦查的科学性。

而要坚持科学侦查的原则，一方面要求侦查人员应具备相应的科学技术知识与技能，侦查机关应配备相关的科学技术设备，并在侦查中充分地运用。另一方面现代犯罪侦查除了具有高度的专业性、复杂性，强调科学技术的运用之外，特别需要指出的是，在科学技术的运用过程中必须遵守《刑事诉讼法》等相关法律的规定，尊重和保障人权。例如，技术侦查手段对于查获犯罪分子、收集犯罪证据确实具有良好的效果，但由于这些手段对公民个人的通信自由、隐私等存在巨大的威胁，因此，我国《刑事诉讼法》对技术侦查手段的运用规定了严格的审批程序。

（四）依靠群众原则

一切为了群众，一切依靠群众，从群众中来，到群众中去的群众路线既是中国共产党的领导方法，也是一种工作方法，是马克思主义认识论在侦查工作中的具体运用。为此，我国《刑事诉讼法》第 6 条规定，“人民法院、人民检察院和公安机关进行刑事诉讼，必须依靠群众”；第 52 条规定，“必须保证一切与案件有关或者了解案情的公民，有客观地充分地提供证据的条件，除特殊情况外，可以吸收他们协助调查”；第 84 条规定，“对于有下列情形的人，任何公民都可以立即扭送公安机关、人民检察院或者人民法院处理：（一）正在实行犯罪或者在犯罪后即时被发觉的；（二）通缉在案的；（三）越狱逃跑的；（四）正在被追捕的。”依靠群众既是我国侦查工作的重要特点之一，也是刑事诉讼法对侦查工作的基本要求之一。

人民群众是犯罪信息、侦查线索的重要来源。一方面，犯罪分子的犯罪行为总是直接或间接地侵害了人民群众的合法利益，人民群众也因此有与犯罪分子作斗争的积极性和主动性；另一方面，无论什么样的犯罪，总是发生在特定的时间和空间之内，无论犯罪分子如何狡猾、犯罪手段如何隐秘，总会留下各种各样的犯罪痕迹，并为人民群众所感知。因此，侦查人员要相信群众、依靠群众，深入群众调查研究，认真听取人民群众的意见，从人民群众反馈的情况中了解犯罪信息，掌握侦查线索，收集犯罪证据，揭露和证实犯罪事实，实现对犯罪的有效打击，更好地维护人民群众的利益。

（五）程序合法原则

从侦查认识论的角度来看，一切有利于查明犯罪事实、查获犯罪嫌疑人的措施、手段、方法、策略、技巧都有可能成为侦查机关和侦查人员的选择。然而，侦查又不同于一般意义上的认识活动，除了侦查主体必须是依法有权实施侦查活动的侦查人员外，侦查人员的侦查行为，特别是可能对犯罪嫌疑人以及其他公民的个人权利产生威胁的强制性侦查行为不仅要有法律的明确授权，而且行为实施的条件、程序、范围、方式、限度等都必须符合《刑事诉讼法》等相关法律法规的规定。为此，《刑事诉讼法》第 52 条规定，“……侦查人员必须依照法定程序，收集能够证实犯罪嫌疑人、被告人有罪或者无罪、犯罪情节轻重的各种证据。严禁刑讯逼供和以威胁、引诱、欺骗以及其他非法方法收集证据，不得强迫任何人证实自己

有罪”。

长期以来，一些侦查机关和侦查人员程序观念淡薄，将《刑事诉讼法》等相关法律法规中有关侦查程序的规范视为妨碍侦查破案，影响侦查效果，公然违反或者有意规避侦查程序规范，以致严重侵害犯罪嫌疑人或者其他公民合法权益，甚至酿成冤假错案。为遏制侦查机关违反侦查程序非法取证的行为，《刑事诉讼法》第 56 条规定，“采用刑讯逼供等非法方法收集的犯罪嫌疑人、被告人供述和采用暴力、威胁等非法方法收集的证人证言、被害人陈述，应当予以排除。收集物证、书证不符合法定程序，可能严重影响司法公正的，应当予以补正或者作出合理解释；不能补正或者作出合理解释的，对该证据应当予以排除……不得作为起诉意见、起诉决定和判决的依据”。第 60 条规定，“对于经过法庭审理，确认或者不能排除存在本法第五十六条规定的以非法方法收集证据情形的，对有关证据应当予以排除。”

针对近年来暴露出来的一些冤假错案所反映出来的，公安机关在证据的收集、固定、运用等方面存在的问题，2015 年 3 月，公安部在《关于贯彻党的十八届四中全会精神深化执法规范化建设全面建设法治公安的决定》中对依法全面取证，严格依法收集、固定、保存、审查、运用证据，严格实行非法证据排除规则，切实防止侦查取证不及时、不全面、不规范，加强侦查程序的规范性等提出了明确的要求，并建立和完善了相应的工作机制。例如，建立健全执法活动的系统管理机制，对案件质量进行严格控制；健全执法责任制和追究体系，全面落实执法责任，实行办案质量终身负责制和错案责任倒查问责制；完善执法质量考评指标体系，科学设立质量与效率并重的考评标准；建立常态化监督制度，加大执法监督力度。这些举措对于增强公安机关侦查人员的侦查程序意识，提升侦查程序的合法性无疑具有重要的意义。

（六）侦查保密原则

侦查保密原则又被称为侦查不公开原则，与审判公开原则形成一定的对应关系。侦查保密原则系指侦查活动的内容不对外公开，除当事人及其他刑事诉讼参与人之外均不得介入或参与侦查活动，以避免侦查中的秘密事项泄露出去。具体而言，包括几个方面的含义：

第一，禁止公开侦查过程，以维护侦查程序的顺利进行，保护证人及被害人的个人信息安全。禁止公开侦查结果，以避免未审先判。在公开审判之前，禁止公开侦查过程中所发现的事实、证据，避免审判前对犯罪嫌疑人的名誉造成难以恢复之损害，或侵害相关人员的权利。

第二，禁止公开侦查中所使用的技术与手段。就技术层面而言，侦查保密系基于侦查效率的考虑，防止因侦查内容的外泄而增加调查取证的困难。在侦查阶段，侦查机关的一些信息优势往往是破案的先机，信息的不当泄露，可能造成犯罪嫌疑人逃跑、毁灭破坏犯罪证据、与同案犯串供，从而增加侦查破案的困难等问题。

第三，避免媒体舆论干扰，确保法官独立审判，不受侦查阶段媒体案情报道的影响。如果侦查机关在侦查破案之初不当披露案情，一方面可能造成不当舆论，形成媒体审判效应；另一方面审判人员容易产生先入为主的偏见，事实上影响审判阶段对被告人的公平审判。

需要注意的是，侦查保密原则并不意味着对一切人员、一切事项都必须保密，更不意味着侦查阶段对辩护律师的排斥，不能以侦查活动需要保密为由拒绝辩护律师在侦查阶段会见犯罪嫌疑人的正当要求。例如，根据《刑事诉讼法》第 39 条的规定，除危害国家安全犯罪、恐怖活动犯罪案件需要经过侦查机关的许可外，辩护律师持律师执业证书、律师事务所证明和委托书或者法律援助公函要求会见在押犯罪嫌疑人的，看守所应当及时安排会见；又如，第 148 条规定，“侦查机关应当将用作证据的鉴定意见告知犯罪嫌疑人、被害人。如果犯罪嫌疑人、被害人提出申请，可以补充鉴定或者重新鉴定。”再如，根据《刑事诉讼法》第 281 条第 1 款规定，侦查人员讯问未成年犯罪嫌疑人时，应当通知未成年犯罪嫌疑人的法定代理人到场，无法通知、法定代理人不能到场或者法定代理人是共犯的，也可以通知未成年犯罪嫌疑人的其他成年亲属，所在学校、单位、居住地基层组织或者未成年人保护组织的代表到场。

（七）侦查比例原则

比例原则是公权力行使的一项重要原则，包括适当性、必要性及狭义比例原则（手段与目的必须成比例），其目的在于选择对公民个人权利侵害程度最小的侦查手段来实现侦查目的，以维护公民个人权利与侦查利益之间的适当平衡。侦查比例原则要求侦查机关采取的侦查手段，必须以足以实现侦查目的或者任务为限，不得为了实现侦查目的而不择手段。具体而言，是指侦查机关所采取的侦查措施、手段、方法对公民个人权利造成的损害应与侦查的案件性质、侦查目的实现难度、侦查任务的重要性之间保持适当的比例，特别是在采取一些对公民基本权利存在重大威胁的强制侦查手段时，坚持侦查比例原则特别重要。

我国《刑事诉讼法》虽然没有明确规定侦查比例原则，但从《刑事诉讼法》对一些侦查措施、侦查羁押期限的规定当中仍然可以清楚地看到立法机关对侦查比例原则的重视。例如，鉴于技术侦查措施对公民通信自由、个人隐私等基本权利的重大威胁，根据《刑事诉讼法》第150条、第152条等相关规定，只有在危害国家安全犯罪、恐怖活动犯罪、黑社会性质的组织犯罪、重大毒品犯罪或者其他严重危害社会的犯罪案件中，经过严格的批准手续才可以采取技术侦查措施，并且必须严格按照批准的措施种类、适用对象和期限执行；又如，对于侦查羁押措施的适用期限，《刑事诉讼法》进行了明确规定，并对延长侦查羁押期限根据案件性质的严重、复杂程度及侦查取证的困难程度进行了严格限定，针对交通十分不便的边远地区的重大复杂案件、重大的犯罪集团案件、流窜作案的重大复杂案件、犯罪涉及面广且取证困难的重大复杂案件，允许在《刑事诉讼法》第156条规定的侦查羁押期限届满之后，经省、自治区、直辖市人民检察院批准或者决定延长1个月。对犯罪嫌疑人可能判处10年有期徒刑以上刑罚的案件，在《刑事诉讼法》第158条规定的侦查羁押期限届满之后，仍然不能侦查终结的，经省、自治区、直辖市人民检察院批准或者决定，可以再延长2个月。

第二节　侦查主体

根据《刑事诉讼法》第3条、第4条、第19条、第308条等相关规定，刑事案件的侦查由公安机关负责；国家安全机关办理危害国家安全的刑事案件，行使与公安机关相同的职权；人民检察院在对诉讼活动实行法律监督中发现的司法工作人员利用职权实施的非法拘禁、刑讯逼供、非法搜查等侵犯公民权利、损害司法公正的犯罪，可以由人民检察院立案侦查。军队保卫部门对军队内部发生的刑事案件行使侦查权；中国海警局履行海上维权执法职责，对海上发生的刑事案件行使侦查权；对罪犯在监狱内犯罪的案件由监狱进行侦查。综上可知，我国的侦查主体主要包括公安机关、人民检察院、军队保卫部门、海警局、监狱等专门机关。

一、公安机关

公安机关是国家的治安保卫机关，是各级人民政府的职能部门，担负着国家安全和社会治安保卫的任务。在刑事诉讼中，公安机关负责除依法由其他机关管辖之外的大部分刑事案件的侦查工作，是主要的侦查机关。

中华人民共和国公安部是国家的公安领导机关，负责领导和指挥全国的公安工作，并根据协议与国际刑警组织和国外、境外的警察机构，共同打击跨国、跨境的犯罪活动。地方各级公安机关按照行政区划设立。在省、自治区、直辖市一级设公安厅、局；在地区、自治州和市设公安处(局)；在县、县级市、自治县设立公安局；在直辖市和设区市的市辖区设公安分局。另外，按行业系统设立在军队、铁路、民航保卫和公安部门上，也是公安机关的组成部分。根据需要，在乡、镇、城市街道和其他必要的地方设立公安派出所，作为基层公安机关的派出机构，履行基层公安机关的部分职责。

公安机关上下级之间是领导关系，上级公安机关可以直接领导和指挥下级公安机关的侦查活动，也可以调动下级公安机关的侦查力量参与上级公安机关侦查的案件。在同地区、不同系统的公安机关则互不隶属，但在侦查办案过程中可以配合、协作。例如，《刑事诉讼法》第 83 条规定："公安机关在异地执行拘留、逮捕的时候，应当通知被拘留、逮捕人所在地的公安机关，被拘留、逮捕人所在地的公安机关应当予以配合。"

为了侦查工作的更好开展，根据公安部有关刑事案件在公安机关内设机构之间进行管辖分工的最新规定，[1]目前公安机关内设机构中负责刑事案件侦查工作的主要有：政治安全保卫局、经济犯罪侦查局、刑事侦查局、治安管理局、网络安全保卫局、交通管理局、反恐怖局等。

具体来看，政治安全保卫局主要负责《刑法》分则第一章"危害国家安全罪"中的背叛国家案等 10 类案件；《刑法》分则第二章"危害公共安全罪"中的宣扬极端主义案等 4 类案件；《刑法》分则第四章"侵犯公民人身权利、民主权利罪"中的诽谤案等 3 类案件；《刑法》分则第六章"妨害社会管理秩序罪"中的非法获取国家秘密案等 7 类案件；《刑法》分则第七章"危害国防利益罪"中的战时故意提供虚假敌情案、战时造谣扰乱军心案等 2 类案件；《刑法》分则第九章"渎职罪"中的故意（过失）泄露国家秘密案等 2 类案件，共 28 种。

经济犯罪侦查局主要负责《刑法》分则第三章"破坏社会主义市场经

---

〔1〕 2020 年 9 月 1 日，公安部根据《刑法》《刑事诉讼法》等相关规定，结合国家监察体制改革、公安机关机构改革、公安部机关内设机构改革的情况，制定了《公安部刑事案件管辖分工规定》，就刑事案件侦查在公安机关内部的管辖分工进行了明确。

济秩序罪”中的绝大部分案件；《刑法》分则第二章“危害公共安全犯罪”中的帮助恐怖活动案（以资助方式实施的帮助行为，即《刑法》第120条之一第1款）；以及《刑法》分则第五章“侵犯财产罪”中的职务侵占案、挪用资金案等2类案件；《刑法》分则第六章“妨害社会管理秩序罪”中的虚假诉讼案，共77种。

治安管理局主要负责《刑法》分则第二章“危害公共安全罪”中的非法制造、买卖、运输、储存危险物质案等14类案件；《刑法》分则第三章“破坏社会主义市场经济秩序罪”中的走私淫秽物品案等4类案件；《刑法》分则第四章“侵犯公民人身权利、民主权利罪”中的强迫劳动案、雇用童工从事危重劳动案等2类案件；《刑法》分则第五章“侵犯财产罪”中的故意毁坏财物案等3类案件；《刑法》分则第六章“妨害社会管理秩序罪”中的非法生产、买卖警用装备案等38类案件；《刑法》分则第七章“危害国防利益罪”中的故意提供不合格武器装备、军事设施案等13类案件，共74种。

防范和处理邪教工作管理局主要负责《刑法》分则第六章第一节“扰乱公共秩序罪”中的组织、利用会道门、邪教组织、利用迷信破坏法律实施案；组织、利用会道门、邪教组织、利用迷信致人重伤、死亡案等2类案件。

反恐怖局主要负责《刑法》分则第二章“危害公共安全罪”中的组织、领导、参加恐怖组织案等6类案件，以及《刑法》分则第六章第二节“妨害司法罪”中的拒绝提供恐怖主义犯罪证据案，共7种。

食品药品犯罪侦查局主要负责《刑法》分则第三章“破坏社会主义市场经济秩序罪”中的生产、销售伪劣产品案，侵犯知识产权案等16类案件；《刑法》分则第六章“妨害社会管理秩序罪”中的危害公共卫生案、破坏环境资源保护案等17类案件，共33种。

网络安全保卫局主要负责《刑法》分则第四章“侵犯公民人身权利、民主权利罪”中的侵犯公民个人信息案；《刑法》分则第六章第一节“扰乱公共秩序罪”中的组织考试作弊案，非法出售、提供试题、答案案，非法侵入计算机信息系统案，非法获取计算机信息系统数据、非法控制计算机信息系统案，提供侵入、非法控制计算机信息系统程序、工具案，破坏计算机信息系统案，拒不履行信息网络安全管理义务案，非法利用信息网络案，帮助信息网络犯罪活动案，编造、故意传播虚假信息案等11种案件。

禁毒局主要负责《刑法》分则第六章第七节规定的“走私、贩卖、运输、制造毒品罪”中的11种与毒品相关的刑事案件侦查。

国家移民管理局主要负责《刑法》分则第六章第三节“妨害国（边）境管理罪”规定的7种案件侦查。

交通管理局负责《刑法》分则第二章“危害公共安全罪”中的交通肇事案、危险驾驶案的侦查。

铁路公安局则主要负责铁路系统的机关、厂、段、院、校、所、队、工区等单位，车站工作区域内、列车内发生的刑事案件；铁路沿线发生的盗窃或者破坏铁路、通信、电力线路和其他重要设施的刑事案件；内部职工在铁路线上工作时发生的刑事案件；铁路系统的计算机信息系统延伸到地方涉及铁路业务的网点，其计算机信息系统发生的刑事案件；以及《刑法》分则第二章“危害公共安全罪”中的铁路运营安全事故案的侦查。

海关缉私局负责海关关境内发生的《刑法》分则第三章第二节“走私罪”中的走私普通货物、物品案；海关监管区内发生的《刑法》分则第三章第二节“走私罪”中的走私武器、弹药案和第六章第七节“走私、贩卖、运输、制造毒品罪”中的走私、贩卖、运输、制造毒品案等11种案件；《刑法》分则第三章第八节“扰乱市场秩序罪”中的逃避商检案；《刑法》分则第六章第五节“危害公共卫生罪”中的妨害国境卫生检疫案、妨害动植物检疫案，共15种案件的侦查。

中国民用航空局公安局管辖民航系统的机关、厂、段、院、校、所、队、工区等单位；机场工作区域内、民航飞机内发生的刑事案件；以及《刑法》分则第二章“危害公共安全罪”中的重大飞行事故案的侦查。

上述部门管辖之外的其余119种刑事案件由刑事侦查局负责侦查。除了前述部门之外，公安机关内设的刑事科学技术部门、行动技术部门作为综合性技术部门，为公安机关的侦查工作提供各类技术支持。刑事科学技术部门主要为各侦查办案单位提供犯罪痕迹、物证、书证的鉴定，各类生物样本检材的检验、比对；行动技术部门则为各侦查办案单位在符合法定条件的情况下，提供记录监控、通信监控、行踪监控、场所监控等技术侦查措施支持。刑事科学技术部门、行动技术部门在为各侦查办案单位提供技术支持的过程中，行使的同样是侦查权。

二、国家安全机关

国家安全机关是我国国家安全工作的主管机关，依法担负着与危害国家安全的违法犯罪行为作斗争、保卫国家安全、巩固人民民主专政、维护

社会主义制度的职能。1983 年 7 月 1 日，国家安全部成立。作为国务院的重要职能部门之一，国家安全部负责领导和管理全国的国家安全工作，开展隐蔽战线的斗争，保卫国家安全。在省、自治区、直辖市设立国家安全厅、局，在省、自治区、直辖市以下，根据需要设立国家安全机构并配备人员。地方各级国家安全机关是地方各级人民政府的职能部门，业务上受国家安全部的领导。

2015 年 7 月 1 日由第十二届全国人民代表大会常务委员会第十五次会议通过的《国家安全法》第 42 条第 1 款规定，国家安全机关、公安机关依法搜集涉及国家安全的情报信息，在国家安全工作中依法行使侦查、拘留、预审和执行逮捕以及法律规定的其他职权。《刑事诉讼法》第 4 条规定："国家安全机关依照法律规定，办理危害国家安全的刑事案件，行使与公安机关相同的职权。"因此，国家安全机关在刑事诉讼中与公安机关具有相同的法律地位，行使相同的职权。

三、检察机关

根据《宪法》第 134 条和《人民检察院组织法》第 2 条规定，中华人民共和国人民检察院是国家的法律监督机关，它的任务是通过行使检察权，追诉犯罪，维护国家安全和社会秩序，维护个人和组织的合法权益，维护国家利益和社会公共利益，保障法律正确实施，维护社会公平正义，维护国家法制统一、尊严和权威，保障中国特色社会主义建设的顺利进行。根据《人民检察院组织法》第 20 条的规定，各级人民检察院依照法律规定，对有关刑事案件行使侦查权。

在国家监察体制改革之前，检察机关负责对国家机关工作人员利用职权之便实施的贪污、贿赂、渎职等职务犯罪案件立案侦查。国家监察体制改革之后，绝大部分职务犯罪案件转隶监察委员会调查，检察机关仅保留对司法工作人员利用职权实施的部分职务犯罪案件的侦查权。根据《刑事诉讼法》第 19 条第 2 款规定："人民检察院在对诉讼活动实行法律监督中发现的司法工作人员利用职权实施的非法拘禁、刑讯逼供、非法搜查等侵犯公民权利、损害司法公正的犯罪，可以由人民检察院立案侦查。对于公安机关管辖的国家机关工作人员利用职权实施的重大犯罪案件，需要由人民检察院直接受理的时候，经省级以上人民检察院决定，可以由人民检察院立案侦查。"

根据《关于人民检察院立案侦查司法工作人员相关职务犯罪案件若干问题的规定》第 1 条，人民检察院在对诉讼活动实行法律监督中，发现司法工作人员涉嫌利用职权实施的下列侵犯公民权利、损害司法公正的犯罪案件，可以立案侦查：非法拘禁罪（《刑法》第238条）（非司法工作员除外）；非法搜查罪（《刑法》第245条）（非司法工作人员除外）；刑讯逼供罪（《刑法》第247条）；暴力取证罪（《刑法》第247条）；虐待被监管人罪（《刑法》第248条）；滥用职权罪（《刑法》第397条）（非司法工作人员滥用职权侵犯公民权利、损害司法公正的情形除外）；玩忽职守罪（《刑法》第397条）（非司法工作人员玩忽职守侵犯公民权利、损害司法公正的情形除外）；徇私枉法罪（《刑法》第399条第1款）；民事、行政枉法裁判罪（《刑法》第399条第2款）；执行判决、裁定失职罪（《刑法》第399条第3款）；执行判决、裁定滥用职权罪（《刑法》第399条第3款）；私放在押人员罪（《刑法》第400条第1款）；失职致使在押人员脱逃罪（《刑法》第400条第2款）；徇私舞弊减刑、假释、暂予监外执行罪（《刑法》第401条）。

上述所列犯罪案件既可以由检察机关立案侦查，也可以由监察委员会立案调查。如果由检察机关立案侦查的，由设区的市人民检察院立案侦查。设区的市级人民检察院也可以将案件交由基层人民检察院立案侦查，或者由基层人民检察院协助侦查。最高人民检察院、各省级人民检察院发现犯罪线索的，可以自行决定立案侦查，也可以将案件线索交由指定的省级人民检察院、设区市人民检察院立案侦查。

对于公安机关管辖的国家机关工作人员利用职权实施的重大犯罪案件，人民检察院需要直接立案侦查的，应当层报省级人民检察院决定。报请省级人民检察院决定立案侦查的案件，应当制作提请批准直接受理书，写明案件情况以及需要由人民检察院立案侦查的理由，并附有关材料。省级人民检察院应当在收到提请批准直接受理书后10日以内作出是否立案侦查的决定。省级人民检察院可以决定由设区的市级人民检察院立案侦查，也可以自行决定立案侦查。

根据《人民检察院刑事诉讼规则》第16条规定，上级人民检察院在必要的时候，可以直接立案侦查或者组织、指挥、参与侦查下级人民检察院管辖的案件。下级人民检察院认为案情重大、复杂，需要由上级人民检察院立案侦查的案件，可以请求移送上级人民检察院立案侦查。

四、其他侦查主体

根据我国的军事体制，中国人民解放军内部设立保卫部门，负责军队内部发生的刑事案件的侦查工作。中国海警局履行海上维权执法职责，对海上发生的刑事案件行使侦查权。中国海警局办理刑事案件，适用《刑事诉讼法》的有关规定，行使与公安机关相同的职权。根据《监狱法》和《刑事诉讼法》的规定，罪犯在监狱内犯罪的案件，由监狱进行侦查。另外，自1998年起，国家在各级海关设立走私犯罪侦查部门，专门负责走私犯罪案件的侦查工作。军队保卫部门、中国海警局、监狱、海关走私犯罪侦查部门依法对各自管辖范围内的刑事案件行使侦查权，均是法定的侦查主体，在刑事诉讼中具有与公安机关同等的诉讼地位。

国家监察体制改革后，各级监察委员会依法对所有行使公权力的公职人员进行监察，对行使公权力的公职人员利用职权实施的职务违法和职务犯罪进行调查，虽然监察委员会事实上承担了职务犯罪的侦查职能，但就法律层面而言，监察委员会并非侦查机关。另外，由于在我国实行的是行政违法/刑事犯罪二分的二元追诉机制，偷逃税等行政犯罪大都是先由税务机关等行政机关进行行政调查后再移送公安机关立案侦查，对于行政机关在行政执法和查处行政案件过程中所取得的证据是否可以在刑事诉讼中使用，长期以来在理论界与实务界一直充满争议，并因此引发了所谓的"行刑衔接"问题。《刑事诉讼法》第54条第2款规定，行政机关在行政执法和查办案件过程中收集的物证、书证、视听资料、电子数据等证据材料，在刑事诉讼中可以作为证据使用。对此，我们认为，从这类行政犯罪案件的特点以及侦查的专业性和侦查效率考虑，可以借鉴监察调查模式，将这类行政犯罪案件的侦查权部分交由相关行政机关行使。

第三节 侦查行为

一、讯问犯罪嫌疑人

讯问犯罪嫌疑人，是指侦查人员依照法定程序以言词方式，就案件事实和其他与案件有关的问题向犯罪嫌疑人进行查问的一种侦查活动。讯问犯罪嫌疑人是一项重要的侦查活动，在侦查程序中具有十分重要的意义。犯罪嫌疑人对自己是否实施犯罪以及如何实施犯罪最为清楚，如果他实施了犯罪并如实交代，侦查人员便可以获得有价值的口供；如果未实施犯罪，他会作无罪辩解，从而有利于侦查人员查明案情。通过讯问犯罪嫌疑人，可以查明犯罪的动机、目的、经过等案件事实和情节，判明犯罪的性质；也可查明赃款、赃物的去向，以及有无遗漏罪行和其他应当追究刑事责任的人；还可以追查犯罪线索，从而揭露其他犯罪行为，扩大侦查效果。

根据我国《刑事诉讼法》的规定和实践经验，讯问犯罪嫌疑人必须遵守下列程序和要求：

（一）讯问的人员及人数

《刑事诉讼法》第118条第1款规定："讯问犯罪嫌疑人必须由人民检察院或者公安机关的侦查人员负责进行。讯问的时候，侦查人员不得少于二人。"这意味着讯问是侦查机关的侦查人员的专有职权，其他任何机关、团体和个人都无权行使这项权力。从实践而言，由2名以上侦查人员进行讯问既有利于侦查人员在讯问时互相监督，保证讯问的合法性，也有利于保障侦查人员的人身安全。

（二）讯问的地点、时间

《刑事诉讼法》第118条第2款规定："犯罪嫌疑人被送交看守所羁押以后，侦查人员对其进行讯问，应当在看守所内进行。"据此，犯罪嫌疑人被送交看守所羁押以后，侦查人员对其进行讯问的地点只能是在看守所内，而不允许以任何理由在看守所外进行讯问。第119条第1款规定："对不需要逮捕、拘留的犯罪嫌疑人，可以传唤到犯罪嫌疑人所在市、县内的指定地点或者到他的住处进行讯问，但是应当出示人民检察院或者公安机关的证明文件……"需要注意的是，对于被拘留或者逮捕的犯罪嫌疑人，均应在拘留、逮捕后的24小时内进行讯问。

（三）讯问的步骤、方法

《刑事诉讼法》第120条第1款规定："侦查人员在讯问犯罪嫌疑人的时候，应当首先讯问犯罪嫌疑人是否有犯罪行为，让他陈述有罪的情节或者无罪的辩解，然后向他提出问题。犯罪嫌疑人对侦查人员的提问，应当如实回答。但是对与本案无关的问题，有拒绝回答的权利。"为了防止主观片面、先入为主，保证讯问的客观性和公正性，侦查人员在讯问犯罪嫌疑人时应首先讯问他是否有犯罪行为。对侦查人员与本案有关问题的提问，犯罪嫌疑人负有如实回答和陈述的义务，但当侦查人员提出与本案无关的问题时，他有拒绝回答的权利。所谓"与本案无关的问题"，应指与犯罪无关的问题。

《刑事诉讼法》第120条第2款规定："侦查人员在讯问犯罪嫌疑人的时候，应当告知犯罪嫌疑人享有的诉讼权利，如实供述自己罪行可以从宽处理和认罪认罚的法律规定。"另外，根据《公安机关办理刑事案件程序

规定》第43条规定，公安机关第一次讯问犯罪嫌疑人的时候，应当告知犯罪嫌疑人有权委托律师为其辩护，并告知其可以向法律援助机构申请法律援助，并将告知情形记录在案。

（四）讯问聋、哑等犯罪嫌疑人的特殊要求

《刑事诉讼法》第121条、《公安机关办理刑事案件程序规定》第204条等有关规定对讯问聋、哑和不通晓当地语言文字的犯罪嫌疑人作了特殊要求，以保障其合法权益。具体包括：①讯问聋、哑犯罪嫌疑人，应当有通晓聋、哑手势的人参加，并在讯问笔录上注明犯罪嫌疑人的聋、哑情况以及翻译人员的姓名、工作单位和职业。②讯问不通晓当地语言文字的犯罪嫌疑人，应当配备翻译人员。

（五）讯问的记录

根据《刑事诉讼法》第123条，《公安机关办理刑事案件程序规定》第205条、206条、207条、208条等相关规定，侦查人员应当将问话和犯罪嫌疑人的供述或者辩解如实地记录清楚，在文字记录的同时，可以对讯问过程进行录音录像。对于可能判处无期徒刑、死刑的案件或者其他重大犯罪案件，应当对讯问过程进行录音录像。对于讯问笔录，应当交犯罪嫌疑人核对，犯罪嫌疑人没有阅读能力的，应当向他宣读，并允许犯罪嫌疑人对讯问笔录进行补充或者更正。犯罪嫌疑人要求自行书写供述的，应当准许。

二、询问证人、被害人

询问证人，是指侦查人员依照法定程序以言词方式，就案件有关情况向证人进行调查了解的一种侦查活动。根据我国《刑事诉讼法》的规定和实践经验，询问证人应当遵守下列程序和要求：

（一）询问的地点和人数

《刑事诉讼法》第124条第1款规定："侦查人员询问证人，可以在现场进行，也可以到证人所在单位、住处或者证人提出的地点进行，在必要的时候，可以通知证人到人民检察院或者公安机关提供证言。在现场询问证人，应当出示工作证件，到证人所在单位、住处或者证人提出的地点询问证人，应当出示人民检察院或者公安机关的证明文件。"据此，侦查人员询问证人，既可以在现场进行，也可以到证人的所在单位、住处或者证人提出的地点进行。这样可以更好地保护证人，减轻证人的思想顾虑，方便证人提供证言。此外，为保障询问证人的合法性，询问人员一般不得少于2人。

（二）询问证人应当个别进行

《刑事诉讼法》第124条第2款规定："询问证人应当个别进行。"据此，同一案件有几个证人需要询问的时候，侦查人员应当对每个证人进行单独询问；询问某一证人时，不得有其他证人在场，也不允许采用开座谈会的形式，让证人集体讨论和作证，防止证人之间互相影响，使其充分地陈述自己的所见所闻，从而便于侦查人员对各个证人提供的证言进行审查判断，从中发现矛盾，澄清疑点。

（三）询问证人的步骤、方法

首先，侦查人员应当问明证人的基本情况以及与当事人的关系。其次，侦查人员应当告知证人有如实作证的义务。《刑事诉讼法》第125条规定："询问证人，应当告知他应当如实地提供证据、证言和有意作伪证或者隐匿罪证要负的法律责任。"实践证明，这是保证证人如实陈述，防止其作伪证和隐匿罪证的重要法律措施，因此侦查人员必须依法告知，不能遗漏。

（四）询问笔录的制作

询问证人，应当制作询问笔录。询问笔录是重要的证据材料，应当客观、真实和详细，力求反映证人作证的原意。根据《刑事诉讼法》第122条、第126条的规定，询问笔录应当交证人核对，对于没有阅读能力的，应当向他宣读；如果记载有遗漏或者差错，证人可以提出补充或者改正；证人承认笔录没有错误后，应当签名或者盖章，侦查人员也应当在笔录上签名；证人请求自行书写证词的，应当准许，必要的时候，侦查人员也可以要求证人亲笔书写证词。

根据我国《刑事诉讼法》第127条的规定，询问被害人适用询问证人的程序。但是，由于被害人受到犯罪行为的直接侵犯，是刑事诉讼的当事人，与犯罪嫌疑人有着直接的利害关系，在诉讼中与证人的地位不同，因此询问被害人除了应当遵守询问证人的各项规定以外，还应当注意被害人害怕打击报复或顾及名誉、情面的特殊心理和了解犯罪嫌疑人更多情况的特点，耐心细致做好被害人的思想工作，使其如实陈述；对伤势较重、有生命危险的被害人，要及时询问并尽可能地进行录音、录像；要采取有效措施保障被害人的人身安全；对于被害人的个人隐私，应当为他保守秘密。此外，第一次询问被害人时，应当告知他有提起附带民事诉讼的权利。

三、勘验、检查

勘验、检查，是指侦查人员对与犯罪有关的场所、物品、人身、尸体进行勘查、检验或检查，以发现和收集犯罪活动所遗留的各种痕迹和物品的一种侦查活动。勘验、检查的性质是一样的，只是对象不同。其中，勘验的对象是现场、物品和尸体，而检查的对象则是活人的身体。按照对象和内容的不同，勘验、检查可以分为现场勘查、物品检验、人身检查、尸体检验四种。

根据我国《刑事诉讼法》的规定，勘验、检查的基本程序是：①勘验、检查由侦查人员进行，必要的时候可以指派或者聘请具有专门知识的人，在侦查人员的主持下进行；②侦查人员执行勘验、检查，必须持有人民检察院或者公安机关的证明文件；③侦查人员应当邀请与案件没有利害关系的人作为见证人参加勘验、检查工作，以保证勘验、检查的客观性；④人民检察院要求复验、复查的，侦查机关应当及时进行复验、复查，并通知人民检察院派员参加；⑤勘验、检查的情况应当写成笔录，由参加勘验、检查的人和见证人签名或者盖章。

（一）现场勘查

现场勘查，是指侦查人员对犯罪分子实施犯罪的地点以及遗留犯罪痕迹和物品的场所进行勘查的一种侦查活动。对犯罪现场进行勘查，应当遵守下列程序和要求：

1. 犯罪现场的保护。我国《刑事诉讼法》第 129 条规定：“任何单位和个人，都有义务保护犯罪现场，并且立即通知公安机关派员勘验。”同时，发案地派出所、巡警或者治安保卫组织应当妥善保护犯罪现场，注意保全证据，控制犯罪嫌疑人，并立即报告公安机关主管部门。

2. 现场勘查的指挥和执行人员。现场勘查，由县级以上公安机关侦查部门负责。其中，一般案件的现场勘查，由侦查部门负责人指定的人员现场指挥；重大、特别重大案件的现场勘查，由侦查部门负责人现场指挥。必要时，发案地公安机关负责人应当亲自到现场指挥。现场勘查由侦查人员进行；在必要的时候，可以指派或者聘请具有专门知识的人，在侦查人员的主持下进行勘查。执行勘查的侦查人员接到通知后，应当立即赶赴现场，并应当持有刑事犯罪现场勘查证。

3. 现场勘查的具体要求。首先，应当向发现人、报案人、现场保护人了解现场的原始情况，然后划定勘查范围，先外后内，先重点后一般，有计划、有步骤地进行。其次，应当认真、仔细观察现场每个物品和痕迹的特征、位置、状态，分析其相互联系，并采用有关技术手段发现、提取和保全证据。最后，对案发现场的被害人，应及时送往附近医疗单位救治；对尸体应先予必要的检查，如果需要，再由法医依法进行解剖和检验；在计算机犯罪的现场，应立即停止计算机的应用，并采取措施保护计算机及相关设备。

4. 现场勘查笔录的制作。侦查人员勘查现场，应制作现场勘查笔录，必要时应绘制现场图。现场勘查笔录应当客观、准确而又全面地反映现场的实际情况和侦查人员的勘查活动，其内容包括：勘查的时间，现场所在的地点、位置及其与周围环境的关系，现场物品变动和破坏情况，犯罪嫌疑人遗留在现场的各种痕迹、物品及其位置和特征，提取痕迹、物品的情况，并附上拍摄的照片。对重大、特别重大案件的现场，应当录像；勘查计算机犯罪案件的现场，应注意复制电子数据。侦查人员、其他参加勘查的人员和见证人应当在现场勘查笔录上签名或者盖章，并注明时间。

（二）物品检验

物品检验，是指侦查人员对已经收集到的物品及其痕迹进行检查和验证，以确定其与案件有无联系的一种侦查活动。

侦查人员对物品进行检验，应注意以下几点：①细地查验物品上的特征，如单据上被涂改的痕迹、鞋底上的花纹等；对于在现场收集的物品，还要注意它与周围环境的关系，并分析研究物品的特征和痕迹的变化情况。②通过分析研究，要确定该物品及其痕迹与案件事实有无联系以及有何种联系。③对物品的特征，如果侦查人员不能判断时，应当指派或者聘请具有专门知识的人进行鉴定。

检验物品，应当制作检验笔录，详细记载检验的过程、物品及其痕迹的特征，如物品的大小、形状、尺寸、重量、颜色、商标、号码和痕迹的位置、大小、深度、长度、形态、性质等。侦查人员、其他参加检验的人员和见证人应当在物品检验笔录上签名或者盖章，并注明时间。

（三）人身检查

人身检查，是指为了确定被害人、犯罪嫌疑人的某些特征、伤害情况或者生理状态，对其人身进行检查，提取指纹信息，或者采集血液、尿液、汗液、精液、唾液以及毛发、气体（酒驾呼气酒精测试）等生物样本的一种侦查活动。

人身检查涉及公民的人身权利和自由，因此必须严格按照我国《刑事诉讼法》和有关规定进行：①检查只能由侦查人员进行，必要时可以邀请

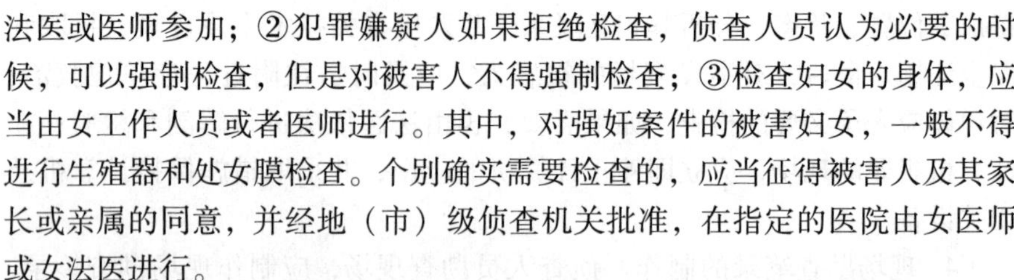

法医或医师参加；②犯罪嫌疑人如果拒绝检查，侦查人员认为必要的时候，可以强制检查，但是对被害人不得强制检查；③检查妇女的身体，应当由女工作人员或者医师进行。其中，对强奸案件的被害妇女，一般不得进行生殖器和处女膜检查。个别确实需要检查的，应当征得被害人及其家长或亲属的同意，并经地（市）级侦查机关批准，在指定的医院由女医师或女法医进行。

人身检查的情况应当写成笔录，由参加检查的侦查人员、检查人员和见证人签名或者盖章，并注明时间。

（四）尸体检验

尸体检验，是指在侦查人员的主持下，由法医或医生对非正常死亡者的尸体进行检验或者解剖的一种侦查活动。其目的在于确定死亡的原因，判断死亡的时间、致死的工具、致死的手段和方法，以便分析研究案情，认定案件的性质，为侦查破案提供线索和证据。尸体检验应当及时进行，以防止尸体上的痕迹或现象因尸体的变化和腐烂而消失。尸体检验分为尸表检验和尸体解剖两种。

我国《刑事诉讼法》第131条规定：“对于死因不明的尸体，公安机关有权决定解剖，并且通知死者家属到场。”在侦查实践中，为了确定死因，经县级以上公安机关负责人批准，可以解剖尸体或者开棺检验，并且通知死者家属到场，并让其在解剖尸体通知书上签名或者盖章；死者家属无正当理由拒不到场或者拒绝签名、盖章的，不影响解剖或者开棺检验，但是应当在解剖尸体通知书上注明；对于身份不明的尸体，无法通知死者家属的应当在笔录中注明。解剖尸体应严格按照卫生部《解剖尸体规则》进行，应注意尊重当地的风俗习惯，保持尸体外貌的完整。无论是局部解剖还是全部解剖，均应写明结论，如确定死亡的时间、原因、损伤情况及有无病史等。此外，解剖只能在公安机关和医院附设的法医室（科）进行。

尸体检验的情况应写成笔录，由侦查人员和进行检验的法医或医生、死者的家属或见证人签名或盖章，并注明时间。

四、侦查实验

侦查实验，是指为了确定与案件有关的某一事件或者事实在某种条件下能否发生或者怎样发生而按照原来的条件，将该事件或者事实加以重演或者进行试验的一种侦查活动。我国《刑事诉讼法》第135条第1款规定：“为了查明案情，在必要的时候，经公安机关负责人批准，可以进行侦查实验。”

根据我国《刑事诉讼法》的规定和实践经验，进行侦查实验应当遵守以下程序和要求：

第一，侦查实验应当经公安机关负责人批准，并由侦查人员负责进行。在进行侦查实验时，应当邀请见证人在场，如果需要某种专门知识，应当聘请有关专业人员参加。必要时，也可以要求犯罪嫌疑人、被害人、证人参加。公安机关进行侦查实验，可以商请人民检察院派员参加。

第二，侦查实验既可以在现场勘验过程中进行，也可以单独进行。在进行侦查实验前，一般应拟订侦查实验计划，确定实验的目的、实验的时间和地点、实验的工具和物品、实验的顺序和方法、参加人员等。

第三，侦查实验的条件应与原来的条件相同或相似，并且尽可能对同一情况重复实验，以保证侦查实验的科学性和准确性。

第四，进行侦查实验，应禁止一切足以造成危险、侮辱人格或者有伤风化的行为。

第五，侦查实验应当制作笔录，写明实验的目的、实验的时间和地点、实验的条件以及实验的经过和结果，并由进行实验的侦查人员、其他参加人员和见证人签名或者盖章。实验的照片、绘图应附入侦查实验笔录。

五、搜查

搜查，是指侦查人员对犯罪嫌疑人以及可能隐藏罪犯或者犯罪证据的人的身体、物品、住处和其他有关的地方进行搜索检查的一种侦查活动。《刑事诉讼法》第137条规定：“任何单位和个人，有义务按照人民检察院和公安机关的要求，交出可以证明犯罪嫌疑人有罪或者无罪的物证、书证、视听资料等证据。”对于拒不交出的，侦查机关有权决定搜查。因此，凡是可能隐藏罪犯或者犯罪证据的人的身体、物品、住处和其他有关的地方，侦查机关都可以进行搜查。正确地进行搜查，对于收集证据、查获犯罪人，具有十分重要的意义。

由于搜查涉及公民的人身自由和住宅不受侵犯的权利，因此必须严格依法进行。根据我国《刑事诉讼法》的规定和实践经验，搜查应当遵守下列程序和要求：

第一，搜查须由侦查机关负责人批准，签发搜查证，执行搜查的侦查人员不得少于2人。侦查人员进行搜查，既可以在勘验、检查时进行，也可以在执行逮捕、拘留时进行，还可以单独进行。搜查前，应当了解被搜

查对象的基本情况、搜查现场及周围环境，确定搜查的范围和重点，明确搜查人员的分工和责任。

第二，进行搜查，必须向被搜查人出示搜查证。侦查人员执行逮捕、拘留的时候，遇有紧急情况，不用搜查证也可以进行搜查。根据《公安机关办理刑事案件程序规定》第224条规定，所谓紧急情况，一般是指具有下列情形之一者：一是可能随身携带凶器的；二是可能隐藏爆炸、剧毒等危险物品的；三是可能隐匿、毁弃、转移犯罪证据的；四是可能隐匿其他犯罪嫌疑人的；五是其他突然发生的紧急情况。侦查人员向被搜查人出示搜查证后，应责令其在搜查证上签字或按指印。如果被搜查人拒绝，侦查人员应在搜查证上注明"被搜查人拒绝签字"的字样，然后责令被搜查人或者他的家属交出与犯罪有关的证据，如果拒不交出的，便可以进行搜查。

第三，搜查时，应当有被搜查人或者他的家属、邻居或者其他见证人在场，并且对被搜查人或其家属说明阻碍、妨碍公务应负的法律责任。在搜查过程中，如果遇到阻碍，可以强行进行搜查；对以暴力、威胁方法阻碍搜查的，应当予以制止或者将其带离现场。

第四，搜查妇女的身体，应当由女工作人员进行。

第五，搜查的情况应当写成笔录，由侦查人员和被搜查人或者他的家属、邻居或者其他见证人签名或盖章。如果被搜查人或者他的家属不在现场，或者拒绝签名、盖章的，侦查人员应当在笔录上注明。必要的时候，可以进行拍照或录像。

六、查封、扣押物证、书证

查封、扣押物证、书证，是指侦查机关依法强行封存、扣留和提存与案件有关的财物、文件的一种侦查活动。在侦查实践中，"查封"往往针对的是"不动产"，而"扣押"往往针对的是"动产"。根据我国《刑事诉讼法》第141条的规定，侦查机关只能查封、扣押能够证明犯罪嫌疑人有罪或者无罪的财物、文件，与案件无关的财物、文件，不得查封、扣押。

为保障公民、法人和其他组织的财产权利和其他权利不受侵犯，我国《刑事诉讼法》对查封、扣押物证、书证规定了严格的程序。具体如下：

第一，查封、扣押物证、书证须由侦查机关或其侦查部门的负责人批准，执行查封、扣押的侦查人员不得少于2人。查封、扣押物证、书证，既可以在拘留、逮捕、勘验、检查或搜查时进行，也可以单独进行。其中在拘留、逮捕、勘验、检查或者搜查时需要扣押财物、文件的，由现场指挥人员决定。根据《公安机关办理刑事案件程序规定》第 228 条规定，对于扣押财物、文件价值较高或者可能严重影响正常生产经营的，应当经县级以上公安机关负责人批准，制作扣押决定书；需要查封土地、房屋等不动产，或者船舶、航空器以及其他不宜移动的大型机器、设备等特定动产的，应当经县级以上公安机关负责人批准并制作查封决定书。

第二，查封、扣押物证、书证须持有侦查机关的证明文件。在进行查封、扣押时，侦查人员可以责令持有人主动交出应当查封、扣押的财物、文件；对于持有人拒绝交出的，侦查人员可以强行封存、扣押和提存。

第三，侦查人员应当依法办理查封、扣押手续。根据《公安机关办理刑事案件程序规定》第 230 条规定，对查封、扣押的财物、文件，侦查人员应当会同在场见证人和被查封、扣押财物、文件持有人查点清楚，当场开列清单一式三份，写明财物或文件的名称、编号、规格、数量、重量、质量、颜色、新旧程度、缺损特征及其来源，由侦查人员、见证人和持有人签名或者盖章，一份交给持有人，一份交给公安机关保管人员，另一份附卷备查。

第四，扣押邮件、电报应严格依法进行。《刑事诉讼法》第 143 条第 1 款规定："侦查人员认为需要扣押犯罪嫌疑人的邮件、电报的时候，经公安机关或者人民检察院批准，即可通知邮电机关将有关的邮件、电报检交扣押。"据此，侦查人员认为需要扣押邮件（含电子邮件）、电报时应报经县级以上侦查机关负责人批准，签发扣押通知书，然后通知邮电机关或者网络服务单位检交扣押。当案情发生变化或者其他原因不需要继续扣押时，应当经县级以上侦查机关负责人批准，签发解除扣押通知书，立即通知邮电机关或者网络服务单位停止扣押。

第五，查封、扣押物证、书证后的保管和处理。侦查机关对于查封、扣押的财物、文件和邮件、电报，应当指派专人妥善保管或者封存，不得使用、调换或者损毁。经查明确实与案件无关的，应当在 3 日以内解除查封、扣押，退还原主或者原邮电机关、网络服务单位。对于不能随案移送的财物，应当拍成照片；容易损坏、变质的财物、文件，应当用笔录、绘图、拍照、录像、制作模型等方法加以保全。对于可以作为证据使用的录音、录像带、电子数据存储介质，应当说明案由、对象、内容，录取、复制的时间、地点、规格、类别、应用长度、文件格式及长度等，并妥善保管。

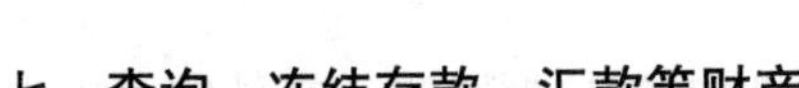

七、查询、冻结存款、汇款等财产

查询、冻结存款、汇款等财产，是指侦查机关根据侦查犯罪的需要而依法向银行或者其他金融机构、证券公司、邮电机关或企业查询犯罪嫌疑人的存款、汇款、债券、股票、基金份额等财产（以下简称“存款、汇款等财产”），在必要时予以冻结的一种侦查活动。

第一，查询、冻结存款、汇款等财产，应当经过县级以上侦查机关负责人批准，制作查询存款、汇款等财产的通知书或者冻结存款、汇款等财产的通知书，通知银行或者其他金融机构、证券公司、邮电机关或企业执行。此外，查询、冻结归侨、侨眷的存款、汇款等财产，还应当征求当地侨务、统战部门的意见，并经地（市）级以上侦查机关负责人批准。

第二，查询、冻结的存款、汇款等财产只限于犯罪嫌疑人的存款、汇款等财产。“犯罪嫌疑人的存款、汇款等财产”既包括犯罪嫌疑人以他的真名、化名存入、汇出或持有的存款、汇款等财产，也包括是他犯罪所得而以其家庭成员或者亲朋好友的名字存入、汇出或持有的存款、汇款等财产。对于不属于犯罪嫌疑人的存款、汇款等财产，则不得查询、冻结。

第三，犯罪嫌疑人的存款、汇款等财产已被冻结的，不得重复冻结。所谓“不得重复冻结”，是指不论犯罪嫌疑人的存款、汇款等财产是由于哪一种原因由哪一个机关依法冻结的，侦查机关都不得再次采取冻结措施。

第四，冻结存款、汇款等财产的期限为6个月。有特殊原因需要延长的，侦查机关应当在冻结期满前办理继续冻结手续，每次冻结期限最长不得超过6个月。侦查机关逾期不办理继续冻结手续的，视为自动撤销冻结。

第五，对冻结的存款、汇款等财产，经查明确实与案件无关的，侦查机关应当在3日以内通知原银行或者其他金融机构、证券公司、邮电机关或企业解除冻结，并通知被冻结存款、汇款等财产的所有人。

八、鉴定

鉴定，是指侦查机关指派或者聘请具有鉴定资格的人，就案件中某些专门性问题进行鉴别判断并作出意见的一种侦查活动。

（一）鉴定人的条件和鉴定的范围

为了保证鉴定意见的科学性、准确性和客观性，鉴定人应具备以下三个条件：①必须是具有鉴定资格的人。具体包括两类人员：一是在侦查机关根据侦查工作的需要而设立的鉴定机构中从事鉴定工作的人员；二是在司法行政机关核准登记的司法鉴定机构中从事司法鉴定业务的人员。②必须是获得侦查机关指派或聘请的人。③必须是与案件无利害关系，能够客观公正地作出鉴定意见的人。

鉴定的范围，限于案件中的某些专门性问题，通常是指法医问题、司法精神病问题、毒物毒品问题、会计问题、刑事技术问题（如指纹、脚印、弹痕、文件检验等）以及其他涉及工业、运输、建筑等技术问题。只有这些专门性问题才需要指派或聘请鉴定人进行鉴定。如果是刑事案件的一般问题或法律问题，则由侦查人员进行分析判断，无需进行鉴定。

（二）鉴定的程序

根据我国《刑事诉讼法》的规定和实践经验，鉴定应当遵守下列程序和要求：

第一，刑事技术鉴定，由县级以上公安机关指派其刑事技术部门专职人员或者其他专职人员负责进行；其他专门性问题需要聘请具有鉴定资格的人进行鉴定的，应当经县级以上侦查机关负责人批准，并制作聘请书。

第二，侦查机关应当为鉴定人进行鉴定提供必要的条件，及时向鉴定人送交有关检材和对比样本等原始材料，介绍与鉴定有关的情况，并且明确提出要求鉴定解决的问题，但是不得暗示或者强迫鉴定人作出某种鉴定意见。

第三，鉴定人应当按照鉴定规则，运用科学方法进行鉴定，写出鉴定意见并且签名。其中，几个鉴定人对同一专门性问题进行鉴定的，可以互相讨论，共同提出鉴定意见并且签名；若意见不一致时，则可以分别写出鉴定意见并且签名。在司法实践中，一般要求鉴定人鉴定后，应当写出鉴定意见，并由 2 名以上鉴定人签名。

第四，侦查机关应当将用作证据的鉴定意见告知犯罪嫌疑人、被害人，如果犯罪嫌疑人、被害人对鉴定意见有异议提出申请，经县级以上侦查机关负责人批准，可以补充鉴定或者重新鉴定。其中，重新鉴定的，侦查机关应当另行指派或者聘请鉴定人。

九、辨认

辨认，是指在侦查人员的主持下，由被害人、犯罪嫌疑人或者证人对与犯罪有关的物品、文件、尸体、场所或者犯罪嫌疑人进行辨别和确认的一种侦查活动。通过辨认活动，可以对与犯罪有关的物品、文件、场所的真实性以及死者的身份情况和犯罪嫌疑人是否为作案人予以辨别确认，为侦查工作提供线索和证据，进而有利于查明案情，正确认定案件事实，迅速查获犯罪人，为侦查破案提供重要依据。

虽然2012年修正的《刑事诉讼法》首次将辨认笔录作为一种证据种类单独规定，但对辨认应当如何进行，并没有作出规定。根据《公安机关办理刑事案件程序规定》《人民检察院刑事诉讼规则》相关规定及侦查实践经验，辨认应当符合以下程序和要求：

第一，辨认应当由2名以上侦查人员主持进行。其中对犯罪嫌疑人进行辨认，应当经侦查机关或其侦查部门的负责人批准。为保证辨认的客观性和合法性，侦查人员应当聘请见证人参加辨认活动。

第二，组织辨认前，侦查人员应当向辨认人详细询问辨认对象的具体特征，禁止辨认人见到辨认对象，以防止辨认人无根据地进行辨认和先入为主。

第三，几名辨认人对同一辨认对象进行辨认时，应当由辨认人个别进行，以防止辨认人之间互相影响，作出错误的辨认。

第四，辨认时，侦查人员应当将辨认对象混杂在其他对象中让辨认人辨认，同时不得给予辨认人任何暗示。根据《公安机关办理刑事案件程序规定》第260条规定，辨认犯罪嫌疑人时，被辨认的人数应不少于7人；对犯罪嫌疑人照片进行辨认时，所提供的照片应不少于10人的照片；辨认物品时，混杂的同类物品不得少于5件，对物品的照片进行辨认的，不得少于10个物品的照片。[1]

第五，辨认经过和结果，应当制作笔录，由侦查人员、辨认人、见证人签名或盖章，并注明时间。[2]

十、技术侦查

所谓技术侦查，是指公安机关、人民检察院根据侦查犯罪的需要，在经过严格的批准手续后，运用技术设备收集证据或查获犯罪分子的一种特殊侦查措施。根据《公安机关办理刑事案件程序规定》第264条规定，技术侦查包括记录监控、行踪监控、通信监控、场所监控等几种类型。这些侦查措施必须依赖高科技设备或手段方能进行，因而具有高度的技术性。

根据我国《刑事诉讼法》第150条、第151条、第152条的规定，技

---

〔1〕 另根据《人民检察院刑事诉讼规则》第226条第3款规定，辨认物品时，同类物品不得少于5件，照片不得少于5张。

〔2〕 关于辨认过程中是否需要有见证人在场，《公安机关办理刑事案件程序规定》并不明确，但根据第262条“对辨认经过和结果，应当制作辨认笔录，由侦查人员、辨认人、见证人签名”之规定，可以认为该规定隐含了辨认应当有见证人在场的前提。而《人民检察院刑事诉讼规则》第225条则明确规定，“必要时，可以有见证人在场”。

术侦查应当符合以下程序和要求：

（一）技术侦查的主体

在我国，只有公安机关、人民检察院等侦查机关有权决定采取技术侦查措施，其他任何机关、团体、个人均无权采取。

（二）技术侦查的适用范围

技术侦查的适用范围包括两个方面：①案件范围。公安机关采取技术侦查措施的案件仅限于危害国家安全犯罪、恐怖活动犯罪、黑社会性质的组织犯罪、重大毒品犯罪或者其他严重危害社会的犯罪案件；人民检察院采取技术侦查措施的案件仅限于司法工作人员利用职权实施的严重侵犯公民人身权利的重大犯罪案件。②对象范围。对于追捕被通缉或者批准、决定逮捕的在逃的犯罪嫌疑人、被告人，公安机关、人民检察院可以采取追捕所必需的技术侦查措施。

（三）技术侦查的批准

公安机关、人民检察院对规定的案件和对象采取技术侦查措施，必须经过严格的批准手续。至于何谓严格的批准手续，根据《公安机关办理刑事案件程序规定》第265条规定，采取技术侦查措施需要经过设区的市一级以上公安机关负责人批准。但检察机关在侦查司法工作人员利用职权实施的严重侵犯公民人身权利的重大犯罪案件中，如果需要采取技术侦查措施应经哪个机关批准，哪个机关执行，《人民检察院刑事诉讼规则》并未明确。

（四）技术侦查措施的执行

有关机关作出批准决定后，公安机关可以自己采取技术侦查措施；人民检察院不能自己采取技术侦查措施，而必须按照规定交有关机关（通常是公安机关）执行。公安机关采取技术侦查措施，必须严格按照批准的措施种类、适用对象和期限执行。批准决定自签发之日起3个月以内有效。对于不需要继续采取技术侦查措施的，应当及时解除；对于复杂、疑难案件，期限届满仍有必要继续采取技术侦查措施的，经过批准，有效期可以延长，每次不得超过3个月。

（五）技术侦查措施结果的使用

侦查人员对采取技术侦查措施过程中知悉的国家秘密、商业秘密和个人隐私，应当保密；对采取技术侦查措施获取的与案件无关的材料，必须及时销毁。公安机关依法采取技术侦查措施，有关单位和个人应当配合，并对有关情况予以保密。采取技术侦查措施获取的材料，只能用于对犯罪

的侦查、起诉和审判，不得用于其他用途。根据我国《刑事诉讼法》第154条的规定，对于通过实施技术侦查措施收集的证据，如果使用该证据可能危及有关人员的人身安全，或者可能产生其他严重后果的，应当采取不暴露有关人员身份、技术方法等保护措施，必要时可以由审判人员在庭外对证据进行核实。

十一、秘密侦查与控制下交付

（一）秘密侦查

所谓秘密侦查，是指公安机关基于侦查的需要，经过县级以上公安机关负责人决定，指派有关人员隐瞒身份进行的侦查活动，主要有卧底侦查、化装侦查和诱惑侦查三种形式。

卧底侦查，是指侦查人员隐藏真实身份，虚构另一种身份进入犯罪组织当中，成为其成员，暗中收集情报或犯罪证据。通常，卧底侦查人员需要较长时间地隐藏身份，与侦查对象进行多次接触，并且往往需要在一定程度上参与犯罪，扮演犯罪者的角色。

化装侦查，是指侦查人员以便装或异装进行侦查，目的是隐去真实身份，诱使对方上钩，以获取情报或犯罪证据。乔装侦查人员一般不长期隐藏身份，侦查活动具有临时性，而且乔装侦查人员一般也不参与犯罪。

诱惑侦查，是指侦查人员设下圈套诱使犯罪嫌疑人实施犯罪行为，然后将其抓获。诱惑侦查又称“诱饵侦查”“侦查陷阱”。

根据我国《刑事诉讼法》第153条第1款的规定，秘密侦查应当符合以下要求和程序：

1. 采取秘密侦查措施只能是基于查明刑事案件案情的需要，而不能用于查明案情以外的目的。

2. 采取秘密侦查措施必须是基于侦查的必要性。换言之，在没有其他更好的替代性措施的情况下，才能采取秘密侦查措施；如果使用其他侦查措施可以实现同样的目的，则不应采取秘密侦查措施。

3. 采取秘密侦查措施必须经公安机关负责人决定，并指派有关人员实施。这里的“有关人员”主要是指侦查人员，即在公安机关从事侦查工作的刑事警察。当然，基于侦查工作的需要，公安机关有时也会指派非侦查人员实施秘密侦查行为。这时，该人员属于侦查机关的代理人，其行为视同侦查人员的行为。

4. 进行秘密侦查不得诱使他人犯罪，不得采用可能危害公共安全或者发生重大人身危险的方法。所谓“诱使他人犯罪”，是指对方没有犯罪意图而引诱使之产生犯罪意念并实施犯罪行为，包括渲染犯罪的益处、打消对方的顾虑、为对方提供犯罪条件等，从而使没有犯罪意图的人产生犯罪意图。这是实施秘密侦查中绝对不允许的。

（二）控制下交付

"控制下交付"是国际上常用并且行之有效的侦破毒品等违禁品案件的侦查手段，是指侦查机关发现有关线索或查获毒品等违禁品，在保密的前提下对毒品等违禁品或有关人员进行严密监视、控制，按照犯罪分子事先计划或约定的方向、路线、地点和方式，顺其自然，将毒品等违禁品"交付"给最终接货人，从而将所有犯罪分子一并查获的侦查措施。

根据我国《刑事诉讼法》第 153 条第 2 款、《公安机关办理刑事案件程序规定》第 272 条的规定，控制下交付应当遵守以下程序和要求：

1. 控制下交付措施必须经县级以上公安机关负责人决定后才能实施。

2. 控制下交付只适用于涉及给付毒品等违禁品或者财物的犯罪活动。

十二、通缉

通缉，是指公安机关发布通缉令并采取有效措施，将应当逮捕而在逃的犯罪嫌疑人追捕归案的一种侦查活动。根据我国《刑事诉讼法》第 155 条的规定，通缉的对象是应当逮捕而在逃的犯罪嫌疑人。具体包括：①已批准或决定逮捕而在逃和在采取取保候审、监视居住期间逃跑的犯罪嫌疑人；②已决定拘留而在逃的重大嫌疑分子；③从被羁押场所逃跑的犯罪嫌疑人；④在讯问或者在押解期间逃跑的犯罪嫌疑人。此外，对越狱逃跑的被告人或者罪犯，也可以通缉。

根据我国《刑事诉讼法》和有关规定，通缉应当按照下列程序进行：

（一）决定通缉

在侦查过程中需要通缉捉拿罪该逮捕而在逃的犯罪嫌疑人的，侦查人员应报县级以上侦查机关负责人并作出决定。

（二）制作通缉令

通缉令是公安机关根据本机关和其他侦查机关的通缉决定，向社会和本系统发布的缉拿应当逮捕而在逃的犯罪嫌疑人的书面命令。其内容包括：被通缉人的姓名、别名、曾用名、绰号、性别、年龄、民族、籍贯、出生地、户籍所在地、居住地、职业、身份证号码、衣着和体貌特征并附被通缉人近期照片，还可以附指纹及其他物证的照片；除了必须保密的事项以外，应当写明发案的时间、地点和简要案情；发布通缉令的机关、时间，并加盖公章。

（三）发布通缉令

县级以上公安机关在自己管辖的地区以内，可以直接发布通缉令；超出自己管辖的地区，应当报请有权决定的上级公安机关发布。通缉令发送范围，由签发通缉令的公安机关负责人决定。同时，为发现重大犯罪线索，追缴涉案财物、证据，查获犯罪嫌疑人，必要时，经县级以上公安机关负责人批准，可以发布悬赏通告。悬赏通告应当写明悬赏对象的基本情况和赏金的具体数额。通缉令、悬赏通告可通过广播、电视、报刊、计算机网络等媒体发布，也可以张贴等形式发布。

（四）补发通报

通缉令发出后，如果发现新的重要情况，发布通缉令的公安机关可以补发通报。通报必须注明原通缉令的编号和日期。

（五）布置查缉

有关公安机关接到通缉令后，应当及时布置查缉。其措施包括控制被通缉人可能出入或者隐藏的地方，发动群众提供线索，围追堵截等。为防止犯罪嫌疑人逃往境外，需要在边防口岸采取边控措施的，应当按照有关规定制作边控对象通知书，经县级以上公安机关负责人审核后，呈报省级公安机关批准，办理边控手续。需要在全国范围内采取边控措施的，应当呈报公安部批准。对需要边防检查站限制犯罪嫌疑人人身自由的，需同时出具有关法律文书；紧急情况下，县级以上公安机关可以出具公函，先向当地边防检查站交控，但应当在 7 日内补办交控手续。有关公安机关抓获犯罪嫌疑人后，应当迅速通知通缉令发布机关，并报经抓获地县级以上公安机关负责人批准后，凭通缉令羁押。原通缉令发布机关应当立即进行核实，并及时依法处理。

（六）撤销通缉令

犯罪嫌疑人自首、被击毙或被抓获并经核实后，原发布机关应当在原通缉、通知、通告范围内，撤销通缉令、边控通知、悬赏通告。

第四节 侦查程序

一、侦查启动程序

我国的刑事诉讼程序始于立案，根据《刑事诉讼法》第 109 条规定，公安机关或者人民检察院发现犯罪事实或者犯罪嫌疑人，应当按照管辖范围立案侦查。立案是我国刑事诉讼一个独立、必经的诉讼阶段，是刑事诉讼活动开始的标志。

（一）立案的条件

根据我国《刑事诉讼法》第 112 条规定，公安机关、人民检察院或人民法院认为有犯罪事实需要追究刑事责任的时候，应当立案；认为没有犯罪事实，或者犯罪事实显著轻微，不需要追究刑事责任的时候，不予立案，并且将不立案的原因通知控告人。

1. 有犯罪事实发生。有犯罪事实是指有刑法规定的犯罪事实发生，并且该犯罪事实的发生有一定的证据证明，这是立案的首要条件。具体而言，“有犯罪事实”包括以下两层含义：

第一，需要立案追究的只能是依照刑法的规定构成犯罪的事实。需说明的是，立案要求的有犯罪事实仅指有某种触犯刑法的社会危害行为的发生，并不要求在立案审查阶段即查清犯罪过程、具体的犯罪情节、犯罪嫌疑人情况等全部犯罪事实，因为立案只是刑事诉讼的启动程序，案件尚未进行侦查或审理，犯罪事实需要由立案后的侦查或审理活动来查明。

第二，犯罪事实必须有相关的证据材料证明。犯罪事实是客观存在的，而不是侦查、检察、审判人员随意猜测、主观臆断的结果，判断是否有犯罪事实发生应建立在客观存在的证据材料基础之上。虽然在立案阶段不要求也不可能要求掌握案件的全部证据，但绝不是没有证据也可以立案。立案阶段对证据的要求是既有证据能够证明犯罪事实已经发生，并且这些证据经审查属实。

2. 需要追究刑事责任。有犯罪事实并不意味着都需要立案以启动刑事诉讼程序，因为立案以追究犯罪嫌疑人、被告人刑事责任，实现国家刑罚权为目的，但并不是所有犯罪事实都需要追究刑事责任，依法不需要追究刑事责任的就不能立案，只有既有犯罪事实发生又需追究刑事责任的才能立案。需要追究刑事责任是指依照实体法和程序法规定应当追究行为人刑事责任。

3. 符合管辖的规定。有犯罪事实和需要追究刑事责任是立案必须具备的两个实体条件。而特定的公安司法机关对某个刑事案件是否具有管辖权则是立案的程序条件。我国《刑事诉讼法》第 109 条规定，公安机关或者人民检察院发现犯罪事实或者犯罪嫌疑人，应当按照管辖范围，立案侦查。第 110 条第 3 款规定，对于不属于自己管辖的，应当移送主管机关处

理，并且通知报案人、控告人、举报人；对于不属于自己管辖而又必须采取紧急措施的，应当先采取紧急措施，然后移送主管机关。

（二）立案的程序

1. 立案材料的接受。报案、控告、举报、自首材料是刑事案件立案材料的最主要来源，公安机关、人民检察院、人民法院必须予以妥善处理，为以后的刑事诉讼活动做好准备。公安机关、人民检察院、人民法院对于报案、控告、举报、自首、扭送都应当立即接受，不得以任何借口推诿和拒绝。对不属于自己管辖的应当先接受后移送主管机关处理，情况紧急必须采取紧急措施的，应当先采取紧急措施，然后移送主管机关。为了便于有关单位和个人报案、控告、举报以及犯罪人自首、群众扭送，报案、控告、举报既可以用书面形式提出，也可以用口头形式提出，接受口头报案、控告、举报、自首的工作人员应当问明情况，制作笔录，经宣读无误后，由报案人、控告人、举报人、自首人、扭送人签名或者盖章，必要时可以录音，以固定证据资料；单位的书面报案、控告、举报，应有单位公章，并由单位负责人签名或盖章，防止事后无人负责和诬告陷害。

为了防止诬告陷害，确保控告、举报材料的真实、客观，接受控告、举报的工作人员应当向控告人、举报人说明诬告应负的法律责任，要求其实事求是、客观准确。但是，从鼓励群众大胆揭露犯罪出发，对控告人、举报人因各种主客观因素影响而出现的控告、举报事实有出入甚至错告的，只要不是故意捏造事实、伪造证据诬陷他人，也要和诬告严格加以区别。公安司法机关应当保障报案人、控告人、举报人及其近亲属安全，并为他们保密，报案人、控告人、举报人如果不愿公开自己的姓名和报案、控告、举报的行为，应当为其保守秘密。

2. 对立案材料的审查和处理。公安机关对于接受的案件或者发现的犯罪线索，应当迅速进行审查，经过审查分别作出以下处理：①认为有犯罪事实，但不属于自己管辖的案件，应当在24小时内，经县级以上公安机关负责人批准，签发《移送案件通知书》，移送有管辖权的机关处理，并且通知报案人、控告人、举报人；必须采取紧急措施的，应当先采取紧急措施，然后办理手续，移送主管机关。②对于告诉才处理的案件，应当将案件材料和有关证据送交有管辖权的人民法院，并告知当事人向人民法院起诉。③对于不够刑事处罚需要给予行政处罚的，依法处理。④认为没有犯罪事实，或者犯罪情节显著轻微不需要追究刑事责任，或者具有其他依法不追究刑事责任情形的，接受单位应当制作《呈请不予立案报告书》，经县级以上公安机关负责人批准，不予立案；有控告人的案件应当制作《不予立案通知书》，7 日内送达控告人。⑤认为有犯罪事实，需要追究刑事责任且属自己管辖的，由接受单位制作《刑事案件立案报告书》，经县级以上公安机关负责人批准予以立案。对于疑难、复杂、重大、特别重大案件还应当拟订侦查工作方案。

（三）不立案监督

控告人对不立案决定不服的，除了可以向作出不立案决定的机关申请复议外，也可不经复议而要求人民检察院予以监督。我国《刑事诉讼法》第 113 条规定，人民检察院认为公安机关对应当立案侦查的案件而不立案侦查的，或者被害人认为公安机关对应当立案侦查的案件而不立案侦查，向人民检察院提出的，人民检察院应当要求公安机关说明不立案的理由。人民检察院认为公安机关不立案理由不能成立的，应当通知公安机关立案，公安机关接到通知后应当立案。

二、侦查终结程序

侦查终结，是指侦查机关通过一系列的侦查活动，认为案件事实已经查清，证据确实、充分，足以认定犯罪嫌疑人是否犯罪和应否对其追究刑事责任而决定结束侦查，依法对案件作出处理或提出处理意见的一项诉讼活动。

（一）侦查终结的条件

《刑事诉讼法》第 162 条第 1 款规定：“公安机关侦查终结的案件，应当做到犯罪事实清楚，证据确实、充分，并且写出起诉意见书，连同案卷材料、证据一并移送同级人民检察院审查决定；同时将案件移送情况告知犯罪嫌疑人及其辩护律师。”据此，侦查终结的案件应当具备以下条件：

1. 犯罪事实清楚。这是指犯罪人、犯罪的时间和地点、犯罪的动机和目的、犯罪手段、犯罪结果以及其他有关犯罪的具体情节都已查清，并且没有遗漏罪行和其他应当追究刑事责任的人。

2. 证据确实、充分。这是指证明犯罪嫌疑人犯罪事实、情节的每一个证据都已经查证属实，证据与证据之间没有矛盾（或矛盾已被排除）和能够互相印证，并且形成一个完整的证明体系，完全可以确认犯罪嫌疑人有罪和犯罪情节的轻重。

3. 犯罪的性质和罪名认定正确。这是指根据查明的事实和法律规定，足以对犯罪嫌疑人犯了某种罪或者某几种罪的性质和罪名作出正确的认定。

4. 法律手续完备。这是指侦查机关进行各项侦查活动都必须有相应的法律手续，同时，进行侦查活动的各项手续还必须符合法律规定的要求。若发现法律手续不完备或不符合要求的，应采取适当措施予以补救。

5. 依法应当追究刑事责任。根据已查明的事实和刑法规定，只有对犯罪嫌疑人应当追究刑事责任的，侦查机关才能作出移送人民检察院审查起诉的决定；如果发现对犯罪嫌疑人不应追究刑事责任的，则应作出撤销案件的决定。

对于符合上述条件的案件，侦查机关应当写出起诉意见书，连同案卷材料、证据一并移送同级人民检察院审查决定。根据《刑事诉讼法》第 160 条第 2 款的规定，犯罪嫌疑人不讲真实姓名、住址，身份不明的，首先应当对其身份进行调查；经过调查，犯罪事实清楚，证据确实、充分，但确实无法查明其身份的，也可以按其自报的姓名移送人民检察院审查起诉。

《刑事诉讼法》第 161 条的规定："在案件侦查终结前，辩护律师提出要求的，侦查机关应当听取辩护律师的意见，并记录在案。辩护律师提出书面意见的，应当附卷。"此外，为便于犯罪嫌疑人及其辩护律师在审查起诉阶段进行辩护，根据《刑事诉讼法》第 162 条规定，公安机关在移送起诉时，应当将案件移送情况告知犯罪嫌疑人及其辩护律师。

（二）撤销案件的条件和程序

《刑事诉讼法》第 163 条规定："在侦查过程中，发现不应对犯罪嫌疑人追究刑事责任的，应当撤销案件"。所谓不应对犯罪嫌疑人追究刑事责任，是指犯罪嫌疑人的行为缺乏犯罪构成要件不构成犯罪、本案根本不存在犯罪事实或者有《刑事诉讼法》第 16 条规定的六种情形之一，而不追究刑事责任。侦查机关经过侦查，发现不应对犯罪嫌疑人追究刑事责任时，根据《公安机关办理刑事案件程序规定》第 187 条规定，办案部门应当制作撤销案件报告书，报县级以上公安机关负责人批准后作出撤销案件决定，并制作撤销案件决定书。犯罪嫌疑人已被逮捕的，应当立即释放，发给释放证明书，并且通知原批准逮捕的人民检察院。需要指出的是，如果经侦查证实本案有犯罪事实但非犯罪嫌疑人所为时，根据《公安机关办理刑事案件程序规定》第 186 条规定，一方面应终止对该犯罪嫌疑人的侦查，另一方面应继续对该案进行侦查以查获真正的犯罪分子。

此外，在侦查过程中，发现犯罪嫌疑人不够刑事处罚但需要给予行政处罚的，经县级以上侦查机关批准，对犯罪嫌疑人应依法予以行政处罚或者移交其他有关部门处理。

三、补充侦查程序

补充侦查，是指公安机关或者人民检察院依照法定程序，在原有侦查工作的基础上，就案件的部分事实、情节继续进行侦查的诉讼活动。补充侦查，本质上是原有侦查工作的继续，仍属于侦查程序的范畴。如果原有侦查工作已达到侦查的目的和要求，侦查任务已经完成，就无须补充侦查。根据我国《刑事诉讼法》有关规定，补充侦查在程序上有以下三种：

（一）审查逮捕阶段的补充侦查

《刑事诉讼法》第 90 条规定："人民检察院对于公安机关提请批准逮捕的案件进行审查后，应当根据情况分别作出批准逮捕或者不批准逮捕的决定。对于批准逮捕的决定，公安机关应当立即执行，并且将执行情况及时通知人民检察院。对于不批准逮捕的，人民检察院应当说明理由，需要补充侦查的，应当同时通知公安机关。"根据这一规定，在审查逮捕阶段需要补充侦查的，由人民检察院通知公安机关；人民检察院补充侦查的通知应当和不批准逮捕决定书同时作出并送达公安机关；为保证侦查活动的顺利进行，公安机关在补充侦查期间，可以对犯罪嫌疑人取保候审或者监视居住。

（二）审查起诉阶段的补充侦查

《刑事诉讼法》第 175 条第 2、3 款规定："人民检察院审查案件，对于需要补充侦查的，可以退回公安机关补充侦查，也可以自行侦查。对于补充侦查的案件，应当在一个月以内补充侦查完毕。补充侦查以二次为限。补充侦查完毕移送人民检察院后，人民检察院重新计算审查起诉期限。"据此，退回公安机关补充侦查的案件，补充侦查的期限不得超过 1 个月；一个案件侦查完毕移送审查起诉后，人民检察院决定退回公安机关补充侦查的次数，总计不得超过 2 次；如果是检察院自行侦查的，应在审查起诉期限内进行完毕。这对于防止案件久拖不决，及时打击犯罪和切实保障犯罪嫌疑人的合法权益，具有十分重要的意义。对于二次补充侦查的案件，人民检察院仍认为证据不足，不符合起诉条件的，应当作出不起诉的决定。

对于监察机关移送起诉的案件，人民检察院在审查之后如果认为需要补充核实的，与公安机关移送审查起诉的案件不同，根据《刑事诉讼法》第 170 条规定，应当退回监察机关补充调查，必要时可以自行补充侦查。即对于监察机关移送起诉的案件，检察机关审查后认为需要补充侦查（调查）的，应以退回监察机关补充调查为原则，以检察机关自行补充侦查为例外。

（三）法庭审判阶段的补充侦查

根据《刑事诉讼法》第 204 条、第 205 条的规定，在法庭审判过程中，检察人员发现提起公诉的案件需要补充侦查，提出建议的，人民法院可以延期审理；人民法院决定延期审理的，人民检察院应当在 1 个月以内补充侦查完毕。据此，在法庭审判阶段，人民法院不能主动将案件退回人民检察院补充侦查，案件是否需要补充侦查，由检察人员提出建议，人民法院根据审判的实际情况可以同意检察人员补充侦查的要求，也可以不同意；如果同意的，人民法院应当作出延期审理的决定。另外，根据《最高人民法院关于适用〈中华人民共和国刑事诉讼法〉的解释》第 277 条第 2 款规定，审判期间，被告人提出新的立功线索的，人民法院可以建议人民检察院补充侦查。

四、侦查监督程序

侦查监督，是指人民检察院依法对公安机关和侦查人员的侦查活动是否合法进行的监督。人民检察院是国家法律监督机关。根据《刑事诉讼法》第 8 条规定："人民检察院依法对刑事诉讼实行法律监督。"据此，侦查监督是人民检察院刑事诉讼法律监督的重要组成部分。通过实施监督，人民检察院可以发现公安机关和侦查人员在侦查活动中违反法定程序的行为，有利于保障侦查活动的依法进行，保护诉讼参与人特别是犯罪嫌疑人的合法权利，保证刑事案件的正确处理。

（一）侦查监督的内容

侦查监督的内容，是指需要人民检察院通过履行侦查监督职能予以发现和纠正的公安机关和侦查人员在侦查活动中的违法行为。根据最高人民检察院的有关规定，侦查监督的内容主要是：①对犯罪嫌疑人刑讯逼供、诱供的；②对被害人、证人以体罚、威胁、诱骗等非法手段收集证据的；③伪造、隐匿、销毁、调换或者私自涂改证据的；④徇私舞弊，放纵、包庇犯罪分子的；⑤故意制造冤、假、错案的；⑥在侦查活动中利用职务之便谋取非法利益的；⑦在侦查过程中不应当撤销案件而撤销案件的；⑧贪污、挪用、调换所扣押、冻结的款物及其孳息的；⑨违反《刑事诉讼法》关于决定、执行、变更、撤销强制措施规定的；⑩违反羁押和办案期限规定的；⑪在侦查中有其他违反《刑事诉讼法》有关规定的行为的。

（二）侦查监督的程序

1. 对侦查违法行为的发现。人民检察院发现公安机关和侦查人员的违法行为，主要有以下几种方式：①人民检察院在审查逮捕、审查起诉中，应当审查公安机关的侦查活动是否合法；②人民检察院根据需要可以派员参加公安机关对于重大案件的讨论和其他侦查活动，从中发现违法行为；③通过受理诉讼参与人对于公安机关和侦查人员侵犯其诉讼权利和人身侮辱的行为向人民检察院提出的控告并及时审查，从中发现违法行为；④通过审查公安机关执行人民检察院批准或者不批准逮捕决定的情况，以及释放被逮捕的犯罪嫌疑人或者变更逮捕措施的情况，发现违法行为。

2. 对侦查违法行为的处理。根据我国《刑事诉讼法》的有关规定，人民检察院如果发现侦查机关的侦查活动有违法情况，可以分别作出以下几种处理：

第一，口头通知纠正。对于情节较轻的违法行为，检察人员可以口头方式向侦查人员或者侦查机关负责人提出，要求纠正；检察人员口头提出纠正意见后，应及时向本部门负责人汇报；必要的时候，由部门负责人提出纠正意见。人民检察院口头通知纠正违法的，一般不要求对方书面答复，但对于通知纠正这一情况应当记录在案。

第二，书面通知纠正。对于情节较重的违法行为，检察人员应当报请检察长批准后，向公安机关发出纠正违法通知书。人民检察院发出纠正违法通知书的，公安机关应当将纠正情况书面通知人民检察院。人民检察院应当根据公安机关的回复，监督纠正违法通知书的落实情况；没有回复的，应当督促公安机关回复。

第三，要求重新调查取证。人民检察院审查起诉部门在审查中发现侦查人员以非法方法收集犯罪嫌疑人供述、被害人陈述、证人证言的，除应当提出纠正意见外，还应当要求公安机关另行指派侦查人员重新调查取证，必要时人民检察院也可以自行调查取证。

第四，移送有关部门依法追究刑事责任。人民检察院审查逮捕部门、审查起诉部门发现侦查人员在侦查活动中的违法行为情节严重，构成犯罪的，应当移送本院侦查部门审查，并报告检察长。侦查部门审查后应当提出是否立案侦查的意见，报请检察长决定；对于不属于人民检察院管辖的，应当移送有管辖权的机关处理。

由于人民检察院内部实行分工、相互制约，因此人民检察院审查逮捕部门或者审查起诉部门对本院侦查部门在侦查或者决定、执行、变更、撤销强制措施等活动中的违法行为，应当根据情节分别处理：情节较轻的，可以直接向侦查部门提出纠正意见；情节较重或者需要追究刑事责任的，应当报告检察长决定。

思考题

1. 简述侦查的任务。
2. 简述侦查的程序合法原则。
3. 简述侦查比例原则。
4. 简述侦查保密原则。
5. 简述侦查的客观全面原则。
6. 谈谈你对互联网时代背景下网络通缉问题的认识。

拓展阅读

第四章 执行制度

学习目的和要求：

通过学习，熟悉执行制度的一般规定，刑事诉讼执行制度、民事诉讼执行制度、行政诉讼执行制度的法律规定，了解执行制度运行的基本要求，掌握执行制度运行必需的法律职业技能。

第一节 执行制度概述

党的二十大报告提出“公正司法是维护社会公平正义的最后一道防线。”执行工作是最后一道防线的最后一个环节。执行制度是关于国家执行机关的性质、工作原则、执行程序，以及为实现生效法律文书内容所采取的强制执行措施等方面的总称。执行制度是我国司法制度的重要组成部分。

一、执行制度的概念

执行是指人民法院及其他执行机关依照法定的程序，行使国家执行权，实现已经发生法律效力的判决书、裁定书以及其他法律文书所确定的内容的活动。执行的特征包括：

1. 执行机关的特定性。执行机关即执行的主体，是指行使国家执行权，运用国家强制力，实现生效法律文书内容的机关。我国的执行机关包括人民法院、公安机关和监狱，其他任何组织和个人都无权行使国家执行权。

2. 执行根据的有效性。我国执行机关在开展执行工作时，必须有执行根据，而且作为执行根据的法律文书必须已经发生法律效力，包括人民法院的发生法律效力的判决书和裁定书、仲裁机构的仲裁裁决、公证机关赋予强制执行效力的债权文书以及行政机关的行政决定等。对于未发生法律效力的法律文书，执行机关不能执行。

3. 执行程序的法定性。不论对何种生效法律文书进行执行，执行机关

都必须严格遵守法定的执行程序。我国的三大诉讼法对执行程序分别作出规定。其中，刑事执行程序包括死刑判决的执行程序，死刑缓期二年执行、无期徒刑、有期徒刑等判决交付执行的程序，监外执行的程序以及执行期满予以释放程序等；民事执行程序包括执行的申请和移送、采取执行措施、执行中止和执行终结等；行政执行程序与民事执行程序基本相同。

4. 执行措施的强制性。我国的执行措施可分为刑事执行措施、民事执行措施和行政执行措施。强制性是执行措施的重要特征，它具体表现在执行机关行使国家执行权，采取执行措施实现生效法律文书的内容时，以国家强制力为基础。

二、执行制度的种类

根据诉讼的不同性质，可以将执行制度分为刑事诉讼中的执行制度、民事诉讼中的执行制度和行政诉讼中的执行制度。

刑事诉讼中的执行制度，是指人民法院等执行机关执行发生法律效力的刑事判决、裁定时应遵守的原则、程序，以及采取的措施等方面的总称。它又称刑事执行制度。在我国，发生法律效力的刑事判决、裁定由人民法院、监狱和公安机关分别执行。根据我国《刑事诉讼法》的规定，人民法院负责判处死刑、罚金、没收财产、附带民事诉讼等判决和裁定的执行，监狱负责判处死刑缓期二年执行、无期徒刑、有期徒刑等判决和裁定的执行，公安机关负责判处管制、拘役、剥夺政治权利等判决和裁定的执行。在刑事执行制度中，以刑事判决、裁定的执行主体为标准，又可分为人民法院的刑事执行制度、公安机关的刑事执行制度和监狱的执行制度。

民事诉讼中的执行制度，是指人民法院执行发生法律效力的民事判决和裁定、仲裁裁决和其他应当由人民法院执行的法律文书时应遵守的工作原则、执行程序，以及采取的民事强制执行措施等方面的总称。它又称为民事执行制度或民事强制执行制度。在我国，民事强制执行权由人民法院统一行使，其他任何机关、企业事业单位、社会组织和个人都无权行使。

行政诉讼中的执行制度，是指人民法院在强制义务人履行已经发生法律效力的行政诉讼裁判及行政机关的行政决定所确定的义务时应遵守的工作原则、执行程序，以及采取的执行措施等方面的总称。根据我国《行政诉讼法》规定，在行政诉讼中，行政案件的执行主体包括人民法院和依法享有执行权的行政机关。

根据不同的标准，还可以对执行制度进行不同的划分，例如以执行根据为标准，可将执行制度分为对人民法院发生法律效力的判决和裁定的执行制度、对仲裁裁决的执行制度、对强制执行公证书的执行制度、对行政机关行政决定的执行制度等；根据执行主体的不同，可将执行制度分为人民法院的执行制度、监狱的执行制度、公安机关的执行制度等。

三、执行制度的本质

执行的本质是国家以强制力实现生效法律文书所确定的权利和义务。在诉讼活动中，执行是国家执行机关以国家强制力为后盾，行使国家执行权，实现生效法律文书内容的活动。执行制度是一种相对独立的司法制度，是关于我国执行机关如何实现生效法律文书内容的制度。执行是诉讼程序的最后阶段，但不是必经阶段，并不是所有人民法院作出的发生法律效力的判决、裁定，以及由人民法院执行的其他法律文书，都要经过执行阶段。

四、执行制度的基本原则

（一）合法性原则

执行机关在执行活动中的执行根据要合法，执行程序要合法，采取的执行措施要合法。合法性原则对维护国家法律的权威，保证国家法律的正确实施，保护当事人的合法权益有着十分重要的意义。

（二）保障被执行人基本权利原则

在执行活动中要保障被执行人的基本权利，特别要保障其宪法权利，被执行人依据宪法所享有的基本权利不因司法执行而受侵犯和被剥夺，包括规定被执行人财产的保护范围，保留基本生活资料和费用，明确禁止某些执行方式、严格限制某些执行方式，尊重被执行人人格、维护社会善良风俗等。

第二节　刑事执行制度

刑事执行制度是指刑罚执行机关执行发生法律效力的刑事判决、裁定时应遵守的原则、程序，以及采取的措施等方面的总称。具体包括死刑执行制度、监禁刑执行制度、社区矫正制度、刑罚执行中的变更、人民检察院对执行的监督制度等。

一、刑事执行概述

（一）刑事执行的概念

刑事执行，即刑罚执行，是指人民法院、公安机关、监狱等国家刑罚

执行机关，根据人民法院发生法律效力的刑事判决或者裁定，依照法律规定的程序，将已经确定的刑罚付诸实施的刑事司法活动。

刑事执行是刑事诉讼中的最后阶段，在整个刑事诉讼中占有重要的地位。通过刑事执行使被判刑的罪犯受到惩罚和改造，判决无罪和免除刑事处罚的在押被告人得到释放，最终完成刑事诉讼的任务；通过刑事执行还可以威慑社会上的不稳定分子，教育广大群众自觉守法，勇于同犯罪作斗争，实现预防犯罪、减少犯罪的刑罚目的。

（二）刑事执行的依据

刑事判决和裁定发生法律效力后方可交付执行。根据《刑事诉讼法》第259条第2款的规定，下列判决和裁定是发生法律效力的判决和裁定：①已过法定期限没有上诉、抗诉的判决和裁定；②终审的判决和裁定；③最高人民法院核准的死刑的判决和高级人民法院核准的死刑缓期二年执行的判决。

（三）刑事执行的原则

1. 合法性原则。刑事执行必须根据法律、法规的规定，依法进行。具体表现为：执行机关必须是合法的刑罚执行机关；刑罚执行所依据的必须是人民法院具有法律效力的刑事判决与裁定；刑罚执行内容与方式必须严格依据刑法与监狱法等法律的规定；刑罚执行的程序必须符合刑事诉讼法的规定等。

2. 惩罚和改造相结合，教育和劳动相结合的原则。刑事执行的目的，一是惩罚犯罪分子，实现特殊预防，达到减少犯罪的目的；二是通过对罪犯进行教育改造，将其改造成为对社会有用的人。刑事执行既不能只讲惩罚与劳动，也不能只讲改造与教育；惩罚是改造的前提，改造是惩罚的目的；劳动是教育的手段，教育是劳动的目的。因此，应当将惩罚和改造相结合、教育和劳动相结合。《监狱法》规定，监狱应根据改造罪犯的需要，组织罪犯从事生产劳动，对罪犯进行思想教育、文化教育与技术教育；罪犯必须严格遵守法律、法规和监狱纪律，服从管理，接受教育，参加劳动。

3. 人道主义原则。人道主义原则，是指在刑事执行过程中，必须尊重犯罪人的人格，关心犯罪人的实际困难，实行文明监管，禁止使用残酷的、不人道的刑罚执行手段。《刑法》中对于体罚、虐待犯人的行为定罪处罚；《监狱法》明文规定，罪犯的人格不受侮辱，其人身安全、合法财产和辩护、申诉、控告、检举以及其他未被依法剥夺或者限制的权利不受侵犯；罪犯在监狱服刑期间，按照规定，可以会见亲属、监护人；罪犯居住的监舍应当坚固、通风、透光、清洁、保暖。上述规定体现了我国刑事执行过程中坚持人道主义的原则。

4. 个别化原则。个别化原则，也称区别对待原则，即在刑事执行过程中，根据犯罪人的年龄、性别、性格特征、文化程度、生理状况、犯罪性质及特点、罪行严重程度及人身危险性大小等，给予不同的处遇，采取不同的教育改造方式。《监狱法》要求，监狱对成年男犯、女犯和未成年犯实行分开关押和管理，对未成年犯和女犯的改造，应当照顾其生理、心理特点。监狱根据罪犯的犯罪类型、刑罚种类、刑期、改造表现等情况，对罪犯实行分别关押，采取不同方式管理。这些规定均体现了刑事执行的个别化原则。

5. 社会化原则。刑事执行的社会化原则，是指为了避免和克服监禁刑存在的某些弊端，使刑事执行服务于罪犯再社会化的目标，而应慎用监禁刑，尽可能对犯罪人适用非监禁刑，使其在社会上得到教育改造；同时对于罪行较重有必要监禁的罪犯，不断创新教育矫正机制，使其尽可能多地接触社会，协同社会资源和社会力量参与罪犯矫正事业，从而使刑事执行与社会发展保持同步，为罪犯顺利回归社会创造有利条件。我国实行的社区矫正制度，将符合社区矫正条件的罪犯置于社区内，由专门的国家机关在相关社会团体和民间组织以及社会志愿者的协助下，在判决、裁定或决定确定的期限内，矫正其犯罪心理和行为恶习，促进其顺利回归社会。社区矫正制度是刑事执行社会化原则典型的体现。

二、死刑立即执行的执行

死刑是剥夺犯罪分子生命的最严厉的刑罚种类，一经执行，无法挽回。为了防止错杀，《刑事诉讼法》对死刑的执行程序和具体要求作了极其严格而周密的规定。

（一）签发执行死刑的命令

根据《刑事诉讼法》第 261 条规定：最高人民法院判处和核准的死刑立即执行的判决，应当由最高人民法院院长签发执行死刑的命令。执行死刑命令应当按照统一格式填写，然后由院长签名，并加盖最高人民法院公章。

（二）执行死刑的主体

执行死刑的主体是第一审人民法院。最高人民法院执行死刑的命令，应当由高级人民法院交付第一审人民法院执行。第一审人民法院接到执行

死刑命令后，应当在7日以内执行。人民法院有条件执行的，可由法院的司法警察执行；没有条件的，可交付公安机关的武装警察执行。

人民检察院是执行死刑的监督机关。被判处死刑的罪犯在被执行死刑时，人民检察院应派员临场监督。执行死刑监督，由一至数名检察官负责，并配备书记员担任记录。

公安机关是协助执行死刑的机关。其职责一是负责执行死刑时的警戒事宜；二是在人民法院没有条件执行枪决时，经人民法院交付，由公安武装警察执行枪决。

（三）执行死刑的具体程序

1. 提前通知人民检察院。第一审人民法院在执行死刑3日以前，应当通知同级人民检察院派员临场监督。

2. 确定执行的方法和地点。死刑采用枪决或者注射等方法执行。采用枪决、注射以外的其他方法执行死刑的，应当事先层报最高人民法院批准。这里的“其他方法”是指比枪决、注射更文明、更人道、更科学的执行方法，如果采用其他方法执行死刑，必须要逐级报请最高人民法院批准。

死刑可以在刑场或者指定的羁押场所内执行。采用注射方法执行死刑的，应当在指定的刑场或者羁押场所内执行。所谓“刑场”是指由执行机关设置的执行死刑的场所。刑场不得设置在繁华地区、交通要道和旅游区附近。“指定的羁押场所”一般是指人民法院指定的监狱或看守所。

3. 安排死刑罪犯同近亲属会见。根据《最高人民法院关于死刑复核及执行程序中保障当事人合法权益的若干规定》规定：第一审人民法院在执行死刑前，应当告知罪犯可以申请会见其近亲属。罪犯申请会见近亲属或近亲属申请会见罪犯的，人民法院应当准许并在执行死刑前及时安排会见。罪犯申请会见未成年子女的，应当经未成年子女的监护人同意；会见可能影响未成年人身心健康的，人民法院可以采取视频通话等适当方式安排会见，且监护人应当在场。无法与罪犯近亲属取得联系的，或者其近亲属拒绝会见的，应当告知罪犯。罪犯提出通过录音录像等方式留下遗言的，人民法院可以准许。罪犯近亲属申请会见，但罪犯拒绝，应当记录在案并及时告知其近亲属，必要时应当进行录音录像。罪犯提出会见近亲属以外的亲友，经人民法院审查，确有正当理由的，可以在确保会见安全的情况下予以准许。

4. 执行死刑。执行死刑前，指挥执行的审判人员对罪犯应当验明正身，讯问有无遗言、信札，并制作笔录，再交执行人员执行死刑。执行后，由法医验明罪犯确实死亡，在场书记员制作笔录。交付执行的人民法院应当将执行死刑情况（包括执行死刑前后的照片）及时逐级上报最高人民法院。

执行死刑应当公布，禁止游街示众或者其他有辱罪犯人格、有伤风化的行为。

执行死刑时，检察院应当派员临场监督，并配备书记员担任记录。

5. 死刑执行后的处理。执行死刑后，负责执行的人民法院应当办理以下事项：

（1）对罪犯的遗书、遗言笔录，应当及时审查；涉及财产继承、债务清偿、家事嘱托等内容的，将遗书、遗言笔录交给家属，同时复制附卷备查；涉及案件线索等问题的，抄送有关机关；

（2）通知罪犯家属在限期内领取罪犯骨灰；没有火化条件或者因民族、宗教等原因不宜火化的，通知领取尸体；过期不领取的，由人民法院通知有关单位处理，并要求有关单位出具处理情况的说明；对罪犯骨灰或者尸体的处理情况，应当记录在案；

（3）对外国籍罪犯执行死刑后，通知外国驻华使、领馆的程序和时限，根据有关规定办理。

三、死刑缓期二年执行、无期徒刑、有期徒刑和拘役的执行

死刑缓期二年执行、无期徒刑、有期徒刑和拘役都需要剥夺犯罪人的人身自由，进行监禁。被判处死刑缓期二年执行、无期徒刑和有期徒刑的罪犯，由监狱执行。对被判处有期徒刑的罪犯，在被交付执行刑罚前，剩余刑期在3个月以下的，由看守所代为执行。对未成年犯应当在未成年犯管教所执行刑罚。

对被判处拘役的犯罪分子，由公安机关就近执行，由犯罪分子所在地的县、市或市辖区的公安机关设置的拘役所执行，没有建立拘役所的，可在看守所执行；在执行期间，被判处拘役的犯罪分子每月可以回家一天至两天；参加劳动的，可以酌量发给报酬。

（一）执行程序

《刑事诉讼法》第264条和《监狱法》等相关法律对死刑缓期二年执行、无期徒刑、有期徒刑和拘役的具体执行程序作出了规定。

1. 公安机关依法按时将罪犯送交监狱。人民法院对被判处死刑缓期二年执行、无期徒刑、有期徒刑的罪犯，应当将执行通知书、判决书送达羁

押该罪犯的公安机关，公安机关应当自收到执行通知书、判决书之日起1个月内将该罪犯送交监狱执行刑罚。

2. 监狱审查送押罪犯的法律文书。罪犯被交付执行刑罚时，交付执行的人民法院应当将人民检察院的起诉书副本、人民法院的判决书、执行通知书、结案登记表同时送达监狱。监狱没有收到上述文件的，不得收监；上述文件不齐全或者记载有误的，作出判决的人民法院应当及时补充齐全或者作出更正；对其中可能导致错误收监的，不予收监。

3. 对罪犯进行检查。对罪犯的检查主要包括两个方面：①健康状况检查。主要是检查送押罪犯的身体状况和女性罪犯的怀孕和哺乳状况。在身体检查中，如果发现罪犯患有严重疾病需要保外就医的，女性罪犯怀孕或者正在哺乳自己婴儿的，可暂不予收监，而由交付执行的人民法院决定暂予监外执行，由居住地的公安机关执行刑罚。但如果对上述罪犯暂予监外执行有社会危险性的，应当收监。②人身、物品检查。主要是检查罪犯是否随身携带危险品或违禁品，以防止逃跑、自杀、行凶、破坏等事故的发生。对非生活必需品，由监狱代为保管或者征得罪犯同意退回其家属，违禁品予以没收。检查罪犯人身和携带物品时，女犯应由女性人民警察负责。

4. 进行入监登记。对收监执行的罪犯，应逐一填写《罪犯入监登记表》，主要内容包括：罪犯的姓名、性别、年龄、民族、籍贯、职业、家庭住址、健康状况、个人简历、家庭情况、主要社会关系、文化程度、特长、主要罪行、罪名以及刑期起止日期、逮捕和拘留的时间、有无前科、判决的人民法院等，并贴附罪犯的免冠照片。进行入监登记，是收押罪犯时必须履行的一项法律手续。

5. 向罪犯家属发出通知书。罪犯收监后，监狱应当自收监之日起5日内将罪犯所犯的罪名、执行的地址和刑期通知罪犯家属。对于无家属的罪犯，监狱可通知其原工作单位或原居住地的公安机关及基层组织。

6. 教育改造。监狱、看守所等监禁刑执行机关应当将罪犯根据不同情况分管分押，坚持惩罚和改造相结合、教育和劳动相结合的原则对罪犯予以改造。执行机关应当对罪犯进行法治、思想、文化、职业技术等方面的教育。凡是有劳动能力的罪犯都应当参加劳动。罪犯的劳动时间与报酬，按照国家有关规定执行。对于未成年犯，则以教育改造为主，执行机关应当积极配合国家、社会与学校，保障未成年人接受义务教育的必要条件。罪犯在服刑期间可以与他人通信，但是来往信件应当经过检查，发现有碍罪犯改造内容的信件，可以扣留。罪犯在服刑期间，按照规定，可以会见亲属、监护人。罪犯收受物品和钱款，应当经批准、检查。

7. 释放和安置。罪犯服刑期满，由监狱按期释放并发给释放证明书。罪犯释放后，公安机关凭释放证明书办理户籍登记。对刑满释放人员，由当地人民政府帮助其安置生活。刑满释放人员丧失劳动能力又无法定赡养人、扶养人和基本生活来源的，由当地人民政府予以救济。刑满释放人员依法享有与其他公民平等的权利，应当受到平等对待，不得歧视。

（二）对罪犯申诉、控告、检举的处理

1. 对罪犯申诉的处理。申诉是罪犯的一项法定权利，对于罪犯的申诉，监狱应当及时转送，不得扣压。人民检察院或者人民法院应当及时处理罪犯的申诉。监狱在执行刑罚过程中，根据罪犯的申诉，认为判决可能有错误的，应当提请人民检察院或者人民法院处理，人民检察院或者人民法院应当自收到监狱提请处理意见书之日起6个月内将处理结果通知监狱。在申诉期间不停止对判决裁定的执行，罪犯不得以申诉为借口，无理取闹和破坏监管改造秩序。

2. 对罪犯控告、检举的处理。对罪犯的控告、检举材料，监狱应当及时处理或转送公安机关或人民检察院处理，不得以任何理由进行扣压，也不得以任何形式阻挠或打击报复控告人、检举人。公安机关或人民检察院对监狱转送的罪犯控告或检举材料，应当将处理结果通知监狱。

监狱应当设立罪犯控告箱，由驻监狱的人民检察院工作人员或监狱纪检人员开箱处理。同时，监狱还应设立罪犯申诉和检举箱，并指定专人负责开箱处理。

四、管制、缓刑、假释、暂予监外执行的执行

管制、缓刑、假释、暂予监外执行的罪犯，实行社区矫正。社区矫正是与监禁矫正相对应的刑罚执行方式，是指将符合矫正条件的罪犯置于社区内，由专门的国家机关在相关社会团体和民间组织以及社会志愿者的协助下，在判决、裁定和决定确定的期限内，矫正其犯罪心理和行为恶习，并促进其顺利回归社会的非监禁刑罚执行活动。

我国《刑事诉讼法》《社区矫正法》对于社区矫正制度作出了明确规定。

（一）社区矫正的对象和执行机关

对被判处管制、宣告缓刑、假释或者暂予监外执行的罪犯，依法实行社区矫正。国务院司法行政部门主管全国的社区矫正工作，县级以上地方

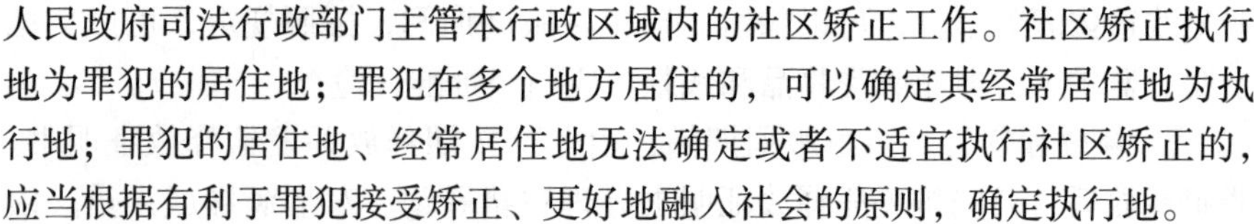

人民政府司法行政部门主管本行政区域内的社区矫正工作。社区矫正执行地为罪犯的居住地；罪犯在多个地方居住的，可以确定其经常居住地为执行地；罪犯的居住地、经常居住地无法确定或者不适宜执行社区矫正的，应当根据有利于罪犯接受矫正、更好地融入社会的原则，确定执行地。

（二）社区矫正对象的接收

社区矫正决定机关应当自判决、裁定或者决定生效之日起5日内通知执行地社区矫正机构，并在10日内送达有关法律文书，同时抄送人民检察院和执行地公安机关。社区矫正决定地与执行地不在同一地方的，由执行地社区矫正机构将法律文书转送所在地的人民检察院、公安机关。

人民法院判处管制、宣告缓刑、裁定假释的社区矫正对象，应当自判决、裁定生效之日起10日内到执行地社区矫正机构报到。

人民法院决定暂予监外执行的社区矫正对象，由看守所或者执行取保候审、监视居住的公安机关自收到决定之日10日内将社区矫正对象移送社区矫正机构。

监狱管理机关、公安机关批准暂予监外执行的社区矫正对象，由监狱或者看守所自收到批准决定之日起10日内将社区矫正对象移送社区矫正机构。

社区矫正机构应当依法接收社区矫正对象，核对法律文书、核实身份、办理接收登记、建立档案，并宣告社区矫正对象的犯罪事实、执行社区矫正的期限以及应当遵守的规定。

（三）社区矫正的监督管理

社区矫正工作坚持监督管理与教育帮扶相结合，专门机关与社会力量相结合，采取分类管理、个别化矫正，有针对性地消除社区矫正对象可能重新犯罪的因素，帮助其成为守法公民。社区矫正机构应当根据裁判内容和社区矫正对象的具体情况制定有针对性的矫正方案，社区矫正机构应当根据社区矫正对象的情况，为其确定矫正小组，负责落实相应的矫正方案。矫正小组可以由司法所、居民委员会、村民委员会的人员，社区矫正对象的监护人、家庭成员，所在单位或者就读学校的人员以及社会工作者、志愿者等组成。社区矫正对象为女性的，矫正小组中应有女性成员。

社区矫正对象在社区矫正期间应当遵守法律、行政法规，履行判决、裁定、暂予监外执行决定等法律文书确定的义务，遵守国务院司法行政部门关于报告、会客、外出、迁居、保外就医等监督管理规定，服从社区矫正机构的管理。社区矫正对象离开所居住的市、县或者迁居，应当报经社区矫正机构批准。社区矫正机构对于有正当理由的，应当批准；对于因正常工作和生活需要经常性跨市、县活动的，可以根据情况，简化批准程序和方式。

社区矫正机构根据社区矫正对象的表现，依照有关规定对其实施考核奖惩。社区矫正对象认罪悔罪、遵守法律法规、服从监督管理、接受教育表现突出的，应当给予表扬。社区矫正对象违反法律法规或者监督管理规定的，应当视情节依法给予训诫、警告、提请公安机关予以治安管理处罚，或者依法提请撤销缓刑、撤销假释、对暂予监外执行的收监执行。

社区矫正工作应当依法进行，尊重和保障人权。社区矫正工作，应当保障社区矫正对象的合法权益。社区矫正的措施和方法应当避免对社区矫正对象的正常工作和生活造成不必要的影响；非依法律规定，不得限制或者变相限制社区矫正对象的人身自由。社区矫正对象认为其合法权益受到侵害的，有权向人民检察院或者有关机关申诉、控告和检举。受理机关应当及时办理，并将办理结果告知申诉人、控告人和检举人。

（四）社区矫正的教育帮扶

县级以上地方人民政府及其有关部门应当通过多种形式为教育帮扶社区矫正对象提供必要的场所和条件，组织动员社会力量参与教育帮扶工作。有关人民团体应当依法协助社区矫正机构做好教育帮扶工作。

社区矫正机构根据需要，对社区矫正对象进行法治、道德等教育，增强其法治观念，提高其道德素质和悔罪意识。社区矫正机构可以协调有关部门和单位，依法对就业困难的社区矫正对象开展职业技能培训、就业指导，帮助社区矫正对象中的在校学生完成学业。居民委员会、村民委员会可以引导志愿者和社区群众，利用社区资源，采取多种形式，对有特殊困难的社区矫正对象进行必要的教育帮扶。社区矫正对象的监护人、家庭成员，所在单位或者就读学校应当协助社区矫正机构做好对社区矫正对象的教育。

社区矫正机构可以通过公开择优购买社区矫正社会工作服务或者其他社会服务，为社区矫正对象在教育、心理辅导、职业技能培训、社会关系改善等方面提供必要的帮扶。社区矫正机构也可以通过项目委托社会组织等方式开展上述帮扶活动。国家鼓励有经验和资源的社会组织跨地区开展帮扶交流和示范活动。

国家鼓励企业事业单位、社会组织为社区矫正对象提供就业岗位和职业技能培训。招用符合条件的社区矫正对象的企业，按照规定享受国家优

惠政策。社区矫正机构可以根据社区矫正对象的个人特长，组织其参加公益活动，修复社会关系，培养社会责任感。社区矫正对象可以按照国家有关规定申请社会救助、参加社会保险、获得法律援助，社区矫正机构应当给予必要的协助。

（五）社区矫正的解除和终止

社区矫正对象矫正期满或者被赦免的，社区矫正机构应当向社区矫正对象发放解除社区矫正证明书，并通知社区矫正决定机关、所在地的人民检察院、公安机关。社区矫正对象被裁定撤销缓刑、假释，被决定收监执行，或者社区矫正对象死亡的，社区矫正终止。

暂予监外执行的社区矫正对象具有刑事诉讼法规定的应当予以收监情形的，人民法院、公安机关对暂予监外执行的社区矫正对象决定收监执行的，由公安机关立即将社区矫正对象送交监狱或者看守所收监执行。

社区矫正对象在社区矫正期间死亡的，其监护人、家庭成员应当及时向社区矫正机构报告。社区矫正机构应当及时通知社区矫正决定机关、所在地的人民检察院、公安机关。

五、其他刑罚的执行

（一）剥夺政治权利的执行

剥夺政治权利是在一定期限内剥夺罪犯参加国家管理和其他政治活动权利的一种刑罚，既可以独立适用，也可以附加适用。根据《刑事诉讼法》和《公安机关办理刑事案件程序规定》的规定：对被判处剥夺政治权利的罪犯，由公安机关执行。对单处剥夺政治权利的罪犯人民法院应当在判决、裁定生效后10日内，将判决书、裁定书、执行通知书等法律文书送达罪犯居住地的县级公安机关，并抄送罪犯居住地的县级人民检察院。负责执行剥夺政治权利的派出所应当按照人民法院的判决，向罪犯及其所在单位、居住地基层组织宣布其犯罪事实、被剥夺政治权利的期限，以及罪犯在执行期间应当遵守的规定。

被剥夺政治权利的罪犯在执行期间应当遵守下列规定：①遵守国家法律、行政法规和公安部制定的有关规定，服从监督管理；②不得享有选举权和被选举权；③不得组织或者参加集会、游行、示威、结社活动；④不得出版、制作、发行书籍、音像制品；⑤不得接受采访，发表演说；⑥不得在境内外发表有损国家荣誉、利益或者其他具有社会危害性的言论；⑦不得担任国家机关职务；⑧不得担任国有公司、企业、事业单位和人民团体的领导职务。

如果罪犯被判处某种主刑并附加剥夺政治权利，在主刑执行期间，剥夺政治权利由主刑执行机关执行。

执行期满，公安机关应当书面通知本人及其所在单位、居住地基层组织。

（二）财产刑和附带民事裁判的执行

1. 刑事裁判涉财产部分的执行，是指发生法律效力的刑事裁判中下列判项的执行：①罚金、没收财产；②追缴、责令退赔违法所得；③处置随案移送的赃款赃物；④没收随案移送的供犯罪所用本人财物；⑤其他应当由人民法院执行的相关涉财产的判项。

刑事裁判涉财产部分和附带民事裁判应当由人民法院执行的，由第一审人民法院负责裁判执行的机构执行。被执行财产在外地的，第一审人民法院可以委托财产所在地的同级人民法院执行。

2. 罚金在判决规定的期限内一次或者分期缴纳。期满无故不缴纳或者未足额缴纳的，人民法院应当强制缴纳。经强制缴纳仍不能全部缴纳的，在任何时候，包括主刑执行完毕后，发现被执行人有可供执行的财产的，应当追缴。行政机关对被告人就同一事实已经处以罚款的，人民法院判处罚金时应当折抵，扣除行政处罚已执行的部分。因遭遇不能抗拒的灾祸等原因缴纳罚金确有困难，被执行人申请延期缴纳、酌情减少或者免除罚金的，应当提交相关证明材料。人民法院应当在收到申请后 1 个月以内作出裁定。符合法定条件的，应当准许；不符合条件的，驳回申请。

3. 判处没收财产的，判决生效后，应当立即执行。执行财产刑，应当参照被扶养人住所地政府公布的上年度当地居民最低生活费标准，保留被执行人及其所扶养人的生活必需费用。

4. 被判处财产刑，同时又承担附带民事赔偿责任的被执行人，应当先履行民事赔偿责任。《最高人民法院关于刑事裁判涉财产部分执行的若干规定》第 13 条第 1 款规定：被执行人在执行中同时承担刑事责任、民事责任，其财产不足以支付的，按照下列顺序执行：①人身损害赔偿中的医疗费用；②退赔被害人的损失；③其他民事债务；④罚金；⑤没收财产。

5. 执行中止。在财产刑的执行过程中，具有下列情形之一的，人民法院应当裁定中止执行：①执行标的物系人民法院或者仲裁机构正在审理案件的争议标的物，需等待该案件审理完毕确定权属的；②案外人对执行标的物提出异议的；③应当中止执行的其他情形。中止执行的原因消除后，应当恢复执行。

6. 执行终结。执行刑事裁判涉财产部分、附带民事裁判过程中，具有下列情形之一的，人民法院应当裁定终结执行：①据以执行的判决、裁定被撤销的；②被执行人死亡或者被执行死刑，且无财产可供执行的；③被判处罚金的单位终止，且无财产可供执行的；④依照《刑法》第53条规定免除罚金的；⑤应当终结执行的其他情形。裁定终结执行后，发现被执行人的财产有被隐匿、转移等情形的，应当追缴。

7. 执行回转。刑事裁判涉财产部分、附带民事裁判全部或者部分被撤销的，已经执行的财产应当全部或者部分返还被执行人；无法返还的，应当依法赔偿。

刑事裁判涉财产部分、附带民事裁判的执行，刑事诉讼法及有关刑事司法解释没有规定的，参照适用民事执行的有关规定。

（三）驱逐出境的执行

驱逐出境属于资格刑的一种，是对外国人在中国居留资格的剥夺，在我国刑法中属于一种强迫犯罪的外国人离开中国国（边）境的刑罚方法。驱逐出境只适用于犯罪的外国人，可以独立适用，也可以附加适用。

根据《刑法》《刑事诉讼法》及《关于强制外国人出境的执行办法的规定》具体制度和程序如下：对判处独立适用驱逐出境刑罚的外国人，人民法院应当自该判决生效之日起15日内，将对该犯的刑事判决书、执行通知书的副本交付所在地省级公安机关，由省级公安机关指定的公安机关执行。被判处徒刑的外国人，其主刑执行期满后应执行驱逐出境附加刑的，应在主刑刑期届满的1个月前，由原羁押监狱的主管部门将该犯的原判决书、执行通知书副本或者复印本送交所在地省级公安机关，由省级公安机关指定的公安机关执行。

对被驱逐出境的外国人持有的准予在我国居留的证件，一律收缴。对被驱逐出境的外国人，执行机关必须查验其本人的有效护照或者其他替代护照的身份证件，以及过境国家或者地区的有效签证。

被驱逐出境的外国人的机票、车票、船票的费用由本人负担。本人负担不了的，也不属于按协议由我国单位提供旅费的，须由其本国使、领馆负责解决。对使、领馆拒绝承担费用的或者在华无使、领馆的，由我国政府承担。

对被驱逐出境的外国人，其出境的口岸应事先确定，就近安排。执行机关应当事先与出境口岸公安机关和边防检查站联系，通报被强制出境的人员的情况，抵达口岸时间、交通工具班次，出境乘用的航班号、车次、时间，以及其他与协助执行有关的事项。出境口岸公安机关和边防检查站应当协助安排有关出境事项。执行人员要监督被驱逐出境的外国人登上交通工具并离境后方可离开；从边境通道出境的，要监督其离开我国国境后方可离开。

六、执行的变更与其他处理

执行的变更，是指生效裁判在交付执行或执行过程中出现了法定情形，人民法院和其他刑罚执行机关依法对原判决确定的刑罚内容或刑罚的执行方式，依照法定程序予以改变的活动。

（一）死刑立即执行的停止与暂停

1. 停止执行死刑的情形及处理。根据《刑事诉讼法》第262条规定，下级人民法院接到最高人民法院执行死刑的命令后，应当在7日以内交付执行。但是发现有下列情形之一的，应当停止执行，并且立即报告最高人民法院，由最高人民法院作出裁定：

第一，在执行前发现判决可能有错误的。根据《最高人民法院关于适用〈中华人民共和国刑事诉讼法〉的解释》第500条规定，下级人民法院在接到执行死刑命令后、执行前，发现有下列情形之一的，应当暂停执行，并立即将请求停止执行死刑的报告和相关材料层报最高人民法院：①罪犯可能有其他犯罪的；②共同犯罪的其他犯罪嫌疑人到案，可能影响罪犯量刑的；③共同犯罪的其他罪犯被暂停或者停止执行死刑，可能影响罪犯量刑的；④罪犯揭发重大犯罪事实或者有其他重大立功表现，可能需要改判的；⑤罪犯怀孕的；⑥判决、裁定可能有影响定罪量刑的其他错误的。最高人民法院经审查，认为可能影响罪犯定罪量刑的，应当裁定停止执行死刑；认为不影响的，应当决定继续执行死刑。

第二，在执行前罪犯揭发重大犯罪事实或者有其他重大立功表现，可能需要改判的。

第三，罪犯正在怀孕的。

停止执行后，应当立即报告核准死刑的最高人民法院，由核准死刑的最高人民法院作出裁定。对于因在执行前发现判决可能有错误或罪犯有重大立功表现可能需要改判而停止执行后，仍需要继续执行死刑的，必须报请最高人民法院院长再次签发执行死刑的命令。对于发现罪犯正在怀孕的，应当依法改判。

此外，最高人民法院在执行死刑命令签发后、执行前，发现判决可能有错误的，应当立即裁定停止执行死刑，并将有关材料移交下级人民法院

进行调查。

下级法院接到最高人民法院停止执行的命令后应当会同有关部门进行调查核实，并将调查结果和意见层报最高人民法院审核。最高人民法院审查后，应当按照下列情形分别处理：①确认罪犯怀孕的，应当改判；②确认罪犯有其他犯罪，依法应当追诉的，应当裁定不予核准死刑，撤销原判，发回重新审判；③确认原判决、裁定有错误或者罪犯有重大立功表现，需要改判的，应当裁定不予核准死刑，撤销原判，发回重新审判；④确认原判决、裁定没有错误，罪犯没有重大立功表现，或者重大立功表现不影响原判决、裁定执行的，应当裁定继续执行死刑，并由院长重新签发执行死刑的命令。

2. 暂停执行死刑的情形及处理。根据《刑事诉讼法》第 263 条第 4 款，在执行死刑时，指挥执行的审判人员，对罪犯应当验明正身，讯问有无遗言、信札，然后交付执行人员执行死刑。在执行前，如果发现可能有错误的，应当暂停执行，报请最高人民法院裁定。经交付执行的人民法院查证认为原死刑判决、裁定确有错误时，报请最高人民法院裁定按照审判监督程序进行纠正；经查证认为原死刑判决、裁定正确无误的，应报请最高人民法院重新签发执行死刑的命令。

（二）死刑缓期二年执行的变更

死刑缓期二年执行不是一个独立的刑种，而是我国死刑的一种特殊的执行方法，必然会涉及对原判刑罚的变更问题。根据《刑法》第 50 条、《刑事诉讼法》第 261 条第 2 款的规定，被判处死刑缓期二年执行的罪犯，根据其在死刑缓期执行期间的表现，死缓判决可作两种变更。

1. 死缓减为无期徒刑或有期徒刑。死缓犯在死刑缓期执行期间，如果没有故意犯罪，2 年期满以后，减为无期徒刑。如果确有重大立功表现，2 年期满后，减为 25 年有期徒刑。重大立功表现一般是指：揭发检举监狱内外犯罪分子的重大破坏活动，经查证属实；制止其他罪犯逃跑、行凶、破坏等犯罪活动；在生产中有发明创造、重大技术革新或发现，对国家建设或生产做出突出贡献；消除灾害或重大事故，使国家免受严重损失；在日常生产、生活中舍己救人；等等。只有一般立功表现而没有重大立功表现的，不具备刑法规定的条件，不能减为有期徒刑。

死缓犯减刑的管辖法院是服刑地的高级人民法院。审理死缓犯减刑案件的程序是：死缓犯所在监狱在缓刑 2 年期满时，提出减刑建议，报省、自治区、直辖市监狱管理机关审核后，报请高级人民法院裁定。高级人民法院组成的合议庭对申报材料审查后，认为应当减刑的，裁定减刑，并将减刑裁定书副本同时抄送原审判人民法院及人民检察院。死刑缓期执行减为有期徒刑的，刑期自死刑缓期执行期满之日第2日起计算。

2. 对死缓犯执行死刑。被判处死刑缓期执行的犯罪人，在死刑缓期执行期间犯罪，认定故意犯罪，情节恶劣，应当执行死刑的，在判决、裁定发生法律效力后，应当层报最高人民法院核准执行死刑；对于故意犯罪未执行死刑的，不再报高级人民法院核准，死刑缓期执行的期间重新计算，并层报最高人民法院备案。备案不影响判决、裁定的生效和执行。对死缓犯变更执行死刑的程序是：由人民检察院提起公诉，服刑地的中级人民法院依法审判，所作的判决可以上诉、抗诉。认定构成故意犯罪的，判决、裁定发生法律效力后，由罪犯服刑地的高级人民法院报最高人民法院核准死刑，核准后，交罪犯服刑地的中级人民法院执行。

罪犯在死刑缓期执行期间过失犯罪的，不影响对其予以减刑；罪犯在死刑缓期二年执行期满之后尚未对其裁定减刑之前又犯罪的，不能视为在死刑缓期执行期间的犯罪。在这种情况下，应当首先对罪犯予以减刑，然后对其所犯新罪另行起诉、审判，并按照数罪并罚的规定决定应执行的刑罚。只有对新罪判处死刑的，才能对其执行死刑。

对于死缓犯在缓期二年执行期间故意犯罪的，只要经查证属实，可及时对其执行死刑，不必等到死刑缓期执行期满。

（三）暂予监外执行

暂予监外执行，是指对被判处无期徒刑、有期徒刑或拘役的罪犯，在某些法定情形出现时，暂时不采取在监狱或看守所执行原判刑罚的一种变通执行方法。

1. 监外执行的适用对象和条件。根据《刑事诉讼法》第265条第1款至第4款的规定，被判处有期徒刑或者拘役的罪犯，有下列情形之一的，可以暂予监外执行：①有严重疾病需要保外就医的；②怀孕或者正在哺乳自己婴儿的妇女；③生活不能自理，适用暂予监外执行不致危害社会的。被判处无期徒刑的罪犯属于怀孕或者正在哺乳自己婴儿的妇女的，可以暂予监外执行。对适用保外就医可能有社会危险性的罪犯，或者自伤自残的罪犯，不得保外就医。对罪犯确有严重疾病，必须保外就医的，由省级人民政府指定的医院诊断并开具证明文件。

2. 暂予监外执行的决定和执行。有权决定或批准暂予监外执行的机关是人民法院和省级以上监狱管理机关和设区的市一级以上公安机关。人民法院在交付执行前，发现罪犯符合暂予监外执行法定情形的，直接决定暂予监外执行，人民法院在作出暂予监外执行决定前，应当征求人民检察院的意见；在刑罚执行过程中发现罪犯符合法定暂予监外执行条件的，由监狱或看守所提出书面意见，报省级以上监狱管理机关和设区的市一级以上公安机关批准。

对于暂予监外执行的罪犯，依法实行社区矫正，由社区矫正机构负责执行，执行机关应当对其严格管理监督，基层组织或者罪犯的原所在单位应协助进行监督、管理。

监外执行是对原判刑罚的执行，因此，监外执行的时间应计入刑期。在监外执行的情形消失后，如果罪犯的刑期未满的，应当及时收监。如果刑期已满，则应发给刑满释放的证明，不再收监。

3. 收监执行。根据《刑事诉讼法》的规定，对暂予监外执行的罪犯，有下列情形之一的，应当及时收监：①发现不符合暂予监外执行条件的；②严重违反有关暂予监外执行监督管理规定的；③暂予监外执行的情形消失后，罪犯刑期未满的。对于人民法院决定暂予监外执行的罪犯应当予以收监的，由人民法院作出决定，将有关的法律文书送达公安机关、监狱或者其他执行机关。不符合暂予监外执行条件的罪犯通过贿赂等非法手段被暂予监外执行的，在监外执行的期间不计入执行刑期。罪犯在暂予监外执行期间脱逃的，脱逃的期间不计入执行刑期。

暂予监外执行的社区矫正对象具有《刑事诉讼法》规定的应当予以收监情形的，社区矫正机构应当向执行地或者原社区矫正决定机关提出收监执行建议，并将建议书抄送人民检察院。

社区矫正决定机关应当在收到建议书后30日内作出决定，将决定书送达社区矫正机构和公安机关，并抄送人民检察院。

人民法院、公安机关对暂予监外执行的社区矫正对象决定收监执行的，由公安机关立即将社区矫正对象送交监狱或者看守所收监执行。

监狱管理机关对暂予监外执行的社区矫正对象决定收监执行的，监狱应当立即将社区矫正对象收监执行。

（四）减刑和假释

1. 减刑。减刑是指对被判处管制、拘役、有期徒刑、无期徒刑的犯罪分子，在执行期间，如果认真遵守监规，接受教育改造，确有悔改表现或者有立功表现的，适当减轻其原判刑罚的一种制度。

根据《刑法》第78条规定，被判处管制、拘役、有期徒刑、无期徒刑的犯罪分子，在执行期间，如果认真遵守监规，接受教育改造，确有悔改表现或者有立功表现的，可以减刑；有下列重大立功表现之一的，应当减刑：①阻止他人重大犯罪活动的；②检举监狱内外重大犯罪活动，经查证属实的；③有发明创造或者重大技术革新的；④在日常生产、生活中舍己救人的；⑤在抗御自然灾害或者排除重大事故中，有突出表现的；⑥对国家和社会有其他重大贡献的。

对罪犯减刑没有次数的限制，但是经过一次或几次减刑后，对罪犯实际执行的刑期不能少于以下期限：①判处管制、拘役、有期徒刑的，不能少于原判刑期的1/2；②判处无期徒刑的，不能少于13年；无期徒刑减为有期徒刑的刑期，从裁定减刑之日起计算；③人民法院依照《刑法》第50条第2款规定限制减刑的死刑缓期执行的犯罪分子，缓期执行期满后依法减为无期徒刑的，不能少于25年，缓期执行期满后依法减为25年有期徒刑的，不能少于20年。

对于犯罪分子的减刑，由执行机关向中级以上人民法院提出减刑建议书。人民法院应当组成合议庭进行审理，对确有悔改表现或者立功事实的，裁定予以减刑。非经法定程序不得减刑。

2. 假释。假释是指对被判处有期徒刑和无期徒刑的罪犯在执行一定期限的刑罚后，如果其认真遵守监规，接受教育改造，确有悔改且不致再危害社会的，将其附条件地提前释放的制度。

根据《刑法》第81条规定，被判处有期徒刑的犯罪分子，执行原判刑期1/2以上，被判处无期徒刑的犯罪分子，实际执行13年以上，如果认真遵守监规，接受教育改造，确有悔改表现，没有再犯罪的危险的，可以假释。如果有特殊情况，经最高人民法院核准，可以不受上述执行刑期的限制。“特殊情况”是指罪犯有重大特殊贡献或国家政治、国防、外交等方面的特殊需要的情形等。对累犯以及因故意杀人、强奸、抢劫、绑架、放火、爆炸、投放危险物质或者有组织的暴力性犯罪被判处10年以上有期徒刑、无期徒刑的犯罪分子，不得假释。

有期徒刑的假释考验期限，为没有执行完毕的刑期；无期徒刑的假释考验期限为10年。假释考验期限，从假释之日起计算。对假释的犯罪分子，在假释考验期限内，依法实行社区矫正，如果没有违反《刑事诉讼法》相应的规定，假释考验期满，就认为原判刑罚已经执行完毕。

3. 减刑和假释的程序。罪犯符合减刑、假释条件的，由执行机关提出减刑、假释建议，报请人民法院审查。

人民法院受理减刑、假释案件，应当审查执行机关移送的材料是否包括下列内容：①减刑、假释建议书；②原审法院的裁判文书、执行通知书、历次减刑裁定书的复制件；③证明罪犯确有悔改、立功或者重大立功表现具体事实的书面材料；④罪犯评审鉴定表、奖惩审批表等；⑤罪犯假释后对所居住社区影响的调查评估报告；⑥刑事裁判涉财产部分、附带民事裁判的执行、履行情况；⑦根据案件情况需要移送的其他材料。人民检察院对报请减刑、假释案件提出意见的，执行机关应当一并移送受理减刑、假释案件的人民法院。经审查，材料不全的，应当通知提请减刑、假释的执行机关在3日以内补送；逾期未补送的，不予立案。

审理减刑、假释案件，对罪犯积极履行刑事裁判涉财产部分、附带民事裁判确定的义务的，可以认定有悔改表现，在减刑、假释时从宽掌握；对确有履行能力而不履行或者不全部履行的，在减刑、假释时从严掌握。

审理减刑、假释案件，应当在立案后5日以内对下列事项予以公示：①罪犯的姓名、年龄等个人基本情况；②原判认定的罪名和刑期；③罪犯历次减刑情况；④执行机关的减刑、假释建议和依据。公示应当写明公示期限和提出意见的方式。

审理减刑、假释案件，人民法院应当组成合议庭，可以采用书面审理的方式，但下列案件应当开庭审理：①因罪犯有重大立功表现提请减刑的；②提请减刑的起始时间、间隔时间或者减刑幅度不符合一般规定的；③被提请减刑、假释罪犯系职务犯罪罪犯，组织、领导、参加、包庇、纵容黑社会性质组织罪犯，破坏金融管理秩序罪犯或者金融诈骗罪犯的；④社会影响重大或者社会关注度高的；⑤公示期间收到不同意见的；⑥人民检察院提出异议的；⑦有必要开庭审理的其他案件。

减刑、假释裁定作出前，执行机关书面提请撤回减刑、假释建议的，人民法院可以决定是否准许。

人民法院对执行机关提出的减刑、假释案件，经审查后，应当按照下列情形分别处理：①对被判处死刑缓期执行的罪犯的减刑，由罪犯服刑地的高级人民法院在收到同级监狱管理机关审核同意的减刑建议书后1个月以内作出裁定；②对被判处无期徒刑的罪犯的减刑、假释，由罪犯服刑地的高级人民法院在收到同级监狱管理机关审核同意的减刑、假释建议书后1个月以内作出裁定，案情复杂或者情况特殊的，可以延长1个月；③对被判处有期徒刑和被减为有期徒刑的罪犯的减刑、假释，由罪犯服刑地的中级人民法院在收到执行机关提出的减刑、假释建议书后1个月以内作出裁定，案情复杂或者情况特殊的，可以延长 1 个月；④对被判处管制、拘役的罪犯的减刑，由罪犯服刑地的中级人民法院在收到同级执行机关审核同意的减刑建议书后 1 个月以内作出裁定；⑤对社区矫正对象的减刑，由社区矫正执行地的中级以上人民法院在收到社区矫正机构的减刑建议书后 30 日以内作出裁定。

人民法院作出减刑、假释裁定后，应当在 7 日以内送达提请减刑、假释的执行机关、同级人民检察院以及罪犯本人。人民检察院认为减刑、假释裁定不当，在法定期限内提出书面纠正意见的，人民法院应当在收到意见后另行组成合议庭审理，并在 1 个月以内作出裁定。

人民法院发现本院已经生效的减刑、假释裁定确有错误的，应当另行组成合议庭审理；发现下级人民法院已经生效的减刑、假释裁定确有错误的，可以指令下级人民法院另行组成合议庭审理，也可以自行组成合议庭审理。

（五）对新罪、漏罪、错判、申诉的处理

1. 对新罪和漏罪的追诉。新罪，是指罪犯在服刑期间再次犯罪。漏罪，是指罪犯在服刑期间，发现其在判决宣告前所犯的尚未判决的罪行。《刑事诉讼法》第 273 条第 1 款规定："罪犯在服刑期间又犯罪的，或者发现了判决的时候所没有发现的罪行，由执行机关移送人民检察院处理。"因此，执行过程中发现了被执行人又犯新罪或尚存未经审判的漏罪，都应当依法追诉。

在刑罚执行期间，如果发现有新罪或漏罪的，由监狱等有管辖权的机关进行侦查，侦查终结后，写出起诉意见书，连同案件材料、证据一并移送人民检察院处理。人民检察院向法院起诉，按照数罪并罚的原则，决定应当执行的刑罚。

2. 发现错判和对申诉的处理。《刑事诉讼法》第 275 条规定："监狱和其他执行机关在刑罚执行中，如果认为判决有错误或者罪犯提出申诉，应当转请人民检察院或者原判人民法院处理。"具体程序是：执行机关如认为原裁判确有错误，应提出具体意见，并附调查材料，报送主管司法行政机关。经主管司法行政机关审查同意后，转送原起诉的人民检察院、原审人民法院或原起诉的上级人民检察院、原审的上级人民法院，按照审判监督程序处理。人民检察院或人民法院应当自收到监狱和其他执行机关提请处理意见书之日起 6 个月内，将处理结果通报监狱或其他执行机关。人民法院或人民检察院收到执行机关材料和意见或罪犯的申诉后，应当进行认真审查，如认为原判决或裁定在认定事实或适用法律上确有错误，按审判监督程序予以纠正。如认为原裁判正确，应及时答复执行机关或申诉人。

七、人民检察院对执行的监督

执行监督是指人民检察院对已经发生法律效力的判决、裁定的执行情况是否合法进行监督的活动。人民检察院是国家的法律监督机关，依法对刑事判决、裁定和决定的执行工作以及监狱、看守所等的监管执法活动实行法律监督。开展执行监督，有利于维护生效裁判的稳定性和严肃性，有利于维护公民的合法权益，从而保障刑事诉讼任务的实现。

1. 对死刑执行的监督。根据《人民检察院刑事诉讼规则》的规定，被判处死刑立即执行的罪犯在被执行死刑时，人民检察院应当指派检察官临场监督。死刑执行临场监督由人民检察院负责刑事执行检察的部门承担。人民检察院派驻看守所、监狱的检察人员应当予以协助，负责捕诉的部门应当提供有关情况。执行死刑过程中，人民检察院临场监督人员根据需要可以进行拍照、录像。执行死刑后，人民检察院临场监督人员应当检查罪犯是否确已死亡，并填写死刑执行临场监督笔录，签名后入卷归档。

省级人民检察院负责案件管理的部门收到高级人民法院报请最高人民法院复核的死刑判决书、裁定书副本后，应当在 3 日以内将判决书、裁定书副本移送本院负责刑事执行检察的部门。

判处死刑的案件一审是由中级人民法院审理的，省级人民检察院应当及时将死刑判决书、裁定书副本移送中级人民法院的同级人民检察院负责刑事执行检察的部门。

人民检察院收到同级人民法院执行死刑临场监督通知后，应当查明同级人民法院是否收到最高人民法院核准死刑的裁定或者作出的死刑判决、裁定和执行死刑的命令。

执行死刑前，人民检察院发现具有下列情形之一的，应当建议人民法院立即停止执行，并层报最高人民检察院负责死刑复核监督的部门：①被执行人并非应当执行死刑的罪犯的；②罪犯犯罪时不满 18 周岁，或者审判的时候已满 75 周岁，依法不应当适用死刑的；③罪犯正在怀孕的；④共同犯罪的其他犯罪嫌疑人到案，共同犯罪的其他罪犯被暂停或者停止执行死刑，可能影响罪犯量刑的；⑤罪犯可能有其他犯罪的；⑥罪犯揭发他人重大犯罪事实或者有其他重大立功表现，可能需要改判的；⑦判决、裁定可能有影响定罪量刑的其他错误的。

在执行死刑活动中，发现人民法院有侵犯被执行死刑罪犯的人身权、财产权或者其近亲属、继承人合法权利等违法情形的，人民检察院应当依法提出纠正意见。

2. 对死缓执行的监督。判处被告人死刑缓期二年执行的判决、裁定在执行过程中，人民检察院监督的内容主要包括：

（1）死刑缓期执行期满，符合法律规定应当减为无期徒刑、有期徒刑条件的，监狱是否及时提出减刑建议提请人民法院裁定，人民法院是否依法裁定；

（2）罪犯在缓期执行期间故意犯罪，监狱是否依法侦查和移送起诉；罪犯确系故意犯罪，情节恶劣，查证属实，应当执行死刑的，人民法院是否依法核准或者裁定执行死刑。

被判处死刑缓期二年执行的罪犯在死刑缓期执行期间故意犯罪，执行机关向人民检察院移送起诉的，由罪犯服刑所在地设区的市级人民检察院审查决定是否提起公诉。

人民检察院发现人民法院对被判处死刑缓期二年执行的罪犯减刑不当的，应当向人民法院提出纠正意见。罪犯在死刑缓期执行期间又故意犯罪，经人民检察院起诉后，人民法院仍然予以减刑的，人民检察院应当向人民法院提出抗诉。

3. 对减刑、假释、暂予监外执行的监督。人民检察院发现人民法院、监狱、看守所、公安机关暂予监外执行的活动具有下列情形之一的，应当依法提出纠正意见：

（1）将不符合法定条件的罪犯提请、决定暂予监外执行的；

（2）提请、决定暂予监外执行的程序违反法律规定或者没有完备的合法手续，或者对于需要保外就医的罪犯没有省级人民政府指定医院的诊断证明和开具的证明文件的；

（3）监狱、看守所提出暂予监外执行书面意见，没有同时将书面意见副本抄送人民检察院的；

（4）罪犯被决定或者批准暂予监外执行后，未依法交付罪犯居住地社区矫正机构实行社区矫正的；

（5）对符合暂予监外执行条件的罪犯没有依法提请暂予监外执行的；

（6）人民法院在作出暂予监外执行决定前，没有依法征求人民检察院意见的；

（7）发现罪犯不符合暂予监外执行条件，在暂予监外执行期间严重违

反暂予监外执行监督管理规定，或者暂予监外执行的条件消失且刑期未满，应当收监执行而未及时收监执行的；

(8) 人民法院决定将暂予监外执行的罪犯收监执行，并将有关法律文书送达公安机关、监狱、看守所后，监狱、看守所未及时收监执行的；

(9) 不符合暂予监外执行条件的罪犯通过贿赂、欺骗等非法手段被暂予监外执行以及在暂予监外执行期间脱逃的罪犯，监狱、看守所未建议人民法院将其监外执行期间、脱逃期间不计入执行刑期或者对罪犯执行刑期计算的建议违法、不当的；

(10) 暂予监外执行的罪犯刑期届满，未及时办理释放手续的；

(11) 其他违法情形。

人民检察院收到监狱、看守所抄送的暂予监外执行书面意见副本后，应当逐案进行审查，发现罪犯不符合暂予监外执行法定条件或者提请暂予监外执行违反法定程序的，应当在10日以内报经检察长批准，向决定或者批准机关提出书面检察意见，同时抄送执行机关。

人民检察院接到决定或者批准机关抄送的暂予监外执行决定书后，应当及时审查，经审查认为暂予监外执行不当的，应当自接到通知之日起1个月以内，向决定或者批准暂予监外执行的机关提出纠正意见。下级人民检察院认为暂予监外执行不当的，应当立即层报决定或者批准暂予监外执行的机关的同级人民检察院，由其决定是否向决定或者批准暂予监外执行的机关提出纠正意见。

人民检察院向决定或者批准暂予监外执行的机关提出不同意暂予监外执行的书面意见后，应当监督其对决定或者批准暂予监外执行的结果进行重新核查，并监督重新核查的结果是否符合法律规定。对核查不符合法律规定的，应当依法提出纠正意见，并向上一级人民检察院报告。

对于暂予监外执行的罪犯，人民检察院发现罪犯不符合暂予监外执行条件、严重违反有关暂予监外执行的监督管理规定或者暂予监外执行的情形消失而罪犯刑期未满的，应当通知执行机关收监执行，或者建议决定或者批准暂予监外执行的机关作出收监执行决定。

人民检察院收到执行机关抄送的减刑、假释建议书副本后，应当逐案进行审查。发现减刑、假释建议不当或者提请减刑、假释违反法定程序的，应当在10日以内报经检察长批准，向审理减刑、假释案件的人民法院提出书面检察意见，同时也可以向执行机关提出书面纠正意见。案情复杂或者情况特殊的，可以延长10日。

人民检察院发现监狱等执行机关提请人民法院裁定减刑、假释的活动具有下列情形之一的，应当依法提出纠正意见：①将不符合减刑、假释法定条件的罪犯，提请人民法院裁定减刑、假释的；②对依法应当减刑、假释的罪犯，不提请人民法院裁定减刑、假释的；③提请对罪犯减刑、假释违反法定程序，或者没有完备的合法手续的；④提请对罪犯减刑的减刑幅度、起始时间、间隔时间或者减刑后又假释的间隔时间不符合有关规定的；⑤被提请减刑、假释的罪犯被减刑后实际执行的刑期或者假释考验期不符合有关法律规定的；⑥其他违法情形。

人民法院开庭审理减刑、假释案件，人民检察院应当指派检察人员出席法庭，发表意见。人民检察院收到人民法院减刑、假释的裁定书副本后，应当及时审查。经审查认为人民法院减刑、假释的裁定不当，应当在收到裁定书副本后20日以内，向作出减刑、假释裁定的人民法院提出纠正意见。

对人民法院减刑、假释裁定的纠正意见，由作出减刑、假释裁定的人民法院的同级人民检察院书面提出。

下级人民检察院发现人民法院减刑、假释裁定不当的，应当向作出减刑、假释裁定的人民法院的同级人民检察院报告。

人民检察院对人民法院减刑、假释的裁定提出纠正意见后，应当监督人民法院是否在收到纠正意见后1个月以内重新组成合议庭进行审理，并监督重新作出的裁定是否符合法律规定。对最终裁定不符合法律规定的，应当向同级人民法院提出纠正意见。

4. 对社区矫正的监督。根据《刑事诉讼法》《社区矫正法》《人民检察院刑事诉讼规则》的规定，人民检察院对社区矫正进行法律监督。

人民检察院发现社区矫正决定机关、看守所、监狱、社区矫正机构在交付、接收社区矫正对象活动中违反有关规定的，应当依法提出纠正意见。

人民检察院发现社区矫正执法活动具有下列情形之一的，应当依法提出纠正意见：

（1）社区矫正对象报到后，社区矫正机构未履行法定告知义务，致使其未按照有关规定接受监督管理的；

（2）违反法律规定批准社区矫正对象离开所居住的市、县，或者违反人民法院禁止令的内容批准社区矫正对象进入特定区域或者场所的；

（3）没有依法监督管理而导致社区矫正对象脱管的；

(4) 社区矫正对象违反监督管理规定或者人民法院的禁止令，未依法予以警告、未提请公安机关给予治安管理处罚的；

(5) 对社区矫正对象有殴打、体罚、虐待、侮辱人格、强迫其参加超时间或者超体力社区服务等侵犯其合法权利行为的；

(6) 未依法办理解除、终止社区矫正的；

(7) 其他违法情形。

人民检察院发现对社区矫正对象的刑罚变更执行活动具有下列情形之一的，应当依法提出纠正意见：

(1) 社区矫正机构未依法向人民法院、公安机关、监狱管理机关提出撤销缓刑、撤销假释建议或者对暂予监外执行的收监执行建议，或者未依法向人民法院提出减刑建议的；

(2) 人民法院、公安机关、监狱管理机关未依法作出裁定、决定，或者未依法送达的；

(3) 公安机关未依法将罪犯送交看守所、监狱，或者看守所、监狱未依法收监执行的；

(4) 公安机关未依法对在逃的罪犯实施追捕的；

(5) 其他违法情形。

5. 人民检察院对执行机关执行刑罚活动的监督。根据《刑事诉讼法》第276条规定，人民检察院对执行机关执行刑罚的活动是否合法实行监督。如果发现有违法的情况，应当通知执行机关纠正。

人民检察院发现监狱收监活动以及在管理、教育改造罪犯等活动中有违法行为的，应当依法提出纠正意见。

人民检察院发现监狱等监管场所有殴打、体罚、虐待、违法使用戒具、违法适用禁闭等侵害在押人员人身权利情形的，应当依法提出纠正意见。

人民检察院发现看守所代为执行刑罚的活动具有下列情形之一的，应当依法提出纠正意见：①将被判处有期徒刑剩余刑期在3个月以上的罪犯留所服刑的；②将留所服刑罪犯与犯罪嫌疑人、被告人混押、混管、混教的；③其他违法情形。

人民检察院发现监狱没有按照规定对罪犯进行分押分管、监狱人民警察没有对罪犯实行直接管理等违反监管规定情形的，应当依法提出纠正意见。

人民检察院发现监狱具有未按照规定安排罪犯与亲属或者监护人会

见、对伤病罪犯未及时治疗以及未执行国家规定的罪犯生活标准等侵犯罪犯合法权益情形的，应当依法提出纠正意见。

人民检察院发现监狱出监活动具有下列情形之一的，应当依法提出纠正意见：①没有出所、出监文书、凭证，文书、凭证不齐全，或者出所、出监人员与文书、凭证不符的；②应当释放而没有释放，不应当释放而释放，或者未依照规定送达释放通知书的；③对提押、押解、转押出所的在押人员，特许离监、临时离监、调监或者暂予监外执行的罪犯，未依照规定派员押送并办理交接手续的；④其他违法情形。

第三节 民事诉讼执行制度

一、民事执行的概念

民事执行是指人民法院依照法定的程序，采取法定的执行措施，强制债务人履行已经发生法律效力的人民法院的民事判决、裁定或其他法律文书所确定的义务的活动。民事执行以国家强制力为基础，又称民事强制执行，如扣划债务人的银行存款、搜查债务人可能隐藏财产的处所等强制执行措施，都有很强的国家强制性。

人民法院是我国行使民事执行权的法定机关；民事执行必须根据生效的法律文书进行；人民法院行使民事执行权，必须依法定程序进行，以保障执行行为的公正性，不能随意扣押、查封债务人的财产。

二、民事执行应遵循的基本原则

（一）依法执行原则

首先，执行活动必须以生效的法律文书为依据。如果没有法律文书或者法律文书尚未生效，就不可申请强制执行。其次，执行必须依照法定程序进行。例如，强制执行时，被执行人是公民的，应当通知被执行人或者他的成年家属到场，其工作单位或者房屋、土地所在地的基层组织应当派人参加。执行员应当将强制执行情况记入笔录，由在场人签名或者盖章。最后，执行工作要采取法定方式进行。例如，执行人员在采取执行措施时必须符合规定。

（二）执行标的有限原则

执行标的是指人民法院的执行行为所指向的对象，包括财产和行为。

执行标的有限原则指：首先，民事执行的对象只能是一定的财产和民事行为，不包括人身；其次，规定财产执行的范围，例如《民事诉讼法》第254条第1款规定，被执行人未按执行通知履行法律文书确定的义务，人民法院有权扣留、提取被执行人应当履行义务部分的收入。但应当保留被执行人及其所扶养家属的生活必需费用。

（三）兼顾被执行人利益原则

兼顾被执行人利益原则，是指在采取执行措施保护权利人合法利益的同时，也应适当照顾被执行人的利益。该原则包括以下几个具体要求：一是对申请人的合法权益要保护，但不得超出执行根据所确定的范围。二是在采取执行措施时，要保留被执行人及其所扶养家属的生活必需费用和生活必需品。三是在采取查封、扣押、强制迁出房屋或者强制退出土地等强制措施时，应当通知被执行人或者他的成年家属到场，以免损害被执行人的合法权益。四是拍卖、变卖被执行人的财产时，要依法进行，不能低价出售。

（四）强制执行与说服教育相结合的原则

强制执行与说服教育相结合的原则是指执行工作既要采取强制手段，又要对当事人做好思想教育工作，并给予主动履行的机会，以促使其自觉履行义务。《民事诉讼法》第251条规定，执行员接到申请执行书或者移交执行书，应当向被执行人发出执行通知，并可以立即采取强制执行措施。

（五）协助执行原则

协助执行原则是指人民法院在执行工作中有权取得有关单位和个人的协助，有关单位和个人应当依法履行协助义务。如《民事诉讼法》第253条第2款规定，人民法院决定扣押、冻结、划拨、变价财产，应当作出裁定，并发出协助执行通知书，有关单位必须办理。有义务协助调查、执行的单位拒不履行协助义务的，人民法院除责令其履行协助义务外，还可以予以罚款；可以对其主要负责人或者直接责任人员予以罚款；对仍不履行协助义务的，可以予以拘留，并可以向监察机关或者有关机关提出予以纪律处分的司法建议。

（六）监督执行原则

党的二十大报告提出：“强化对司法活动的制约监督，促进司法公正。加强检察机关法律监督工作。”《民事诉讼法》第246条规定：“人民检察院有权对民事执行活动实行法律监督。”

三、民事执行制度的一般规定

（一）执行管辖

1. 发生法律效力的民事判决、裁定、调解书，由第一审人民法院或者与第一审人民法院同级的被执行的财产所在地人民法院执行。

2. 刑事裁判涉财产部分，由第一审人民法院执行。第一审人民法院可以委托财产所在地的同级人民法院执行。

3. 知识产权法院审理的第一审案件，生效判决、裁定、调解书需要强制执行的，知识产权法院所在地的高级人民法院可指定辖区内其他中级人民法院执行。

4. 发生法律效力的实现担保物权裁定、确认调解协议裁定、支付令，由作出裁定、支付令的人民法院或者与其同级的被执行财产所在地的人民法院执行。认定财产无主的判决，由作出判决的人民法院将无主财产收归国家或者集体所有。

5. 法律规定由人民法院执行的其他法律文书，由被执行人住所地或者被执行的财产所在地人民法院执行。

（二）执行异议

当事人、利害关系人认为执行行为违反法律规定的，可以向负责执行的人民法院提出书面异议。当事人、利害关系人提出书面异议的，人民法院应当自收到书面异议之日起15日内审查，理由成立的，裁定撤销或者改正；理由不成立的，裁定驳回。当事人、利害关系人对裁定不服的，可以自裁定送达之日起10日内向上一级人民法院申请复议。

人民法院自收到申请执行书之日起超过6个月未执行的，申请执行人可以向上一级人民法院申请执行。上一级人民法院经审查，可以责令原人民法院在一定期限内执行，也可以决定由本院执行或者指令其他人民法院执行。

执行过程中，案外人对执行标的提出书面异议的，人民法院应当自收到书面异议之日起15日内审查，理由成立的，裁定中止对该标的的执行；理由不成立的，裁定驳回。案外人、当事人对裁定不服，认为原判决、裁定错误的，依照审判监督程序办理；与原判决、裁定无关的，可以自裁定送达之日起15日内向人民法院提起诉讼。

（三）执行机构

人民法院根据需要可以设立执行机构。执行人员包括法官、执行员以及其他依法参与执行的司法警察、法官助理、书记员等司法辅助人员。人

民陪审员可以依照相关规定参与执行活动。人民陪审员参与执行活动时属于前述规定的执行人员，与执行人员有同等的权利义务。

执行人员执行公务时，应向有关人员出示有效工作证件，并按规定着装。执行人员执行公务时应严格遵守法律、行政法规以及司法解释的规定，严格遵守最高人民法院“五个严禁”等纪律规范，严格遵守法官职业道德，依法、公正、廉洁执行。执行人员依法履行法定职责受法律保护。

执行人员遇到法定情形的，应当自行回避，或当事人有权申请其回避。

（四）委托执行

被执行人或者被执行的财产在外地的，可以委托当地人民法院代为执行。受委托人民法院收到委托函件后，必须在15日内开始执行，不得拒绝。执行完毕后，应当将执行结果及时函复委托人民法院；在30日内如果还未执行完毕，也应当将执行情况函告委托人民法院。受委托人民法院自收到委托函件之日起15日内不执行的，委托人民法院可以请求受委托人民法院的上级人民法院指令受委托人民法院执行。

（五）执行和解

在执行中，双方当事人自行和解达成协议的，执行员应当将协议内容记入笔录，由双方当事人签名或者盖章。申请执行人因受欺诈、胁迫与被执行人达成和解协议，或者当事人不履行和解协议的，人民法院可以根据当事人的申请，恢复对原生效法律文书的执行。

（六）执行担保

在执行中，被执行人向人民法院提供担保，并经申请执行人同意的，人民法院可以决定暂缓执行及暂缓执行的期限。被执行人逾期仍不履行的，人民法院有权执行被执行人的担保财产或者担保人的财产。

（七）执行主体变更

作为被执行人的公民死亡的，以其遗产偿还债务。作为被执行人的法人或者其他组织终止的，由其权利义务承受人履行义务。

（八）暂缓执行

执行程序开始后，人民法院可以因法定事由决定对某一项或者某几项执行措施在规定的期限内暂缓实施。非因法定事由不得决定暂缓执行。暂缓执行由执行法院或者其上级人民法院执行机构作出决定。人民法院决定暂缓执行的，应当制作暂缓执行决定书，并及时送达当事人。

（九）执行回转

执行完毕后，据以执行的判决、裁定和其他法律文书确有错误，被人民法院撤销的，对已被执行的财产，人民法院应当作出裁定，责令取得财产的人返还；拒不返还的，强制执行。

（十）执行监督

人民检察院有权对民事执行活动实行法律监督。人民检察院提出的民事执行监督检察建议，统一由同级人民法院立案受理。

人民法院收到人民检察院的检察建议书后，应当在 3 个月内将审查处理情况以回复意见函的形式回复人民检察院，并附裁定、决定等相关法律文书。有特殊情况需要延长的，经本院院长批准，可以延长 1 个月。

人民法院收到检察建议后逾期未回复或者处理结果不当的，提出检察建议的人民检察院可以依职权提请上一级人民检察院向其同级人民法院提出检察建议。

四、执行的申请和移送

发生法律效力的民事判决、裁定，当事人必须履行。一方拒绝履行的，对方当事人可以向人民法院申请执行，也可以由审判员移送执行员执行。

（一）申请执行

生效法律文书，当事人必须履行。一方拒绝履行的，对方当事人可以向人民法院申请执行。下列发生法律效力的具有给付内容的法律文书是人民法院据以强制执行的依据：

1. 民事判决，准予实现担保物权、确认调解协议等民事裁定，民事调解书，支付令；
2. 行政判决、裁定、调解书；
3. 刑事附带民事判决、裁定；
4. 仲裁裁决、调解书；
5. 劳动人事争议仲裁裁决书、调解书；
6. 公证债权文书；
7. 法律、司法解释规定的其他应由人民法院执行的法律文书。

（二）当事人申请执行应当提交的文件和证件

1. 申请执行书。申请执行人书写申请执行书确有困难的，可以口头提出申请。人民法院立案部门对口头申请应当制作笔录，由申请执行人签字或盖章。外籍当事人申请执行的，应当提交中文申请执行书。当事人所在

国与中华人民共和国缔结或共同参加的司法协助条约有特别规定的，按照条约规定办理。

2. 生效法律文书副本。

3. 申请执行人的身份证明。自然人申请的，应当出示公民身份证、护照、港澳通行证、军官证等身份证明；法人申请的，应当提交法人营业执照副本（或统一社会信用代码证书副本）、法定代表人身份证明；其他组织申请的，应当提交营业执照（或统一社会信用代码证书）副本、主要负责人身份证明。

4. 继承人或权利承受人申请执行的，应当提交继承或承受权利的证明文件。

5. 委托代理人代为申请执行的，应当提交法律规定的委托代理手续等材料。

6. 向被执行的财产所在地人民法院申请执行的，应当提交该人民法院辖区有可供执行财产的证明材料。

7. 已申请财产保全的，应提交相关财产保全材料。

8. 其他应当提交的文件或证件。

实行网上立案的，申请执行人提交前款规定的文件和证件，可以是符合有关规定的电子化文件和证件。

（三）移送执行

民事制裁决定、具有缴纳诉讼费用内容的法律文书，财产保全、证据保全、先予执行裁定以及具有财产内容的刑事裁判文书发生法律效力后，义务人未履行义务的，由审判部门移送立案部门立案后，交由执行机构执行。移送执行应由审判部门填写移送执行书，明确需执行的事项和应注意的问题，连同生效的法律文书一并移送。

五、申请执行的期间

申请执行的期间为 2 年。申请执行时效的中止、中断，适用法律有关诉讼时效中止、中断的规定。申请期间，从法律文书规定履行期间的最后 1 日起计算；法律文书规定分期履行的，从最后一期履行期限届满之日起计算；法律文书未规定履行期间的，从法律文书生效之日起计算。

六、特殊案件的执行

（一）仲裁裁决的执行

对依法设立的仲裁机构的裁决，一方当事人不履行的，对方当事人可以向有管辖权的人民法院申请执行。受申请的人民法院应当执行。被申请人提出证据证明仲裁裁决有《民事诉讼法》248 条规定情形之一的，经人民法院组成合议庭审查核实，裁定不予执行。

对中华人民共和国涉外仲裁机构作出的裁决，被申请人提出证据证明仲裁裁决有《民事诉讼法》291 条情形之一的，经人民法院组成合议庭审查核实，裁定不予执行。

仲裁裁决被人民法院裁定不予执行的，当事人可以根据双方达成的书面仲裁协议重新申请仲裁，也可以向人民法院起诉。

（二）公证债权文书的执行

对公证机关依法赋予强制执行效力的债权文书，一方当事人不履行的，对方当事人可以向有管辖权的人民法院申请执行，受申请的人民法院应当执行。

公证债权文书确有错误的，人民法院裁定不予执行，并将裁定书送达双方当事人和公证机关。

（三）涉外案件的执行

1. 人民法院作出的发生法律效力的判决、裁定，如果被执行人或者其财产不在中华人民共和国领域内，当事人请求执行的，可以由当事人直接向有管辖权的外国法院申请承认和执行，也可以由人民法院依照中华人民共和国缔结或者参加的国际条约的规定，或者按照互惠原则，请求外国法院承认和执行。

2. 在中华人民共和国领域内依法作出的发生法律效力的仲裁裁决，当事人请求执行的，如果被执行人或者其财产不在中华人民共和国领域内，当事人可以直接向有管辖权的外国法院申请承认和执行。

3. 外国法院作出的发生法律效力的判决、裁定，需要人民法院承认和执行的，可以由当事人直接向有管辖权的中级人民法院申请承认和执行，也可以由外国法院依照该国与中华人民共和国缔结或者参加的国际条约的规定，或者按照互惠原则，请求人民法院承认和执行。

4. 人民法院对申请或者请求承认和执行的外国法院作出的发生法律效力的判决、裁定，依照中华人民共和国缔结或者参加的国际条约，或者按照互惠原则进行审查后，认为不违反中华人民共和国法律的基本原则且不损害国家主权、安全、社会公共利益的，裁定承认其效力；需要执行的，发出执行令，依照《民事诉讼法》的有关规定执行。

外国法院作出的发生法律效力的判决、裁定不符合《民事诉讼法》规定的承认条件的，人民法院裁定不予承认和执行，并恢复已经中止的诉

讼；符合《民事诉讼法》规定的承认条件的，人民法院裁定承认其效力；需要执行的，发出执行令，依照《民事诉讼法》的有关规定执行；对已经中止的诉讼，裁定驳回起诉。

5. 在中华人民共和国领域外作出的发生法律效力的仲裁裁决，需要人民法院承认和执行的，当事人可以直接向被执行人住所地或者其财产所在地的中级人民法院申请。被执行人住所地或者其财产不在中华人民共和国领域内的，当事人可以向申请人住所地或者与裁决的纠纷有适当联系的地点的中级人民法院申请。人民法院应当依照中华人民共和国缔结或者参加的国际条约，或者按照互惠原则办理。

七、执行准备与启动

（一）执行前的审查

执行实施案件立案后，执行机构发现不符合申请执行的受理条件，裁定驳回执行申请。申请执行人对驳回执行申请裁定不服的，可以自裁定送达之日起10日内向上一级人民法院申请复议。人民法院作出裁定时，应当告知申请执行人申请复议的权利和期限。

（二）执行通知

执行人员接到申请执行书或者移交执行书后，应当向被执行人发出执行通知，并可以立即采取强制执行措施。执行通知应当在10日内发出。执行通知中除应责令被执行人履行法律文书确定的义务外，还应通知其承担《民事诉讼法》第264条规定的迟延履行利息或者迟延履行金，并应当载明有关纳入失信被执行人名单的风险提示内容，以及其他逾期不履行义务的法律后果。

（三）财产调查

执行过程中，申请执行人应当提供被执行人的财产线索；被执行人应当如实报告财产；人民法院应当通过网络执行查控系统进行调查，根据案件需要应当通过其他方式进行调查的，同时采取其他调查方式。

（四）财产报告程序的启动

人民法院依申请执行人的申请或依职权责令被执行人报告财产情况的，应当向其发出报告财产令。金钱债权执行中，报告财产令应当与执行通知同时发出。

人民法院根据案件需要再次责令被执行人报告财产情况的，应当重新向其发出报告财产令。

（五）审计调查

作为被执行人的法人或其他组织不履行生效法律文书确定的义务，申请执行人认为其有拒绝报告、虚假报告财产情况，隐匿、转移财产等逃避债务情形或者其股东、出资人有出资不实、抽逃出资等情形的，可以书面申请人民法院委托审计机构对该被执行人进行审计。人民法院应当自收到书面申请之日起10日内决定是否准许。

（六）发布悬赏公告

被执行人不履行生效法律文书确定的义务，申请执行人可以向人民法院书面申请发布悬赏公告查找可供执行的财产。

人民法院决定悬赏查找财产的，应当制作悬赏公告。悬赏公告应当载明悬赏金的数额或计算方法、领取条件等内容。悬赏公告应当在全国法院执行悬赏公告平台、法院微博或微信等媒体平台发布，也可以在执行法院公告栏或被执行人住所地、经常居住地等处张贴。申请执行人申请在其他媒体平台发布，并自愿承担发布费用的，人民法院应当准许。

八、执行措施

1. 被执行人未按执行通知履行法律文书确定的义务，人民法院有权向有关单位查询被执行人的存款、债券、股票、基金份额等财产情况。人民法院有权根据不同情形扣押、冻结、划拨、变价被执行人的财产。人民法院查询、扣押、冻结、划拨、变价的财产不得超出被执行人应当履行义务的范围。

人民法院决定扣押、冻结、划拨、变价财产，应当作出裁定，并发出协助执行通知书，有关单位必须办理。

2. 被执行人未按执行通知履行法律文书确定的义务，人民法院有权扣留、提取被执行人应当履行义务部分的收入。但应当保留被执行人及其所扶养家属的生活必需费用。

人民法院扣留、提取收入时，应当作出裁定，并发出协助执行通知书，被执行人所在单位、银行、信用合作社和其他有储蓄业务的单位必须办理。

3. 被执行人未按执行通知履行法律文书确定的义务，人民法院有权查封、扣押、冻结、拍卖、变卖被执行人应当履行义务部分的财产。但应当保留被执行人及其所扶养家属的生活必需品。

4. 被执行人不履行法律文书确定的义务，并隐匿财产的，人民法院有

权发出搜查令，由院长签发搜查令，对被执行人及其住所或者财产隐匿地进行搜查。

5. 法律文书指定交付的财物或者票证，由执行员传唤双方当事人当面交付，或者由执行员转交，并由被交付人签收。有关单位持有该项财物或者票证的，应当根据人民法院的协助执行通知书转交，并由被交付人签收。有关公民持有该项财物或者票证的，人民法院通知其交出。拒不交出的，强制执行。

6. 强制迁出房屋或者强制退出土地，由院长签发公告，责令被执行人在指定期间履行。被执行人逾期不履行的，由执行员强制执行。强制迁出房屋被搬出的财物，由人民法院派人运至指定处所，交给被执行人。被执行人是公民的，也可以交给他的成年家属。因拒绝接收而造成的损失，由被执行人承担。

7. 在执行中，需要办理有关财产权证照转移手续的，人民法院可以向有关单位发出协助执行通知书，有关单位必须办理。

8. 对判决、裁定和其他法律文书指定的行为，被执行人未按执行通知履行的，人民法院可以强制执行或者委托有关单位或者其他人完成，费用由被执行人承担。

9. 被执行人未按判决、裁定和其他法律文书指定的期间履行给付金钱义务的，应当加倍支付迟延履行期间的债务利息。被执行人未按判决、裁定和其他法律文书指定的期间履行其他义务的，应当支付迟延履行金。

10. 人民法院采取《民事诉讼法》第253条、254条、第255条规定的执行措施后，被执行人仍不能偿还债务的，应当继续履行义务。债权人发现被执行人有其他财产的，可以随时请求人民法院执行。

11. 被执行人不履行法律文书确定的义务的，人民法院可以对其采取或者通知有关单位协助采取限制出境，在征信系统记录、通过媒体公布不履行义务信息以及法律规定的其他措施。

九、执行中止、执行终结、执行结案

（一）执行中止

有下列情形之一的，人民法院应当裁定中止执行：

1. 申请人表示可以延期执行的；
2. 案外人对执行标的提出确有理由的异议的；
3. 作为一方当事人的公民死亡，需要等待继承人继承权利或者承担义务的；

4. 作为一方当事人的法人或者其他组织终止，尚未确定权利义务承受人的；

5. 人民法院认为应当中止执行的其他情形。

中止的情形消失后，恢复执行。

（二）执行终结

有下列情形之一的，人民法院裁定终结执行：

1. 申请人撤销申请的；

2. 据以执行的法律文书被撤销的；

3. 作为被执行人的公民死亡，无遗产可供执行，又无义务承担人的；

4. 追索赡养费、扶养费、抚养费案件的权利人死亡的；

5. 作为被执行人的公民因生活困难无力偿还借款，无收入来源，又丧失劳动能力的；

6. 人民法院认为应当终结执行的其他情形。

中止和终结执行的裁定，送达当事人后立即生效。

（三）执行结案

人民法院执行发生法律效力的法律文书，一般应当在立案之日起 6 个月内执行结案，但中止执行的期间应当扣除。确有特殊情况需要延长的，由本院院长批准。民事执行结案的方式包括：①生效法律文书确定的内容全部执行完毕；②裁定终结执行；③裁定不予执行；④当事人之间达成执行和解协议并已履行完毕。

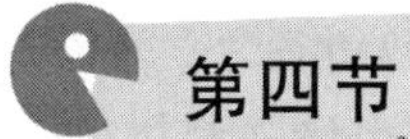

第四节 行政诉讼执行与非诉行政执行制度

一、行政诉讼执行制度

（一）行政诉讼执行的概念

行政诉讼执行是行政案件当事人逾期拒不履行人民法院生效的行政法律文书，人民法院和有关行政机关采取强制措施促使当事人履行义务，从而使生效行政法律文书的内容得以实现的活动。

行政诉讼执行具有以下特征：

1. 行政诉讼执行机关是人民法院或行政机关。对于人民法院已经生效

的行政法律文书，原则上应由人民法院执行，也可以由行政机关执行，但是该行政机关必须具有法律规定的行政强制执行权。

2. 行政诉讼执行根据是已生效的行政法律文书。生效的行政法律文书，具体包括行政判决书、行政裁定书、行政赔偿判决书和行政调解书。

3. 行政诉讼执行目的是实现人民法院已生效的行政法律文书所确定的义务。

《行政诉讼法》第 101 条规定：人民法院审理行政案件，关于期间、送达、财产保全、开庭审理、调解、中止诉讼、终结诉讼、简易程序、执行等，以及人民检察院对行政案件受理、审理、裁判、执行的监督，本法没有规定的，适用《民事诉讼法》的相关规定。

（二）行政诉讼执行的执行机关

在我国，行政诉讼的执行机关是人民法院和有强制执行权的行政机关。

1. 人民法院作为执行机关。在人民法院作为执行机关时，一般由第一审人民法院负责执行。根据《最高人民法院关于适用〈中华人民共和国行政诉讼法〉的解释》第 154 条的规定："发生法律效力的行政判决书、行政裁定书、行政赔偿判决书和行政调解书，由第一审人民法院执行。第一审人民法院认为情况特殊，需要由第二审人民法院执行的，可以报请第二审人民法院执行；第二审人民法院可以决定由其执行，也可以决定由第一审人民法院执行。"

2. 有强制执行权的行政机关作为执行机关。对于公民、法人或者其他组织拒不履行人民法院的生效行政法律文书，根据《行政诉讼法》第 95 条的规定，行政机关或者第三人除可以向第一审人民法院申请强制执行之外，也可以由具有强制执行权的行政机关依法强制执行。

（三）行政诉讼执行的执行根据

行政诉讼执行根据，是人民法院的行政法律文书，它是执行工作的前提和基础。行政诉讼执行的根据包括行政判决书、行政裁定书、行政赔偿判决书和行政调解书。上述法律文书必须同时具备三个条件，才能作为执行根据：一是据以执行的法律文书必须已经发生法律效力；二是该法律文书必须具有可供执行的内容，通常包括物的给付、特定行为的执行和对人身的强制行为等；三是法律文书中可执行事项具体明确。

(四) 行政诉讼执行的启动

行政诉讼执行的启动，一般是在负有义务的一方当事人拒不履行义务的情形下，由对方当事人向人民法院申请执行，从而启动执行程序。具体而言，一是对发生法律效力的行政判决书、行政裁定书、行政赔偿判决书和行政调解书，负有义务的一方当事人拒绝履行的，对方当事人可以依法申请人民法院强制执行；二是人民法院判决行政机关履行行政赔偿、行政补偿或者其他行政给付义务，行政机关拒不履行的，对方当事人可以依法向法院申请强制执行。

(五) 行政诉讼执行的执行措施

行政诉讼执行措施，是指执行机关运用国家强制力，强制被执行人完成所承担的义务的法律手段和方法。执行措施直接涉及对被执行人人身、财产的限制和处分，关系到被执行人的切身利益，影响很大，因此采取执行措施必须按照法律的明确规定进行。行政案件中的执行措施，因执行对象的不同而有所不同。

1. 对行政机关的执行措施。

(1) 对应当归还的罚款或者应当给付的款额，通知银行从该行政机关的账户内划拨；

(2) 在规定期限内不履行的，从期满之日起，对该行政机关负责人按日处50元至100元的罚款；

(3) 将行政机关拒绝履行的情况予以公告；

(4) 向监察机关或者该行政机关的上一级行政机关提出司法建议。接受司法建议的机关，根据有关规定进行处理，并将处理情况告知人民法院；

(5) 拒不履行判决、裁定、调解书，社会影响恶劣的，可以对该行政机关直接负责的主管人员和其他直接责任人员予以拘留；情节严重，构成犯罪的，依法追究刑事责任。

2. 对公民、法人或者其他组织的执行措施。《行政诉讼法》并未对公民、法人或者其他组织的执行措施作出具体规定，人民法院可以参照《民事诉讼法》的有关规定。在行政机关作为执行机关时，行政机关必须严格按照《行政强制法》等法律规定的执行措施执行。

二、非诉行政执行制度

(一) 非诉行政执行的概念

非诉行政执行，是指行政相对人在法定期限内不申请行政复议或者提起行政诉讼，又不履行行政决定，行政机关向人民法院申请强制执行，由人民法院采取强制执行措施，使该行政决定得以实现的活动。

非诉行政执行具有以下特征：

1. 非诉行政执行的机关是人民法院。

2. 非诉行政执行的根据是行政机关作出的行政决定。

3. 非诉行政执行的申请人是行政机关，被执行人是行政相对人。若执行根据是行政机关作出的行政裁决的，申请人也可以是该生效行政裁决确定的权利人或者其继承人、权利承受人。

4. 非诉行政执行的目的是保障行政机关作出的行政决定内容得以实现。

（二）非诉行政执行的程序

1. 申请。

（1）申请执行的条件。行政机关向人民法院申请强制执行必须同时符合以下条件：①当事人在法定期限内不履行行政决定。②已经过争议期限。行政机关自行强制执行无须经过争议期限，只要当事人逾期不履行行政决定即可强制执行。申请人民法院强制执行，要求当事人在法定期限内不申请行政复议或者提起行政诉讼；否则在复议、诉讼期间，行政机关是不能向人民法院申请强制执行的。③符合法定申请期限。行政机关须在当事人申请行政复议或者提起行政诉讼的法定期限届满之日起3个月内，依法向人民法院提出强制执行的申请。另外，享有权利的公民、法人或者其他组织申请人民法院强制执行生效行政裁决的，申请期限为6个月。④申请执行前已催告。行政机关申请人民法院强制执行前，应当催告当事人履行义务。催告书送达10日后当事人仍未履行义务的，行政机关可以向人民法院申请强制执行。⑤须向有管辖权的人民法院申请。催告书送达10日后当事人仍未履行义务的，行政机关可以向所在地有管辖权的人民法院申请强制执行；执行对象是不动产的，向不动产所在地有管辖权的人民法院申请强制执行。

（2）申请执行的材料。行政机关向人民法院申请强制执行，应当提供下列材料：①强制执行申请书；②行政决定书及作出决定的事实、理由和依据；③当事人的意见及行政机关催告情况；④申请强制执行标的情况；⑤法律、行政法规规定的其他材料。强制执行申请书应当由行政机关负责人签名，加盖行政机关的印章，并注明日期。

2. 受理时限及救济程序。人民法院接到行政机关强制执行的申请，应当在5日内受理。行政机关对人民法院不予受理的裁定有异议的，可以在15日内向上一级人民法院申请复议，上一级人民法院应当自收到复议申请之日起15日内作出是否受理的裁定。

3. 审查形式及处理时限。

（1）书面审查。人民法院对行政机关强制执行的申请进行书面审查，对依法提供了相关申请材料，且行政决定具备法定执行效力的，除法定情形外，人民法院应当自受理之日起7日内作出执行裁定。

（2）实质审查。人民法院发现有明显违法情形的，在作出裁定前可以听取被执行人和行政机关的意见，应当自受理之日起30日内作出是否执行的裁定。

（3）紧急情况。因情况紧急，为保障公共安全，行政机关可以申请人民法院立即执行。经人民法院院长批准，人民法院应当自作出执行裁定之日起5日内执行。

4. 不予执行的情形及救济程序。人民法院发现有下列情形之一的，应裁定不予执行：①明显缺乏事实根据的；②明显缺乏法律、法规依据的；③其他明显违法并损害被执行人合法权益的。人民法院裁定不予执行的，应当说明理由，并在5日内将不予执行的裁定送达行政机关。

行政机关对人民法院不予执行的裁定有异议的，可以自收到裁定之日起15日内向上一级人民法院申请复议，上一级人民法院应当自收到复议申请之日起30日内作出是否执行的裁定。

5. 执行费用。

（1）执行费用的承担。行政机关申请人民法院强制执行，不缴纳申请费，强制执行的费用由被执行人承担。

（2）执行费用的特殊收取方式。人民法院以划拨、拍卖方式强制执行的，可以在划拨、拍卖后将强制执行的费用扣除；依法拍卖财物，由人民法院委托拍卖机构依照《拍卖法》的规定办理。划拨的存款、汇款以及拍卖和依法处理所得的款项应当上缴国库或者划入财政专户，不得以任何形式截留、私分或者变相私分。

思考题

1. 什么是执行？如何理解执行制度的本质？
2. 执行制度的原则有哪些？

3. 如何理解刑罚执行？
4. 什么是民事执行？民事执行制度的基本内容有哪些？
5. 民事执行措施有哪些？
6. 行政诉讼执行的条件是什么？
7. 如何理解仲裁裁决的执行制度？

拓展阅读

下　篇　中国司法相关制度

第五章　中国律师制度

学习目的和要求

全面掌握我国律师制度的基本情况，掌握律师制度的概念、特点及历史沿革、律师执业条件、律师的权利和义务以及律师执业的法律责任；熟悉了解我国律师执业机构及管理体制，重点掌握律师业务工作的实践技能和发展规律，充分认识和思考我国律师制度的未来发展方向。

第一节　中国律师制度概述

党的二十大作出了以中国式现代化全面推进中华民族伟大复兴的决策部署，明确提出坚持走社会主义法治道路，建设中国特色社会主义法治体系、建设社会主义法治国家。律师制度是中国特色社会主义司法制度的重要组成部分，是国家法治文明进步的重要标志。律师的价值不仅在于用专业的法律知识为社会提供优质高效的法律服务，更在于为党和国家的法治建设提供强有力的力量支撑，作出应有的社会奉献。党的十八大以来，以习近平同志为核心的党中央高度重视律师工作，习近平总书记多次对律师工作作出重要指示，提出律师队伍是依法治国的一支重要力量，要大力加强律师队伍思想政治建设，把拥护中国共产党领导、拥护社会主义法治作为律师从业的基本要求。[1]这为新时代律师工作高质量发展提供了根本遵

〔1〕 习近平：《加快建设社会主义法治国家》，载《求是》2015年第1期。

循，指明了前进方向。

推进中国式法治现代化，关键在人，首要的是推进队伍能力的现代化。在新时代的要求下，党和政府更加强调人才强法，加强法治队伍建设和法治人才培养，提高法治工作队伍的思想政治素质、业务工作能力、职业道德水准，着力建设一支忠于党、忠于国家、忠于人民、忠于法律的社会主义法治工作队伍，为加快建设社会主义法治国家提供有力的组织和人才保障。律师队伍是推进全面依法治国、推进中国式现代化建设的重要力量，新的历史征程、新的目标任务，为律师事业改革发展提供了难得的历史机遇，为律师队伍建功立业提供了更加广阔的舞台。一方面，进一步研究落实保障律师执业权利、规范律师执业行为、加强律师队伍建设、深化律师制度改革的政策措施，才能切实发挥好律师队伍在全面依法治国中的重要作用。另一方面，打造一支政治坚定、精通法律、维护正义、恪守诚信、专业过硬、能力优秀的高素质现代化律师队伍是行业发展的内在要求，也是服务中国式法治现代化的现实需要。

一、律师的概念和特征

"律师"通常被人们打上"通晓法律""能言善辩"的标签。从字面上看，"律"指代法律法规，"师"是指专业人员，即具有专业技能和知识的人，而"律师"就是指具有法律专业技能或法律专门知识的专业人员。在我国古代，"律师"一词专用于佛家用语，指的是佛教中专门持诵、解说律典的人，与经师、论师、禅师等相对。现代意义上的律师一词则译自英文"lawyer""attorney"，《布莱克法律词典》中对"lawyer"的解释为"从事法律工作的执业人"。美国《国际大百科全书》中对"律师"一词的解释是："律师或称法律辩护人，是受过法律专业训练的人，他在法律上有权为当事人于法院内外提出意见或代表当事人的利益行事。"根据《中国大百科全书（第三版）》中对"律师"的释义可知，律师是接受机关、企业、团体或个人的委托，或者受法律援助机构指派，以法律顾问、代理人、辩护人名义为当事人处理法律事务或进行诉讼的法律专业人员。

在我国法律规范中，1980 年公布的《律师暂行条例》没有明确规定律师的定义；直至 1996 年公布的《律师法》才对律师的定义予以明确，其中第 2 条规定，"本法所称的律师，是指依法取得律师执业证书，为社会提供法律服务的执业人员。"2001 年修正的《律师法》沿用了上述规定。2007 年修订的《律师法》将律师的定义修改为"依法取得律师执业证书，接受委托或者指定，为当事人提供法律服务的执业人员"。此后，2012 年、

2017 年修正的《律师法》一直沿用 2007 年修订的《律师法》中关于律师概念的规定。

根据上述定义，可以总结出我国律师具有以下几个显著特征：

1. 自主性和服务性。律师作为专门的法律执业主体，并不属于任何意义上的国家公职人员，其职业性质主要是运用所掌握的法律专业知识为社会公众（包括个人和组织）提供法律咨询、代理、刑事辩护等法律服务，并不具有任何国家事务和社会事务管理职能。律师通过法律服务劳动与社会成员进行交换，其提供的法律服务一般情况下都是有偿的，而不是无偿的（法律援助除外），这与国家公职人员行使管理职能的无偿性具有原则区别。1980 年颁布的《律师暂行条例》中规定“律师是国家的法律工作者”，赋予了律师以国家工作人员身份，这不符合律师身份的本质特征。故而，《律师法》对此作出修改，使律师的法定概念具有科学性。此外，与国家公职人员直接行使法定职权不同，律师从事相关法律服务工作来源于当事人委托或者法律援助机构指定。相应的，若当事人取消委托或者终止法律援助，律师就丧失了提供法律服务的基础而应退出相关法律活动。因此，律师行业不具有任何国家机关的性质，而是具有显著独立自主性的，以法律事务为主要内容的社会服务业。

2. 专业性和法定性。律师是依法取得律师执业证书的法律专业人员。律师是运用其法律专业知识，结合其他知识和技能，为满足委托人的法律需要而为其提供专业服务。在法治社会，具有法律知识的人不一定是律师，能够为社会提供法律服务的人员也不一定是律师，只有依法取得律师执业证书的执业人员才能被称为律师。在任何一个国家，取得律师职务都必须具备一定的条件，经过法定程序考核合格才有授予律师资格的可能。在我国，根据《律师法》第 5 条第 1 款之规定，申请律师执业，应当具备下列条件：①拥护中华人民共和国宪法；②通过国家统一法律职业资格考试取得法律职业资格；③在律师事务所实习满一年；④品行良好。取得法律职业资格并不等于担任律师职务，取得法律职业资格的人员必须按规定领取律师执业证书，才能以律师名义执业；未领取律师执业证书的，不得以律师名义从事业务活动。

3. 公正性。根据《律师法》第 2 条第 2 款之规定，“律师应当维护当事人合法权益，维护法律正确实施，维护社会公平和正义。”维护当事人合法权益是律师作为法律服务执业人员的基本业务职责，律师受当事人的委托，运用自己的法律知识和专业技能为其提供法律服务，其服务内容应当符合法律规定，人们自然而然地认为律师的意见是公正的。维护法律正确实施是律师作为法律职业人员的法治责任，律师执业过程中，不得曲解法律、践踏法律、破坏法律的正确实施，进而实现法律的核心价值即社会公平和正义。

二、中国律师制度的概念和特征

律师制度作为我国民主制度和法律制度的重要组成部分，对于维护法律正确实施、实现权利救济和社会公平正义、促进法治文化建设等具有重要意义。律师制度，是指国家法律规定的关于律师职业性质、地位与作用、从业资格、执业组织形式、业务范围、权利与义务、执业保障、组织和活动原则等一系列法律规范的总称。作为国家法律制度的律师制度，与其他法律制度相比较，具有以下基本特征：

1. 律师制度以国家法律的确认为存在的前提。一个特定社会是否需要和允许律师存在，是否允许律师提供法律服务，以及律师如何提供法律服务，直接关系统治阶级的利益和统治秩序的稳定，律师的产生及活动原则必须由国家法律加以规定和确认。没有相应的律师法律，律师提供的法律服务就没有合法的地位，律师制度就不可能产生并完善。

2. 律师制度是社会经济高度发展的产物。作为一项法律制度，律师制度并不是与国家和法律同时产生的，而是在国家和法律出现之后才逐渐形成和发展的。律师制度的产生需要具备一定的经济条件，作为国家上层建筑的重要组成部分，现代发达的律师制度离不开繁荣的市场经济作为经济基础。为了解决社会经济发展带来的经济贸易摩擦频繁、财产关系复杂、社会矛盾激化等突出问题，需要通晓法律的人为社会提供专业的法律服务，由此产生了律师制度。

3. 律师制度以维护当事人合法权益为根本活动宗旨。律师制度中所规定的律师资格的取得、执业条件的限制等，有利于选择熟知法律内容、精通法律业务的人进入律师行业，保证从业人员的职业素质，提高律师的服务质量，最终使当事人的合法权益得以保障。当然，对于当事人的不正当要求和非法利益，法律不予保护，律师也没有义务去维护。

三、中国律师制度的发展沿革

（一）我国古代代理诉讼现象

早在西周时期，我国便出现了一些类似现代代理和辩护的现象，但承担这一活动的主体则是被称为讼师的法律职业群体，由于缺乏律师制度产生的基础，始终没有形成现代意义上的律师及律师制度。据《周礼·秋官·小司寇》记载："凡命夫命妇，不躬坐狱讼。"《周礼疏》对此解释说："古者取囚要辞，皆对坐。治狱之吏皆有威严，恐狱吏亵，故不使命夫命妇亲坐。若取辞之时，不得不坐，当使其属子或子弟代坐也。"大意是，为了使奴隶主不致在狱吏面前受辱，大夫以上的贵族涉及诉讼，必要时可以派下属或子弟代替应诉。也就是说，当时已经出现了诉讼代理活动，但代理诉讼之人并非专业从事此一行业的从业者。历史上有文字记载的第一个专业从事诉讼代理的人便是春秋时期郑国的邓析。据史料记载，邓析主张颁布成文法，提出"事断于法"的主张，他曾编纂了一部成文法，刻在竹简上，故后世称之为"竹刑"。《吕氏春秋·离谓》中记载，邓析"与民之有狱者约，大狱一衣，小狱襦袴。民之献衣襦袴而学讼者，不可胜数"。这反映出邓析的活动颇有古代律师的味道。为了防止讼师挑词架讼，封建统治者对讼师的活动作了严格的限制，《唐律疏议》和《明律》等封建法律中均有对讼师的活动加以限制的规定。清代的《福惠全书·刑名立状式》中记载"凡原告状准发房，被告必由房抄状……被告抄状入手，乃请刀笔讼师，又照原词，多方破调，聘应敌之虚情，压先攻之劲势。"其大意是允许被告人聘请讼师根据起诉书副本写出答辩状。但讼师的作用仅限于咨询代书活动，不能代为出庭辩护或代理，因此还不是现代意义上的律师制度。

（二）我国近代律师制度的产生与存续

我国近代意义上的律师制度是清末沈家本领导变法改制时开始从西方国家引入的。1906 年由沈家本、伍廷芳等拟定的《大清刑事民事诉讼法》中，"律师"一节对于取得律师资格的条件、律师注册登记的程序、律师的权利义务、职责以及外国律师在通商口岸办案的获准程序等作了明确的规定。1911 年修订法律馆重新编成《刑事诉讼律草案》和《民事诉讼律草案》，再次对律师制度作出规定。尽管上述法案最后未能颁布实施，但律师制度的思想逐渐开始在中国传播。

1912 年，北洋政府先后制定了《律师暂行章程》《律师登录暂行章程》《律师惩戒暂行规则》等。这些法律是我国最早颁布施行的律师法规，其中《律师暂行章程》标志着中国律师制度的开始。这一时期律师队伍有了较大发展，全国律师 2000 多人，施洋、沈钧儒等就是当时著名的大律师。1927 年 7 月，南京国民政府制定了《律师章程》，用以替代北洋政府的《律师暂行章程》。该章程把律师分为"大律师"（出庭律师）和"小律师"（撰状律师）。1928 年，经各地律师公会发起，"中华民国律师协会”经司法行政部核准成立。1935 年南京国民政府还拟订了《律师法(草案)》，并于1941 年 1 月公布实施。之后，相继颁布了《律师法实施细则》《律师登录规则》《律师惩戒规则》《外国人在中国充任律师办法》《律师检核办法》等。总而言之，这一时期律师业有所发展，律师法规较以前更为完备，律师人数也有所增加，律师制度逐步走上规范化轨道。

（三）新中国律师制度的建立和发展

新中国的律师制度是在继承和发展革命根据地时期的辩护制度和代理制度的基础上，逐步建立和发展起来的。在中华人民共和国成立后，废除了国民党的《六法全书》，取消了国民党的律师制度，并着手建立人民律师制度。1950 年 7 月，中央人民政府政务院在公布的《人民法庭组织通则》中规定“应保障被告有辩护及请人辩护的权利”。1953 年，上海市人民法院设立“公设辩护人室”，帮助刑事被告人辩护。1954 年《宪法》第 76 条规定，被告人有权获得辩护。同年通过的《人民法院组织法》第 7 条第 2 款规定：“被告人除自己行使辩护权外，可以委托律师为他辩护，可以由人民团体介绍的或者经人民法院许可的公民为他辩护，可以由被告人的近亲属、监护人为他辩护。人民法院认为必要的时候，也可以指定辩护人为他辩护。”1954 年—1957 年，19 个省、自治区、直辖市先后成立了律师协会和筹备机构，法律顾问处发展到 800 多个，专职律师发展到 2500 多人，兼职律师发展到 300 多人。自 1957 年反右斗争开始，刚刚诞生的新中国律师制度遭到了严重破坏，律师制度被视为资产阶级的司法制度予以废止，到 1979 年为止，新中国的历史上出现了长达 20 多年的律师制度空白时期。

1976 年后，特别是党的十一届三中全会以来，随着社会主义民主与法制建设的不断增强，我国律师制度也得到了恢复和重建。1978 年《宪法》重新确立了刑事辩护制度，1979 年《刑事诉讼法》对辩护予以专章规定，重新建立了律师制度。1980 年《律师暂行条例》对我国律师的性质、职责、权利、任务、资格条件及工作机构等都作了明确的规定。1986 年 7 月，在北京召开的全国律师代表大会决定成立中华全国律师协会，并通过了协会章程。该协会于 1987 年 1 月加入亚太地区律师协会，同年 5 月加入国际律师协会。1992 年党的十四大提出建立社会主义市场经济体制的目标后，为了适应市场经济的要求，国家进一步加快了律师制度改革和发展的步伐。1996 年《律师法》的颁布，是我国律师制度发展史上的里程碑，标志着我国律师制度的初步健全和完善，这对于保障律师依法执业，规范律师行为，维护当事人的合法权益和法律的正确实施，发挥律师在社会主义政治、经济、法治建设中的积极作用具有重要意义。后为适应社会的发展，《律师法》先后经历了2001年、2007年、2012年、2017年四次修改，这都意味着我国律师制度的不断发展和完善。

从此以后，我国律师业获得了迅速的发展。根据司法部官网发布的统计分析报告，截止到2022年底，全国律师执业人数已经达到65.16万多人，其中专职律师达到50.47万多人，占77.46%，兼职律师1.43万多人，占2.19%，公职律师9.59万多人，占14.73%，公司律师2.99万多人，占4.6%，军队律师1500多人，占0.23%。律师人数超过1万人的省（区、市）有23个，其中超过3万人的省（市）有8个（分别是广东、北京、江苏、上海、山东、浙江、四川、河南）。全国共有律师事务所3.86万多家。其中，合伙所2.82万多家，占73.16%，国资所604家，占1.56%，个人所9777家，占25.28%。全国律师办理各类法律事务1274.4万多件。其中，办理诉讼案件824.4万多件，办理非诉讼法律事务141.6万多件，为87.6万多家党政机关、人民团体和企事业单位等担任法律顾问。[1]律师在社会主义民主与法制建设、市场经济建设和社会生活的各个领域发挥的作用越来越大。随着全面依法治国战略的推进和市场经济的发展，律师制度也越来越完善。

第二节 律师执业许可与类型

律师执业即律师经过委托或指派向当事人提供法律服务的活动。律师执业质量的高低不仅关系当事人所能享受到的法律服务质量的高低，更重要的是还关涉到一个国家法治建设程度的高低以及社会公众对法律的信任度。国家为保障律师在执业过程中提供高质量的服务，应当为律师执业设定一定的准入门槛，以保证适格的、有足够能力的人员进入律师行业。

一、律师执业许可

各个国家都对律师执业设定了一定的许可制度，比如，在法国，成为

〔1〕 参见《2022年度律师、基层法律服务工作统计分析》，载中华人民共和国司法部官网：https://www.moj.gov.cn/pub/sfbgw/fzgz/fzgzggflfwx/fzgzlsgz/202306/t20230614_480743.html，最后访问时间：2023年7月22日。

律师就必须先完成四年制硕士学业，然后通过大学附属的司法研习院之入学考试，再入读律师学校，经过18个月训练后，通过毕业考试，并在上诉法院宣誓且向当地律师公会登记后，方可执业。在德国，必须是硕士毕业，并通过第一阶段考试，再进行2年期实习，并通过第二阶段考试（由所在州主办），方能在所在州的律师公会登记执业。在美国，不仅要通过本州律师执业资格考试，还要通过一个全国性的职业责任联考（MPRE）才能取得执业资格。

（一）申请律师执业条件

我国法律对律师执业也有一定要求，根据《律师法》第5条之规定，申请律师执业，应当具备以下四项条件：

1. 拥护中华人民共和国宪法。宪法作为我国的根本大法，是治国安邦的总章程，具有最高的法律效力，也是全国人民的根本活动准则。对一个希望成为我国律师的人而言，是否拥护宪法无疑具有决定性意义，只有拥护宪法并把宪法作为最高的行为准则，才能确保律师执业的正确方向。此外，港、澳、台同胞也可以参加国家统一法律职业资格考试，同样，他们若准备在内地申请律师执业，也必须拥护中华人民共和国宪法。

2. 通过国家统一法律职业资格考试取得法律职业资格。国家统一法律职业资格考试制度是我国法治建设和司法改革中的一项重大成果，是法官、检察官和律师等法律从业人员的准入制度。该制度的目标是通过科学、合理、公平、公正的考试方式和方法，检验应试人员是否具备从事法律职业所应有的法律知识和能力。国家统一法律职业资格考试实行全国统一组织、统一命题、统一标准、统一录取的考试方式，通常分两次组织进行，一次为客观题考试，顺利通过后方可参加后续主观题考试。

3. 在律师事务所实习满一年。律师工作不仅要对简单的法律熟练地叙述和记忆，更要具备复杂的法律知识运用和逻辑分析能力。在律师事务所进行一定时间的实习和培训，有利于实习人员全面运用和系统掌握法律专业知识，进一步加深对法律法规的认识和理解。在实习过程中，律师事务所要进一步健全管理制度，履行管理职责，制定实习指导计划，组织实习人员参加事务所内部政治、业务学习，案件分析讨论会及社会实践、法律援助等活动，教育和引导实习人员正确处理好竞争与协作、效率与公平、经济效益与社会效益的关系。实习期满后，由律师协会对其在实习期间的表现进行考核并出具申请人实习考核合格的材料。

4. 品行良好。良好的品行是申请律师执业的重要条件之一，建立严格的品行审查准入门槛，可以有效保证律师队伍的整体素质，从源头上确保我国律师行业应有的道德品行水准，真正承担起维护当事人合法权益、维护法律正确实施、维护社会公平正义的职责使命。

值得注意的是，实行国家统一法律职业资格考试前取得的国家统一司法考试合格证书、律师资格凭证，与国家统一法律职业资格证书具有同等效力。

（二）申请律师执业程序

根据2016年司法部《律师执业管理办法》及现行《律师法》的规定，律师执业许可证的申请与颁发应当遵守以下程序：

1. 申请。我国《律师法》第6条规定，申请律师执业，应当向设区的市级或者直辖市的区人民政府司法行政部门提出申请，并提交下列材料：①国家统一法律职业资格证书；②律师协会出具的申请人实习考核合格的材料；③申请人的身份证明；④律师事务所出具的同意接收申请人的证明。申请兼职律师执业的，还应当提交所在单位同意申请人兼职从事律师职业的证明。申请人取得法律职业资格证书后，必须首先在律师事务所连续实习1年。实习期满，由律师协会对其在实习期间的思想道德、业务能力和工作态度等进行考核并出具申请人实习考核合格的材料，然后才能向设区的市级或者直辖市的区（县）司法行政机关提出申请。

2. 受理。根据《律师执业管理办法》第13条的规定，设区的市级或者直辖市的区（县）司法行政机关对申请人提出的律师执业申请，应当根据下列情况分别作出处理：①申请材料齐全、符合法定形式的，应当受理。②申请材料不齐全或者不符合法定形式的，应当当场或者自收到申请材料之日起5日内一次告知申请人需要补正的全部内容。申请人按要求补正的，予以受理；逾期不告知的，自收到申请材料之日起即为受理。③申请事项明显不符合法定条件或者申请人拒绝补正、无法补正有关材料的，不予受理，并向申请人书面说明理由。

3. 审查。《律师执业管理办法》第14条规定，受理申请的司法行政机关应当自决定受理之日起20日内完成对申请材料的审查。在审查过程中，可以征求申请执业地的县级司法行政机关的意见；对于需要调查核实有关情况的，可以要求申请人提供有关的证明材料，也可以委托县级司法行政机关进行核实。经审查，应当对申请人是否符合法定条件、提交的材料是否真实齐全出具审查意见，并将审查意见和全部申请材料报送省、自治区、直辖市司法行政机关。

4. 审核决定。《律师法》第6条第3款规定，受理申请的部门应当自受理之日起20日内予以审查，并将审查意见和全部申请材料报送省、自治区、直辖市人民政府司法行政部门。省、自治区、直辖市人民政府司法行政部门应当自收到报送材料之日起10日内予以审核，作出是否准予执业的决定。准予执业的，向申请人颁发律师执业证书；不准予执业的，向申请人书面说明理由。

（三）不予颁发律师执业证书的情形

我国《律师法》第7条规定，申请人有下列情形之一的，不予颁发律师执业证书：①无民事行为能力或者限制民事行为能力的；②受过刑事处罚的，但过失犯罪的除外；③被开除公职或者被吊销律师、公证员执业证书的。

二、执业律师的类型

依据《律师法》和相关规范性文件的规定，执业律师也具有不同类型之分。按照工作性质划分，律师可分为专职律师与兼职律师；按照服务对象和工作身份划分，律师可分为社会律师、公职律师、公司律师和军队律师等。

（一）专职律师和兼职律师

1. 专职律师。专职律师是指取得法律职业资格并持有律师执业证书，在律师事务所专门从事律师职业的人员。专职律师是我国律师队伍的主体，他们在我国法律服务工作中承担着大部分职能。律师专职有利于集中精力，全力以赴开展法律服务，提高法律服务的质量。专职律师必须在律师事务所执业，执业范围包括民事诉讼、刑事诉讼、行政诉讼等诉讼业务，也包括法律咨询、法律顾问等非诉业务。专职律师是我国律师队伍的发展方向。

2. 兼职律师。兼职律师是指取得法律职业资格并持有律师执业证书，不脱离本职工作兼职从事律师执业的人员。兼职律师是对我国专职律师数量不足的一种补充。根据《律师执业管理办法》第7条之规定，申请兼职律师执业，应当在高等院校、科研机构中从事法学教育、研究工作，并符合本办法第6条规定条件的，经所在单位同意，依照相关程序，可以申请兼职律师执业。这是因为，在高等学校、科研机构中从事法学教育、研究工作的人员拥有较高的理论水平和专业素养，具有丰富的法律知识和较强的法律服务技能。兼职律师是在完成本职工作的基础上从事律师业务的，因此，不可避免地存在本职工作与律师工作之间的冲突。兼职律师应量力而行，正确处理两方面的关系，不断提高律师工作的质量。

（二）社会律师、公职律师、公司律师和军队律师

1. 社会律师。社会律师是指取得法律职业资格并持有律师执业证书，面向社会不特定的公民、法人或其他组织提供法律服务，开展律师业务的执业人员。社会律师是我国律师的主体，是我国律师队伍的主要组成部分。社会律师是面向社会不特定服务对象开展法律服务业务，任何公民、法人或其他组织在遇有法律问题或纠纷时都可以委托他们。此外，社会律师还可以接受法律援助机构的指派，为各类案件的当事人进行刑事辩护或开展诉讼代理活动。社会律师接受当事人的委托并开展法律服务活动时，其所在的律师事务所可以按照有关规定向委托的当事人收取一定费用；当他们接受法律援助机构的指派进行刑事辩护或诉讼代理活动时，则由指派的法律援助机构支付一定的成本补贴，而不得向受援助的当事人收取任何费用。总体来说，社会律师具有服务对象的不特定性、服务范围的广泛性和业务活动的有偿性等显著特征。

2. 公职律师。公职律师是指任职于党政机关或者人民团体，依法取得司法行政机关颁发的公职律师证书，在本单位从事法律事务工作的公职人员。根据《公职律师管理办法》第 13 条之规定，公职律师可以受所在单位委托或者指派从事下列法律事务：①为所在单位讨论决定重大事项提供法律意见；②参与法律法规规章草案、党内法规草案和规范性文件送审稿的起草、论证；③参与合作项目洽谈、对外招标、政府采购等事务，起草、修改、审核重要的法律文书或者合同、协议；④参与信访接待、矛盾调处、涉法涉诉案件化解、突发事件处置、政府信息公开、国家赔偿等工作；⑤参与行政处罚审核、行政裁决、行政复议、行政诉讼等工作；⑥落实“谁执法谁普法”的普法责任制，开展普法宣传教育；⑦办理民事案件的诉讼和调解、仲裁等法律事务；⑧所在单位委托或者指派的其他法律事务。《公职律师管理办法》第 14 条规定：“公职律师依法享有会见、阅卷、调查取证和发问、质证、辩论、辩护等权利，有权获得与履行职责相关的信息、文件、资料和其他必须的工作职权、条件。公职律师应当接受所在单位的管理、监督，根据委托或者指派办理法律事务，不得从事有偿法律服务，不得在律师事务所等法律服务机构兼职，不得以律师身份办理所在单位以外的诉讼或者非诉讼法律事务。”

3. 公司律师。公司律师是指与国有企业订立劳动合同，依法取得司法行政机关颁发的公司律师证书，在本企业从事法律事务工作的员工。按照有关规定，在国有企业担任法律顾问，并具有法律职业资格或者律师资格

的人员，经所在公司同意可以向司法行政部门申请颁发公司律师证书。经审查申请人具有法律职业资格或者律师资格的，司法行政部门应当向其颁发公司律师证书。《公司律师管理办法》第 13 条规定，公司律师可以受所在单位委托或者指派从事下列法律事务：①为企业改制重组、并购上市、产权转让、破产重整等重大经营决策提供法律意见；②参与企业章程、董事会运行规则等企业重要规章制度的制定、修改；③参与企业对外谈判、磋商，起草、审核企业对外签署的合同、协议、法律文书；④组织开展合规管理、风险管理、知识产权管理、法治宣传教育培训、法律咨询等工作；⑤办理各类诉讼和调解、仲裁等法律事务；⑥所在单位委托或者指派的其他法律事务。《公司律师管理办法》第 14 条规定："公司律师依法享有会见、阅卷、调查取证和发问、质证、辩论、辩护等权利，有权获得与履行职责相关的信息、文件、资料和其他必须的工作职权、条件。公司律师应当接受所在单位的管理、监督，根据委托或者指派办理法律事务，不得从事有偿法律服务，不得在律师事务所等法律服务机构兼职，不得以律师身份办理所在单位以外的诉讼或者非诉讼法律事务。"

4. 军队律师。军队律师是指取得法律职业资格并持有律师执业证书，为军队提供法律服务的现役军职人员。《律师法》第 57 条对军队律师作了专门规定，即"为军队提供法律服务的军队律师，其律师资格的取得和权利、义务及行为准则，适用本法规定。军队律师的具体管理办法，由国务院和中央军事委员会制定。"军队律师队伍是国家律师队伍的组成部分。军队律师在执行职务时，受国家法律保护，依法享有国家法律规定的权利和履行相应的义务。根据《律师法》《军队法律服务工作暂行规定》，结合部队的实际情况，军队律师的主要职责包括以下几个方面：①担任首长和机关的法律顾问，为领导决策提供法律服务；②接受军内单位和人员委托担任代理人、参加民事、经济、行政案件的诉讼、调解、仲裁等活动；③接受委托担任辩护人或代理人，依法参加刑事诉讼活动；④接受领导委派及军内单位和人员委托，办理非诉讼法律事务；⑤接受聘请担任军队企业、事业单位以及个人的常年法律顾问或者专项顾问；⑥为军内单位和人员提供法律帮助，解答法律咨询，代写法律文书；⑦接受军内单位或个人委托，代理、代办公证申请、工商登记、合同谈判、财产租赁、商标注册等事务；⑧通过开展法律服务活动，对部队进行经常性的法制教育。

简单而言，社会律师服务于整个社会的自然人、法人，公职律师服务于国家行政机构，公司律师服务于任职的公司，军队律师主要服务于部队。这四者除了服务机构不同，区别还在于职业定位、申请条件和管理机构等方面，当然，这四种律师类型在一定条件下可以相互转换。例如，担任公职律师满 3 年并且最后一次公职律师年度考核被评定为称职的人员，以及担任公司律师满 3 年并且最后一次公司律师年度考核被评定为称职的人员，脱离原单位后申请社会律师执业的，可以经律师协会考核合格后直接向设区的市级或者直辖市的区（县）司法行政机关申请颁发社会律师执业证书，其担任公职律师或公司律师的经历计入社会律师执业年限。

第三节 律师执业机构与管理体制

一、律师执业机构

（一）律师事务所的概念

《律师法》第 14 条规定："律师事务所是律师的执业机构……"这表明，律师事务所是组织律师从事执业活动，对律师行为进行规范管理的基础单位。司法行政机关对律师的行政管理和律师协会对律师的行业管理，是通过对律师事务所的管理来实现和落实的。由执业律师组成律师事务所，由律师事务所构成整个律师行业，这是任何国家的律师业在发展过程中均无法回避的两个基本环节。

我国最初产生的律师执业机构是 20 世纪 50 年代的法律顾问处。改革开放初期恢复律师制度时仍然沿用法律顾问处的名称。1980 年 8 月颁布的《律师暂行条例》第 13 条第 1 款规定，律师执行职务的工作机构是法律顾问处。但这一名称与国际上律师事务所的通称不一致，不利于律师开展对外活动和对外交往，也容易与社会上的其他法律服务机构相混淆，亦不能反映律师工作机构的特点。为了适应改革开放的需要，1983 年深圳等地律师工作机构开始更名为律师事务所。1984 年，全国司法行政工作会议确定将法律顾问处改称律师事务所。

（二）律师事务所的设立

1. 设立律师事务所的条件。在我国，律师事务所可以由律师合伙设立、律师个人设立或者由国家出资设立。其中，合伙律师事务所可以采用普通合伙或者特殊的普通合伙形式设立。无论设立何种形式的律师事务所，都应当具备一定的条件。根据《律师法》第 14 条之规定，设立律师

事务所应当具备下列条件：①有自己的名称、住所和章程；②有符合本法规定的律师；③设立人应当是具有一定的执业经历，且3年内未受过停止执业处罚的律师；④有符合国务院司法行政部门规定数额的资产。2018年修正的《律师事务所管理办法》对律师事务所设立的条件进一步作出细化规定，包括以下条件：①有自己的名称、住所和章程；②有符合《律师法》和本办法规定的律师；③设立人应当是具有一定的执业经历并能够专职执业的律师，且在申请设立前3年内未受过停止执业处罚；④有符合本办法规定数额的资产。在符合律师事务所设立的一般规定的前提下，针对不同性质的律师事务所的设立还规定了特殊的条件。

2. 设立律师事务所的程序。根据《律师法》第17条及《律师事务所管理办法》第19条之规定，申请设立律师事务所，应当向所在地设区的市级或者直辖市的区（县）司法行政机关提交下列材料：①设立申请书；②律师事务所的名称、章程；③设立人的名单、简历、身份证明、律师执业证书，律师事务所负责人人选；④住所证明；⑤资产证明。设立合伙律师事务所，还应当提交合伙协议。设立国家出资设立的律师事务所，应当提交所在地县级人民政府有关部门出具的核拨编制、提供经费保障的批件。申请设立许可时，申请人应当如实填报《律师事务所设立申请登记表》。

3. 设立律师事务所的决定。根据《律师法》第18条之规定，设立律师事务所，应当向设区的市级或者直辖市的区人民政府司法行政部门提出申请，受理申请的部门应当自受理之日起20日内予以审查，并将审查意见和全部申请材料报送省、自治区、直辖市人民政府司法行政部门。省、自治区、直辖市人民政府司法行政部门应当自收到报送材料之日起10日内予以审核，作出是否准予设立的决定。准予设立的，向申请人颁发律师事务所执业证书；不准予设立的，向申请人书面说明理由。

（三）律师事务所的变更和终止

根据《律师法》第21条和《律师事务所管理办法》第26条的规定，律师事务所变更名称、负责人、章程、合伙协议的，应当经所在地设区的市级或者直辖市的区（县）司法行政机关审查同意后报原审核部门批准。律师事务所变更住所、合伙人的，应当自变更之日起15日内经所在地设区的市级或者直辖市的区（县）司法行政机关报原审核部门备案。

根据《律师法》第22条的规定，律师事务所有下列情形之一的，应当终止：①不能保持法定设立条件，经限期整改仍不符合条件的；②律师事务所执业证书被依法吊销的；③自行决定解散的；④法律、行政法规规定应当终止的其他情形。律师事务所终止的，由颁发执业证书的部门注销该律师事务所的执业证书。此外，律师事务所在取得设立许可后，6 个月内未开业或者无正当理由停止业务活动满 1 年的，视为自行停办，应当终止。

二、律师管理体制

律师管理体制是指有关律师执业的许可、组织、指导、监督的机构设置、权限划分以及相应关系等诸多方面所确立的制度，是一个国家在宏观层面上对律师行业进行组织管理的制度框架。建立科学的律师管理体制是确保律师管理工作规范、有效的前提，是保障公民合法权益、维护社会稳定的重要保障。中国的律师管理体制是随着律师行业的改革和迅速发展而不断改革创新的。自 1979 年恢复律师制度以来，为适应市场经济的需要，按照律师行业自身发展的规律，律师执业组织形式经历了从国办所到合作制、合伙制的不断发展，律师管理体制也经历了从单一的政府管理到司法行政机关与律师行业协会共同管理的变化过程。

（一）律师行政管理

《律师法》第 4 条规定："司法行政部门依照本法对律师、律师事务所和律师协会进行监督、指导。"这就确定了司法行政机关在律师管理工作中的法律地位。

根据《律师法》《律师执业管理办法》《律师事务所管理办法》等的规定，司法行政机关对律师、律师事务所实行分级监督管理的原则。有关具体规定如下：

县级司法行政机关对本行政区域内的律师事务所的执业活动进行日常监督管理，履行下列职责：①监督律师事务所在开展业务活动过程中遵守法律、法规、规章的情况；②监督律师事务所执业和内部管理制度的建立和实施情况；③监督律师事务所保持法定设立条件以及变更报批或者备案的执行情况；④监督律师事务所进行清算、申请注销的情况；⑤监督律师事务所开展律师执业年度考核和上报年度执业总结的情况；⑥受理对律师事务所的举报和投诉；⑦监督律师事务所履行行政处罚和实行整改的情况；⑧司法部和省、自治区、直辖市司法行政机关规定的其他职责。县级司法行政机关在开展日常监督管理过程中，对发现、查实的律师事务所在执业和内部管理方面存在的问题，应当对律师事务所负责人或者有关律师进行警示谈话，责令改正，并对其整改情况进行监督；对律师事务所的违法行为认为依法应当给予行政处罚的，应当向上一级司法行政机关提出处罚建议；认为需要给予行业惩戒的，移送律师协会处理。

设区的市级司法行政机关履行下列监督管理职责：①掌握本行政区域律师事务所的执业活动和组织建设、队伍建设、制度建设的情况，制定加强律师工作的措施和办法；②指导、监督下一级司法行政机关的日常监督管理工作，组织开展对律师事务所的专项监督检查工作，指导对律师事务所重大投诉案件的查处工作；③对律师事务所进行表彰；④依法定职权对律师事务所的违法行为实施行政处罚；对依法应当给予吊销执业许可证处罚的，向上一级司法行政机关提出处罚建议；⑤组织开展对律师事务所的年度检查考核工作；⑥受理、审查律师事务所设立、变更、设立分所、注销申请事项；⑦建立律师事务所执业档案，负责有关律师事务所的许可、变更、终止及执业档案信息的公开工作；⑧法律、法规、规章规定的其他职责。直辖市的区（县）司法行政机关负有前款规定的有关职责。

省、自治区、直辖市司法行政机关履行下列监督管理职责：①制定本行政区域律师事务所的发展规划和有关政策，制定律师事务所管理的规范性文件；②掌握本行政区域律师事务所组织建设、队伍建设、制度建设和业务开展情况；③监督、指导下级司法行政机关的监督管理工作，指导对律师事务所的专项监督检查和年度检查考核工作；④组织对律师事务所的表彰活动；⑤依法对律师事务所的严重违法行为实施吊销执业许可证的处罚，监督下一级司法行政机关的行政处罚工作，办理有关行政复议和申诉案件；⑥办理律师事务所设立核准、变更核准或者备案、设立分所核准及执业许可证注销事项；⑦负责本行政区域律师事务所有关重大信息的公开工作；⑧法律、法规规定的其他职责。

（二）律师行业管理

《律师法》第43条规定："律师协会是社会团体法人，是律师的自律性组织。全国设立中华全国律师协会，省、自治区、直辖市设立地方律师协会，设区的市根据需要可以设立地方律师协会。"律师协会是律师的行业组织，是由律师和律师事务所组成的群众性社会团体。律师、律师事务所应当加入所在地的地方律师协会。加入地方律师协会的律师、律师事务所，同时是全国律师协会的会员。律师协会会员享有律师协会章程规定的权利，履行律师协会章程规定的义务，律师协会按照章程对律师给予奖励或者处分。中华全国律师协会自成立以来，在对律师业务指导、交流工作经验、维护律师合法权益、加强与外国律师之间的民间交流等方面发挥了很大的作用，逐步完善行业管理体制，为我国律师事业的发展作出了贡献。

根据《律师法》第46条之规定，律师协会应当履行下列职责：①保障律师依法执业，维护律师的合法权益；②总结、交流律师工作经验；③制定行业规范和惩戒规则；④组织律师业务培训和职业道德、执业纪律教育，对律师的执业活动进行考核；⑤组织管理申请律师执业人员的实习活动，对实习人员进行考核；⑥对律师、律师事务所实施奖励和惩戒；⑦受理对律师的投诉或者举报，调解律师执业活动中发生的纠纷，受理律师的申诉；⑧法律、行政法规、规章以及律师协会章程规定的其他职责。律师协会制定的行业规范和惩戒规则，不得与有关法律、行政法规、规章相抵触。

第四节　律师的权利和义务

执业律师的权利与义务是指律师作为国家法定的法律服务人员在执行律师职务过程中依法所享有的权利和需要承担的义务。律师的权利与义务内容是一个国家律师制度是否完备，所处的法律地位如何乃至整个国家法治发展水平的重要标志。

一、律师的权利

律师的权利是指法律为保障律师执行职务而赋予律师所依法享有的一系列权利。在我国，律师的权利主要包括两大方面：一是律师的执业权，主要包括律师承揽各种业务的权利；二是律师在执业过程中的权利，主要集中在诉讼业务特别是刑事诉讼业务领域。

（一）律师的执业权

律师的执业权是指律师承揽法律业务的权利，律师的执业权是律师区别于一般公民乃至法律服务市场上其他主体的重要权利。根据《律师法》第28条之规定，律师可以从事下列业务：①接受自然人、法人或者其他组织的委托，担任法律顾问；②接受民事案件、行政案件当事人的委托，担任代理人，参加诉讼；③接受刑事案件犯罪嫌疑人、被告人的委托或者依法接受法律援助机构的指派，担任辩护人，接受自诉案件自诉人、公诉案件被害人或者其近亲属的委托，担任代理人，参加诉讼；④接受委托，代理各类诉讼案件的申诉；⑤接受委托，参加调解、仲裁活动；⑥接受委托，提供非诉讼法律服务；⑦解答有关法律的询问、代写诉讼文书和有关法律事务的其他文书。《律师法》第3条第4款规定："律师依法执业受法

律保护，任何组织和个人不得侵害律师的合法权益。”根据这项规定，律师依法执业有受法律保护的权利。这既是《律师法》规定的一项基本权利，也是一项基本原则。

（二）律师在执业过程中的权利

我国律师在执业过程中的权利和义务主要规定在《律师法》《刑事诉讼法》《民事诉讼法》《行政诉讼法》以及司法部颁布的有关律师管理的行政规章之中，根据上述有关法律和法规的规定，律师的权利和义务的内容是非常广泛的。律师在执业过程中的主要权利如下：

1. 律师在执业活动中的人身权利不受侵犯。《律师法》第37条第1款明确规定：“律师在执业活动中的人身权利不受侵犯。”律师在执业活动中不可避免地要介入到各种利益之中，而且律师又不属于国家公职人员，缺乏必要的人身安全上的保障，这一规定对于保护律师在执业活动中的人身权利具有重要意义。

2. 拒绝辩护或者代理权。律师在特定条件下，拥有拒绝担任犯罪嫌疑人、被告人的辩护人或者诉讼案件以及其他法律事务的代理人的权利。《律师法》第32条第2款规定：“律师接受委托后，无正当理由的，不得拒绝辩护或者代理。但是，委托事项违法、委托人利用律师提供的服务从事违法活动或者委托人故意隐瞒与案件有关的重要事实的，律师有权拒绝辩护或者代理。”

3. 会见权。《律师法》第33条规定：“律师担任辩护人的，有权持律师执业证书、律师事务所证明和委托书或者法律援助公函，依照刑事诉讼法的规定会见在押或者被监视居住的犯罪嫌疑人、被告人。辩护律师会见犯罪嫌疑人、被告人时不被监听。”会见犯罪嫌疑人、被告人是辩护律师了解案情、维护当事人合法权益的必要条件。

4. 阅卷权。阅卷是指律师在诉讼辩护或代理业务活动中查阅、摘抄、复制案卷材料，了解案情的活动。《律师法》第34条规定：“律师担任辩护人的，自人民检察院对案件审查起诉之日起，有权查阅、摘抄、复制本案的案卷材料。”《刑事诉讼法》第40条规定：“辩护律师自人民检察院对案件审查起诉之日起，可以查阅、摘抄、复制本案的案卷材料。其他辩护人经人民法院、人民检察院许可，也可以查阅、摘抄、复制上述材料。”2020年最高人民法院发布的《关于诉讼代理人查阅民事案件材料的规定》亦对诉讼代理人查阅代理案件有关材料的范围和办法作了明确规定。2023年3月，最高人民检察院、司法部、中华全国律师协会《关于依法保障律师执业权利的十条意见》中亦对充分保障律师查阅案卷的权利作了详细规定，“人民检察院在律师提出阅卷申请后，一般应当提供电子卷宗，便于律师查阅、复制。律师提出调阅案件纸质卷宗的，人民检察院了解具体原因后，认为应予支持的，应当及时安排。各级人民检察院应当进一步规范电子卷宗制作标准，提高制作效率，确保电子卷宗完整、清晰、准确，便于查阅。对于符合互联网阅卷要求的，应当在三日内完成律师互联网阅卷申请的办理和答复。”

5. 调查取证权。律师的调查取证权，是指律师在执行律师业务活动过程中所享有的调查、了解有关情况和收集获取有关证据的权利。《律师法》第35条规定：“受委托的律师根据案情的需要，可以申请人民检察院、人民法院收集、调取证据或者申请人民法院通知证人出庭作证。律师自行调查取证的，凭律师执业证书和律师事务所证明，可以向有关单位或者个人调查与承办法律事务有关的情况。”调查取证权是律师的一项基本权利，是律师贯彻“以事实为依据，以法律为准绳”的司法原则必须具备的基本权利。因为只有赋予并切实保障律师的调查取证权，才能够保障律师确认案件基本事实，才有可能正确适用法律。

二、律师的义务

律师的义务是指律师在依法进行执业活动时，应当为一定行为或不得为一定行为的范围和限度。作为法定的提供法律服务的执业人员，律师在执业上享有特殊的权利，然而权利和义务是相对应的，律师同样也应当承担相应的义务。根据《律师法》和有关律师业务义务的规定，律师的义务主要包括以下几个方面：

（一）律师对委托人的义务

律师与委托人之间的权利义务关系，是律师执业的核心问题，贯穿于律师执业活动的全过程。律师应当维护当事人的合法权益，这是律师特殊的社会职能。律师对于委托人的义务主要包括以下几个方面：

1. 不得私自接受委托、收取费用，不得接受委托人的财物或者其他利益的义务。《律师法》第40条第1项规定，律师在执业活动中不得私自接受委托、收取费用，不得接受委托人的财物或者其他利益。律师承办业务，由律师事务所统一接受委托，与委托人签订书面委托合同，按照国家规定统一收取费用并如实入账。如果允许律师私下接受委托，私下向委托人收取费用，接受委托人的财物或其他利益，不仅会导致对律师管理失控，难以保证办案质量，还会增加当事人的负担，损害律师事务所以及律

师的形象和声誉，影响律师行业的正常秩序和健康发展。

2. 保密义务。《律师法》第38条规定："律师应当保守在执业活动中知悉的国家秘密、商业秘密，不得泄露当事人的隐私。律师对在执业活动中知悉的委托人和其他人不愿泄露的有关情况和信息，应当予以保密。但是，委托人或者其他人准备或者正在实施危害国家安全、公共安全以及严重危害他人人身安全的犯罪事实和信息除外。"据此规定，律师的保密义务就是指律师所负有的不得泄露在执业活动中知悉的国家秘密、商业秘密以及当事人的隐私的法律责任。保密义务是律师在执业活动中必须遵循的最基本的法律义务。

3. 律师的忠诚性义务。律师是为了解决当事人争议而履行职务的，所以律师不应当作为利益主体介入当事人争议的权益之中，更不能将牟取当事人争议的权益作为从事代理活动的目的。《律师法》中对律师的忠诚性义务也作了明确的要求：一是律师在执业活动中不得利用提供法律服务的便利牟取当事人争议的权益；二是律师不得接受对方当事人的财物或者其他利益，与对方当事人或者第三人恶意串通，侵害委托人的权益。如果律师为了牟取当事人争议的权益而提供法律服务，可能会利用其执业便利和通晓法律的优势或与他人串通，恶意侵害委托人的利益，这直接与律师的忠诚性义务相抵触。

4. 避免利益冲突的义务。利益冲突是律师在执业活动中面临的具有普遍意义的重大问题，如何有效地识别和处理利益冲突问题，也是律师事务所日常管理的重要事项。《律师法》第39条规定，"律师不得在同一案件中为双方当事人担任代理人，不得代理与本人或者其近亲属有利益冲突的法律事务。"在同一案件中双方当事人的利益是相互冲突的，律师如果在同一案件中担任双方代理人，就使律师失去了维护当事人合法权益的基本条件，很容易形成恶意代理，从而损害当事人的合法权益。同时，律师代理与本人或者其近亲属有利益冲突的法律事务，也极容易损害当事人的合法权益。

（二）律师对司法、仲裁机关的义务

在现代社会，审判被认为是维护社会公正的最后一道防线，仲裁也被普遍用来解决民事经济纠纷。律师参加诉讼、仲裁活动，必然会与司法机关及其工作人员、仲裁机关及仲裁员进行工作上的正当接触和必要交流，必须通过国家规范和行业规则进行调整和限制。

律师在执业活动过程中不得违反规定会见法官、检察官、仲裁员以及

其他有关工作人员；不得向法官、检察官、仲裁员以及其他有关工作人员行贿，介绍贿赂或者指使、诱导当事人行贿，或者以其他不正当方式影响法官、检察官、仲裁员以及其他有关工作人员依法办理案件；不得故意提供虚假证据或者威胁、利诱他人提供虚假证据，妨碍对方当事人合法取得证据；不得煽动、教唆当事人采取扰乱公共秩序、危害公共安全等非法手段解决争议；不得扰乱法庭、仲裁庭秩序，干扰诉讼、仲裁活动的正常进行。

（三）律师回避的义务

回避制度的基本出发点是保障程序的公正性。为了维护司法公正和防止律师执业活动中的不正当竞争，对曾经有特殊任职经历的律师的执业活动进行必要的限制是必须的。特别是法官、检察官离任后，往往与原任职机关存在各种联系，他们在担任诉讼代理人或辩护人后，可能因原来的身份对案件依法处理产生某种影响。因此，《律师法》第41条规定："曾经担任法官、检察官的律师，从人民法院、人民检察院离任后二年内，不得担任诉讼代理人或者辩护人。"

（四）法律援助义务

为了保证司法公正，保证所有的人均能得到法律的保护，我国已经建立了法律援助制度。律师作为法律服务市场的主力军，也是向社会提供法律援助的主力军。我国《律师法》第42条规定："律师、律师事务所应当按照国家规定履行法律援助义务，为受援人提供符合标准的法律服务，维护受援人的合法权益。"2022年1月1日起施行的《法律援助法》第16条亦对律师等依法提供法律援助作出了规定："律师事务所、基层法律服务所、律师、基层法律服务工作者负有依法提供法律援助的义务。律师事务所、基层法律服务所应当支持和保障本所律师、基层法律服务工作者履行法律援助义务。"律师不仅应当按照国家规定履行法律援助义务，而且还应当做到为受援人提供符合标准的法律服务，包括提供法律服务的数量、质量、时间等。例如，2021年12月30日，最高人民法院、司法部印发《关于为死刑复核案件被告人依法提供法律援助的规定（试行）》，对最高人民法院死刑复核案件的被告人申请法律援助的工作机制作了明确规定，为律师有效开展死刑复核阶段法律援助工作提供了便利。此外，2018年《刑事诉讼法》修改增设了法律援助值班律师制度，该法第36条规定，"法律援助机构可以在人民法院、看守所等场所派驻值班律师。犯罪嫌疑人、被告人没有委托辩护人，法律援助机构没有指派律师为其提供辩护的，由值班律师为犯罪嫌疑人、被告人提供法律咨询、程序选择建议、申请变更强制措施、对案件处理提出意见等法律帮助。人民法院、人民检察院、看守所应当告知犯罪嫌疑人、被告人有权约见值班律师，并为犯罪嫌疑人、被告人约见值班律师提供便利。”

第五节　律师职业伦理和法律责任

一、律师职业伦理

《律师法》第3条第1款规定：“律师执业必须遵守宪法和法律，恪守律师职业道德和执业纪律。”律师职业道德又称律师职业伦理，是指律师执业者和执业机构在执行律师业务、履行律师工作职责的过程中必须遵守的人际关系规范以及应当遵守的职业道德规范。律师职业伦理是法律职业伦理的重要内容，也是指导律师执业行为的标准，是对违规律师、律师事务所追究职业责任的重要依据，是律师执业的根基和命脉。律师执业行为关系着法律服务行业的发展和公众对律师职业的印象，律师职业伦理的缺失或困境往往成为公众关注的焦点，通过律师职业伦理加强对律师执业行为的指引和规范，提升律师提供法律服务的质量具有必要性。

律师职业伦理与其他职业伦理一样，都要受整个社会道德意识的影响和支配，但是律师职业及律师工作具有与其他职业及工作不同的属性和特点，必然使律师职业伦理具有其自身特征。其一，律师职业伦理具有强烈的阶级属性。律师职业伦理作为法律职业伦理的一种，其阶级性是由法律本身所具有的阶级性决定的。作为法律工作者，律师在从事法律服务的过程中要遵守法律，尊重事实，维护国家法律的尊严，使法律得以实现。我国《律师法》规定的律师的基本职责包含三个“维护”，维护当事人合法权利，维护法律正确实施，维护社会公平和正义，正是体现出律师职业伦理强烈的阶级属性。其二，律师职业伦理具有强烈的法治属性。律师职业伦理与一国的法律制度、法律文化有密切联系。律师职业伦理发挥作用的领域主要体现在律师执行法律服务事务领域，律师职业道德必须体现中国特色社会主义法治理论和法治体系要求，必须服务于中国式法治现代化的战略实施。其三，律师职业伦理的遵守具有较大的强制属性。道德，不是靠专门机关的强制来实现的，而是靠人们的内心信念、社会舆论等起作用。但律师职业伦理属于法律实施领域的特定人群即执业律师所必须遵守的职业道德，若律师违反职业道德，会给国家、集体或公民个人带来损失，同时也会损害律师、律师事务所的信誉。因此，世界多数国家都对律师职业伦理的违规行为建立了惩罚制度，从而使律师职业道德具有了国家强制力和行业惩戒保障的属性。

在推进中国式法治现代化过程中，律师是法治人才队伍中一支不可或缺的重要力量，保证律师业健康发展，必须重视律师职业伦理建设。2013年11月，党的十八届三中全会通过的《中共中央关于全面深化改革若干重大问题的决定》明确提出，要“完善律师执业权利保障机制和违法违规执业惩戒制度，加强职业道德建设，发挥律师在依法维护公民和法人合法权益方面的重要作用”。2014年5月，司法部印发了《关于进一步加强律师职业道德建设的意见》，对进一步加强律师职业道德建设进行部署，强调“大力加强以‘忠诚、为民、法治、正义、诚信、敬业’为主要内容的律师职业道德建设，教育引导广大律师切实做到坚定信念、服务为民、忠于法律、维护正义、恪守诚信、爱岗敬业”。为贯彻该意见提出的要求，同年，中华全国律师协会印发了《律师职业道德基本准则》，对律师职业伦理的基本要求作出规定。

该准则第1条规定了律师的忠诚要求，即坚定信念：“律师应当坚定中国特色社会主义理想信念，坚持中国特色社会主义律师制度的本质属性，拥护党的领导，拥护社会主义制度，自觉维护宪法和法律尊严。”第2条规定了为民要求，即执业为民：“律师应当始终把执业为民作为根本宗旨，全心全意为人民群众服务，通过执业活动努力维护人民群众的根本利益，维护公民、法人和其他组织的合法权益。认真履行法律援助义务，积极参加社会公益活动，自觉承担社会责任。”第3条规定了法治要求，即维护法治：“律师应当坚定法治信仰，牢固树立法治意识，模范遵守宪法和法律，切实维护宪法和法律尊严。在执业中坚持以事实为根据，以法律为准绳，严格依法履责，尊重司法权威，遵守诉讼规则和法庭纪律，与司法人员建立良性互动关系，维护法律正确实施，促进司法公正。”第4条规定了正义要求，即追求正义：“律师应当把维护公平正义作为核心价值追求，为当事人提供勤勉尽责、优质高效的法律服务，努力维护当事人合法权益。引导当事人依法理性维权，维护社会大局稳定。依法充分履行辩护或代理职责，促进案件依法、公正解决。”第5条规定了诚信要求，即诚实守信：“律师应当牢固树立诚信意识，自觉遵守执业行为规范，在执业中恪尽职守、诚实守信、勤勉尽责、严格自律。积极履行合同约定义务和法定义务，维护委托人合法权益，保守在执业活动中知悉的国家机密、商业秘密和个人隐私。”第6条规定了敬业要求，即勤勉敬业：“律师应当热爱律师职业，珍惜律师荣誉，树立正确的执业理念，不断提高专业素质和执业水平，注重陶冶个人品行和道德情操，忠于职守，爱岗敬业，尊重同行，维护律师的个人声誉和律师行业形象。”

二、律师法律责任

律师法律责任，是指律师和律师事务所在执业过程中因违反国家法律和律师职业纪律规范所应承担的法律后果。律师法律责任制度的建立对于督促律师在执业过程中勤勉尽责、恪尽职守，最大限度地维护当事人的合法权益，增强律师执业的自律意识、风险意识，树立律师良好的社会形象都具有十分重要的意义。《律师法》第六章以专章形式对律师法律责任作出了明确规定。根据法律关系主体及其违反法律规定的性质不同，法律责任可以分为刑事法律责任、民事法律责任和行政法律责任。

(一) 律师的刑事法律责任

律师刑事法律责任，是指律师在执业过程中，实施刑事法律禁止的行为所必须承担的法律后果。刑事法律责任是律师法律责任中处罚最重的责任形式。根据《律师法》第49条的规定，律师有下列行为之一，由设区的市级或者直辖市的区人民政府司法行政部门给予停止执业6个月以上1年以下的处罚，可以处5万元以下的罚款；有违法所得的，没收违法所得；情节严重的，由省、自治区、直辖市人民政府司法行政部门吊销其律师执业证书；构成犯罪的，依法追究刑事责任：①违反规定会见法官、检察官、仲裁员以及其他有关工作人员，或者以其他不正当方式影响依法办理案件的；②向法官、检察官、仲裁员以及其他有关工作人员行贿，介绍贿赂或者指使、诱导当事人行贿的；③向司法行政部门提供虚假材料或者有其他弄虚作假行为的；④故意提供虚假证据或者威胁、利诱他人提供虚假证据，妨碍对方当事人合法取得证据的；⑤接受对方当事人财物或者其他利益，与对方当事人或者第三人恶意串通，侵害委托人权益的；⑥扰乱法庭、仲裁庭秩序，干扰诉讼、仲裁活动的正常进行的；⑦煽动、教唆当事人采取扰乱公共秩序、危害公共安全等非法手段解决争议的；⑧发表危害国家安全、恶意诽谤他人、严重扰乱法庭秩序的言论的；⑨泄露国家秘密的。律师因故意犯罪受到刑事处罚的，由省、自治区、直辖市人民政府司法行政部门吊销其律师执业证书。对于律师刑事责任的主体范围，不应仅限于执业律师，还应包括律师事务所。在执业活动中，以律师事务所名义或者律师事务所成员共同实施违法行为情节严重构成犯罪的，或者因严重失职给国家、社会和公众造成重大损失的，除追究直接责任者的刑事责任外，还应当追究律师事务所的刑事责任。

律师作为特殊主体，在执业活动中的刑事责任集中反映在《刑法》第306条所规定的律师刑事责任。《刑法》第306条规定："在刑事诉讼中，辩护人、诉讼代理人毁灭、伪造证据，帮助当事人毁灭、伪造证据，威胁、引诱证人违背事实改变证言或者作伪证的，处三年以下有期徒刑或者拘役；情节严重的，处三年以上七年以下有期徒刑。辩护人、诉讼代理人提供、出示、引用的证人证言或者其他证据失实，不是有意伪造的，不属于伪造证据。"《刑法》第306条被称为律师的达摩克利斯剑，其原因就在于该条是专门针对律师执业过程中的一些违法犯罪行为设置，将刑辩律师执业过程中实施的毁灭证据、伪造证据、妨害作证等行为单独作为一项罪名进行处罚。事实上，学界关于"律师伪证罪"的存废之争由来已久，随着"李庄案""北海4律师伪证案"等相关案件影响的扩大，法学界和律师界对该条的抨击越来越强烈，主张废止本条文的呼声也越来越高。反对意见认为本罪体现了对律师的歧视，是专门为律师设置的一个罪名，不利于充分发挥律师在刑事案件中的辩护职能、不利于通过律师的充分的调查取证找到真相，同时也有损于律师的形象。但应当看到，可能存在极少数的执业律师在刑事诉讼中确实存在"毁灭、伪造证据，帮助当事人毁灭、伪造证据，威胁、引诱证人违背事实改变证言或者作伪证"的情况，这将对国家司法活动造成极大危害，使应当受到刑事追究的人逃避法律的制裁，具有极大的社会危害性，应当受到刑法的规制和制裁。

在司法实践中，根据近年来司法人员职务犯罪查处情况可知，由于律师的职业性质，他们多与司法人员有业务上的交织，少数律师与涉案司法人员之间存在利益输送关系，少数律师会陷入行贿罪、介绍贿赂罪的案件之中，被追究行贿罪、介绍贿赂罪的刑事责任。此类案件应当引起执业律师的高度重视和警觉。律师必须具备高尚的职业道德和遵纪守法的底线意识，强化职业安全意识，洁身自好，廉洁自律。

（二）律师的民事法律责任

律师的民事法律责任，是指律师在执业过程中，因违法执业或者因过错给当事人的合法权益造成损害而应承担的民事赔偿责任。律师承担民事法律责任应具备以下条件：①律师存在不法行为；②有损害事实的存在；③律师的不法行为与损害事实之间具有因果关系；④主观上存在过错。律师事务

所与委托人之间存在委托合同法律关系，律师事务所及其律师应当按照诚实信用的原则，尽职尽责地履行委托合同约定的义务，为委托人提供有效的法律服务，维护委托人的合法权益。律师的不法行为主要指违约行为和侵权行为，其中违约行为包括未全面履行合同义务和不适当履行合同义务的违约行为，侵权行为包括对委托人的侵权行为和对第三人的侵权行为。对委托人的侵权行为主要包括遗失、损坏重要证据，对第三人的侵权行为主要包括故意泄露第三人的隐私等。如果律师在履行职务的过程中，违反了合同约定的义务，侵犯委托人或者第三人的合法权益，就应当按照民法典以及有关法律的规定承担相应的民事责任。《律师法》第 54 条明确规定，"律师违法执业或者因过错给当事人造成损失的，由其所在的律师事务所承担赔偿责任。律师事务所赔偿后，可以向有故意或者重大过失行为的律师追偿"。可见，律师事务所及律师的民事赔偿责任有明确的法律依据。

建立律师民事赔偿责任，对于促进律师自觉遵守职业规范，正确处理与当事人之间的权利和义务关系，增强律师工作责任心，提高律师服务质量，维护律师社会声誉具有重要意义，还有利于加强对律师的管理和监督，减少律师工作中的失误，拓展律师业务，巩固律师制度的改革成果，进而促进律师业的健康发展。

（三）律师的行政法律责任

律师的行政法律责任，是指律师和律师事务所违反国家法律法规、律师职业道德与执业纪律规定的义务，实施有关行政违法行为所应承担的法律后果。在我国，律师承担行政责任的方式有：警告、罚款、没收违法所得、停止执业和吊销执业证书五种。律师事务所承担行政责任的方式有：责令改正、罚款、没收违法所得、停业整顿和吊销执业证书五种。根据《律师法》的规定，律师和律师事务所承担的行政责任主要包括以下几种情况：

1. 律师违规承办业务的行政法律责任。律师违规承办业务的行政责任主要是指律师违反有关规定，不正当承办律师业务而应当承担的行政法律责任。《律师法》第 47 条规定，律师有下列行为之一的，由设区的市级或者直辖市的区人民政府司法行政部门给予警告，可以处 5000 元以下的罚款；有违法所得的，没收违法所得；情节严重的，给予停止执业 3 个月以下的处罚：①同时在 2 个以上律师事务所执业的；②以不正当手段承揽业务的；③在同一案件中为双方当事人担任代理人，或者代理与本人及其近亲属有利益冲突的法律事务的；④从人民法院、人民检察院离任后 2 年内担任诉讼代理人或者辩护人的；⑤拒绝履行法律援助义务的。

2. 律师一般违规履职的行政法律责任。律师在办理业务过程中的违规行为，根据违规行为性质和社会危害性，可以分为一般违规履职的执业行为和严重违规履职的执业行为。对于律师一般违规履职的行政责任，《律师法》第48条规定，律师有下列行为之一的，由设区的市级或者直辖市的区人民政府司法行政部门给予警告，可以处1万元以下的罚款；有违法所得的，没收违法所得；情节严重的，给予停止执业3个月以上6个月以下的处罚：①私自接受委托、收取费用，接受委托人财物或者其他利益的；②接受委托后，无正当理由，拒绝辩护或者代理，不按时出庭参加诉讼或者仲裁的；③利用提供法律服务的便利牟取当事人争议的权益的；④泄露商业秘密或者个人隐私的。

3. 律师严重违规履职的行政法律责任。对于律师严重违规履职的行政责任，《律师法》第49条规定，律师有下列行为之一的，由设区的市级或者直辖市的区人民政府司法行政部门给予停止执业6个月以上1年以下的处罚，可以处5万元以下的罚款；有违法所得的，没收违法所得；情节严重的，由省、自治区、直辖市人民政府司法行政部门吊销其律师执业证书；构成犯罪的，依法追究刑事责任：①违反规定会见法官、检察官、仲裁员以及其他有关工作人员，或者以其他不正当方式影响依法办理案件的；②向法官、检察官、仲裁员以及其他有关工作人员行贿，介绍贿赂或者指使、诱导当事人行贿的；③向司法行政部门提供虚假材料或者有其他弄虚作假行为的；④故意提供虚假证据或者威胁、利诱他人提供虚假证据，妨碍对方当事人合法取得证据的；⑤接受对方当事人财物或者其他利益，与对方当事人或者第三人恶意串通，侵害委托人权益的；⑥扰乱法庭、仲裁庭秩序，干扰诉讼、仲裁活动的正常进行的；⑦煽动、教唆当事人采取扰乱公共秩序、危害公共安全等非法手段解决争议的；⑧发表危害国家安全、恶意诽谤他人、严重扰乱法庭秩序的言论的；⑨泄露国家秘密的。律师因故意犯罪受到刑事处罚的，由省、自治区、直辖市人民政府司法行政部门吊销其律师执业证书。

4. 律师事务所的行政法律责任。根据《律师法》第50条之规定，律师事务所有下列行为之一的，由设区的市级或者直辖市的区人民政府司法行政部门视其情节给予警告、停业整顿1个月以上6个月以下的处罚，可以处10万元以下的罚款；有违法所得的，没收违法所得；情节特别严重的，由省、自治区、直辖市人民政府司法行政部门吊销律师事务所执业证书：①违反规定接受委托、收取费用的；②违反法定程序办理变更名称、

负责人、章程、合伙协议、住所、合伙人等重大事项的；③从事法律服务以外的经营活动的；④以诋毁其他律师事务所、律师或者支付介绍费等不正当手段承揽业务的；⑤违反规定接受有利益冲突的案件的；⑥拒绝履行法律援助义务的；⑦向司法行政部门提供虚假材料或者有其他弄虚作假行为的；⑧对本所律师疏于管理，造成严重后果的。律师事务所因前款违法行为受到处罚的，对其负责人视情节轻重，给予警告或者处2万元以下的罚款。

此外，《律师法》第51条还规定："律师因违反本法规定，在受到警告处罚后一年内又发生应当给予警告处罚情形的，由设区的市级或者直辖市的区人民政府司法行政部门给予停止执业三个月以上一年以下的处罚；在受到停止执业处罚期满后二年内又发生应当给予停止执业处罚情形的，由省、自治区、直辖市人民政府司法行政部门吊销其律师执业证书。律师事务所因违反本法规定，在受到停业整顿处罚期满后二年内又发生应当给予停业整顿处罚情形的，由省、自治区、直辖市人民政府司法行政部门吊销律师事务所执业证书。"

思考题

1. 简述律师的特征。
2. 简述我国取得律师资格的条件。
3. 简述律师在执业过程中的权利。
4. 论律师的保密义务。
5. 简述值班律师制度。
6. 简述律师事务所的设立条件。
7. 谈谈你对律师刑事法律责任的认识。

拓展阅读

第六章　公证制度

学习目的和要求

通过学习，熟悉公证制度历史，掌握公证的概念、原则与规范，准确理解公证主体、公证客体，掌握公证程序、公证的效力与公证的争议处理，了解公证的法律责任，准确把握公证制度的发展方向。

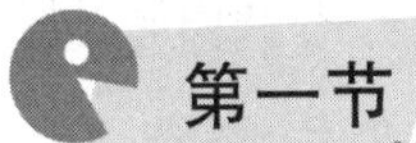

第一节　公证制度历史沿革

早在公元前6世纪的古罗马共和国时代，就出现了公证制度的雏形。“诺达里”（Notarii）是一种专门为奴隶主处理法律事务文书的奴隶。及至罗马共和国晚期，由于罗马法及相关诉讼程序的持续发展与复杂化，罗马公民对法律知识和相关法律服务的需求进一步增加，专门的法律代书人“达比仑”（Tabellion）随之出现。其主要运用拉丁文为当事人撰写契约、遗嘱等法律文书。最初，达比仑撰写的法律文书只是私人文书，但随着时代的发展，达比仑越来越重要，到西罗马帝国晚期，达比仑制作的法律文书已经开始具有公共效力。因此，达比仑被普遍认为是公证人的雏形。

经过漫长的中世纪后，公证制度在近代蓬勃发展。1803年3月，法国颁布了《法国公证法》（《风月法令》），1804年《拿破仑法典》颁布，其中包含了大量公证条款，为现代公证制度奠定了基础。在上述法典中，公证制度被认为是当事人无私的法律顾问，也承担着公正表述当事人意志的责任；他们令当事人对契约充满尊重，完整保管契约文本，防止纠纷，遏制邪念。

英美法系的公证制度相较于大陆法系而言发展相对较晚，区别较大。英国的公证制度是在13世纪下半叶从意大利引进的。在此之前，教皇授权的公证人居于主导地位。美国公证制度的发展具有独特性，不同于大陆法系国家，也与英国有所区别。其最大的特点在于，美国的公证人是营利性职业，而大陆法系则普遍为非营利性职业。同时，美国的各级法官、书记官也承担着一定公证职能。

据考古学发现，我国在周朝就有官方证明机构，尤其在土地交易中扮演着重要角色。汉朝统治相对稳定，民事活动繁荣复杂，民间见证人开始兴起。东晋规定，田宅买卖契券上要由官府盖公印以证明所有权，这些是中国公证的萌芽。1904 年清政府颁布实施的《钦定大清商律》中规定了公司章程的见证，但在 1914 年该条文被废。我国真正建立公证制度肇始于民国时期。1913 年，北洋政府颁布了《登记条例》正式引入公证制度，1920 年代，北洋政府在“东北九省”特区法院试行公证制度。1935 年至 1936 年，民国政府先后颁布《公证暂行规则》《公证暂行规则实施细则》。《公证暂行规则》一共 47 个条文，共有总则、公证书之作成、私证书之认证三章，基本仿照日本《公证人法》。此后，以《公证暂行规则》为基础制定的《民国公证法》也基本仿照日本制度。截至 1947 年 7 月，中华人民共和国成立以前一共设立了 536 家公证处。

中华人民共和国成立后的公证制度肇始于解放战争时期。1946 年，在已经解放的哈尔滨设立了第一家人民公证机构，当时，是由法院的非讼科办理公证业务。1951 年 9 月，颁布了《人民法院暂行组织条例》，人民法院管辖办理公证事务。但在 1954 年《法院组织法》颁布实施后，公证开始交由司法行政机关管辖，各地开始设立公证处。在此期间，公证事业快速发展，到 1957 年底，全国已有 57 个市设立了公证处，553 个市、县在法院附设公证室，办理公证事项 29 万件。但在 1958 年后，受“左倾”错误思想影响，公证处开始撤销。1959 年，司法行政机关也被撤销，残余的少量主要用于域外事务的公证业务划归法院。在“文化大革命”期间，公证制度基本被废除。

1979 年底，新成立的司法部开始重建我国的公证制度。1982 年 4 月 13 日，国务院发布了我国第一部公证法规——《公证暂行条例》，奠定了我国公证制度的法律基础。1986 年 12 月 4 日，司法部颁发了《办理公证程序试行细则》，经过几年的试行，司法部又将该细则修订为《公证程序规则（试行）》，于 1991 年 4 月 1 日起施行，《公证程序规则》于 2002 年 6 月 11 日经司法部长办公室会议审议通过，自 2002 年 8 月 1 日正式施行。2006 年 5 月 10 日司法部部务会议审议通过了新的《公证程序规则》，自 2006 年 7 月 1 日起施行。2002 年的《公证程序规则》同时废止。

为加强我国公证人员与世界各国公证人员的联系，司法部于 1990 年 3 月召开了第一次全国公证员代表大会，成立了中国公证员协会。为把我国的公证事业推向一个新的发展阶段，2000 年 8 月 10 日，司法部印发了经国务院批准的《关于深化公证工作改革的方案》。该方案明确规定我国公证工作改革的目标是争取在2010年初步建成与社会主义市场经济体制相适应的具有中国特色的公证制度。2005年8月28日，十届全国人大常委会第十七次会议审议通过了《公证法》。这部法律于2006年3月1日起正式实施。《公证法》是新中国的第一部公证法典。它的颁布实施，对于建立和完善中国特色社会主义公证制度，推动我国公证事业发展具有重要意义。2015年4月24日和2017年9月1日，《公证法》先后两次修正，其中，最后一次也就是2017年修正的《公证法》决定自2018年1月1日起施行。

第二节　公证的基本概念、原则与规范

一、公证的概念及特征

根据《公证法》第2条的规定，公证是公证机构根据自然人、法人或者其他组织的申请，依照法定程序对民事法律行为、有法律意义的事实和文书的真实性、合法性予以证明的活动。

据此，可以辨析我国公证制度的下列特征：

1. 公证主体是公证机构与申请公证的当事人。公证具有法定性、专属性，除公证机构之外，任何单位、组织和个人不得行使公证职能。我国驻外使领馆也承担着部分公证职能。因此，公证作为一项公共证明服务与职能，区别于合同鉴证、律师见证等私人证明。

2. 公证活动只能依申请开展。我国公证不能依职权主动行使，必须由自然人、法人或者其他组织申请方可启动。

3. 公证业务开展具有法定性。公证业务的开展、运行必须严格依法进行。公证机构和公证员必须按照《公证法》《公证程序规则》和相关部门规章办理相应业务。对于违反法律法规开展公证业务的，其所出具的公证文书可能被撤销，同时，公证机构和公证员也会承担相应法律责任。

4. 公证客体是民事法律行为、有法律意义的事实和文书。

5. 公证内容是公证客体的真实性与合法性。

二、公证的基本原则

公证的基本原则体现了公证制度的价值取向，指导公证机构和公证员办理公证业务，是公证活动开展的基本准则。首先，在公证业务开展过程

中，公证的基本原则具有纲领性、填补性功能。在公证法律法规阙如的情况下，公证机构与公证员应遵循公证的基本原则办理业务。其次，在司法裁判中，公证的基本原则具有判断依据的功能。对于公证机构与公证员是否存在过错，可以依照公证的基本原则进行审查、判断。

1. 客观真实原则。客观真实原则是指公证所证明的民事法律行为、有法律意义的事实和文书，都是客观实际存在的，都能够通过直观观察或证据证明，公证证明的内容与事实完全相符。客观真实是公证的底线性原则，没有客观真实，公证制度的意义就不复存在。对于虚假、伪造的“事实”，或要求公证机构、公证员提供虚假公证的，公证机构与公证员应当坚决拒绝公证。

2. 公正中立原则。公正中立原则是指公证机构、公证员应当秉公办理公证业务，不能偏袒、照顾任何一方当事人。不能成为当事人的附庸，也不能成为当事人利益的代言人，必须不偏不倚地为双方或多方当事人服务。公正中立是客观真实的基本保障，只有公正中立，才能正确做出符合事实的公证证明。

3. 合法原则。合法原则包括形式合法与程序合法两个方面。所谓形式合法，是指公证机构的设立以及公证员资格的取得必须严格依法，不得设立非法公证组织，不得非法行使公证员职权。所谓程序合法，是指公证业务的开展必须严格依照相关法律法规的程序性要求进行，不得弄虚作假，也不得任意调整、删改公证基本制度要求。

4. 公序良俗原则。公序良俗原则是指公证所指向的客体，即民事法律行为、有法律意义的事实和文书不得违反法律法规的禁止性规定，也不得违反公序良俗。公证机构与公证员不得为违反法律法规禁止性规定或违反公序良俗的公证客体进行公证。

5. 自愿原则。我国公证是由当事人申请进行，当事人是否申请公证、如何申请公证、申请公证的内容如何应由当事人自行决定。公证机构和公证员不得强迫当事人公证，也不得依职权主动开展公证。不过，自愿原则存在例外。国家从规范公民、法人的行为和调整民事、经济关系的角度出发，规定某些重要的法律行为必须采用公证形式。对国家法律、法规和规章规定应当采用公证形式的法律行为，公证机构办理公证时仍必须根据当事人的申请。

6. 直接原则。公证人员要通过接待当事人、审查证据等方式，亲自掌握第一手材料，了解当事人的真实意愿，亲自作出是否公证的决定，并对由此引起的法律后果负责。直接原则要求公证员亲自办理公证事务，要求公证员主要负责完成与公证或拒绝公证、终止公证相关的关键性业务工作，其他事务性工作可以由公证处的其他人员完成。

三、公证法律规范

公证法律规范是指对公证进行规制的全部法律渊源。目前，我国公证法律规范包括下列法律法规：

1. 宪法。宪法是我国的根本大法，任何法律都是依照宪法制定的，并且不得与宪法抵触，所有公证法律规范概莫能外。在公证业务开展时，需要特别注意相关宪法性权利的保护。例如，当事人的个人尊严在公证活动中必须严格保障。又如，当事人的财产权利在公证活动中受到保护，公证业务的开展不得侵犯当事人合法财产。

2. 公证法。现行有效的《公证法》于 2018 年 1 月 1 日起施行，是我国公证制度的基础性法律，确立了我国公证制度的基本框架和结构，规范着公证活动的健康、良好开展。

3. 民事实体法中的公证条款。公证制度是保障民事实体法实施的重要法律制度，公证法律条款也是民法典中的重要内容。例如我国《民法典》第 1105 条第 4 款规定："收养关系当事人各方或者一方要求办理收养公证的，应当办理收养公证。"又如，《民法典》第 1139 条规定了遗嘱公证；再如《民法典》第 658 条第 2 款和第 660 条规定了赠与合同公证的相关内容。

4. 民事程序法中的公证条款。公证制度与民事诉讼制度的连接更为紧密，《民事诉讼法》中的公证条款成为公证法律规范的重要组成部分。例如，我国《民事诉讼法》第 72 条规定："经过法定程序公证证明的法律事实和文书，人民法院应当作为认定事实的根据，但有相反证据足以推翻公证证明的除外。"《民事诉讼法》第 249 条规定了公证机关依法赋予强制执行效力的债权文书的强制执行制度等。

5. 最高人民法院和最高人民检察院关于公证的司法解释。目前，与公证相关的司法解释主要有最高人民法院《关于审理涉及公证活动相关民事案件的若干规定》《关于公证机关赋予强制执行效力的债权文书执行有关问题的联合通知》《关于当事人对具有强制执行效力的公证债权文书的内容有争议提起诉讼人民法院是否受理问题的批复》以及最高人民检察院《关于公证员出具公证书有重大失实行为如何适用法律问题的批复》等。

6. 行政法规和有关部委规章涉及公证的内容。

7. 地方性公证条例。

8. 司法部制定的公证规章和有关公证业务规范。

9. 中国公证协会颁布的办证规范和指导意见。中国公证协会颁布的办证规范具有办证规则地位，属于公证法律规范的组成部分。另外，中国公证协会制定的业务意见分为规范意见和指导意见。规范意见同样具有办证规则意义，也属于公证法律规范的内容。

第三节 公证主体

公证主体包括公证机构与公证员，公证主体受到法律的严格规范。

一、公证机构

（一）公证机构的性质

我国《公证法》第6条规定："公证机构是依法设立，不以营利为目的，依法独立行使公证职能、承担民事责任的证明机构。"这一规定表明，我国公证机构是专门依法独立行使公证职能的证明机构。

首先，我国公证机构应当依法设立。任何组织、单位和个人不得擅自设立公证机构。依法设立的公证机构，在完成设立程序前，也不得以公证机构的名义开展公证业务。

其次，我国公证机构是非营利性机构。不同于美国营利性的公证机构，我国公证机构不以营利为目的。在办理公证业务中，公证机构会收取一定公证费，但仅依据成本对收费进行核算，而不是赚取利润。

再次，我国公证机构独立行使公证职能。任何组织、单位和个人不得干扰、阻挠公证机构独立行使公证职能。公证机构也应当保持自身中立客观，不成为当事人的利益代言人或附庸，客观真实地进行公证活动。

最后，我国公证机构是承担民事责任的证明机构。虽然司法行政部门依照《公证法》的规定对公证机构、公证员和公证协会进行监督与指导，但我国的公证机构不是国家司法行政机关，也不是国家司法行政机关的一个职能部门。公证机构作为证明机构，对外承担民事责任。

（二）公证机构的设立

《公证法》第7条规定："公证机构按照统筹规划、合理布局的原则，可以在县、不设区的市、设区的市、直辖市或者市辖区设立；在设区的市、直辖市可以设立一个或者若干个公证机构。公证机构不按行政区划层层设立。”公证机构虽然归司法行政部门管理，但是并不是公权力组织，因此，不按行政区划层层设立。一般在县一级行政区划内只设立一个公证机构。在设立公证机构时，应综合考虑当地的经济发展水平、人口数量、交通情况、民事活动繁荣程度以及对公证服务的需求度。

根据《公证法》第 8 条的规定，设立公证机构须满足下列条件：①有自己的名称；②有固定的场所；③有 2 名以上公证员；④有开展公证业务所必需的资金。

《公证法》第 9 条规定了设立公证机构的权限和程序。设立公证机构，由所在地的司法行政部门报省、自治区、直辖市人民政府司法行政部门按照规定程序批准后，颁发公证机构执业证书。由省、自治区、直辖市司法行政部门同时确定公证机构的开办资金数额。根据《公证机构执业管理办法》的规定，公证机构统称为公证处。公证机构的名称在省、自治区、直辖市司法行政部门批准设立或批准变更名称时核定。经核定后的名称，公证机构享有专用权。

根据《公证法》第 10 条的规定，公证机构的负责人应当在有 3 年以上执业经历的公证员中推选产生，由所在地的司法行政部门核准，报省、自治区、直辖市人民政府司法行政部门备案。

（三）公证机构的体制

目前，我国公证机构两种体制并存，即事业、合作两类。早期尚有行政体制下的公证机构，2000 年 7 月 31 日国务院批准同意的《关于深化公证工作改革的方案》要求行政体制下的公证机构应尽快转变为事业体制。2017 年 7 月 13 日，司法部、中央编办、财政部、人力资源和社会保障部印发《关于推进公证体制改革机制创新工作的意见》，其中要求 2017 年年底前将公证机构全部改为从事公益服务的事业单位。该意见明确了公证机构的用人自主权，实行按劳分配、多劳多得的绩效工资分配激励机制。2017 年 9 月 5 日，司法部发布了《关于推进合作制公证机构试点工作的意见》，开始尝试推进我国公证机构的合作制试点工作。

二、公证员

公证员是指符合《公证法》规定的条件，在公证机构从事公证业务的执业人员。公证员在国际上一般称为公证人，英美法系国家对公证人的条件限制较为宽松，而大陆法系国家则较为严格。

我国《公证法》《公证员执业管理办法》对公证员的任职条件进行了规定：①具有中华人民共和国国籍；②年龄在 25 周岁以上 65 周岁以

下；③公道正派，遵纪守法，品行良好；④通过国家统一法律职业资格考试取得法律职业资格；⑤在公证机构实习2年以上或者具有3年以上其他法律职业经历并在公证机构实习1年以上，经考核合格。

另外，在符合上述前三项条件的基础上，具备下列条件之一，已经离开原工作岗位，经考核合格的，也可以担任公证员：①从事法学教学、研究工作，具有高级职称的人员；②具有本科以上学历，从事审判、检察、法制工作、法律服务满10年的公务员、律师。

《公证法》第20条规定，有下列情形之一的，不得担任公证员：①无民事行为能力或者限制民事行为能力的；②因故意犯罪或者职务过失犯罪受过刑事处罚的；③被开除公职的；④被吊销公证员、律师执业证书的。

公证员资格的取得，应当由符合公证员任职条件的人员提出申请，经公证机构推荐，由所在地的司法行政部门报省、自治区、直辖市人民政府司法行政部门审核同意后，报请国务院司法行政部门任命，并由省、自治区、直辖市人民政府司法行政部门颁发公证员执业证书。

公证员执业受到法律保障。根据《公证法》和《公证员执业管理办法》的规定：①公证员依法执业受法律保护，任何单位和个人不得非法干预；②公证员有权获得劳动报酬，享受保险和福利待遇；③有权提出辞职、申诉或者控告；④非因法定事由和非经法定程序，不被免职或者处罚。

公证员执业过程中不得有下列行为：①同时在2个以上公证机构执业；②从事有报酬的其他职业；③为本人及近亲属办理公证或者办理与本人及近亲属有利害关系的公证；④私自出具公证书；⑤为不真实、不合法的事项出具公证书；⑥侵占、挪用公证费或者侵占、盗窃公证专用物品；⑦毁损、篡改公证文书或者公证档案；⑧泄露在执业活动中知悉的国家秘密、商业秘密或者个人隐私；⑨法律、法规、国务院司法行政部门规定禁止的其他行为。

公证员有下列情形之一的，由所在地的司法行政部门报省、自治区、直辖市人民政府司法行政部门提请国务院司法行政部门予以免职：①丧失中华人民共和国国籍的；②年满65周岁或者因健康原因不能继续履行职务的；③自愿辞去公证员职务的；④被吊销公证员执业证书的。

三、当事人及其适格性

根据《公证法》的规定，自然人、法人或其他组织都可以成为公证的当事人，但不是所有自然人、法人或其他组织都有权申请公证，从公证法学理出发，申请公证的当事人必须和申请公证的事项具有利害关系。利害关系的界定，关系着申请公证的范围。有学者认为："所谓关系人，就请求人之资格不作严格限制，凡法律上、经济上、亲属上或事实上之关系人，均得请求公证或认证。"[1]这样的学说观点，体现了对利害关系的宽泛界定，其目的在于尽可能多地将当事人和公证事项纳入公证活动的范围。我国《公证法》第28条第1项对公证当事人的适格作出原则性规定，即公证机构办理公证时，应审查当事人的身份、申请办理该项公证的资格以及相应的权利。同时，《公证法》第31条第2项也规定，当事人与申请公证的事项没有利害关系的，公证机构不予办理公证。实践中，公证机构与公证员也注重对当事人及其申请事项间的利害关系进行审查。例如，申请遗嘱公证的当事人必须表明其与遗嘱设立人、遗产之间的利害关系。一般认为，所谓利害关系，就是指当事人与申请公证事项间存在实体法或程序法上的权利义务关系。有利害关系，则可以成为公证当事人；无利害关系，则不可申请对该事项的公证。

由于公证是一项社会性的证明服务，对于维护民事法律秩序，提高交易安全，维护市场稳定具有重要意义。因此，对公证当事人的适格宜从宽把握，这样可以更好发挥公证的功能。所以，我国对于利害关系的判断也遵循国际通例，采宽松判断标准。只要当事人表明其与待公证事项具有底线的权利义务关系，即可认定利害关系的存在。

公证与公证当事人适格在实践上应当把握以下要点：

1. 公证机构和公证员应当勤勉尽职地查明所有与公证事项有利害关系的当事人，不要遗漏必须参与公证活动的当事人。如果遗漏必须参与的公证当事人而做出公证的，属于错证，可能产生法律责任；同时，也会侵犯被遗漏当事人的合法权益。

2. 在公证活动中，有些利害关系人可以不作为当事人参与公证，但公证机构和公证员在办证过程中应注意取得他们的明示同意。例如，在出售一套他人已经承租的房屋时，虽然承租人不必成为公证当事人参与公证，但应当征求承租人的意见，获得承租人明确放弃优先购买权的承诺。

3. 利害关系人不作为当事人参与公证，但可以作为"协助人"参与公证活动。根据《公证程序规则》第27条第1项的规定，公证机构在核实

---

[1] 郑云鹏：《台湾公证新制下的公证人权限 兼论公证权力的扩张》，载《中国公证》2004年第2期。

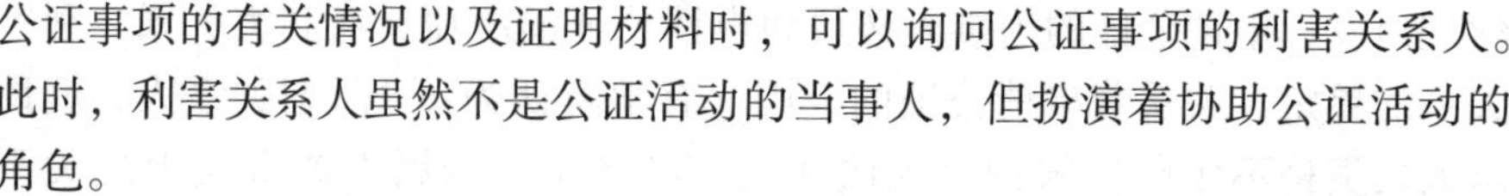

公证事项的有关情况以及证明材料时，可以询问公证事项的利害关系人。此时，利害关系人虽然不是公证活动的当事人，但扮演着协助公证活动的角色。

4. 当事人可以委托他人办理公证，但是，有些人身关系事项的公证必须由当事人本人办理。《公证法》第 26 条规定："自然人、法人或者其他组织可以委托他人办理公证，但遗嘱、生存、收养关系等应当由本人办理公证的除外。"

四、公证管理体制

目前，我国实行"两结合"的公证管理体制。所谓"两结合"的公证管理体制，是指公证实行司法行政机关行政管理与公证协会行业管理相结合的管理体制。《公证法》第 5 条规定："司法行政部门依照本法规定对公证机构、公证员和公证协会进行监督、指导。"《公证法》第 4 条第 2 款则规定："公证协会是公证业的自律性组织，依据章程开展活动，对公证机构、公证员的执业活动进行监督。"

根据法律法规规定及公证实践，司法行政机关目前主要承担的职责是依法加强对公证的监督、指导，主要通过制定政策法规、行业规划、标准规范等措施实现。公证协会则主要通过行业自律，依法、依章程履行指导业务、规范执业、维护权益、行业惩戒等职责。行业协会主要在自律管理、行业规则、行业惩戒、信息化建设、文化建设等方面发挥重要作用。

"两结合"的公证管理体制从目的上看，主要是为了实现对公证业全面合理、彼此衔接的监督、指导。同时，强调充分发挥公证协会在公证业的自律功能，减少行政性、强制性管理。但是，目前我国许多地方公证协会与司法行政管理部门合署办公，"一套人马，两块牌子"。这就导致公证协会丧失了独立性，其行业自律功能无法充分发挥，公证管理体制存在重行政、重管理、轻自律的问题，亟待解决。

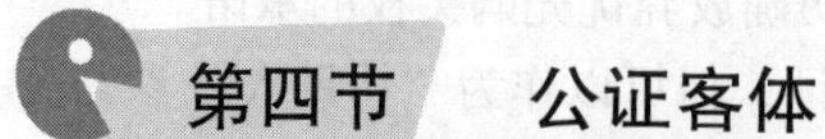

第四节 公证客体

公证客体，过去也被称为公证对象，是指公证活动指向的对象、标的和内容，是公证活动的主要构成，也是当事人选择公证进行证明的主要对象。目前，各国立法对于公证客体的规定主要有概括式、列举式和概括式加列举式三类。我国《公证法》第2条对公证客体进行了规定，即包括民事法律行为、有法律意义的事实和文书等，体现了列举式特征，对此，可以进一步学习、理解。

一、民事法律行为

自德国《民法典》滥觞后，民事法律行为概念成了大多数大陆法系国家和地区所使用的重要民事法律概念。民事法律行为是以意思表示为要素，依照意思表示内容发生法律效果为目的的行为。民事法律行为是公证活动最重要、最频繁的对象，公证业务与民事法律行为的关系十分密切。公证所涉及的常见民事法律行为主要包括合同、委托、声明、赠与、遗嘱、财产分割、招标投标、拍卖等。

基于对公证实务的理解，可以将公证民事法律行为的工作内容总结如下：①基于公证人的咨询义务，对当事人就法律规定、行为后果及其风险进行充分阐释；②客观记录当事人的意思表示、表示的过程及相关事项；③依据当事人意思表示，根据现行法律进行修正，以促成其行为的适法性和可行性；④撰写并达成契约，并征询当事人的肯定；⑤作成文书，完成当事人意思向外传达和表征的过程。

民法理论将民事法律行为区分为单方法律行为、双方法律行为与多方法律行为，这对公证活动也有指导意义，在公证活动的规则上有一定的区别。对于单方法律行为而言，公证更多关注当事人是否做出的是有权法律行为，通常此时当事人行使的是一项民法上的形成权，因此必须查明当事人的权限。双方法律行为中，公证应侧重于当事人意思表示的合致，重点查明合意的达成是否是双方当事人的真实意思表示，没有胁迫、引诱、欺骗或重大误解、通谋侵害第三人利益等情形。同时，公证员也可充分发挥撮合、居间平衡功能。而对于多方法律行为，公证应更多注意当事人各方是否遵守了事先指定的各项约束规则。

根据民事法律行为涉及领域的不同，公证活动还可以区分为家庭事务公证、不动产事务公证、商事公证、现场监督类公证等。区分不同领域公证业务的意义在于，根据不同民事法律行为的特点，公证活动的开展在程序、内容、制度设计上均有所不同。公证业务应根据民事法律行为的特点以及当事人的需求，制定专门具体的办证方案。

二、有法律意义的事实

有法律意义的事实可以分为实体法意义上的事实和程序法意义上的事

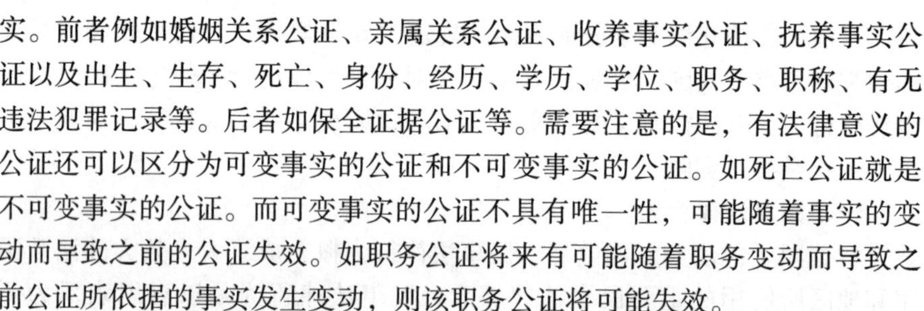

实。前者例如婚姻关系公证、亲属关系公证、收养事实公证、抚养事实公证以及出生、生存、死亡、身份、经历、学历、学位、职务、职称、有无违法犯罪记录等。后者如保全证据公证等。需要注意的是，有法律意义的公证还可以区分为可变事实的公证和不可变事实的公证。如死亡公证就是不可变事实的公证。而可变事实的公证不具有唯一性，可能随着事实的变动而导致之前的公证失效。如职务公证将来有可能随着职务变动而导致之前公证所依据的事实发生变动，则该职务公证将可能失效。

三、有法律意义的文书

一些在程序法或实体法上有重要作用的文书，也是公证的重要内容。《公证法》第 11 条第 1 款第 8 项、第 10 项规定，公证机构可以公证公司章程，以及文书上的签名、印鉴、日期，文书的副本、影印本与原本相符等事项。

四、其他非讼事项

世界各国普遍赋予了公证广泛的非讼权利，公证人在非讼事件中行使法律赋予的审查权、确认权等。我国《公证法》没有明确规定公证具有非讼属性。但《公证法》第 12 条规定的公证事项具有明显的非讼属性。例如提存、代写与公证事项有关的法律事务文书以及保管遗嘱、遗产或者其他与公证事项有关的财产、物品和文书。

2017 年 6 月 29 日，最高人民法院、司法部印发《关于开展公证参与人民法院司法辅助事务试点工作的通知》，根据该通知，公证机构可以参与的司法辅助事务主要有：参与调解、参与取证、参与送达、参与保全、参与执行等。上述事务同样具有非讼事务的属性。

第五节 公证程序

一、公证申请与受理

（一）公证申请与受理概述

我国公证的启动只能依据当事人的申请，没有当事人的申请不能开展公证活动。公证申请，是指自然人、法人或者其他组织向公证机构提出办理公证的请求，是启动公证程序的首道环节。而公证受理则是指公证机构接受自然人、法人或者其他组织的申请，同意给予办理公证的行为。公证机构受理公证申请，表明公证机构与当事人的权利义务关系正式产生，公证活动开始。

申请办理公证的当事人应当向公证机构如实说明申请公证事项的有关情况，提供真实、合法、充分的证明材料；提供的证明材料不充分的，公证机构可以要求当事人补充。当事人向公证机构申请办理公证业务需要填写公证申请表。公证申请表应当具备下列内容：①申请人及其代理人的基本情况；②申请公证的事项及公证书的用途；③申请公证的文书的名称；④提交证明材料的名称、份数及有关证人的姓名、住址、联系方式；⑤申请的日期；⑥其他需要说明的情况。同时，申请人还应当在公证申请表上签名、盖章或捺指印。

当事人向公证机构申请公证须遵循一定的管辖要求。《公证法》第25条第1款规定："自然人、法人或者其他组织申请办理公证，可以向住所地、经常居住地、行为地或者事实发生地的公证机构提出。"该条第2款规定："申请办理涉及不动产的公证，应当向不动产所在地的公证机构提出"。但是，如果申请办理涉及不动产的委托、声明、赠与、遗嘱的公证，可以适用《公证法》第25条第1款的规定。两个以上当事人共同申请办理同一事项公证的，可以共同向其中一个当事人住所地、经常居住地或者行为地、事实发生地的公证机构提出。当事人向两个或两个以上公证机构同时申请办理公证的，由最先受理申请的公证机构办理。

（二）受理与不予受理

自然人、法人或者其他组织申请办理公证，根据《公证程序规则》第18条的规定，应当提交下列材料：①自然人的身份证明，法人的资格证明及其法定代表人的身份证明，其他组织的资格证明及其负责人的身份证明；②委托他人代为申请的，代理人须提交当事人的授权委托书，法定代理人或者其他代理人须提交有代理权的证明；③申请公证的文书；④申请公证的事项的证明材料，涉及财产关系的须提交有关财产权利证明；⑤与申请公证的事项有关的其他材料。

对于前述第④项、第⑤项所规定的申请人应当提交的证明材料，公证机构能够通过政务信息资源共享方式获取的，当事人可以不提交，但应当作出有关信息真实合法的书面承诺。

公证机构在收到自然人、法人或者其他组织公证申请后，应对该申请进行审查，符合下列条件的申请，公证机构可以受理：①申请人与申请公证的事项有利害关系；②申请人之间对申请公证的事项无争议；③申请公证的事项符合《公证法》第11条规定的范围；④申请公证的事项符合《公证法》第25条的规定和该公证机构在其执业区域内可以受理公证业务的范围。需要注意的是，法律、行政法规规定应当公证的事项，符合前述第①项、第②项、第④项规定条件的，公证机构应当受理。对不符合规定条件的申请，公证机构不予受理，并通知申请人。对因不符合前述第④项规定不予受理的，应当告知申请人向可以受理该公证事项的公证机构申请。

（三）公证回避

公证的真实、客观需要确保公证机构与公证员的中立、公正。因此，《公证法》第23条第3项专门规定，公证员不得为本人及近亲属办理公证或者办理与本人及近亲属有利害关系的公证。《公证程序规则》第20条同样规定公证机构受理公证申请后，应当指派承办公证员，并通知当事人。当事人要求该公证员回避，经查属于《公证法》第23条第3项规定应当回避情形的，公证机构应当改派其他公证员承办。这就是关于公证回避的制度设计。

不过需要注意的是，公证回避与三大诉讼法上规定的回避制度有较大区别。首先，公证回避的适用范围不同，公证回避只适用于公证员，而不适用于公证机构的整体回避。其次，并未规定任职回避，即公证员可以在其所工作的公证机构申请公证。

二、公证审查

（一）公证审查的内容

公证机构受理公证后，就应当履行审查义务，从而确保公证事项的真实性、合法性。对于公证机构没有尽职尽责审查，构成错证的，还会追究公证机构与相关责任人的法律责任。

公证审查的标准一直以来存在争议。主要有两种观点：形式审查说和实质审查说。前者认为，公证员只需要对公证事项进行形式上的审查即可，无需过度探明真相，因为公证只是提供证明，而非进行事实调查。后者则认为，为确保公正的真实、客观，公证员有必要对待证事项进行深入调查、了解，在查明事项真实性的基础上方可作出公证。从实践上看，公证的审查标准并非一成不变，而是根据公证事项的具体情况调整审查密度。具体需要考虑的因素包括当事人需求、公证效率、公证事项繁简程度、公证员能力、公证的客观环境制约因素等。

《公证法》第28条规定了具体的公证审查规则：公证机构办理公证，应当根据不同公证事项的办证规则，分别审查下列事项：①当事人的身份、申请办理该项公证的资格以及相应的权利；②提供的文书内容是否完备，含义是否清晰，签名、印鉴是否齐全；③提供的证明材料是否真实、合法、充分；④申请公证的事项是否真实、合法。《公证程序规则》第23条第2项进一步规定，公证机构还应当审查当事人的意思表示是否真实。

为确保公证审查的效率和准确性，当事人也应当履行一定的配合义务。根据《公证程序规则》第24条的规定，当事人应当向公证机构如实说明申请公证的事项的有关情况，提交的证明材料应当真实、合法、充分。公证机构在审查中，对申请公证的事项的真实性、合法性有疑义的，认为当事人的情况说明或者提供的证明材料不充分、不完备或者有疑义的，可以要求当事人作出说明或者补充证明材料。当事人拒绝说明有关情况或者补充证明材料的，公证机构将会不予办理公证。

公证审查须确保时效性，以免损害当事人的公证利益与时效利益。对此，《公证法》对公证审查的时效进行了规定。《公证法》第30条规定："公证机构经审查，认为申请提供的证明材料真实、合法、充分，申请公证的事项真实、合法的，应当自受理公证申请之日起十五个工作日内向当事人出具公证书。但是，因不可抗力、补充证明材料或者需要核实有关情况的，所需时间不计算在期限内。"

（二）不予办理公证与终止公证

公证机构进行公证审查后，遇有法律规定的情形，将不予办理公证。这些情形主要有：①无民事行为能力人或者限制民事行为能力人没有监护人代理申请办理公证的；②当事人与申请公证的事项没有利害关系的；③申请公证的事项属专业技术鉴定、评估事项的；④当事人之间对申请公证的事项有争议的；⑤当事人虚构、隐瞒事实，或者提供虚假证明材料的；⑥当事人提供的证明材料不充分又无法补充，或者拒绝补充材料的；⑦申请公证的事项不真实、不合法的；⑧申请公证的事项违背社会公德的；⑨当事人拒绝按照规定支付公证费的。

公证机构不予办理公证的，由承办公证员写出书面报告，报公证机构负责人审批。不予办理公证的决定应当书面通知当事人或其代理人。与此同时，公证机构应当根据不予办理的原因及责任，酌情退还部分或者全部收取的公证费。

《公证程序规则》还规定了终止公证的情形，主要包括：①因当事人的原因致使该公证事项在6个月内不能办结的；②公证书出具前当事人撤回公证申请的；③因申请公证的自然人死亡、法人或者其他组织终止，不能继续办理公证或者继续办理公证已无意义的；④当事人阻挠、妨碍公证机构及承办公证员按规定的程序、期限办理公证的；⑤其他应当终止的情形。终止公证的，由承办公证员写出书面报告，报公证机构负责人审批。终止公证的决定应当书面通知当事人或其代理人。终止公证的，公证机构应当根据终止的原因及责任，酌情退还部分收取的公证费。

不予办理公证与终止公证都具有终结此次公证活动的法律效力。二者不同点在于：①法律事由不同。不予办理公证主要是基于事实或法律规定，对明显错误、虚假的现实，或法律上、客观技术能力上无法公证的事项不予办理公证；而终止公证的事由主要是公证程序方面的原因。②法律后果不同。不予办理公证的事项违反了法律的规定，或违反了公序良俗，一般没有再次启动公证的可能。但终止公证后，如果终止事由消除，当事人仍然可以再次申请并启动公证。

三、公证核实

（一）公证核实概述

公证审查中必然伴随着公证核实，公证核实也是公证审查的基础。因此，公证核实与公证审查是不可分的整体。但是，公证核实相较公证审查而言，更强调对公证事项实质真实的探寻。公证核实义务是否完整、正确履行，是判断公证机构与公证员是否承担公证法律责任的重要标准。《公证法》第 29 条规定："公证机构对申请公证的事项以及当事人提供的证明材料，按照有关办证规则需要核实或者对其有疑义的，应当进行核实，或者委托异地公证机构代为核实，有关单位或者个人应当依法予以协助。"

对上述公证核实制度，我们应当从这几个方面予以把握：①公证核实所针对的对象有两类，即申请公证的事项以及当事人提供的证明材料。尤其需要注意，当事人提供的证明材料并不当然为真，还需要公证核实。②核实的前提条件有二，即按照有关办证规则需要核实，或者公证员对其有疑义。前者属于制度规则上的强制性核实，只要办证规则规定需要核实的，不论是否有疑义均需要公证核实；而后者属于任意性、裁量性核实，虽然办证规则并未规定需要核实，但公证员对公证事项或当事人提供的证明材料存疑的，也应当进行核实。③公证的方法也有两种，即自行核实和委托核实。

（二）公证核实的方式

《公证程序规则》规定了5种主要、常见的公证核实方式，分别是：①通过询问当事人、公证事项的利害关系人核实；②通过询问证人核实；③向有关单位或者个人了解相关情况或者核实、收集相关书证、物证、视听资料等证明材料；④通过现场勘验核实；⑤委托专业机构或者专业人员鉴定、检验检测、翻译。

采用询问方式向当事人、公证事项的利害关系人或者有关证人了解、核实公证事项的有关情况以及证明材料的，应当告知被询问人享有的权利、承担的义务及其法律责任。询问的内容应当制作笔录。询问笔录应当载明询问日期、地点、询问人、记录人，询问事由，被询问人的基本情况，告知内容、询问谈话内容等。询问笔录应当交由被询问人核对后签名或者盖章、捺指印。笔录中修改处应当由被询问人盖章或者捺指印认可。

在向当事人、公证事项的利害关系人、证人或者有关单位、个人核实或者收集有关公证事项的证明材料时，需要摘抄、复印（复制）有关资料、证明原件、档案材料或者对实物证据照相并作文字描述记载的，摘抄、复印（复制）的材料或者物证照片及文字描述记载应当与原件或者物证相符，并由资料、原件、物证所有人或者档案保管人对摘抄、复印（复制）的材料或者物证照片及文字描述记载核对后签名或者盖章。

采用现场勘验方式核实公证事项及其有关证明材料的，应当制作勘验笔录，由核实人员及见证人签名或者盖章。根据需要，可以采用绘图、照相、录像或者录音等方式对勘验情况或者实物证据予以记载。

需要委托专业机构或者专业人员对申请公证的文书或者公证事项的证明材料进行鉴定、检验检测、翻译的，应当告知当事人由其委托办理，或者征得当事人的同意代为办理。鉴定意见、检验检测结论、翻译材料，应当由相关专业机构及承办鉴定、检验检测、翻译的人员盖章和签名。委托鉴定、检验检测、翻译所需的费用，由当事人支付。

公证机构委托异地公证机构核实公证事项及其有关证明材料的，应当出具委托核实函，对需要核实的事项及内容提出明确的要求。受委托的公证机构收到委托函后，应当在1个月内完成核实。因故不能完成或者无法核实的，应当在上述期限内函告委托核实的公证机构。

与此同时，针对申请公证文书内容的审查核实，还有特别规定。公证机构在审查中，认为申请公证的文书内容不完备、表达不准确的，应当指

导当事人补正或者修改。当事人拒绝补正、修改的，应当在工作记录中注明。应当事人的请求，公证机构可以代为起草、修改申请公证的文书。

四、公证书

（一）公证书概述

当事人申请公证最终目的在于获得有法律效力的公证书，公证书是公证活动最重要的最终“产品”。根据《公证法》的规定，公证机构经审查，认为申请提供的证明材料真实、合法、充分，申请公证的事项真实、合法的，应当自受理公证申请之日起15个工作日内向当事人出具公证书。但是，因不可抗力、补充证明材料或者需要核实有关情况的，所需时间不计算在期限内。

（二）公证书的制作条件

根据公证客体的不同，公证书的制作条件也有所不同。

民事法律行为的公证，应当符合下列条件：①当事人具有从事该行为的资格和相应的民事行为能力；②当事人的意思表示真实；③该行为的内容和形式合法，不违背社会公德；④《公证法》规定的其他条件。另外需要注意的是，不同的民事法律行为公证的办证规则有特殊要求的，从其规定。

有法律意义的事实或者文书的公证，应当符合下列条件：①该事实或者文书与当事人有利害关系；②事实或者文书真实无误；③事实或者文书的内容和形式合法，不违背社会公德；④《公证法》规定的其他条件。与民事法律行为的公证相似，不同的有法律意义的事实或者文书公证的办证规则有特殊要求的，从其规定。

文书上的签名、印鉴、日期的公证，其签名、印鉴、日期应当准确、属实；文书的副本、影印本等文本的公证，其文本内容应当与原本相符。

具有强制执行效力的债权文书的公证，应当符合下列条件：①债权文书以给付为内容；②债权债务关系明确，债权人和债务人对债权文书有关给付内容无疑义；③债务履行方式、内容、时限明确；④债权文书中载明当债务人不履行或者不适当履行义务时，债务人愿意接受强制执行的承诺；⑤债权人和债务人愿意接受公证机构对债务履行情况进行核实；⑥《公证法》规定的其他条件。

（三）公证书的程序

公证书作为具有法律效力的证明文件，在制作程序和内容上有着严格的法律要求。公证书应当按照司法部规定的格式制作。公证书包括以下主要内容：①公证书编号；②当事人及其代理人的基本情况；③公证证词；④承办公证员的签名（签名章）、公证机构印章；⑤出具日期。需要特别注意的是，公证证词证明的文书是公证书的组成部分。有关办证规则对公证书的格式有特殊要求的，从其规定。

制作公证书应当使用全国通用的文字。在民族自治地方，根据当事人的要求，可以同时制作当地通用的民族文字文本。两种文字的文本，具有同等效力。发往香港、澳门、台湾地区使用的公证书应当使用全国通用的文字。发往国外使用的公证书应当使用全国通用的文字。根据需要和当事人的要求，公证书可以附外文译文。

公证书自出具之日起生效。需要审批的公证事项，审批人的批准日期为公证书的出具日期；不需要审批的公证事项，承办公证员的签发日期为公证书的出具日期；现场监督类公证需要现场宣读公证证词的，宣读日期为公证书的出具日期。

公证机构制作的公证书正本，由当事人各方各收执一份，并可以根据当事人的需要制作若干份副本。公证机构留存公证书原本（审批稿、签发稿）和一份正本归档。公证书出具后，可以由当事人或其代理人到公证机构领取，也可以应当事人的要求由公证机构发送。当事人或其代理人收到公证书应当在回执上签收。

五、公证特别程序

在一些特定行业领域或对特定的公证客体，公证法律法规制定了不同于一般公证程序的特殊公证程序。

（一）现场监督类公证

公证机构办理招标投标、拍卖、开奖等现场监督类公证，应当由 2 人共同办理。承办公证员应当依照有关规定，通过事前审查、现场监督，对其真实性、合法性予以证明，现场宣读公证证词，并在宣读后 7 日内将公证书发送当事人。该公证书自宣读公证证词之日起生效。办理现场监督类公证，承办公证员发现当事人有弄虚作假、徇私舞弊、违反活动规则、违反国家法律和有关规定行为的，应当即时要求当事人改正；当事人拒不改正的，应当不予办理公证。

（二）遗嘱公证

公证机构办理遗嘱公证，应当由 2 人共同办理。承办公证员应当全程亲自办理，并对遗嘱人订立遗嘱的过程录音录像。特殊情况下只能由 1 名公证员办理时，应当请 1 名见证人在场，见证人应当在询问笔录上签名或

者盖章。公证机构办理遗嘱公证，应当查询全国公证管理系统。出具公证书的，应当于出具当日录入办理信息。

（三）证据保全公证

公证机构派员外出办理保全证据公证的，由2人共同办理，承办公证员应当亲自外出办理。办理保全证据公证，承办公证员发现当事人是采用法律、法规禁止的方式取得证据的，应当不予办理公证。

（四）经公证具有强制执行效力债权文书的执行

债务人不履行或者不适当履行经公证的具有强制执行效力的债权文书的，公证机构应当对履约情况进行核实后，依照有关规定出具执行证书。债务人履约、公证机构核实、当事人就债权债务达成新的协议等涉及强制执行的情况，承办公证员应当制作工作记录附卷。执行证书应当载明申请人、被申请执行人、申请执行标的和申请执行的期限。债务人已经履行的部分，应当在申请执行标的中予以扣除。因债务人不履行或者不适当履行而发生的违约金、滞纳金、利息等，可以应债权人的要求列入申请执行标的。

（五）经公证事项履行争议

经公证的事项在履行过程中发生争议的，出具公证书的公证机构可以应当事人的请求进行调解。经调解后当事人达成新的协议并申请公证的，公证机构可以办理公证；调解不成的，公证机构应当告知当事人就该争议依法向人民法院提起民事诉讼或者向仲裁机构申请仲裁。

第六节 公证效力

公证效力是指公证书依据法律相关规定而产生的在实体法或程序法上的效力。公证效力的强度及范围决定了公证在法律上的定位与地位。公证效力强度越大、范围越广，公证在法律上的定位与地位越重要；公证效力强度越小、范围越窄，则公证在司法制度中的重要性偏低。合理确定公证效力具有保障公证健康运行，维护国家法制运作的重要意义。我国公证效力主要体现在民法与民事诉讼法之上。

一、公证书在民法上的效力

1. 要式效力。一些民事法律行为因其重要性，往往被法律法规确定为须经公证方式确认，否则无效。公证可以确保以书面方式进行的民事法律行为的准确性、完备性。同时，公证客体中有法律意义的文书同样可以通过公证保障其真实、有效。《公证法》第 38 条规定：“法律、行政法规规定未经公证的事项不具有法律效力的，依照其规定。”这表明在我国，公证书具有保证相关民事法律行为、有法律意义的文书生效的要式效力。

2. 优先效力。经公证的民事法律行为在一些领域具有优先效力，即经过公证的民事法律行为产生对抗他人的效力，而未经公证的民事法律行为则不可对抗他人。例如，我国民法中公证遗嘱具有优先于其他未公证遗嘱的效力；又如，经公证的赠与合同，赠与人不得单方面撤销。

3. 证明行为效力。域外立法中常见法律规定某项法律行为必须以公证的方式证明其存在。未经公证的法律行为则不能生效。

4. 强制执行效力。《公证法》37 条第 1 款规定：“对经公证的以给付为内容并载明债务人愿意接受强制执行承诺的债权文书，债务人不履行或者履行不适当的，债权人可以依法向有管辖权的人民法院申请执行。”同时该条第 2 款规定，前款规定的债权文书确有错误的，人民法院裁定不予执行，并将裁定书送达双方当事人和公证机构。经公证的债权文书相当于获得了法院的生效判决，债权人一方可以直接申请强制执行，而无须再次就该已公证的债权债务关系进行诉讼。这是公证最传统、最重要的效力之一，债权债务关系中的当事人选择公证债权文书，其目的就是在于直接获得强制执行效力，避免讼累。

从诉讼法的角度看，经公证的以给付为内容并载明债务人愿意接受强制执行承诺的债权文书，其实相当于当事人双方放弃了诉权。法院也只能在执行程序中对债权文书是否有错误进行审查，而不能对债权债务关系进行审查。但是，如果法院判断债权文书确有错误而裁定不予执行后，应当恢复当事人的诉权，准许当事人选择民事诉讼方式解决债权债务关系的争议。

二、公证书在民事诉讼法上的效力

1. 形式证据力与实质证据力。所谓公证书的形式证据力，是指公证书一经成立，则足以证明公证书的制作人确实进行了公证书内记载之陈述或报告，不能质疑公证员是否做出了该公证书。所谓公证书的实质证据力，是指公证书记载的内容对于待证事实而言具有高度的公信力，以至于产生类似于“免证事实”的效力。《公证法》第 36 条规定：“经公证的民事法律行为、有法律意义的事实和文书，应当作为认定事实的根据，但有相反证据足以推翻该项公证的除外。”《民事诉讼法》第72条同样规定：“经过法定程序公证证明的法律事实和文书，人民法院应当作为认定事实的根据，但有相反证据足以推翻公证证明的除外。”

公证的本质在于以公信力对抗一切怀疑，因此，公证最主要的效力体现在证明效果上。经公证的民事法律行为、有法律意义的事实和文书，具有了推定为真的效力，产生了证据法意义上的“举证责任倒置”的效力。易言之，经公证的民事法律行为、有法律意义的事实和文书，不再由提出者、主张者承担证明为真的责任，而是由否认上述公证客体存在、成立、真实的反对方承担举证责任。不过，需要注意的是，公证具有的“推定为真”的效力是一种可反驳的推定，经公证的民事法律行为、有法律意义的事实和文书并不当然为真，如果反对方提出足以推翻公证的证据时，应当作出不同于公证的判断、认定。

2. 书证效力。公证书本身还可以作为书证在诉讼中加以运用。此时，公证书主要起到的证明作用在于证明公证的存在。尤其在前述必须以公证方式方可成立、生效的民事法律行为争议中，公证书可以证明该民事法律行为经过了公证。又如前述赠与合同、遗嘱继承中，公证书的存在可以证明赠与、遗嘱经过了公证，产生相应的优先效力。

第七节　公证争议处理与法律责任

一、错误公证书的复查程序

1. 复查的申请。当事人认为公证书有错误的，可以在收到公证书之日起1年内，向出具该公证书的公证机构提出复查。公证事项的利害关系人认为公证书有错误的，可以自知道或者应当知道该项公证之日起1年内向出具该公证书的公证机构提出复查，但能证明自己不知道的除外。提出复查的期限自公证书出具之日起最长不得超过20年。复查申请应当以书面形式提出，载明申请人认为公证书存在的错误及其理由，提出撤销或者更正公证书的具体要求，并提供相关证明材料。

需要注意的是，错误公证书的复查程序既可以由当事人申请启动，也可以由公证机构自行依职权启动。《公证程序规则》第65条规定：“公证机构发现出具的公证书的内容及办理程序有本规则第六十三条第二项至第五项规定情形的，应当通知当事人，按照本规则第六十三条的规定予以处理。”

2. 复查的处理。公证机构收到复查申请后，应当指派原承办公证员之外的公证员进行复查。复查结论及处理意见，应当报公证机构的负责人审批。公证机构进行复查，应当对申请人提出的公证书的错误及其理由进行审查、核实，区别不同情况，按照以下规定予以处理：①公证书的内容合法、正确、办理程序无误的，作出维持公证书的处理决定；②公证书的内容合法、正确，仅证词表述或者格式不当的，应当收回公证书，更正后重新发给当事人；不能收回的，另行出具补正公证书；③公证书的基本内容违法或者与事实不符的，应当作出撤销公证书的处理决定；④公证书的部分内容违法或者与事实不符的，可以出具补正公证书，撤销对违法或者与事实不符部分的证明内容；也可以收回公证书，对违法或者与事实不符的部分进行删除、更正后，重新发给当事人；⑤公证书的内容合法、正确，但在办理过程中有违反程序规定、缺乏必要手续的情形，应当补办缺漏的程序和手续；无法补办或者严重违反公证程序的，应当撤销公证书。

被撤销的公证书应当收回，并予以公告，该公证书自始无效。公证机构撤销公证书或出具补正公证书的，应当于撤销决定作出或补正公证书出具当日报地方公证协会备案，并录入全国公证管理系统。

3. 复查的时限。公证机构应当自收到复查申请之日起30日内完成复查，作出复查处理决定，发给申请人。需要对公证书作撤销或者更正、补正处理的，应当在作出复查处理决定后10日内完成。复查处理决定及处理后的公证书，应当存入原公证案卷。公证机构办理复查，因不可抗力、补充证明材料或者需要核实有关情况的，所需时间不计算在前款规定的期限内，但补充证明材料或者需要核实有关情况的，最长不得超过6个月。

4. 公证费退还。公证书被撤销的，所收的公证费按以下规定处理：①因公证机构的过错撤销公证书的，收取的公证费应当全部退还当事人；②因当事人的过错撤销公证书的，收取的公证费不予退还；③因公证机构和当事人双方的过错撤销公证书的，收取的公证费酌情退还。

二、公证争议的救济

当事人、公证事项的利害关系人对公证机构作出的撤销或者不予撤销公证书的决定有异议的，可以向地方公证协会投诉。投诉的处理办法，由中国公证协会制定。

当事人、公证事项的利害关系人对公证书涉及当事人之间或者当事人与公证事项的利害关系人之间实体权利义务的内容有争议的，公证机构应当告知其可以就该争议向人民法院提起民事诉讼。

公证机构及其公证员因过错给当事人、公证事项的利害关系人造成损失的，由公证机构承担相应的赔偿责任；公证机构赔偿后，可以向有故意或者重大过失的公证员追偿。当事人、公证事项的利害关系人与公证机构因过错责任和赔偿数额发生争议，协商不成的，可以向人民法院提起民事诉讼，也可以申请地方公证协会调解。

三、公证法律责任

1. 责任构成。公证员法律责任的构成是指公证员承担公证法律责任应当具备的要素。根据我国法律法规的规定，公证员承担法律责任应当具备以下要素：

第一，有违反公证法律、法规或规章的行为发生。公证员必须是违反了法律、法规或规章中有关公证的规定。违法行为可能是作为，也可能是不作为，如对不真实、不合法的公证事项出具公证书或者出具虚假公证书的公证员都应承担法律责任。

第二，行为人主观上有过错，过错包括故意和过失。故意违反公证法律的行为固然要承担法律责任，因疏忽大意或过于自信违反公证法律的行为，只要符合承担法律责任之要件，同样也要承担法律责任。

第三，行为人要有承担法律责任的能力或资格，公证员必须是完全民事行为能力人。

第四，行为人行为侵害了公证活动秩序，造成了危害后果，并且行为与结果存在着因果关系。损害的事实包括违法行为造成的人身损害、财产损害以及对法律秩序、公共利益的损害。违法行为与损害结果存在因果关系是指违法行为与损害事实之间存在内在的合乎规律的客观联系，如果两者之间没有因果关系，就不构成公证员的法律责任。

2. 违反职业伦理的责任承担。公证机构及其公证员有下列行为之一的，由省、自治区、直辖市或者设区的市人民政府司法行政部门给予警告；情节严重的，对公证机构处 1 万元以上 5 万元以下罚款，对公证员处 1000 元以上 5000 元以下罚款，并可以给予 3 个月以上 6 个月以下停止执业的处罚；有违法所得的，没收违法所得：①以诋毁其他公证机构、公证员或者支付回扣、佣金等不正当手段争揽公证业务的；②违反规定的收费标准收取公证费的；③同时在 2 个以上公证机构执业的；④从事有报酬的其他职业的；⑤为本人及近亲属办理公证或者办理与本人及近亲属有利害关系的公证的；⑥依照法律、行政法规的规定，应当给予处罚的其他行为。

3. 违法办理公证业务的责任承担。公证机构及其公证员有下列行为之一的，由省、自治区、直辖市或者设区的市人民政府司法行政部门对公证机构给予警告，并处 2 万元以上 10 万元以下罚款，并可以给予 1 个月以上 3 个月以下停业整顿的处罚；对公证员给予警告，并处 2 千元以上 1 万元以下罚款，并可以给予 3 个月以上 12 个月以下停止执业的处罚；有违法所得的，没收违法所得；情节严重的，由省、自治区、直辖市人民政府司法行政部门吊销公证员执业证书；构成犯罪的，依法追究刑事责任：①私自出具公证书的；②为不真实、不合法的事项出具公证书的；③侵占、挪用公证费或者侵占、盗窃公证专用物品的；④毁损、篡改公证文书或者公证档案的；⑤泄露在执业活动中知悉的国家秘密、商业秘密或者个人隐私的；⑥依照法律、行政法规的规定，应当给予处罚的其他行为。

同时，因故意犯罪或者职务过失犯罪受刑事处罚的，应当吊销公证员执业证书。被吊销公证员执业证书的，不得担任辩护人、诉讼代理人，但系刑事诉讼、民事诉讼、行政诉讼当事人的监护人、近亲属的除外。

4. 赔偿责任。公证机构及其公证员因过错给当事人、公证事项的利害关系人造成损失的，由公证机构承担相应的赔偿责任；公证机构赔偿后，可以向有故意或者重大过失的公证员追偿。当事人、公证事项的利害关系人与公证机构因赔偿发生争议的，可以向人民法院提起民事诉讼。

5. 当事人责任。当事人以及其他个人或者组织有下列行为之一，给他人造成损失的，依法承担民事责任；违反治安管理的，依法给予治安管理处罚；构成犯罪的，依法追究刑事责任：①提供虚假证明材料，骗取公证书的；②利用虚假公证书从事欺诈活动的；③伪造、变造或者买卖伪造、变造的公证书、公证机构印章的。

思考题

1. 请简述公证的概念。
2. 公证的基本原则有哪些？
3. 公证的主体有哪几类？

4. 什么是公证当事人适格？
5. 公证的基本程序包括哪些内容？
6. 公证的效力有哪些？
7. 公证法律责任的基本构成是什么？

拓展阅读

第七章　仲裁制度

学习目的和要求：

通过学习，掌握仲裁的定义、特点、社会功能与基本原则；理解仲裁机构与人员的概念；熟悉民商事仲裁和行政仲裁的法律规定及运行程序；了解涉外仲裁。

第一节　仲裁概述

党的二十大报告提出，我们要坚持走中国特色社会主义法治道路，建设中国特色社会主义法治体系、建设社会主义法治国家，全面推进国家各方面工作法治化。仲裁制度作为中国特色社会主义司法制度的重要组成部分，其法治化发展是法治现代化的重要内容。

党的十八大以来，习近平总书记高度重视仲裁事业发展。2014 年《中共中央关于全面推进依法治国若干重大问题的决定》提出了“完善仲裁制度，提高仲裁公信力”的改革任务，首次将仲裁发展纳入国家发展战略。2019 年 4 月，中共中央办公厅、国务院办公厅印发《关于完善仲裁制度提高仲裁公信力的若干意见》，对仲裁事业提出了制度完善的具体要求。仲裁作为非诉纠纷解决机制的核心，在加强矛盾纠纷源头预防与化解，完善预防性法律制度方面，承担起更重要的社会发展治理责任。2020 年，习近平法治思想从坚持统筹推进国内法治和涉外法治的角度，再次赋予中国仲裁以新的使命，仲裁迎来国内国际融合发展、相互支撑的新时代。2021 年 7 月《仲裁法（修订）（征求意见稿）》的公布即回应了仲裁工作法治化、国际化、时代化的要求。2022 年 4 月，全国人大常委会将《仲裁法》修改列入年度立法预备审议项目。2022 年 5 月，全国政协召开以仲裁法的修订为主题的双周协商座谈会……《仲裁法》持续成为社会关注焦点。

一、仲裁的定义

仲裁一词最早源自拉丁文 arbitra，在英语中称为 arbitration，在汉语

中，“仲裁”一词从字义上讲，“仲”表示居中的意思，“裁”表示衡量、评断、裁判的意思，“仲裁”就是指“居中裁判”的意思。现在通用的“仲裁”一词来源于日本语，在我国古代的辞源中只有“公断”一词。作为一种法律概念，仲裁通常是指作为平等主体的双方当事人，通过协商达成协议，自愿将产生的纠纷提交非司法机构的第三方进行裁决的一种纠纷解决制度。

我国的仲裁包括民商事仲裁和行政仲裁。我国现行《仲裁法》将仲裁界定为平等主体的公民、法人和其他组织之间发生合同纠纷和其他财产权益纠纷时所适用的一种经济纠纷解决途径，也称民商事仲裁。不同于民商事仲裁，行政仲裁是指由行政机关设立的特定行政仲裁机构以第三者的身份，依照法定仲裁程序对双方当事人之间的纠纷予以公断的制度。目前我国行政仲裁主要有两种：劳动人事争议仲裁和农村土地承包经营纠纷仲裁。

二、仲裁制度的发展历程

1. 我国仲裁制度发展历程。在我国古代，各种不通过官府的纠纷解决方式有着悠久的历史。在漫长的封建王朝时期（1911 年以前），由受人尊敬的耆老、族长居中调解、判断村民、族人之间的钱财纠纷十分常见。这与我国深受儒家思想影响的法律文化有关。但是，按照中国古代的法律传统，那些在官府以外的纠纷解决方式也通常不能得到国家强制力的保障执行。民国时期（1912 年—1949 年）出现的所谓商会“公断”，则主要属于调解的范畴。

直到 1949 年 10 月 1 日中华人民共和国成立后，我国才有了现代意义上的“仲裁法律制度”。在 1994 年《仲裁法》颁布以前，国内经济合同仲裁都设立在政府各级有关部门并由其管理。由于在这种机制中缺乏一个真正公正、独立的第三方，因此常常被称为“行政仲裁”。1954 年 5 月 6 日，当时的中央人民政府政务院（国务院的前身）第 215 次会议通过了《关于在中国国际贸易促进委员会内设立对外贸易仲裁委员会的决定》，由中国国际贸易促进委员会组建新中国首个涉外仲裁机构。1982 年通过的《民事诉讼法（试行）》在其第五编“涉外民事诉讼程序的特别规定”中，首次规定了对外经济、贸易、运输和海事中发生的纠纷，当事人可以根据书面协议提交中华人民共和国的涉外仲裁机构仲裁。随后，1985 年颁布的《涉外经济合同法》再次明确规定，当事人应当依据合同中的仲裁条款或者事后达成的书面仲裁协议提交仲裁。全国人大常委会还于 1992 年 7 月 1 日批准通过了《关于解决国家和他国国民之间投资争端公约》，该公约于 1993

年 2 月 6 日开始对我国生效。

鉴于国内和国际经济贸易的迅速发展，全国人大常委会于 1994 年颁布了统一的《仲裁法》，该法不仅适用于国内各类经济合同仲裁，还适用于国际仲裁程序。经过 2009 年 8 月 27 日第十一届全国人民代表大会常务委员会第十次会议第一次修正；后又经 2017 年 9 月 1 日第十二届全国人民代表大会常务委员会第二十九次会议《关于修改〈中华人民共和国法官法〉等八部法律的决定》第二次修正，成为我国《仲裁法》现行版本，分为八章共 80 条。2021 年 7 月，《中华人民共和国仲裁法（修订）（征求意见稿)》公布。2022 年 4 月，全国人大常委会将《仲裁法》修改列入年度立法预备审议项目。目前我国《仲裁法》与《劳动争议调解仲裁法》等法律法规及相关立法解释、司法解释等共同构成了适合我国国情的仲裁体系。

2. 国外仲裁制度发展历程。仲裁的起源可追溯到古希腊和古罗马奴隶制国家。公元前 6 世纪，古希腊奴隶制城邦国家设置仲裁人，进行居中裁决，以解决争议。当时地中海沿岸一带商品经济较发达，商事纠纷和海事纠纷大量出现，为了及时解决纠纷，双方当事人达成协议，指定行会中的专业人士进行公正裁决。古罗马元老院裁决行省之间的争议的做法一直延续到公元 3 世纪，并发展成了仲裁活动。《十二铜表法》中已经有了关于仲裁的记载。英国 1347 年的有关年鉴中出现了关于仲裁的条款。16—17 世纪英国东印度公司的章程中订有仲裁条款，规定公司成员之间的民事争议以仲裁方式解决。英国议会在 1697 年制定了《仲裁法案》，正式承认了仲裁制度。14 世纪中叶，瑞典的地方性法规中出现了关于仲裁的条款。

19 世纪以后，欧美各国纷纷以立法的形式，尤其是单行法的形式，确认仲裁制度的法律地位。随着国际经济交往日益扩大，仲裁适用的范围扩展到涉外商事和海事纠纷之中。国际社会相继制定了多个仲裁公约，逐步形成了近现代意义上的国际仲裁制度。由此，仲裁组织由附设于商会逐渐发展为独立的民间组织，并建立了国际性的仲裁机构。从立法上来看，法国 1806 年《民事诉讼法典》用专章规定了仲裁制度。英国于 1889 年形成其第一部《仲裁法》，解决其与欧洲各国之间的商事争议，将仲裁运用到国际贸易之中。瑞典于 1887 年颁布了《仲裁法令》，1919 年对其进行重要修改，1929 年通过了《瑞典仲裁法》。美国于 1925 年制定了《美利坚合众国统一仲裁法案》，1955 年通过了新的《美利坚合众国统一仲裁法案》，现为美国多数州采用。国际联盟于 1923 年主持签订了《日内瓦仲裁条款议定书》，规定各缔约国应使在其领域内作成的有效仲裁裁决得到强制执

行。有关国家据此于1927年签订《日内瓦外国仲裁裁决执行公约》规定各缔约国应承认并执行他国仲裁裁决。

第二次世界大战后，国际经济贸易蓬勃发展，国际仲裁亦不断发展。联合国于1958年通过了《承认和执行外国仲裁裁决公约》（以下简称《纽约公约》）。该公约规定，原则上它可以适用于任何外国仲裁裁决。从仲裁机构上来看，各国纷纷建立仲裁机构，如伦敦仲裁院（1892年）、斯德哥尔摩商会仲裁院（1917年）、美国仲裁协会（1926年）、日本海运集会所仲裁部（1926年）等。国际商会于1932年设立仲裁院，专门处理国际性商事争议。

现今，世界各国仲裁制度和国际商事仲裁制度正在迅速发展。国际仲裁委员会和美国仲裁协会受理的案件数量持续上升。伦敦国际仲裁院重新制定了《仲裁规则》，使仲裁进一步脱离司法管辖，逐步正规化。随着国际经济贸易的发展，仲裁这一历史悠久的法律制度从形式到内容都发生了很大的变化，它由国内民商事仲裁发展为劳动争议仲裁、国际经济贸易仲裁、海事仲裁和解决国家间争端的国际仲裁。仲裁作为一种解决争议的法律制度，正在发挥着越来越重要的作用。

三、仲裁的特点

1. 仲裁具有非诉讼性质。仲裁的非诉讼性主要体现在审理组织、审理原则以及救济手段三个方面。首先，在审理组织上体现了双方当事人的自主选择性。首先，根据《仲裁法》第6条规定，涉案当事人应当协议选定仲裁委员会，且不受级别和地域的限制，还可以约定仲裁庭的构成。其次，在审理原则上，根据《仲裁法》第40条规定，仲裁以不公开审理为原则，以公开审理为例外，这也是仲裁的优势之一。最后，在救济手段上，当事人对仲裁裁决有异议时，有内部救济和外部救济两种途径来维护自身合法权益。①内部救济，即裁决书的补正。这是一种在维持裁决书稳定性的基础上，对裁决书中出现的法定“瑕疵”进行补正的救济方式。②外部救济，即申请撤销裁决和不予执行裁决。在满足《仲裁法》规定的撤销裁决和不予执行裁决的法定条件下，当事人可以向人民法院提交证据，人民法院经审查核实，可以作出撤销裁决或不予执行裁决的决定，以此来维护当事人的合法权益。

2. 仲裁以当事人合意为基础。仲裁充分体现了当事人的意思自治，这不仅表现在双方当事人可以以协议的方式选择以仲裁解决纠纷，且不受级别和地域的限制，还表现为当事人可以自主地选择仲裁机构和人员构成，并且在仲裁过程中双方当事人还享有自愿和解权，仲裁申请人享有自愿撤回仲裁申请权。

3. 仲裁以司法强制执行为保障。为了确保仲裁裁决的权威性，我国《仲裁法》将生效仲裁裁决纳入了可以申请法院强制执行的范畴，体现了仲裁裁决对双方当事人的强制约束力，确保仲裁裁决得以实现，使仲裁能够以司法强制执行力为保障，从而更好地保护当事人的合法权益。

4. 仲裁过程的独立性。根据《仲裁法》第 8 条、第 14 条规定，仲裁机构独立于行政机关，仲裁机构之间也无隶属关系，仲裁机构拥有自身独有的仲裁规则及相关配套的工作规则，程序规定缜密，确保了案件办理的公正性。

5. 仲裁程序的一裁终局性。根据我国《仲裁法》第 9 条规定，仲裁实行一裁终局的制度，即仲裁裁决自作出之日起发生法律效力，没有上诉和再审程序。

四、仲裁的社会功能

根据《仲裁法》第 1 条的规定："为保证公正、及时地仲裁经济纠纷，保护当事人的合法权益，保障社会主义市场经济健康发展，制定本法。"由此可见，仲裁的社会功能主要有以下三点：

1. 公正、及时地仲裁经济纠纷。这是仲裁的解决争议功能。仲裁在当事人意思自治的基础上，充分发挥其方式灵活和程序简便的特点，依据法律和事实，面对经济纠纷的多发性、专业性以及私密性等问题，能够及时有效地解决经济纠纷。这不仅有效地缓解了法院压力，而且顺应了经济争议解决的需求，维护了社会稳定与和谐，体现了仲裁制度的价值和精神。

2. 保护当事人的合法权益。这是仲裁的维权功能。仲裁作为平等主体的当事人协议选择的解决纠纷的方式，其本身具有便捷高效、自主灵活等特点，相对诉讼的法定性，它更容易为当事人所接受，且更加直接地体现当事人的利益追求。在较为宽松、平和的仲裁环境下，仲裁庭更容易促使双方当事人根据自主签订的仲裁协议的内容解决纠纷，达到"共赢"的结果。

3. 保障社会主义市场经济健康发展。随着市场经济体制的建立和发展，平等主体之间的经济纠纷更加多元化，只有为其提供更加多元的纠纷解决途径，包括法院诉讼、仲裁、民间调解和自行和解等手段，及时、公正地解决纠纷，才能保障经济活动的顺利进行，确保市场经济体制的高效运行。

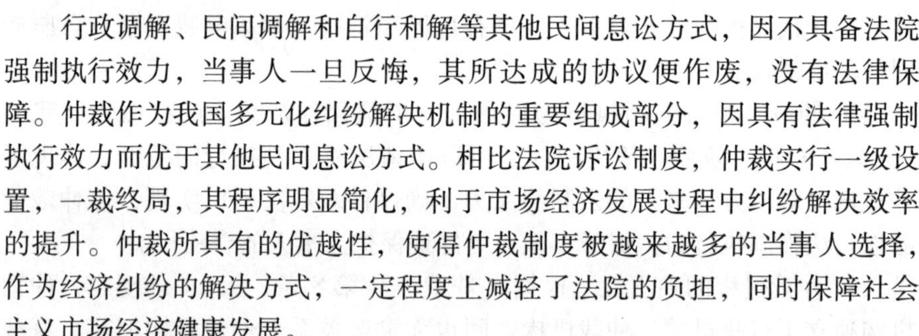

行政调解、民间调解和自行和解等其他民间息讼方式，因不具备法院强制执行效力，当事人一旦反悔，其所达成的协议便作废，没有法律保障。仲裁作为我国多元化纠纷解决机制的重要组成部分，因具有法律强制执行效力而优于其他民间息讼方式。相比法院诉讼制度，仲裁实行一级设置，一裁终局，其程序明显简化，利于市场经济发展过程中纠纷解决效率的提升。仲裁所具有的优越性，使得仲裁制度被越来越多的当事人选择，作为经济纠纷的解决方式，一定程度上减轻了法院的负担，同时保障社会主义市场经济健康发展。

五、仲裁的基本原则

仲裁的基本原则，是指效力贯穿于仲裁过程始终、对仲裁活动起着普遍指导意义的行为准则。根据《仲裁法》的有关规定，包括以下几项基本原则。

（一）自愿原则

自愿原则，或称尊重当事人意愿原则、当事人意思自治原则。尊重当事人的意思是仲裁活动产生的基础，自愿原则是仲裁制度建立和发展的基础，必须贯穿仲裁活动全过程，没有自愿的仲裁将没有意义。自愿原则的具体体现包括：

1. 当事人自愿协商，决定是否将双方之间的纠纷提交仲裁。其一，《仲裁法》第 4 条是自愿原则的法条依据，其规定：“当事人采用仲裁方式解决纠纷，应当双方自愿，达成仲裁协议。没有仲裁协议，一方申请仲裁的，仲裁委员会不予受理。”其二，由《仲裁法》第 5 条可知仲裁协议达成后，当事人仅一方向人民法院起诉的人民法院不予受理。

2. 当事人在法律允许的范围内自愿协商仲裁的内容。《仲裁法》规定仲裁协议中应当包括仲裁事项，仲裁协议对仲裁事项没有约定或约定不明确，或者仲裁协议对仲裁委员会没有约定或者约定不明确，当事人对此又达不成补充协议的，仲裁协议无效。在仲裁活动中，仲裁庭基于当事人提交的仲裁事项进行仲裁，对未提交的事项无权仲裁。

3. 当事人自愿协商决定提交哪个仲裁委员会仲裁。《仲裁法》第 6 条规定：“仲裁委员会应当由当事人协议选定。仲裁不实行级别管辖和地域管辖。”不同于诉讼制度的是《仲裁法》未对当事人对仲裁机构的选择作硬性规定，留给当事人充分意思自治的空间。

4. 当事人直接或间接决定了仲裁庭的人员组成。《仲裁法》第 31 条规定：“当事人约定由三名仲裁员组成仲裁庭的，应当各自选定或者各自委托仲裁委员会主任指定一名仲裁员，第三名仲裁员由当事人共同选定或者共同委托仲裁委员会主任指定。第三名仲裁员是首席仲裁员。当事人约定由一名仲裁员成立仲裁庭的，应当由当事人共同选定或者共同委托仲裁委员会主任指定仲裁员。”区别于诉讼制度，仲裁制度中当事人依据《仲裁法》，从仲裁员名册中自愿协商确定审理双方之间纠纷的仲裁员。

（二）根据事实，符合法律规定，公平合理地解决纠纷原则

我国《仲裁法》第7条规定：“仲裁应当根据事实，符合法律规定，公平合理地解决纠纷。”“以事实为根据，以法律为准绳”原则贯穿我国法律体系，该原则也在仲裁活动中充分体现。一是仲裁过程中，仲裁庭应当以客观事实为依据，通过双方当事人的举证、质证，客观、深入查明案件事实，作出仲裁裁决。二是符合法律规定，首先要符合民事实体法的规定，包括立法机关依法制定的法律法规，最高人民法院作出的相关司法解释，以及对双方当事人具有约束力的国际公约等规定。[1]三是应当遵循公平合理原则解决当事人之间的纠纷，独立公正地作出裁决。

（三）独立仲裁原则

我国《仲裁法》第8条规定：“仲裁依法独立进行，不受行政机关、社会团体和个人的干涉。”独立仲裁原则是仲裁制度的重要原则，保证独立仲裁才能实现公正裁判。

1. 仲裁与行政脱钩。《仲裁法》第14条的规定体现仲裁委员会独立于行政机关，与行政机关没有隶属关系。这是对独立仲裁原则作出规定基础上的进一步保证，其中体现的“仲裁与行政脱钩”也是独立仲裁原则的核心内容。仲裁独立于行政，有利于实现公正，体现仲裁活动民间性的特点。

2. 仲裁委员会之间没有隶属关系。由《仲裁法》第8条、第14条可知：仲裁活动既不受行政机关、社会团体和个人的干涉，也不受其他仲裁委员会的干涉。区别于行政机关上下级之间领导和监督的关系，《仲裁法》保证仲裁机构独立性的规定发挥了仲裁机构的优势，保证了仲裁员作出仲裁裁决的独立性，各个仲裁委员会之间相互独立，互不干扰。

（四）一裁终局原则

《仲裁法》第9条第1款规定：“仲裁实行一裁终局的制度。裁决作出后，当事人就同一纠纷再申请仲裁或者向人民法院起诉的，仲裁委员会或者人民法院不予受理。”首先，在仲裁程序终结后，当事人不得就同一纠

---

〔1〕乔欣：《仲裁法学》，清华大学出版社2015年版，第33页。

纷再次提请仲裁。其次，在仲裁裁决作出后，当事人不得就同一纠纷向人民法院起诉。该原则的确定有利于保证仲裁裁决的权威性，有效节约司法资源，更加突出仲裁快捷的优点。

第二节 机构与人员

一、仲裁机构

（一）仲裁机构的概念

我国《仲裁法》规定的仲裁机构是指仲裁委员会，我国仲裁机构应当坚持以习近平新时代中国特色社会主义思想为指导，深入贯彻落实习近平法治思想，坚持走中国特色社会主义法治道路，秉承“依法、公正、亲和、高效”的价值理念，树立有效服务社会发展的大局观。

在《仲裁法》生效以前我国的涉外仲裁机构包括中国海事仲裁委员会和中国国际经济贸易仲裁委员会，国内仲裁机构包括经济合同仲裁委员会、著作权仲裁委员会、房地产仲裁委员会等。《仲裁法》生效后，我国的仲裁机构分为涉外仲裁机构和国内仲裁机构，并且呈现融合的趋势，具体表现为涉外机构也受理国内案件，而按照法律规定重组后的仲裁机构以办理国内案件为主，兼具受理具有涉外因素案件的职能。[1]例如上海一中院在2020年6月审结的“大成产业案”。

（二）仲裁委员会的设立

《仲裁法》第10条规定：“仲裁委员会可以在直辖市和省、自治区人民政府所在地的市设立，也可以根据需要在其他设区的市设立，不按行政区划层层设立。仲裁委员会由前款规定的市的人民政府组织有关部门和商会统一组建。设立仲裁委员会，应当经省、自治区、直辖市的司法行政部门登记。”由此可知，仲裁委员会仅在全国各地的中心城市设立。另外国务院印发的《重新组建仲裁机构方案》对每个市设立仲裁机构的数量作出了限制，即一个市只能设立一个仲裁机构，不得设立多个不同的专业仲裁委员会或若干仲裁庭。仲裁委员会由可以设立仲裁委员会的市的人民政府组织有关部门和商会统一组建，应当经省、自治区、直辖市的司法行政部

〔1〕 黄进、宋连斌、徐前权：《仲裁法学》，中国政法大学出版社2002年版，第30页。

门登记。未经登记设立的，其作出的仲裁裁决不具有法律效力。

1. 依据《仲裁法》的规定，仲裁委员会设立应当符合以下条件：①有自己的名称、住所和章程；②有必要的财产；③有该委员会的组成人员；④有聘任的仲裁员。

2. 根据《仲裁委员会登记暂行办法》的规定，仲裁委员会应当向省、自治区、直辖市的司法行政部门提交以下文件：①设立仲裁委员会申请书；②组建仲裁委员会的市的人民政府设立仲裁委员会的文件；③仲裁委员会章程；④必要的经费证明；⑤仲裁委员会住所证明；⑥聘任的仲裁委员会组成人员的聘书副本；⑦拟聘任的仲裁员名册。登记机关应当在收到上述文件之日起10日内，对符合设立条件的仲裁委员会予以设立登记，并发给登记证书；对符合设立条件，但所提供的文件不符合登记规定的，在要求补正后予以登记；对不符合规定的，不予登记。

（三）仲裁委员会的人员组成

1. 根据《仲裁法》的规定，仲裁委员会由主任1人、副主任2至4人和委员7至11人组成。仲裁委员会的主任、副主任和委员由法律、经济贸易专家和有实际工作经验的人员担任。仲裁委员会的组成人员中，法律、经济贸易专家不得少于2/3。

2. 仲裁委员会下设若干职能部门：一是管理机构，即仲裁委员会会议或主任会议。仲裁委员会会议的主要职责是：①审议仲裁委员会的工作方针、工作计划等重要事项，并作出相应的决议；②审议、通过仲裁委员会秘书长提出的年度工作报告和财务报告；③决定仲裁委员会秘书长、专家咨询机构负责人人选；④审议、通过仲裁委员会办事机构设置方案；⑤决定仲裁员的聘任、解聘和除名；⑥仲裁委员会主任担任仲裁员的，决定主任的回避；⑦修改仲裁委员会章程；⑧决议解散仲裁委员会；⑨仲裁法、仲裁规则和仲裁委员会章程规定的其他职责。二是办事机构。办事机构在仲裁委员会秘书长领导下负责处理仲裁委员会的日常工作。办事机构的主要职责是：①具体办理仲裁案件受理、仲裁文书送达、档案管理等程序性事务；②收取和管理仲裁费用；③办理仲裁委员会交办的其他事务。三是专家咨询委员会。仲裁委员会可以在其组成成员或仲裁员中聘请若干专家组成专家咨询委员会，为仲裁委员会和仲裁员提供对疑难问题的咨询意见。四是其他机构。除了上述机构，仲裁委员会还可以以仲裁事业的发展为目的，在法律允许的范围内设置其他机构以适应不断发展的社会和不断变化的社会关系。

二、仲裁协会

仲裁协会是以仲裁委员会和仲裁员为成员的自律性、管理性的行业组织。仲裁协会是一个社会团体法人，是一种民间性的事业单位法人。仲裁协会依法独立行使法律赋予的权利，履行法律规定的职责。仲裁协会与仲裁机构之间是“服务与接受服务”的关系、“违纪监督与被监督”的关系，但在业务、人事和财务方面相互独立。[1] 仲裁协会的设立加强了对仲裁行业的管理，排除行政机关、司法机关对仲裁活动的不当干扰，促进仲裁制度的发展。仲裁协会依照《仲裁法》和《民事诉讼法》的有关规定制定仲裁规则。

三、仲裁员

（一）仲裁员的概念

仲裁员是仲裁机构按照法律规定聘任的、列入仲裁员名册的人，是仲裁庭重要的组成部分。习近平总书记强调要完善法治人才培养体系，加快发展律师、公证、司法鉴定、仲裁、调解等法律服务队伍，深化执法司法人员管理体制改革，着力建设一支忠于党、忠于国家、忠于人民、忠于法律的社会主义法治工作队伍。仲裁员的选拔关系着我国法治工作队伍建设成败，仲裁员主持仲裁活动对裁决结果起着决定性的作用。

许多国家都不同程度地对仲裁员的资格作出了限制。大多数国家通过法律规定了仲裁员的任职资格条件，有些较为宽松，仅要求具备法律规定的行为能力，即符合法律规定的仲裁员资格的一般要求；有些甚至完全遵循当事人意思自治，只要在当事人自愿选择的基础上，任何人都能成为双方当事人之间纠纷的仲裁员。

（二）仲裁员的法定条件

我国《仲裁法》从道德品质和专业素质两方面对仲裁员资格作出了规定。

1. 道德品质方面。《仲裁法》第13条第1款规定：“仲裁委员会应当从公道正派的人员中聘任仲裁员。”仲裁员公正仲裁是仲裁活动生命力的保障，也是仲裁事业发展的根本保证。成为仲裁员首先应当具备良好的道德品质，仲裁员作为纠纷的裁判者，应当平等对待双方当事人，诚实守信，公正裁决。

2. 专业素质方面。仲裁本身就是一项专业性的法律服务工作，除了自身道德品质作为从业基础，扎实专业的职业技能也是关键支撑。根据《仲

---

〔1〕 林一飞：《中国仲裁协会与仲裁机构的改革》，载《北京仲裁》2007年第2期。

裁法》第 13 条第 2 款的规定，担任仲裁员应当符合下列条件之一：①通过国家统一法律职业资格考试取得法律职业资格，从事仲裁工作满 8 年的；②从事律师工作满 8 年的；③曾任法官满 8 年的；④从事法律研究、教学工作并具有高级职称的；⑤具有法律知识、从事经济贸易等专业工作并具有高级职称或者具有同等专业水平的。

（三）仲裁员的行为规范

仲裁员的行为必须以有效解决当事人之间的纠纷为目的，不滥用当事人授予的职权，独立、公正仲裁案件。仲裁员的行为规范是一种道德规范，主要包括：

1. 仲裁员应当以公正、独立和审慎方式作出裁决。

（1）仲裁员应当根据案件事实和法律规定，独立行使职权，公正地裁决纠纷，不受行政机关、社会团体和个人的干涉。

（2）仲裁员应当平等对待双方当事人，应当给当事人充分陈述意见的机会。

（3）若各方当事人就争议问题达成协议并请求仲裁员将协议写入裁决书时，仲裁员应当在裁决书中说明这一点。

2. 不得私自接触当事人及其代理人。根据《仲裁法》第 38 条的规定，仲裁员私自会见当事人、代理人，或者接受当事人、代理人的请客送礼的，情节严重的，或者仲裁员在仲裁案件时索贿受贿，徇私舞弊，枉法裁决的，应当承担法律责任，仲裁委员会将其除名。另外，《刑法》第 399 条之一规定："依法承担仲裁职责的人员，在仲裁活动中故意违背事实和法律作枉法裁决，情节严重的，处三年以下有期徒刑或者拘役；情节特别严重的，处三年以上七年以下有期徒刑。"这使"仲裁员枉法仲裁"有了承担刑事责任的法律依据。

3. 自觉披露有可能影响公正仲裁的任何情况。仲裁员的披露义务是指仲裁员负有披露所有其已知的相关事实的义务，而这些事实的存在可能导致当事人对仲裁员甚至仲裁裁决成功的提起异议，并导致仲裁程序的迟延和当事人仲裁成本的增加。[1] 仲裁员是本案当事人或当事人、代理人的近亲属，仲裁员与本案有利害关系等其他关系可能影响案件仲裁的，仲裁员应当及时、自觉、主动向仲裁委员会披露，并主动回避，当事人也有权提出仲裁员的回避申请。

---

〔1〕 彭丽明：《仲裁员责任制度比较研究》，法律出版社 2017 年版，第 196 页。

第三节 国内仲裁

党的二十大报告提出“完善产权保护、市场准入、公平竞争、社会信用等市场经济基础制度，优化营商环境。”我国仲裁制度在保障社会主义市场经济健康发展、维护社会稳定方面发挥了重要作用。目前，我国国内仲裁实际上包括民商事仲裁和行政仲裁两类。民商事仲裁是指以当事人之间的合同争议为仲裁对象的仲裁活动，而行政仲裁则是指行政机关或其授权机构在法定范围内，对当事人之间的纠纷进行调节、裁决与判断的机制。

一、民商事仲裁

《仲裁法》于1994年8月31日经第八届全国人民代表大会常务委员会第九次会议通过，自1995年9月1日起实施。此后，该法律在2009年和2017年进行过修正。2014年，《中共中央关于全面推进依法治国若干重大问题的决定》指出：“健全社会矛盾纠纷预防化解机制，完善调解、仲裁、行政裁决、行政复议、诉讼等有机衔接、相互协调的多元化纠纷解决机制。”2019年4月，中办国办发布《关于完善仲裁制度提高仲裁公信力的若干意见》，强调完善仲裁制度、提高仲裁公信力。

我国《仲裁法》第2条规定，平等主体的公民、法人和其他组织之间发生的合同纠纷和其他财产权益纠纷可以仲裁。第3条规定，婚姻、收养、监护、扶养、继承纠纷不可仲裁；依法应当由行政机关处理的行政争议不可仲裁。由此可见，该法之规定适用于平等主体之间所发生的除身份纠纷以外的合同纠纷和其他财产权益纠纷，即上述分类中的民商事仲裁。

（一）仲裁协议

仲裁协议是指双方当事人自愿将他们之间已经发生或可能发生的争议提交仲裁解决的协议。它通常以书面形式出现，并在内容中明确请求仲裁的意思表示、仲裁事项以及选定的仲裁委员会。仲裁协议一方面赋予了当事人提起仲裁的程序权利，另一方面也提供了仲裁机构管辖权的基础。[1]

1. 协议无效之情形。其一，根据《仲裁法》第18条之规定，若仲裁

〔1〕 参见王利明：《仲裁协议效力的若干问题》，载《法律适用》2023年第11期。

协议中对仲裁事项或者仲裁委员会没有约定或者约定不明确的，当事人可以补充协议；达不成补充协议的，该仲裁协议无效。申言之，仲裁协议的三项内容缺一不可，否则将导致协议无效。其二，根据我国《仲裁法》第17条之规定，有以下三种情况之一的，仲裁协议无效。一是若双方约定的仲裁事项超出了法律规定的仲裁范围，那么该仲裁协议无效。这意味着，在签订仲裁协议时，双方所约定的事项应当为公民、法人和其他组织之间发生的合同纠纷和其他财产权益纠纷，若双方约定就婚姻关系等人身关系进行仲裁则协议无效。二是若仲裁协议是由无民事行为能力人或限制民事行为能力人订立的，那么该协议无效。结合我国《民法典》规定可知，《仲裁法》所规定的仲裁协议签订主体应为18周岁以上且精神正常的成年人，以及16周岁以上以自己劳动收入为主要生活来源的未成年人。三是如果一方采取胁迫手段，迫使对方订立仲裁协议，那么该协议无效。其原因在于这种行为违反了意思自治和诚实守信的原则。申言之，这种强制性的方式破坏了双方在订立协议时的自愿性和平等性，违背了正常的法律秩序和道德标准。

2. 协议效力及其确认。仲裁协议独立存在，其效力自然独立于存在争议的合同效力，不受合同变更、解除、终止或者无效的影响。当事双方对仲裁协议的效力产生异议时，可向仲裁委员会或者法院申请裁定，且该申请需在首次仲裁庭开庭前提出。如果发生争议的一方要求仲裁委员会作出决定，而另一方要求人民法院作出裁定，应当由人民法院进行裁定。

（二）仲裁程序

1. 申请仲裁。仲裁程序通常由当事人向仲裁委员会提出申请开始。提出申请时，应当向仲裁委员会递交仲裁协议、仲裁申请书及副本，仲裁委员会会进行审查，如果申请符合受理条件，委员会将依法受理并启动仲裁程序；如果申请不符合受理条件，将不予受理。根据《仲裁法》规定，申请仲裁应符合下列条件：

第一，有仲裁协议。仲裁协议是当事人提出仲裁申请的前提条件，一旦当事人之间达成仲裁协议，这份协议便成为仲裁机构行使管辖权的坚实基础。仲裁结果对当事人的约束力来自当事人事先对于接受仲裁的合意。[1]订有仲裁协议的合同纠纷和其他财产权益纠纷，只能由仲裁机构受理，审判

〔1〕 参见［日］伊藤真著，曹云吉译：《民事诉讼法》，北京大学出版社2019年版，第4～5页。

机关无权管辖。根据《仲裁法》第26条规定，当双方当事人达成仲裁协议后，如果一方在向人民法院提起诉讼时未将此仲裁协议予以说明，人民法院在受理案件后，另一方在首次开庭前提交仲裁协议的，人民法院应当驳回起诉，但仲裁协议无效的除外。如果在首次开庭前，另一方未对人民法院受理该案提出异议，则视为放弃仲裁协议，人民法院应当继续审理。由此可见，仲裁是基于当事人的选择，尊重当事人的意思自治解决纠纷的程序，当事人意思自治是仲裁的基石，是仲裁中最基本也是最重要的原则。[1]

第二，有具体的仲裁请求和事实、理由。当事人申请仲裁时必须提出具体的仲裁请求，同时附上事实依据和理由。所谓具体的仲裁请求，是指当事人应明确指出所涉及的争议事项或需要保护的特定权益。只有当仲裁目标明确且仲裁事项属于仲裁委员会的受理范围时，仲裁委员会才会进行审查并依法受理。在仲裁过程中，当事人需要提供相关证据来支持其仲裁请求。证据可以包括合同、文件、记录、照片、录像等。当事人需要尽力证明其仲裁请求的合法性和合理性。申请人可以放弃或者变更仲裁请求。被申请人可以承认或者反驳仲裁请求，且有权提出反请求。

2. 仲裁的受理及各方权利义务。仲裁委员会在收到申请书之日起5日内需要做出答复，认为符合受理条件的，应当受理，并通知当事人；不符合受理条件的，应当书面通知当事人不予受理并说明理由。《仲裁法》第25条规定，仲裁委员会受理仲裁申请后，应当在仲裁规则规定的期限内将仲裁规则和仲裁员名册送达申请人，并将仲裁申请书副本和仲裁规则、仲裁员名册送达被申请人。被申请人收到仲裁申请书副本后，应当在仲裁规则规定的期限内向仲裁委员会提交答辩书。仲裁委员会收到答辩书后，应当在仲裁规则规定的期限内将答辩书副本送达申请人。被申请人未提交答辩书的，不影响仲裁程序的进行。《仲裁法》第28条规定，在仲裁过程中，一方当事人因另一方当事人的行为或者其他原因，可能使裁决不能执行或者难以执行的，可以申请财产保全。当事人申请财产保全的，仲裁委员会应当将当事人的申请依照民事诉讼法的有关规定提交人民法院。申请有错误的，申请人应当赔偿被申请人因财产保全所遭受的损失。

3. 仲裁庭的组成。仲裁庭是根据仲裁委员会受理仲裁申请后，按照当

---

〔1〕参见冯子涵：《文化差异视角下中国商事仲裁的本土化与国际化研究——以〈仲裁法〉为例》，载《社会科学动态》2020年第9期。

事人自愿选择的结果，采取两种组织形式组成的：一种是由3名仲裁员组成的“合议庭”；另一种是由1名仲裁员组成的“独任庭”。在由3名仲裁员组成的合议庭中，有1名仲裁员是首席仲裁员，首席仲裁员负责主持案件的仲裁。仲裁庭组成后，仲裁委员会应当将仲裁庭的组成情况书面通知当事人。仲裁员的产生主要有以下方式：

（1）当事人约定由3名仲裁员组成仲裁庭，仲裁员的产生方式是由双方当事人各自选定1名仲裁员或者各自委托仲裁委员会主任指定1名仲裁员，第3名仲裁员由双方当事人共同选定或由当事人共同委托仲裁委员会的主任指定。在这种类型中，第3名仲裁员是首席仲裁员。

（2）当事人约定由1名仲裁员成立仲裁庭的，应当由当事人共同选定或者委托仲裁委员会主任指定仲裁员。

（3）当事人没有在仲裁规则规定的期限内约定仲裁庭的组成方式或者选定仲裁员的，由仲裁委员会主任指定。

我国《仲裁法》还规定了仲裁员回避制度，仲裁员所发挥的作用对于仲裁案件而言是本质性的，[1]当仲裁员可能影响到案件的公正裁决时，他们需要自行申请退出仲裁庭，或者根据当事人的申请退出仲裁庭。根据《仲裁法》第34条，仲裁员在以下情况下应当回避：①是本案当事人或者当事人、代理人的近亲属；②与本案有利害关系；③与本案当事人、代理人有其他关系，可能影响公正仲裁的；④私自会见当事人、代理人，或者接受当事人、代理人的请客送礼。在决定仲裁员是否回避时，由仲裁委员会主任决定；仲裁委员会主任担任仲裁员时，由仲裁委员会集体决定。无论是仲裁员自行提出回避，还是当事人依法提出回避申请，都要对回避理由进行审查，并作出是否准许回避的决定。

4. 开庭和裁决。仲裁通常以开庭为常规方式，但不公开进行。在双方协议公开的情况下，仲裁会例外地公开进行。然而，涉及国家机密的事项，无论双方是否协议公开，均不得公开审理。根据《仲裁法》第41条规定，仲裁委员会应当在仲裁规则规定的期限内将开庭日期通知双方当事人。在一定期限内，当事人可以申请延期开庭并提交正当理由。

在收到书面通知的前提下，申请人若未有正当理由，未能按时出席庭审或中途擅自退庭，将视为自动撤回仲裁申请；而被申请人若无正当理由

---

〔1〕 参照张振安：《仲裁员回避与披露标准的比较研究和立法建议》，载《上海法学研究》集刊2021年第13卷。

未能按时出席庭审或未经许可中途退庭，则可被缺席裁决。

当事人应提供证据来支持他们的主张。如果仲裁庭认为有需要，其可以亲自收集证据。在遇到专门性问题时，仲裁庭如果认为需要专业鉴定，可以选择由当事人约定的鉴定机构进行鉴定，或者由仲裁庭指定的鉴定机构进行鉴定。根据当事人或仲裁庭的请求，鉴定机构应派鉴定人参加开庭。在获得仲裁庭的许可后，当事人可以向鉴定人提问。证据应在开庭时公开出示，当事人有权进行质证。仲裁庭应当将开庭情况记入笔录。如果证据可能丢失或难以获取，当事人可以申请证据保全。在这种情况下，仲裁委员会会将当事人的申请提交给证据所在地的基层人民法院。

在仲裁申请提交之后，当事人可以自主寻求和解。当和解协议达成时，他们可以请求仲裁庭根据此协议出具裁决书，或者选择撤回仲裁申请。然而，如果当事人在达成和解协议后反悔，他们可以根据原有的仲裁协议重新申请仲裁。在仲裁庭作出裁决之前，仲裁庭可以尝试调解。如果调解成功，仲裁庭将制作调解书或者根据协议结果出具裁决书。这两类法律文书具有同等法律效力。调解书应详述仲裁请求以及当事人间的协议结果。调解书由仲裁员签署，并加盖仲裁委员会印章，随后送达双方当事人。一旦调解书被双方当事人签收后，即刻生效。若在调解书签收前当事人反悔，仲裁庭会及时进行裁决。

仲裁庭在解决纠纷时，将尊重多数仲裁员的意见，并将其作为裁决的主要依据。同时，少数仲裁员的不同意见也将记录。当仲裁庭无法形成多数意见时，首席仲裁员的意见将成为裁决的关键。裁决书将准确反映仲裁请求、争议事实、裁决理由、裁决结果、仲裁费用的承担以及裁决日期等重要信息。如果当事人选择不公开争议事实和裁决理由，裁决书中将不会涉及相关细节。裁决书由仲裁员签署，并由仲裁委员会盖章确认。对于持不同意见的仲裁员，他们可以选择在裁决书上签名或者不签名。在仲裁过程中，当某个争议事实已经清晰明了时，仲裁庭可以就这一部分内容先行作出裁决，以推动程序的进行。如果裁决书中存在文字错误、计算错误或遗漏重要事项的情况，仲裁庭将负责及时进行更正。当事人也有权在收到裁决书后的30日内，向仲裁庭提出补正申请。一旦裁决书正式公布就具有了法律效力。

（三）裁决的申请撤销

当事人申请撤销仲裁裁决必须符合法定情形，且应在收到裁决书之日起6个月内提出。根据《仲裁法》第58条之规定，如果当事人发现仲裁裁决存在以下情形之一的，可以向仲裁委员会所在地的中级人民法院申请撤销该裁决：没有仲裁协议的；裁决的事项不属于仲裁协议的范围或者仲裁委员会无权仲裁的；仲裁庭的组成或者仲裁的程序违反法定程序的；裁决所根据的证据是伪造的；对方当事人隐瞒了足以影响公正裁决的证据的；仲裁员在仲裁该案时有索贿受贿，徇私舞弊，枉法裁决行为的。

人民法院在受理撤销裁决的申请后，将会在2个月内作出相应的裁定，决定是否撤销原裁决或者驳回申请。在审查过程中，若人民法院认为可以由仲裁庭重新仲裁的，会通知仲裁庭在特定时间内重新进行仲裁，同时暂停撤销程序。然而，如果仲裁庭拒绝重新仲裁，人民法院则会恢复撤销程序。

（四）裁决的执行

当一方当事人拒绝履行裁定时，另一方当事人可以依照《民事诉讼法》的有关规定向人民法院申请执行。受申请的人民法院应当执行。根据《仲裁法》第63条规定，被申请人提出证据证明裁决有《民事诉讼法》第213条[1]第2款规定的情形之一的，经人民法院组成合议庭审查核实，裁定不予执行。第64条规定，一方当事人申请执行裁决，另一方当事人申请撤销裁决的，人民法院应当裁定中止执行。人民法院裁定撤销裁决的，应当裁定终结执行。撤销裁决的申请被裁定驳回的，人民法院应当裁定恢复执行。

二、行政仲裁

行政仲裁是指行政机关或其授权机构在法定范围内，对当事人之间的纠纷进行调解、裁决与判断的机制。它以保护当事人合法权益，促进社会和谐稳定为目的。我国目前的仲裁制度包括两部分：一是以《仲裁法》为依据的民商事仲裁；二是在劳动争议和农村土地承包纠纷解决过程中，发

---

〔1〕 2023年9月1日第十四届全国人民代表大会常务委员会第五次会议通过的新《民事诉讼法》将该规则规定在第248条，原文为：第二百四十八条 对依法设立的仲裁机构的裁决，一方当事人不履行的，对方当事人可以向有管辖权的人民法院申请执行。受申请的人民法院应当执行。被申请人提出证据证明仲裁裁决有下列情形之一的，经人民法院组成合议庭审查核实，裁定不予执行：（一）当事人在合同中没有订有仲裁条款或者事后没有达成书面仲裁协议的；（二）裁决的事项不属于仲裁协议的范围或者仲裁机构无权仲裁的；（三）仲裁庭的组成或者仲裁的程序违反法定程序的；（四）裁决所根据的证据是伪造的；（五）对方当事人向仲裁机构隐瞒了足以影响公正裁决的证据的；（六）仲裁员在仲裁该案时有贪污受贿，徇私舞弊，枉法裁决行为的。人民法院认定执行该裁决违背社会公共利益的，裁定不予执行。裁定书应当送达双方当事人和仲裁机构。仲裁裁决被人民法院裁定不予执行的，当事人可以根据双方达成的书面仲裁协议重新申请仲裁，也可以向人民法院起诉。

挥重要作用的劳动人事争议仲裁制度和农村土地承包纠纷仲裁制度，这些制度在《仲裁法》之外独立存在，具有自己独特的性质和运行机制，是我国现有的最主要的行政仲裁制度。

（一）劳动人事争议仲裁

1. 劳动人事争议仲裁制度的发展历程。2017 年以前，我国司法实践将劳动人事争议仲裁分为劳动争议仲裁与人事争议仲裁。彼时，劳动争议仲裁主要依据《劳动法》《劳动合同法》《劳动争议调解仲裁法》等法律法规，对因确认劳动关系，订立、履行、变更、解除和终止劳动合同，工作时间、社会保险、福利、培训以及劳动保护，劳动报酬、工伤医疗费、经济补偿或者赔偿金等发生的争议进行裁决。而人事争议仲裁主要的受案范围是因终止人事关系以及履行聘用合同发生的争议。其受案范围虽然简单明确，但其法律适用却较为复杂。劳动人事争议仲裁程序性事项适用劳动法律规定；实体处理适用人事方面的法律规定，但涉及事业单位工作人员劳动权利的内容在人事法律中没有规定的，适用《劳动法》的有关规定，而军队文职人员与其聘用单位之间的人事争议依据《中国人民解放军文职人员条例》处理。

自劳动和社会保障局与人事局合并后，组建了人力资源和社会保障局。为了便于开展工作，将劳动争议仲裁委员会与人事争议仲裁委员会合并成立劳动人事争议仲裁委员会（以下简称仲裁委员会）。2017 年修订的《劳动人事争议仲裁办案规则》（以下简称《办案规则》）使用“劳动人事争议”替代原来所称的“劳动争议、人事争议”，并在劳动人事争议仲裁委员会下设实体化的办事机构“劳动人事争议仲裁院”，使劳动争议与人事争议及其处理真正实现了融合。对于劳动争议与人事争议的处理，法律规定既彼此区别，又存在共通之处。从劳动争议与人事争议处理的发展历程来看，二者正在不断地融合，展现了趋同的趋势。

2. 劳动人事争议仲裁的范围。《办案规则》第 2 条规定，本规则适用下列争议的仲裁：①企业、个体经济组织、民办非企业单位等组织与劳动者之间，以及机关、事业单位、社会团体与其建立劳动关系的劳动者之间，因确认劳动关系，订立、履行、变更、解除和终止劳动合同，工作时间、休息休假、社会保险、福利、培训以及劳动保护，劳动报酬、工伤医疗费、经济补偿或者赔偿金等发生的争议；②实施公务员法的机关与聘任制公务员之间、参照公务员法管理的机关（单位）与聘任工作人员之间因履行聘任合同发生的争议；③事业单位与其建立人事关系的工作人员之间因终止人事关系以及履行聘用合同发生的争议；④社会团体与其建立人事关系的工作人员之间因终止人事关系以及履行聘用合同发生的争议；⑤军队文职人员用人单位与聘用制文职人员之间因履行聘用合同发生的争议；⑥法律、法规规定由劳动人事争议仲裁委员会处理的其他争议。

3. 劳动人事争议仲裁委员会及其办事机构。仲裁委员会按照统筹规划、合理布局和适应实际需要的原则设立，由省、自治区、直辖市人民政府依法决定。仲裁委员会由干部主管部门代表、人力资源和社会保障等相关行政部门代表、军队文职人员工作管理部门代表、工会代表和用人单位方面代表等组成，组成人员应当是单数。仲裁委员会设主任 1 名，副主任和委员若干名。仲裁委员会主任由政府负责人或者人力资源和社会保障行政部门主要负责人担任。

仲裁委员会应当依法履行下列职责：①聘任、解聘专职或者兼职仲裁员；②受理争议案件；③讨论重大或者疑难的争议案件；④监督本仲裁委员会的仲裁活动；⑤制定本仲裁委员会的工作规则；⑥其他依法应当履行的职责。

仲裁委员会下设实体化的办事机构，具体承担争议调解仲裁等日常工作。办事机构称为劳动人事争议仲裁院，设在人力资源和社会保障行政部门。仲裁院对仲裁委员会负责并报告工作。仲裁委员会组成单位可以派兼职仲裁员常驻仲裁院，参与争议调解仲裁活动。

4. 劳动人事争议仲裁的一般规定。

（1）当事人。发生争议的用人单位未办理营业执照、被吊销营业执照、营业执照到期继续经营、被责令关闭、被撤销以及用人单位解散、歇业，不能承担相关责任的，应当将用人单位和其出资人、开办单位或者主管部门作为共同当事人。劳动者与个人承包经营者发生争议，依法向仲裁委员会申请仲裁的，应当将发包的组织和个人承包经营者作为共同当事人。

（2）仲裁庭与仲裁员。仲裁委员会处理争议案件实行仲裁庭制度，实行一案一庭制。仲裁委员会可以根据案件处理实际需要设立派驻仲裁庭、巡回仲裁庭、流动仲裁庭，就近就地处理争议案件。处理劳动人事争议案件应当由 3 名仲裁员组成仲裁庭，设首席仲裁员。简单争议案件可以由 1 名仲裁员独任仲裁。

仲裁员是由仲裁委员会聘任、依法调解和仲裁争议案件的专业工作人员。仲裁员享有以下权利：①履行职责应当具有的职权和工作条件；②处理

争议案件不受干涉；③人身、财产安全受到保护；④参加聘前培训和在职培训；⑤法律、法规规定的其他权利。仲裁员应当履行以下义务：①依法处理争议案件；②维护国家利益和公共利益，保护当事人合法权益；③严格执行廉政规定，恪守职业道德；④自觉接受监督。仲裁员分为专职仲裁员和兼职仲裁员。专职仲裁员和兼职仲裁员在调解仲裁活动中享有同等权利，履行同等义务。

(3) 管辖。双方当事人分别向劳动合同履行地和用人单位所在地的仲裁委员会申请仲裁的，由劳动合同履行地的仲裁委员会管辖。有多个劳动合同履行地的，由最先受理的仲裁委员会管辖。劳动合同履行地不明确的，由用人单位所在地的仲裁委员会管辖。

案件受理后，劳动合同履行地或者用人单位所在地发生变化的，不改变争议仲裁的管辖。仲裁委员会发现已受理案件不属于其管辖范围的，应当移送至有管辖权的仲裁委员会，并书面通知当事人。对上述移送案件，受移送的仲裁委员会应当依法受理。受移送的仲裁委员会认为移送的案件按照规定不属于其管辖，或者仲裁委员会之间因管辖争议协商不成的，应当报请共同的上一级仲裁委员会主管部门指定管辖。

当事人提出管辖异议的，应当在答辩期满前书面提出。仲裁委员会应当审查当事人提出的管辖异议，异议成立的，将案件移送至有管辖权的仲裁委员会并书面通知当事人；异议不成立的，应当书面决定驳回。当事人逾期提出的，不影响仲裁程序的进行。

(4) 回避。当事人申请回避，应当在案件开庭审理前提出，并说明理由。回避事由在案件开庭审理后知晓的，也可以在庭审辩论终结前提出。当事人在庭审辩论终结后提出回避申请的，不影响仲裁程序的进行。仲裁委员会应当在回避申请提出的3日内，以口头或者书面形式作出决定。以口头形式作出的，应当记入笔录。仲裁员、记录人员是否回避，由仲裁委员会主任或者其委托的仲裁院负责人决定。仲裁委员会主任担任案件仲裁员是否回避，由仲裁委员会决定。在回避决定作出前，被申请回避的人员应当暂停参与该案处理，但因案件需要采取紧急措施的除外。

(5) 证明责任。当事人对自己提出的主张有责任提供证据。与争议事项有关的证据属于用人单位掌握管理的，用人单位应当提供；用人单位不提供的，应当承担不利后果。法律没有具体规定、无法确定举证责任承担的，仲裁庭可以根据公平原则和诚实信用原则，综合当事人举证能力等因素确定举证责任的承担。承担举证责任的当事人应当在仲裁委员会指定的期限内提供有关证据。当事人在该期限内提供证据确有困难的，可以向仲裁委员会申请延长期限，仲裁委员会根据当事人的申请适当延长。当事人逾期提供证据的，仲裁委员会应当责令其说明理由；拒不说明理由或者理由不成立的，仲裁委员会可以根据不同情形不予采纳该证据，或者采纳该证据但予以训诫。

5. 劳动人事争议仲裁程序。

（1）申请与受理。申请人申请仲裁应当提交书面仲裁申请，并按照被申请人人数提交副本。仲裁申请书应当载明下列事项：①劳动者的姓名、性别、出生日期、身份证件号码、住所、通讯地址和联系电话，用人单位的名称、住所、通讯地址、联系电话和法定代表人或者主要负责人的姓名、职务；②仲裁请求和所根据的事实、理由；③证据和证据来源，证人姓名和住所。书写仲裁申请确有困难的，可以口头申请，由仲裁委员会记入笔录，经申请人签名、盖章或者捺印确认。

对于《办案规则》第 2 条第 1、3、4、5 项规定的争议，申请仲裁的时效期间为 1 年。仲裁时效期间从当事人知道或者应当知道其权利被侵害之日起计算。该条第 2 项规定的争议，申请仲裁的时效期间适用《公务员法》有关规定。劳动人事关系存续期间因拖欠劳动报酬发生争议的，劳动者申请仲裁不受本条第 1 项规定的仲裁时效期间的限制；但是，劳动人事关系终止的，应当自劳动人事关系终止之日起 1 年内提出。在申请仲裁的时效期间内，有下列情形之一的，仲裁时效中断：①一方当事人通过协商、申请调解等方式向对方当事人主张权利的；②一方当事人通过向有关部门投诉，向仲裁委员会申请仲裁，向人民法院起诉或者申请支付令等方式请求权利救济的；③对方当事人同意履行义务的。从中断时起，仲裁时效期间重新计算。

仲裁委员会对符合下列条件的仲裁申请应当予以受理，并在收到仲裁申请之日起 5 日内向申请人出具受理通知书：①属于《办案规则》第 2 条规定的争议范围；②有明确的仲裁请求和事实理由；③申请人是与本案有直接利害关系的自然人、法人或者其他组织，有明确的被申请人；④属于本仲裁委员会管辖范围。对不符合《办案规则》第 30 条第 1、2、3 项规定之一的仲裁申请，仲裁委员会不予受理，并在收到仲裁申请之日起 5 日内向申请人出具不予受理通知书；对不符合该条第 4 项规定的仲裁申请，仲裁委员会应当在收到仲裁申请之日起 5 日内，向申请人作出书面说明并告知申请人向有管辖权的仲裁委员会申请仲裁。对仲裁委员会逾期未作出决定或者决定不予受理的，申请人可以就该争议事项向人民法院提起诉讼。

仲裁委员会受理仲裁申请后，应当在5日内将仲裁申请书副本送达被申请人。仲裁委员会受理案件后，发现不应当受理的，除需要移送管辖或指定管辖外，应当撤销案件，并自决定撤销案件后5日内，以决定书的形式通知当事人。仲裁处理结果作出前，申请人可以自行撤回仲裁申请。申请人再次申请仲裁的，劳动人事争议仲裁委员会应当受理。但具有下列情形之一，申请人基于同一事实、理由和仲裁请求又申请仲裁的，仲裁委员会不予受理：①仲裁委员会已经依法出具不予受理通知书的；②案件已在仲裁、诉讼过程中或者调解书、裁决书、判决书已经发生法律效力的。申请人撤回仲裁申请后向人民法院起诉的，人民法院应当裁定不予受理；已经受理的，应当裁定驳回起诉。

被申请人可以在答辩期间提出反申请，仲裁委员会应当自收到被申请人反申请之日起5日内决定是否受理并通知被申请人。决定受理的，仲裁委员会可以将反申请和申请合并处理。反申请应当另行申请仲裁的，仲裁委员会应当书面告知被申请人另行申请仲裁；反申请不属于本规则规定应当受理的，仲裁委员会应当向被申请人出具不予受理通知书。被申请人答辩期满后对申请人提出反申请的，应当另行申请仲裁。

（2）开庭审理。仲裁委员会应当在受理仲裁申请之日起5日内组成仲裁庭并将仲裁庭的组成情况书面通知当事人。仲裁庭应当在开庭5日前，将开庭日期、地点书面通知双方当事人。当事人有正当理由的，可以在开庭3日前请求延期开庭。是否延期，由仲裁委员会根据实际情况决定。申请人收到书面开庭通知，无正当理由拒不到庭或者未经仲裁庭同意中途退庭的，可以按撤回仲裁申请处理；申请人重新申请仲裁的，仲裁委员会不予受理。被申请人收到书面开庭通知，无正当理由拒不到庭或者未经仲裁庭同意中途退庭的，仲裁庭可以继续开庭审理，并缺席裁决。

申请人在举证期限届满前可以提出增加或者变更仲裁请求；仲裁庭对申请人增加或者变更的仲裁请求审查后认为应当受理的，应当通知被申请人并给予答辩期，被申请人明确表示放弃答辩期的除外。申请人在举证期限届满后提出增加或者变更仲裁请求的，应当另行申请仲裁。

仲裁庭裁决案件，应当自仲裁委员会受理仲裁申请之日起45日内结束。案情复杂需要延期的，经仲裁委员会主任或者其委托的仲裁院负责人书面批准，可以延期并书面通知当事人，但延长期限不得超过15日。具有下列情形，仲裁期限按照下列规定计算：①仲裁庭追加当事人或者第三人的，仲裁期限从决定追加之日起重新计算；②申请人需要补正材料的，仲裁委员会收到仲裁申请的时间从材料补正之日起重新计算；③增加、变更仲裁请求的，仲裁期限从受理增加、变更仲裁请求之日起重新计算；④仲裁申请和反申请合并处理的，仲裁期限从受理反申请之日起重新计算；⑤案件移送管辖的，仲裁期限从接受移送之日起重新计算；⑥中止审理期间、公告送达期间不计入仲裁期限内；⑦法律、法规规定应当另行计算的其他情形。

具有下列情形之一的，经仲裁委员会主任或者其委托的仲裁院负责人批准，可以中止案件审理，并书面通知当事人：①劳动者一方当事人死亡，需要等待继承人表明是否参加仲裁的；②劳动者一方当事人丧失民事行为能力，尚未确定法定代理人参加仲裁的；③用人单位终止，尚未确定权利义务承继者的；④一方当事人因不可抗拒的事由，不能参加仲裁的；⑤案件审理需要以其他案件的审理结果为依据，且其他案件尚未审结的；⑥案件处理需要等待工伤认定、伤残等级鉴定以及其他鉴定结论的；⑦其他应当中止仲裁审理的情形。中止审理的情形消除后，仲裁庭应当恢复审理。

（3）仲裁裁决。裁决应当按照多数仲裁员的意见作出，少数仲裁员的不同意见应当记入笔录。仲裁庭不能形成多数意见时，裁决应当按照首席仲裁员的意见作出。裁决书应当载明仲裁请求、争议事实、裁决理由、裁决结果、当事人权利和裁决日期。裁决书由仲裁员签名，加盖仲裁委员会印章。对裁决持不同意见的仲裁员，可以签名，也可以不签名。

仲裁庭裁决案件时，裁决内容同时涉及终局裁决和非终局裁决的，应当分别制作裁决书，并告知当事人相应的救济权利。申请人根据《劳动争议调解仲裁法》第47条规定，追索劳动报酬、工伤医疗费、经济补偿或者赔偿金，不超过当地月最低工资标准12个月金额以及因执行国家的劳动标准在工作时间、休息休假、社会保险等方面发生的争议，应当适用终局裁决。劳动者对上述两类仲裁裁决不服的，可以自收到仲裁裁决书之日起15日内向人民法院提起诉讼。

（4）简易处理。可以简易处理的劳动人事争议案件，应当符合下列情形之一：①事实清楚、权利义务关系明确、争议不大的；②标的额不超过本省、自治区、直辖市上年度职工年平均工资的；③双方当事人同意简易处理的。但具有下列情形之一的争议案件，不得简易处理：①涉及国家利益、社会公共利益的；②有重大社会影响的；③被申请人下落不明的；④仲裁委员会认为不宜简易处理的。

简易处理的案件，经与被申请人协商同意，仲裁庭可以缩短或者取消答辩期。仲裁庭可以用电话、短信、传真、电子邮件等简便方式送达仲裁文书，但送达调解书、裁决书除外。以简便方式送达的开庭通知，未经当事人确认或者没有其他证据证明当事人已经收到的，仲裁庭不得按撤回仲裁申请处理或者缺席裁决。仲裁庭可以根据案件情况确定举证期限、开庭日期、审理程序、文书制作等事项，但应当保障当事人陈述意见的权利。

仲裁庭在审理过程中，发现案件不宜简易处理的，应当在仲裁期限届满前决定转为按照一般程序处理，并告知当事人。案件转为按照一般程序处理的，仲裁期限自仲裁委员会受理仲裁申请之日起计算，双方当事人已经确认的事实，可以不再进行举证、质证。

(5) 集体劳动人事争议处理。集体劳动人事争议是指劳动者一方在10人以上并有共同请求的争议案件，或者因履行集体合同发生的劳动争议案件。在集体劳动人事争议仲裁中，劳动者可以推举3~5名代表参加仲裁活动。代表人参加仲裁的行为对其所代表的当事人发生效力，但代表人变更、放弃仲裁请求或者承认对方当事人的仲裁请求，进行和解，必须经被代表的当事人同意。因履行集体合同发生的劳动争议，经协商解决不成的，工会可以依法申请仲裁；尚未建立工会的，由上级工会指导劳动者推举产生的代表依法申请仲裁。

仲裁委员会处理集体劳动人事争议案件，应当由3名仲裁员组成仲裁庭，设首席仲裁员。仲裁委员会处理因履行集体合同发生的劳动争议，应当按照三方原则组成仲裁庭处理。仲裁庭处理集体劳动人事争议，开庭前应当引导当事人自行协商，或者先行调解。协商或者调解未能达成协议的，仲裁庭应当及时裁决。

6. 劳动人事争议的调解程序。

(1) 仲裁调解。仲裁委员会处理劳动人事争议案件，应当坚持调解优先，引导当事人通过协商、调解方式解决争议，给予必要的法律释明以及风险提示。对未经调解、当事人直接申请仲裁的争议，仲裁委员会可以向当事人发出调解建议书，引导其到调解组织进行调解。当事人同意先行调解的，应当暂缓受理；当事人不同意先行调解的，应当依法受理。开庭之前，经双方当事人同意，仲裁庭可以委托调解组织或者其他具有调解能力的组织、个人进行调解。自当事人同意之日起10日内未达成调解协议的，应当开庭审理。仲裁庭审理争议案件时，应当进行调解。必要时可以邀请有关单位、组织或者个人参与调解。

仲裁调解达成协议的，仲裁庭应当制作调解书。调解书应当写明仲裁请求和当事人协议的结果。调解书由仲裁员签名，加盖仲裁委员会印章，送达双方当事人。调解书经双方当事人签收后，发生法律效力。调解不成或者调解书送达前，一方当事人反悔的，仲裁庭应当及时作出裁决。当事人就部分仲裁请求达成调解协议的，仲裁庭可以就该部分先行出具调解书。

（2）调解协议的仲裁审查。经调解组织调解达成调解协议的，双方当事人可以自调解协议生效之日起15日内，共同向有管辖权的仲裁委员会提出仲裁审查申请。仲裁委员会收到当事人仲裁审查申请，应当及时决定是否受理。决定受理的，应当出具受理通知书。但对于不属于仲裁委员会受理争议范围的、不属于本仲裁委员会管辖的、超出规定的仲裁审查申请期间的、确认劳动关系的以及调解协议已经人民法院司法确认的审查申请，仲裁委员会不予受理。

仲裁委员会审查调解协议，应当自受理仲裁审查申请之日起5日内结束。因特殊情况需要延期的，经仲裁委员会主任或者其委托的仲裁院负责人批准，可以延长5日。调解书送达前，一方或者双方当事人撤回仲裁审查申请的，仲裁委员会应当准许。仲裁委员会受理仲裁审查申请后，应当指定仲裁员对调解协议进行审查。仲裁委员会经审查认为调解协议的形式和内容合法有效的，应当制作调解书。调解书经双方当事人签收后，发生法律效力。

（二）农村土地承包经营纠纷仲裁

1. 农村土地承包经营纠纷仲裁制度的发展历程。根据1995年施行的《仲裁法》第77条的规定，劳动争议和农业集体经济组织内部的农业承包合同纠纷排除于民商事仲裁范畴。但当时农村土地承包经营纠纷仲裁仍存在立法空白。对此，2002年颁布的《农村土地承包法》首次将仲裁作为解决农村土地承包经营纠纷处理方式之一，农地仲裁制度开始有法可依。不过对于农地仲裁制度如何运行还未作出详细规定。于是，为了给土地承包经营纠纷仲裁立法积累经验，农业部在2003年率先在江苏、吉林、河南等

省开展深化农村土地承包纠纷仲裁试点实践工作。2004 年以后，农业部又先后在 27 个省、自治区、直辖市的近 200 个市区县组织推广全国农村土地承包纠纷仲裁试点，并在 2005 年 11 月 15 日出台了《农村土地承包纠纷仲裁试点设施建设项目组织实施办法》。2009 年，全国人大常委审议通过了《农村土地承包经营纠纷调解仲裁法》，初步构建起了农村土地承包纠纷仲裁制度的基本框架。2014 年，为进一步完善农地纠纷仲裁与诉讼的对接，最高人民法院发布了《关于审理涉及农村土地承包经营纠纷调解仲裁案件适用法律若干问题的解释》。

为推动农地仲裁工作规范化开展，细化实操规则，农业部、国家林业和草原局采取了系列措施，在 2009 年底共同发布了《农村土地承包经营纠纷仲裁规则》《农村土地承包仲裁委员会示范章程》，农业部在 2013 年发布了《农村土地承包经营纠纷调解仲裁工作规范》，关于农地承包调解仲裁的配套法律规则逐步建立完善起来。2019 年新的《农村土地承包法》正式施行，对土地承包权这一概念及制度设计、进城农户的土地权益不受侵犯、妇女在土地承包上的保护进行了补充修正，针对务工人员、外嫁女等特殊群体在实践裁定中的争议提供了总体指导。2020 年初，农业农村部制定了《农村土地承包仲裁员农业行业职业技能标准（试行）》，提高了仲裁员的任职条件和素质要求，是完善仲裁员管理制度、加强农村土地承包纠纷调解仲裁体系建设的重要举措。

2. 农村土地承包经营纠纷仲裁的范围。农村土地承包经营纠纷仲裁是指农村土地承包经营纠纷仲裁机构针对农村土地承包经营纠纷当事人的仲裁请求和事实理由，依照相关法律法规及政策对纠纷作出裁决意见的行政仲裁活动。所谓农村土地承包经营纠纷是指在农村土地承包经营过程中发包方与承包方发生的纠纷，也包括土地承包当事人与第三人发生的纠纷。根据《农村土地承包经营纠纷仲裁规则》第 3 条的规定，当事人因下列原因产生农村土地承包经营纠纷的，可以向农村土地承包仲裁委员会申请仲裁：①因订立、履行、变更、解除和终止农村土地承包合同发生的纠纷；②因农村土地承包经营权转包、出租、互换、转让、入股等流转发生的纠纷；③因收回、调整承包地发生的纠纷；④因确认农村土地承包经营权发生的纠纷；⑤因侵害农村土地承包经营权发生的纠纷；⑥法律、法规规定的其他农村土地承包经营纠纷。

3. 农村土地承包经营纠纷仲裁委员会和仲裁员。

（1）仲裁委员会的设立。农村土地承包仲裁委员会根据解决农村土地承包经营纠纷的实际需要，可以在县和不设区的市设立，也可以在设区的市或者其市辖区设立。农村土地承包仲裁委员会在当地人民政府指导下设立。设立农村土地承包仲裁委员会的，其日常工作由当地农村土地承包管理部门承担。

（2）仲裁委员会的职责。农村土地承包仲裁委员会依法履行下列职责：①聘任、解聘仲裁员；②培训、管理仲裁员；③受理仲裁申请；④指导、监督仲裁活动；⑤法律、法规规定的其他职责。

（3）仲裁委员会全体会议。仲裁委员会每年至少召开一次全体会议。根据主任、副主任或者2/3以上组成人员提议，可以召开临时全体会议。全体会议由主任或者主任委托的副主任主持。全体会议须有2/3以上的成员出席方能举行，会议决议须经出席会议成员2/3以上通过。全体会议主要负责议决以下事项：①制定和修改仲裁委员会的章程、议事规则和规章制度；②选举仲裁委员会主任、副主任；③决定仲裁员的聘任、解聘和除名；④仲裁委员会主任担任仲裁员的，决定主任的回避；⑤审议仲裁委员会工作计划和年度工作报告；⑥研究农村土地承包经营纠纷仲裁的重大事项；⑦其他重要事项。

（4）仲裁员的选任。农村土地承包仲裁委员会由当地人民政府及其有关部门代表、有关人民团体代表、农村集体经济组织代表、农民代表和法律、经济等相关专业人员兼任组成，其中农民代表和法律、经济等相关专业人员不得少于组成人员的1/2。农村土地承包仲裁委员会设主任1人、副主任1~2人和委员若干人。主任、副主任由全体组成人员选举产生。农村土地承包仲裁委员会应当从公道正派的人员中聘任仲裁员。仲裁员应当符合下列条件之一：①从事农村土地承包管理工作满5年；②从事法律工作或者人民调解工作满5年；③在当地威信较高，并熟悉农村土地承包法律以及国家政策的居民。

4. 农村土地承包经营纠纷仲裁程序。

（1）申请与受理。申请农村土地承包经营纠纷仲裁，应当符合下列条件：①申请人与纠纷有直接的利害关系；②有明确的被申请人；③有具体的仲裁请求和事实、理由；④属于仲裁委员会的受理范围。当事人申请仲裁，应当向纠纷涉及土地所在地的仲裁委员会递交仲裁申请书。申请书可以邮寄或者委托他人代交。书面申请有困难的，可以口头申请，由仲裁委员会记入笔录，经申请人核实后由其签名、盖章或者按指印。

当事人申请农村土地承包经营纠纷仲裁的时效期间为2年，自当事人

知道或者应当知道其权利被侵害之日起计算。仲裁时效因申请调解、申请仲裁、当事人一方提出要求或者同意履行义务而中断。从中断时起，仲裁时效重新计算。在仲裁时效期间的最后6个月内，因不可抗力或者其他事由，当事人不能申请仲裁的，仲裁时效中止。从中止时效的原因消除之日起，仲裁时效期间继续计算。侵害农村土地承包经营权行为持续发生的，仲裁时效从侵权行为终了时计算。

仲裁委员会应当对仲裁申请进行审查，符合申请条件的，应当受理。有下列情形之一的，不予受理；已受理的，终止仲裁程序：①不符合申请条件；②人民法院已受理该纠纷；③法律规定该纠纷应当由其他机构受理；④对该纠纷已有生效的判决、裁定、仲裁裁决、行政处理决定等。

农村土地承包仲裁委员会根据《农村土地承包经营纠纷调解仲裁法》第23条规定，农村土地承包仲裁委员会决定受理的，应当自收到仲裁申请之日起5个工作日内，将受理通知书、仲裁规则和仲裁员名册送达申请人；决定不予受理或者终止仲裁程序的，应当自收到仲裁申请或者发现终止仲裁程序情形之日起5个工作日内书面通知申请人，并说明理由。

当事人自愿达成书面仲裁协议的，受诉人民法院应当参照《最高人民法院关于适用〈中华人民共和国民事诉讼法〉的解释》第215、第216条[1]的规定处理。当事人未达成书面仲裁协议，一方当事人向农村土地承包仲裁机构申请仲裁，另一方当事人提起诉讼的，人民法院应予受理，并书面通知仲裁机构。但另一方当事人接受仲裁管辖后又起诉的，人民法院不予受理。当事人对仲裁裁决不服并在收到裁决书之日起30日内提起诉讼的，人民法院应予受理。

（2）仲裁庭的组成。仲裁庭由3名仲裁员组成。事实清楚、权利义务

---

〔1〕《最高人民法院关于适用〈中华人民共和国民事诉讼法〉的解释》第215条："依照民事诉讼法第一百二十七条第二项的规定，当事人在书面合同中订有仲裁条款，或者在发生纠纷后达成书面仲裁协议，一方向人民法院起诉的，人民法院应当告知原告向仲裁机构申请仲裁，其坚持起诉的，裁定不予受理，但仲裁条款或者仲裁协议不成立、无效、失效、内容不明确无法执行的除外。"第216条："在人民法院首次开庭前，被告以有书面仲裁协议为由对受理民事案件提出异议的，人民法院应当进行审查。经审查符合下列情形之一的，人民法院应当裁定驳回起诉：（一）仲裁机构或者人民法院已经确认仲裁协议有效的；（二）当事人没有在仲裁庭首次开庭前对仲裁协议的效力提出异议的；（三）仲裁协议符合仲裁法第十六条规定且不具有仲裁法第十七条规定情形的。"

关系明确、争议不大的农村土地承包经营纠纷，经双方当事人同意，可以由1名仲裁员仲裁。双方当事人自收到受理通知书之日起5个工作日内，从仲裁员名册中选定仲裁员。首席仲裁员由双方当事人共同选定，另外2名仲裁员由双方当事人各自选定；当事人不能选定的，由仲裁委员会主任指定。独任仲裁员由双方当事人共同选定；当事人不能选定的，由仲裁委员会主任指定。仲裁委员会应当自仲裁庭组成之日起2个工作日内将仲裁庭组成情况通知当事人。

（3）回避。仲裁员有下列情形之一的，应当回避：①是本案当事人或者当事人、代理人的近亲属；②与本案有利害关系；③与本案当事人、代理人有其他关系，可能影响公正仲裁；④私自会见当事人、代理人，或者接受当事人、代理人的请客送礼。

当事人认为仲裁员有回避情形的，有权以口头或者书面方式向仲裁委员会申请其回避。当事人提出回避申请，应当在首次开庭前提出，并说明理由；在首次开庭后知道回避事由的，可以在最后一次开庭终结前提出。仲裁委员会应当自收到回避申请或者发现仲裁员有回避情形之日起2个工作日内作出决定，以口头或者书面方式通知当事人，并说明理由。

仲裁员是否回避，由仲裁委员会主任决定；仲裁委员会主任担任仲裁员时，由仲裁委员会集体决定主任的回避。仲裁员有下列情形之一的，应当重新选定或者指定仲裁员：①被决定回避的；②在法律上或者事实上不能履行职责的；③因被除名或者解聘丧失仲裁员资格的；④因个人原因退出或者不能从事仲裁工作的；⑤因徇私舞弊、失职渎职被仲裁委员会决定更换的。重新选定或者指定仲裁员后，仲裁程序继续进行。当事人请求仲裁程序重新进行的，由仲裁庭决定。

（4）开庭审理。农村土地承包经营纠纷仲裁应当开庭进行。开庭应当公开，但涉及国家秘密、商业秘密和个人隐私以及当事人约定不公开的除外。开庭可以在纠纷涉及的土地所在地的乡（镇）或者村进行，也可以在仲裁委员会所在地进行。当事人双方要求在乡（镇）或者村开庭的，应当在该乡（镇）或者村开庭。仲裁庭应当在开庭5个工作日前将开庭时间、地点通知当事人、第三人和其他仲裁参与人。当事人请求变更开庭时间和地点的，应当在开庭3个工作日前向仲裁庭提出，并说明理由。仲裁庭决定变更的，通知双方当事人、第三人和其他仲裁参与人；决定不变更的，通知提出变更请求的当事人。

被申请人经书面通知，无正当理由不到庭或者未经仲裁庭许可中途退

庭的，仲裁庭可以缺席裁决。被申请人提出反请求，申请人经书面通知，无正当理由不到庭或者未经仲裁庭许可中途退庭的，仲裁庭可以就反请求缺席裁决。

仲裁庭应当保障双方当事人平等行使辩论权，并对争议焦点组织辩论。辩论终结时，首席仲裁员或者独任仲裁员应当征询双方当事人、第三人的最后意见。仲裁庭应当将开庭情况记入笔录。笔录由仲裁员、记录人员、当事人、第三人和其他仲裁参与人签名、盖章或者按指印。当事人、第三人和其他仲裁参与人认为对自己的陈述记录有遗漏或者差错的，有权申请补正。仲裁庭不予补正的，应当向申请人说明情况，并记录该申请。

对权利义务关系明确的纠纷，当事人可以向仲裁庭书面提出先行裁定申请，请求维持现状、恢复农业生产以及停止取土、占地等破坏性行为。仲裁庭应当自收到先行裁定申请之日起 2 个工作日内作出决定。仲裁庭作出先行裁定的，应当制作先行裁定书，并告知先行裁定申请人可以向人民法院申请执行，但应当提供相应的担保。

（5）证据。当事人、第三人应当提供证据，对其主张加以证明。证据应当在开庭时出示，但涉及国家秘密、商业秘密和个人隐私的证据不得在公开开庭时出示。与纠纷有关的证据由作为当事人一方的发包方等掌握管理的，该当事人应当在仲裁庭指定的期限内提供，逾期不提供的，应当承担不利后果。仲裁庭自行调查收集的证据，应当在开庭时向双方当事人出示。

当事人申请证据保全，应当向仲裁委员会书面提出。仲裁委员会应当自收到申请之日起 2 个工作日内，将申请提交证据所在地的基层人民法院。农村土地承包仲裁委员会依法向人民法院提交当事人证据保全申请的，应当提供下列材料：①证据保全申请书；②农村土地承包仲裁委员会发出的受理案件通知书；③申请人的身份证明；④申请保全证据的具体情况。

当事人、第三人申请证人出庭作证的，仲裁庭应当准许，并告知证人的权利义务。证人不得旁听案件审理。仲裁庭应当组织当事人、第三人交换证据，相互质证。经仲裁庭许可，当事人、第三人可以向证人询问，证人应当据实回答。

仲裁庭对专门性问题认为需要鉴定的，可以交由当事人约定的鉴定机构鉴定；当事人没有约定的，由仲裁庭指定的鉴定机构鉴定。根据当事人的请求或者仲裁庭的要求，鉴定机构应当派鉴定人参加开庭。经仲裁庭许可，当事人可以向鉴定人提问。

（6）中止与终结。发生下列情形之一的，仲裁程序中止：①一方当事人死亡，需要等待继承人表明是否参加仲裁的；②一方当事人丧失行为能力，尚未确定法定代理人的；③作为一方当事人的法人或者其他组织终止，尚未确定权利义务承受人的；④一方当事人因不可抗拒的事由，不能参加仲裁的；⑤本案必须以另一案的审理结果为依据，而另一案尚未审结的；⑥其他应当中止仲裁程序的情形。在仲裁庭组成前发生仲裁中止事由的，由仲裁委员会决定是否中止仲裁；仲裁庭组成后发生仲裁中止事由的，由仲裁庭决定是否中止仲裁。决定仲裁程序中止的，应当书面通知当事人。仲裁程序中止的原因消除后，仲裁委员会或者仲裁庭应当在3个工作日内作出恢复仲裁程序的决定，并通知当事人和第三人。

发生下列情形之一的，仲裁程序终结：①申请人死亡或者终止，没有继承人及权利义务承受人，或者继承人、权利义务承受人放弃权利的；②被申请人死亡或者终止，没有可供执行的财产，也没有应当承担义务的人的；③其他应当终结仲裁程序的。终结仲裁程序的，仲裁委员会应当自发现终结仲裁程序情形之日起5个工作日内书面通知当事人、第三人，并说明理由。

（7）裁决。仲裁庭应当根据认定的事实和法律以及国家政策作出裁决，并制作裁决书。首席仲裁员组织仲裁庭对案件进行评议，裁决依多数仲裁员意见作出。少数仲裁员的不同意见可以记入笔录。仲裁庭不能形成多数意见时，应当按照首席仲裁员的意见作出裁决。裁决书应当写明仲裁请求、争议事实、裁决理由和依据、裁决结果、裁决日期，以及当事人不服仲裁裁决的起诉权利和期限。裁决书由仲裁员签名，加盖仲裁委员会印章。仲裁庭应当自受理仲裁申请之日起60日内作出仲裁裁决。受理日期以受理通知书上记载的日期为准。案情复杂需要延长的，经仲裁委员会主任批准可以延长，但延长期限不得超过30日。延长期限的，应当自作出延期决定之日起3个工作日内书面通知当事人、第三人。期限不包括仲裁程序中止、鉴定、当事人在庭外自行和解、补充申请材料和补正裁决的时间。

（8）财产保全。因一方当事人的行为或者其他原因可能使裁决不能执行或者难以执行，另一方当事人申请财产保全的，仲裁委员会应当将当事人的申请提交被申请人住所地或者财产所在地的基层人民法院，并告知申

请人因申请错误造成被申请人财产损失的，应当承担相应的赔偿责任。农村土地承包仲裁委员会应当提交下列材料：①财产保全申请书；②农村土地承包仲裁委员会发出的受理案件通知书；③申请人的身份证明；④申请保全财产的具体情况。

人民法院受理财产保全申请后，应当在10日内作出裁定。因特殊情况需要延长的，经本院院长批准，可以延长5日。人民法院接受申请后，对情况紧急的，必须在48小时内作出裁定；裁定采取保全措施的，应当立即开始执行。

农村土地承包经营纠纷仲裁中采取的财产保全措施，在申请保全的当事人依法提起诉讼后，自动转为诉讼中的财产保全措施，并适用《最高人民法院关于适用〈中华人民共和国民事诉讼法〉的解释》第485条关于查封、扣押、冻结期限的规定。

5. 农村土地承包经营纠纷仲裁的调解与和解。当事人申请仲裁后，可以自行和解。仲裁庭应当向当事人提供必要的法律政策解释，帮助当事人自行和解。在仲裁过程中，当事人达成和解协议的，可以请求仲裁庭根据和解协议作出裁决书，也可以撤回仲裁申请。当事人要求撤回仲裁申请的，仲裁庭应当终止仲裁程序。

仲裁庭应当在双方当事人自愿的基础上进行调解。调解达成协议的，仲裁庭应当制作调解书。调解书应当载明双方当事人基本情况、纠纷事由、仲裁请求和协议结果，由仲裁员签名，并加盖仲裁委员会印章，送达双方当事人。调解书经双方当事人签收即发生法律效力。调解不成或者当事人在调解书签收前反悔的，仲裁庭应当及时作出裁决。当事人在调解过程中的陈述、意见、观点或者建议，仲裁庭不得作为裁决的证据或依据。

第四节　涉外仲裁

一、涉外仲裁的定义

所谓涉外仲裁是指含有涉外因素或国际因素的仲裁。涉外仲裁主要解决国际经济贸易、运输和海事等商事活动中发生的争议，又称为国际商事仲裁。[1]

---

〔1〕 江伟、肖建国主编：《仲裁法》，中国人民大学出版社2016年版，第315页。

在我国，对于涉外仲裁的含义有不同的理解。通常认为，涉外仲裁是指在民商事活动中，双方当事人依据事先或事后达成的仲裁协议，将有关含有涉外因素或者国际因素的契约性或者非契约性的一切商事性质关系所引起的争议提交给某临时仲裁庭或常设仲裁机构进行审理，并作出具有约束力的仲裁裁决的制度。

追根溯源，有关“涉外仲裁裁决”的内容首次出现在1991年《民事诉讼法》之中，但该法并没有对其做出一个确切的界定。1992年7月14日，为了指导各级法院正确适用《民事诉讼法》，最高人民法院颁布了《最高人民法院关于适用〈中华人民共和国民事诉讼法〉若干问题的意见》(以下简称《1992年民事诉讼法意见》)，对“涉外民事案件”作出如下定义：“当事人一方或双方是外国人、无国籍人、外国企业或组织，或者当事人之间民事法律关系的设立、变更、终止的法律事实发生在外国，或者诉讼标的物在外国的民事案件，为涉外民事案件。”尽管《1992年民事诉讼法意见》并没有对于“涉外仲裁裁决”作出确切定义，但其关于“涉外民事案件”的规定为判断仲裁裁决的分类提供了必要指引。依据该意见，有学者得出结论：所谓“涉外仲裁裁决”指的是中国仲裁机构作出的具有涉外因素的案件的裁决。[1]

二、涉外仲裁的特点

涉外仲裁是民商事仲裁的一个具体种类，因此民商事仲裁通常具有的自愿性、专业性、灵活性、保密性、快捷性、经济性、独立性、终局性等特点，涉外仲裁都应该具备。但当涉外因素融入民商事仲裁后，以下三个特点显得格外醒目：[2]

(一) 涉外仲裁的程序制度有特殊安排

涉外仲裁含有涉外因素，这是它与国内仲裁的主要区别所在。有涉外因素，且有的当事人在仲裁审理地国可能没有住所，为方便他们进行仲裁活动或行使权利，在某些具体程序制度上，如期间、送达、取证、保全等方面，法律或者机构规则作出了不同于国内仲裁的特别规定。

(二) 涉外仲裁承载更充分的意思自治

涉外仲裁是以当事人的自愿和协议为基础，可以更为充分地发挥当事人的意思自治，他们可以自由选择仲裁事项、仲裁地、仲裁组织形式、仲

---

〔1〕 周庆主编：《仲裁法学》，郑州大学出版社2010年版，第260页。

〔2〕 江伟、肖建国主编：《仲裁法》，中国人民大学出版社2016年版，第317页。

裁员、仲裁程序、仲裁语言和仲裁所适用的实体法。仲裁庭处理仲裁案件的权力也来自当事人的同意。这些可以由当事人控制的因素，成为人们对涉外仲裁感兴趣的重要原因。

（三）涉外仲裁通常存在法律适用问题

由于各种涉外因素都可能把对仲裁协议、程序问题、实体问题的法律适用引向不同国家的法律制度，再有当事人意志的加入，使得法律适用问题与涉外仲裁相伴而生。

三、我国的涉外仲裁机构

在我国，1994 年《仲裁法》对涉外仲裁机构作了专门规定。该法第 66 条规定："涉外仲裁委员会可以由中国国际商会组织设立。涉外仲裁委员会由主任一人、副主任若干人和委员若干人组成。涉外仲裁委员会的主任、副主任和委员可以由中国国际商会聘任。"第 67 条规定："涉外仲裁委员会可以从具有法律、经济贸易、科学技术等专门知识的外籍人士中聘任仲裁员。"随后国务院办公厅于 1996 年 6 月 8 日下发的《关于贯彻实施〈中华人民共和国仲裁法〉需要明确的几个问题的通知》第 3 点规定："新组建的仲裁委员会的主要职责是受理国内仲裁案件；涉外仲裁案件的当事人自愿选择新组建的仲裁委员会仲裁的，新组建的仲裁委员会可以受理"。据此说明在中国依法成立的民商事仲裁机构均可成为涉外仲裁机构，涉外仲裁机构都可以聘请外籍人士担任仲裁员。以下为我国的几个涉外仲裁机构。

（一）中国国际经济贸易仲裁委员会

中国的涉外商事仲裁制度起源于中国国际经济贸易委员会（以下简称"贸仲"）的仲裁实践。其前身为根据 1954 年 5 月 6 日中央人民政府政务院通过的《关于在中国国际贸易促进委员会内设立对外贸易仲裁委员会的决定》而组建的"对外贸易仲裁委员会"，1980 年更名为"对外经济贸易仲裁委员会"，1988 年又更名为"中国国际经济贸易仲裁委员会"。在中国国际贸易促进委员会 1994 年成为国际商会会员后，自 2000 年 10 月 1 日起，"贸仲"在使用既有名称外，同时启用"中国国际商会仲裁院"的名称。"贸仲"总会设在北京，在天津、重庆等地设有分会，总会和分会使用相同的仲裁规则和仲裁员名册，在整体上享有一个仲裁管辖权。[1]

---

〔1〕 江伟、肖建国主编：《仲裁法》，中国人民大学出版社 2016 年版，第 321 页。

“贸仲”的受案范围是根据当事人的约定受理契约性或非契约性的经济贸易等争议案件，包括国际或涉外争议案件、涉及港澳台地区的争议案件以及国内争议案件。

（二）中国海事仲裁委员会

中国海事仲裁委员会（以下简称“海仲”）的前身是1958年11月根据国务院的决定成立的“中国国际贸易促进委员会海事仲裁委员会”，1988年6月21日更名为现名。“海仲”是一家专门仲裁海事、海商、物流争议以及其他契约性或非契约性争议的常设仲裁机构。“海仲”总会设在北京，在上海、天津、重庆设有分会，总会和分会使用相同的仲裁规则和仲裁员名册，在整体上享有一个仲裁管辖权。

“海仲”的受案范围是有关船舶相互救助的报酬的争议，海上船舶碰撞发生的争议，海上船舶租赁业务、代理业务、运输业务、海上保险等方面发生的争议。

（三）国内其他仲裁机构

自《仲裁法》颁布实施以来，依照其规定，在各省、直辖市、自治区人民政府所在地的市和其他设区的市又设立或重新组建了一大批常设仲裁机构。这些仲裁机构尽管其业务重心是国内仲裁，但是随着我国改革开放和市场经济的发展以及国际化程度的提升，涉外民商事案件越来越多。[1]

四、涉外仲裁程序

涉外民商事纠纷的一方当事人根据与对方当事人在纠纷发生之前或者纠纷发生之后达成的仲裁协议，向约定的仲裁机构提交仲裁申请书，涉外仲裁程序自此开启，随后成立的仲裁庭将按照由一定的方式、步骤和时限等要素构成的程序对案件进行审理，并作出裁决。一方面，涉外仲裁程序与国内仲裁程序在制度目的、价值目标、构成阶段、仲裁庭的组成、审理方式等方面有相同之处和趋同之势。但另一方面，适用于涉外民商事纠纷的仲裁程序，顾及涉外因素的存在，应具有不同于国内仲裁程序的特殊性。为此，从程序规范上，国家通过仲裁程序法、涉外仲裁机构通过仲裁规则作出特别规制，以满足涉外仲裁的需要。[2]

在仲裁程序法的适用问题上，当事人意思自治发挥着重要的作用，多

---

〔1〕 具体如，上海国际经济贸易仲裁委员会（上海国际仲裁中心）、北京仲裁委员会等。

〔2〕 江伟、肖建国主编：《仲裁法》，中国人民大学出版社2016年版，第322页。

数国家的立法均允许当事人自主选择仲裁适用的程序法，但当事人不得以约定的方式排除仲裁地程序法中的强制性规定，否则裁决作出后仲裁地法院将有权根据当事人的申请撤销裁决，而一项被仲裁地法院撤销的裁决，将无法在他国得到承认和执行。1958 年《纽约公约》第 5 条第 1 款第 5 项规定，裁决对当事人没有约束力，或者业经由作出裁决的国家或据其法律作出裁决的国家的管辖当局撤销或停止执行的，可以拒绝承认和执行。在我国进行的仲裁必须受我国仲裁法的规制，因为我国《仲裁法》要求涉外仲裁规则按照仲裁法和民事诉讼法的有关规定制定，对此，2005 年 5 月 1 日起施行的《中国国际经济贸易仲裁委员会仲裁规则》第 4 条第 2 款规定："凡当事人同意将争议提交仲裁委员会仲裁的，均视为同意按照本规则进行仲裁。当事人约定适用其它仲裁规则，或约定对本规则有关内容进行变更的，从其约定，但其约定无法实施或与仲裁地强制性法律规定相抵触者除外。"

目前，在当事人未选择仲裁程序法时，由于仲裁地法与仲裁程序有着最密切的联系，各国司法判例和仲裁实践普遍适用仲裁地国有关的仲裁程序法。在英国，在决定仲裁适用的程序法问题上，首先尊重当事人的选择，在当事人没有对仲裁程序法作出选择时，则推定适用或直接适用仲裁地法。国际公约也有支持适用仲裁地法律的规定，例如，1958 年《纽约公约》第 5 条第 1 款第 4 项规定，仲裁庭的组成或者仲裁程序与仲裁地所在国家的法律不符，其他国家可拒绝承认和执行该仲裁裁决。1961 年《欧洲国际商事仲裁公约》和 1975 年《美洲国际商事仲裁公约》基本上采取了与《纽约公约》类似的规定。

五、涉外仲裁的承认和执行

（一）涉外仲裁裁决在外国的承认和执行

依据我国《仲裁法》第 72 条和《民事诉讼法》第 297 条的规定，我国涉外仲裁机构作出的发生法律效力的仲裁裁决，当事人请求执行的，如果被执行人或者其财产不在我国领域内，应当由当事人直接向有管辖权的外国法院申请承认和执行。

发生法律效力的涉外仲裁裁决的当事人，就裁决的实现，向被执行人或者财产所在地的有管辖权的主管机关申请承认和执行，该外国的法院或其他主管机关将首先依据国际公约、双边条约等审查是否承认，再考虑是否以及如何予以执行。在民事强制执行程序上，依其国内法的规定不同而做法不一。[1]实践中，由于中国已经加入《纽约公约》，只要被申请承认和执行的国家是公约的缔约国，当事人通常依据公约规定直接向该缔约国申请承认和执行我国仲裁机构作出的涉外仲裁裁决。[2]

（二）涉外仲裁裁决在中国的承认和执行

按照我国《民事诉讼法》规定，一方当事人不履行经我国仲裁机构作出的涉外仲裁裁决的，对方当事人可以向被申请人住所地或者财产所在地的中级人民法院申请执行。申请人提出执行申请时，应当提交书面申请书，并附裁决书正本及仲裁协议书，申请执行必须在法律规定的 2 年内提出。该期限自仲裁裁决书规定履行期间的最后 1 日起计算；仲裁裁决书规定分期履行的，从规定的每次履行期间的最后 1 日起计算。[3]

在执行程序中，被申请人对涉外仲裁裁决提出不予执行的，人民法院必须组成合议庭审查核实，该裁决有符合《民事诉讼法》第 248 条规定的情形的，裁定不予执行。涉外仲裁裁决被人民法院裁定不予执行后，当事人可以根据双方达成的书面仲裁协议重新申请仲裁，也可以向有管辖权的人民法院起诉。

（三）外国仲裁裁决在中国的承认和执行

在我国，外国仲裁裁决有三种情况：①在《纽约公约》或《华盛顿公约》缔约国境内作出的外国裁决；②在与我国订立有条约的国家作出的外国裁决；③在其他国家作出的裁决。承认和执行外国仲裁裁决的依据大致分为三种：一是我国参加的 1958 年《纽约公约》；二是我国缔结的双边或多边协定；三是依照互惠原则办理。由于我国参加的《纽约公约》在世界上的影响最为广泛，是国际上关于承认和执行外国仲裁裁决的最主要的公约，因而我国法院承认和执行外国仲裁裁决主要是依据该公约进行。

根据我国《民事诉讼法》第 304 条规定，外国仲裁裁决需要中国法院承认和执行的，应当由当事人直接向被执行人住所地或者其财产所在地的中级人民法院申请。在具体的承认和执行程序上，《最高人民法院关于执行我国加入的〈承认及执行外国仲裁裁决公约〉的通知》规定："根据《1958 年纽约公约》第四条的规定，申请我国法院承认和执行在另一缔约国领土内作出的仲裁裁决，是由仲裁裁决的一方当事人提出的。对于当事

---

[1] 江伟、肖建国主编：《仲裁法》，中国人民大学出版社 2016 年版，第 325 页。

[2] 江伟、肖建国主编：《仲裁法》，中国人民大学出版社 2016 年版，第 317 页。

[3] 周庆主编：《仲裁法学》，郑州大学出版社 2010 年版，第 278 页。

人的申请应由我国下列地点的中级人民法院受理：1. 被执行人为自然人的，为其户籍所在地或者居所地；2. 被执行人为法人的，为其主要办事机构所在地；3. 被执行人在我国无住所、居所或者主要办事机构，但有财产在我国境内的，为其财产所在地。”

根据《纽约公约》第3条规定：“各缔约国应承认仲裁裁决具有拘束力，并依援引裁决地之程序规则及下列各条所载条件执行之。承认或执行适用本公约之仲裁裁决时，不得较承认或执行内国仲裁裁决附加过苛之条件或征收过多之费用”。我国在对外国仲裁裁决的承认及执行的程序规定方面需要遵循该原则。目前，外国仲裁裁决符合我国缔结或参加的国际条约规定以及我国有关法律的，即可在中国境内得到承认与执行。

在执行中，被申请人可以对外国仲裁裁决提出证据证明，请求法院不予承认与执行，人民法院组成合议庭审查核实，只要认定仲裁裁决具有《纽约公约》第5条[1]所列的情形，就应当驳回申请，拒绝承认与执行。

目前，大多数外国仲裁裁决在中国得到了承认和执行，同时中国法院也依据《纽约公约》的规定及个案情况，拒绝承认和不予执行了一些外国仲裁裁决，维护了当事人的合法权益。

思考题

1. 简述仲裁的概念。
2. 试述仲裁的基本原则。

---

〔1〕《纽约公约》第5条规定：“一、裁决唯有于受裁决援用之一造向声请承认及执行地之主管机关提具证据证明有下列情形之一时，始得依该造之请求，拒予承认及执行：（甲）第二条所称协定之当事人依对其适用之法律有某种无行为能力情形者，或该项协定依当事人作为协定准据之法律系属无效，或未指明以何法律为准时，依裁决地所在国法律系属无效者；（乙）受裁决援用之一造未接获关于指派仲裁员或仲裁程序之适当通知，或因他故，致未能申辩者；（丙）裁决所处理之争议非为交付仲裁之标的或不在其条款之列，或裁决载有关于交付仲裁范围以外事项之决定者，但交付仲裁事项之决定可与未交付仲裁之事项划分时，裁决中关于交付仲裁事项之决定部分得予承认及执行；（丁）仲裁机关之组成或仲裁程序与各造间之协议不符，或无协议而与仲裁地所在国法律不符者；（戊）裁决对各造尚无拘束力，或业经裁决地所在国或裁决所依据法律之国家之主管机关撤销或停止执行者。二、倘声请承认及执行地所在国之主管机关认定有下列情形之一，亦得拒不承认及执行仲裁裁决：（甲）依该国法律，争议事项系不能以仲裁解决者；（乙）承认或执行裁决有违该国公共政策者。”

3. 简述涉外仲裁的概念。
4. 试述涉外仲裁协议的法律适用。
5. 试述中国涉外仲裁裁决在本国的执行。
6. 简述中国涉外仲裁裁决在外国的承认和执行。

拓展阅读

第八章 调解制度

学习目的和要求

通过学习，掌握调解的定义、特点和社会功能；了解我国调解的基本类型和格局。

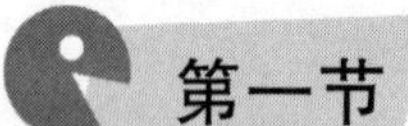

第一节 调解的基础理论

一、调解的定义

调解是指在第三方的主持下，在查明事实、分清是非的基础上，双方当事人根据自愿和合法的原则达成协议，化解彼此间的民商事争议的纠纷解决方式。调解是一种非诉讼纠纷解决方式，根据第三方是否是国家机关的代表或组成人员，调解可分为公力救济的调解和私力救济的调解。

我国的调解制度是指第三人根据法律规定以说服教育的方式，协助当事人自愿达成协议，从而解决民商事纠纷、行政争议及刑事案件的一种非诉讼法律制度。调解制度的文化根基是我国几千年来所形成的独特的传统法律文化，特别是其中的无讼思想和理念。

二、调解制度的发展历程

（一）我国调解制度的发展历程

1. 我国古代调解制度的发展。我国古代调解制度经历了萌芽、发展和成熟三个阶段。从奴隶制国家开始，历代官府都建立了基层调解制度，以后历代都对调解制度进行了不同程度的继承和发展，使调解制度成为我国古代优秀的法律文化传统之一。

（1）萌芽阶段。先秦是我国古代调解制度的萌芽阶段。调解制度的起源，可以追溯到原始社会。在原始社会，人们之间发生争议后往往在氏族或部落首领的主持下调和解决，这是调解制度的萌芽，故调解制度是随着人类社会的形成而出现的。人类进入奴隶制社会后，国家诞生了，社会上存在着对抗性矛盾和非对抗性矛盾两类矛盾，对不同性质的矛盾人们运用不同的方式解决。其中，统治阶级在解决对抗性矛盾时，运用军队、法庭、监狱等暴力手段，以国家强制力为后盾。而在解决人们生产和生活中发生的民间纠纷时，则主要通过调解进行解决，以缓和社会矛盾。我国大概在周代即有了正式的调解制度，根据《周礼·地官》的设计，地方官吏中设置有“调人”，“掌司万民之难而谐和之”。春秋时期的孔子是提倡调解息讼的先驱人物，孔子主张以德治国，提倡教化，“听讼，吾犹人也。必也使无讼乎?”即肯定无讼的价值，孔子作为儒家思想的创始人，其相关思想对后世产生了深远的影响。

（2）发展阶段。我国古代的调解制度在秦汉时期进入发展阶段。汉废秦“一断于法”的治国主张，提出了“德主刑辅”“礼法并用”的治国思路，在民间调解上贯彻儒家“和为贵”的指导思想。秦汉时期，建立郡县制，县以下的乡、亭、里基层组织虽然没有审判权，但是可以调解民间纠纷。唐代沿袭汉制，乡里民间纠纷、讼事，“先由里正坊正调解之”，确立起一套比较完备的乡里调解组织体系。汉唐时期，调解作为一项解决纠纷的制度普遍运用到民事纠纷的处理上来，但其制度化的程度还不高。

（3）成熟阶段。宋代调解基本实现了制度化，调解得到法律确认，被引入司法程序，劝解息讼是地方官吏的职责，故自宋朝开始，我国古代调解制度步入成熟阶段。元代时期调解制度有了进一步的发展，形成了调解和劝说的系统法律，广泛运用调解方式解决民事纠纷成为元代司法制度的一大特色。到了明代，调解制度有了很大发展，有关调解的制度已经相当完备，《大明律集解附例》规定在各州、县设立“申明亭”，“凡民间应有词状，许耆老里长准受于本亭剖理”。清代，调解已成为民事诉讼的常用手段。虽然清律并没有规定调解息讼是必经程序，但在实践中，调解在民事诉讼中总是处于被优先考虑的地位。清末制定的《大清民事诉讼法典》对调解结案作出了规定。

2. 我国现代调解制度的发展。中华民国时期，沿袭传统做法，十分重视发挥调解的作用，进一步完善了调解法律制度。一是1930年民国政府颁布了《民事调解法》，这是中国历史上第一部单行的调解法。二是国民党政府将调解写进了民事诉讼法中，使其成为民事诉讼法的重要内容之一。三是1931年颁布的《区乡镇坊调解委员会权限规程》，对区、乡、镇、坊调解委员会组织、权限、调解方法等作了规定，为调解制度在基层的运作提供了法律依据。

3. 新中国调解制度的发展。中华人民共和国成立以来，调解受到了党和国家的重视，其在中国的纠纷解决机制中依然占据着重要地位。就发展历程来说，其呈现出了由繁荣到衰落再到繁荣的发展趋势。[1]20世纪90年代之前，调解在纠纷解决领域呈现出一片繁荣景象；20世纪90年代—2002年之间，调解的重要性开始下降并走向萎缩；2002年以来，调解制度再度受到党和国家的高度重视，这一古老的纠纷解决方式在新时期迸发出新活力。今天，我国调解制度得到了前所未有的发展，形成了一套完整的调解体系，不仅在非诉讼领域起着重要作用，而且，早已通过立法进入诉讼和仲裁领域。民事诉讼、行政诉讼、刑事诉讼和仲裁等法律制度中都规定了调解程序，调解在诉讼和仲裁领域也发挥着重要的作用。我国调解制度既在立法层面得以不断完善和发展，也在运行机制上得以不断探索和创新，像“大调解”“三调联动”“调解与诉讼的衔接”等调解创新机制的确立使局面为之一新，通过总结成功经验以及对实践中一些违反调解基本原理的做法加以反思和纠正，使调解持续成为国家治理体系中不可或缺的重要组成部分。

（二）国外调解制度发展历程

近代以来，世界上许多国家也建立了调解制度和组织。18世纪末，北欧各国除冰岛以外，都有法庭外的调解组织，其形式和工作方法大体相同，称为北欧模式。如挪威于1797年将全国分为若干调解区，各区设调解委员会，由群众选择有声望的人员担任调解委员。19世纪，美国、日本等国家也先后建立了群众调解制度。当然，各国调解组织和人员有很大差异。美国主要由律师进行调解，并设有地方调解组织。[2]而日本主要由政府部门和有关企业共同设立各种专门的法庭外调解组织。除欧美和日本等国家之外，非洲和阿拉伯国家也有调解纠纷的传统，在各级法庭和区、村建立调解组织。现在，调解制度作为一种传统的解决非诉讼纠纷的方式，在世界各国都得到广泛的运用。西方各国在诉讼阶段之前，运用各种平息纠纷的形式减少诉讼，并将诉讼外解决纠纷的所有方式统称为替代性纠纷解决方式，即ADR（Alternative Dispute Resolution）。调解是ADR的主要形式之一，在西方日益受到重视，解决了大量的诉讼外纠纷，为维持正常的法律秩序做出了令人瞩目的贡献。如在美国，90%以上的纠纷是通过各种

〔1〕 何永军：《乡村社会嬗变与人民调解制度变迁》，载《法制与社会发展》2013年第1期。

〔2〕 熊先觉：《中国司法制度》，中国政法大学出版社1986年版，第347～350页。

形式在诉讼外解决的，调解在其中所占的比例最高，尤其在解决某些特定类型纠纷中发挥着重要作用，以调解方式解决的纠纷在合同和债务纠纷中占87%，在其他人身损害赔偿纠纷中占83%，民间调解的成功率高达85%。[1]当然，世界各国由于风俗习惯、文化背景和法律传统的不同，在调解立法、调解组织、调解制度、调解人员的配备上以及调解方式上各不相同，存在着差异。但有一趋势是相同的，即调解正在日益受到越来越多的人的重视，成为最重要的非诉讼纠纷解决方式之一。

三、调解的特点

调解在我国存在民间调解、人民调解、法院调解、行政调解、仲裁调解等多种类型，各种调解都具有自身独特的地方，但各种类型的调解都是非诉讼纠纷解决方式，它们都具有共同的本质，具有由第三人居中主持、自愿和合法三个特点。

1. 第三人居中主持。调解与和解最大的区别就在于，调解必须有第三人参与，是在第三人的主持下进行的，而和解中不存在第三人，其纠纷由当事人双方自行协商解决。调解的纠纷解决结构为典型的三方构造，而和解不是，只有两方参与。具体而言，第三人既可以是个人，也可以是组织。民间调解的第三人一般都是个人，当然也可以是组织。其他的调解，第三人一般都是组织。

2. 自愿。纠纷当事人所拥有的处分权是调解的法权基础，调解是在尊重纠纷当事人的处分权的基础上，通过当事人的合意来解决纠纷的。调解必须自愿，不得强迫调解。自愿性正是调解的正当性基础之一，也是法定的要求。调解中当事人的自愿性贯穿于纠纷解决的全过程：首先，对于纠纷的解决方式当事人有选择的权利，采取调解方式来解决纠纷要征得当事人的同意，当事人不同意的不得进行调解。纠纷的解决方式是多元的，其包括诉讼和非诉讼两大类，其中非诉讼纠纷解决方式又包括和解、调解、仲裁等多种类型，调解并不是解决纠纷的唯一方式和必经程序，任何组织和机关都无权强迫当事人接受调解，当事人可以根据自己的意愿来决定是否以调解的方式来解决纠纷。其次，当事人有权选择调解的第三人。能够居中调解的人和组织具有多元性，其调解的纠纷范围也不尽相同，当事人可以在法律规定的调解范围内选择有能力和权力调解的个人和组织。最后，调解协议的达成必须双方当事人自愿。调解协议的达成必须是在第三

---

〔1〕范愉：《非诉讼纠纷解决机制研究》，中国人民大学出版社2000年版，第176～177页。

人的撮合下双方当事人互谅互让的基础上自愿达成的，调解协议的内容必须是当事人真实意思的表示，不得强迫当事人达成调解协议。

3. 合法。调解要充分尊重双方当事人的自由意志，尊重当事人的处分权，但这并不意味着调解就不需依法进行，就可违法。从调解的范围到调解组织的选定再到调解协议的达成，国家法律均作出了相应的制度安排。就调解的范围来说，民商事纠纷、行政争议及刑事案件中均存在调解。民事纠纷自始至终都可调解，是调解的主要战场，后来商事纠纷和行政争议也逐渐被纳入调解的范围，而调解在刑事自诉案件和刑事附带民事诉讼中的运用，是调解范围的进一步拓展。自诉案件一般是很轻微的刑事案件，人民法院对自诉案件进行调解，有利于提高诉讼效率、化解纠纷和维护社会的繁荣和稳定。人民法院在审理刑事附带民事诉讼案件时，对民事赔偿部分可以参照《民事诉讼法》的有关规定进行调解。但是，也并非所有刑事附带民事诉讼都可以进行调解。对于国家、集体的财产因犯罪行为遭受损失，由人民检察院在提起公诉时附带提起民事诉讼的，人民法院就不能进行调解。双方当事人为达成调解协议所作的任何让步都必须在法律允许的范围内进行，经过调解所达成的协议内容必须符合法律规定和社会公德，其不得损害国家、集体或第三人的合法利益，违反国家强制性规定的调解协议无效。

四、调解的地位

调解被人誉为“东方经验”，其是我国社会纠纷的重要解决方式，在国家治理和社会治理中占据着重要地位。调解制度也是我国重要的法律制度，其是我国司法制度的重要有机组成部分。

调解在我国有着悠久的历史和深厚的文化底蕴。早在西周时期，我国就已存在调解制度。在儒家文化的影响下，在其后长达两千多年的专制社会中，调解受到了社会和国家的青睐，也得到了进一步的发展，其在民间和官府解决纠纷中有着举足轻重的地位。

调解在中国社会具有深厚的社会基础和巨大的发展潜力。在我国社会变迁和国家转型的历史过程中，各种社会矛盾突出、各类纠纷数量激增，为回应社会对纠纷解决的不同需求，多元化纠纷解决方式应运而生，包括和解、调解、仲裁、公证、行政裁决、行政复议与诉讼等多种纠纷解决方法在社会生活中发挥着重要作用。调解作为纠纷解决的重要方式，具有广泛的适用性，与其他纠纷解决方式相比具有诸多的优势。同时，随着社会生活和工作节奏的不断加快，当事人、司法机关和法律授权的专门组织解决纠纷时，越来越讲求经济适用原则。调解所具有的自愿性、自主协商性和程序简便的特点，使其具有解纷成本低、效率高的比较优势，不仅能满足当下社会的要求，而且在未来社会也具有更加广阔的发展前景。

五、调解的社会功能

调解的社会功能是指调解对社会所发挥的有利作用和效能。调解的社会功能是潜在的，其表现出来即为调解的作用。具体来说，调解具有如下功能：

1. 定分止争。解决纠纷是调解最基础的社会功能。调解在我国之所以能够产生、长期存在和不断发展，历来受到人们的青睐，就在于它具有良好的纠纷解决功能。社会纠纷的发生是不可避免的，自从人类社会诞生以来人们就在不断地探索社会纠纷的解决方式。调解所具有的独特的解决纠纷、化解矛盾的优势，使其受到人们的重视。调解可以随时随地处理矛盾，第一时间解决纠纷。调解与仲裁、行政裁决、行政复议及诉讼相比，成本低廉、方式灵活，适用于各种社会场景。调解组织往往设置在基层，各街道和乡村都设有调解人员；法院、仲裁机构和其他负有解决纠纷法定职责的组织在解决纠纷的过程中，只要当事人同意，均可以开展调解。在调解的过程中，程序简便且不拘泥于形式，使当事人能够在轻松的环境中充分发表意见，更容易保障当事人的程序参与权，使当事人感受到被尊重。调解形成的协议是双方当事人在互谅互让的基础上达成的合意，是双方当事人真实的意思表示，更容易为双方当事人所遵守和积极履行，使社会关系重归于和谐，从而能够更彻底地解决纠纷。

2. 分流案件，减轻法院和仲裁机构的压力。改革开放以来，中国社会的各类纠纷数量激增，法院和仲裁机构面对日益增长的诉讼案件显得力不从心、疲于应付。为减轻法院和仲裁机构的工作压力，调解的必要性和重要性便凸显出来。如果说，诉讼是解决纠纷的最后一道防线，那么调解就是防止和化解社会矛盾的前沿阵地。当来自基层的大量的民商事纠纷、行政争议及刑事案件被调解解决时，就分流了大量的案件，避免其流入法院和仲裁机构，从而节省了法院和仲裁机构大量的人力和物力，减轻了工作负担，使其可以集中精力办理疑难案件和大案要案。

3. 维持社会秩序。一个没有秩序的社会必然解体和走向灭亡。纠纷的产生意味着原有的社会秩序被破坏，纠纷解决后原有的社会秩序才能够得到恢复和重建。调解是人们日常生活中最常规的纠纷解决方式，我们基层社会的大多数纠纷都是通过调解解决的，调解在我国纠纷的解决体系中发

挥着基石的作用，为我国社会秩序的维护奠定了坚实的基础。

4. 促进社会和谐。诉讼具有终局性和强制性，是最权威的纠纷解决方式，但是其也具有自身的缺点，“一场官司十年仇”，充满敌意的诉讼常常十分伤害双方当事人的感情，诉讼结束后双方的关系就再难恢复，而调解是在当事人双方信任的第三人的主持下，通过友好协商，在互相谅解、彼此都作出让步的基础上最终达成协议，所以调解对双方当事人感情的伤害是相对较小的，这有利于人际关系的稳定，有利于促成整个社会的和谐发展，实现安定团结的社会局面。

第二节 人民调解、法院调解和行政调解

目前我国的调解立法已形成了一套相对完备的体系，调解在我国当下的社会治理体系中发挥着重要的作用。按照调解组织的不同，我们当前的调解可分为：人民调解、法院调解、行政调解、仲裁调解、律师调解和消费者协会调解等。其中，人民调解、法院调解和行政调解是我国调解体系中三种主要的调解形式。

一、人民调解

人民调解是指人民调解委员会通过说服、疏导等方法，促使当事人在平等协商基础上自愿达成调解协议，解决民间纠纷的活动。

为了完善人民调解制度，规范人民调解活动，及时解决民间纠纷，维护社会和谐稳定，2010 年 8 月 28 日第十一届全国人民代表大会常务委员会第十六次会议通过了《人民调解法》，其自 2011 年 1 月 1 日起施行。《人民调解法》是我国历史上关于人民调解的第一部法律，其对人民调解的原则、人民调解委员会、人民调解员、调解程序、调解协议等作出了全面规定。

（一）人民调解的原则

根据《人民调解法》第 3 条的规定，人民调解委员会调解民间纠纷应当遵循下列原则：

1. 自愿平等原则。人民调解解决的是平等主体之间因人身关系和财产关系而发生争议的纠纷，参与调解的双方当事人的法律地位是平等的。人民调解组织不得进行强迫调解，调解必须在双方当事人自愿的基础上进行，调解的启动、进行以及协议的履行等都取决于当事人的意愿，对此不

得施加精神和物理的压迫。《人民调解法》第 23 条明确规定了当事人有接受调解、拒绝调解或者要求终止调解的权利，有选择或者接受人民调解员的权利，要求调解公开进行或者不公开进行的权利以及自主表达意愿、自愿达成调解协议的权利。自愿平等原则是人民调解的基础，其贯穿在人民调解的始终。

2. 合法原则。调解具有相对的灵活性，但是这不意味着人民调解就不需要遵守法律，可以无视法律进行调解，相反调解也必须依法进行。人民调解的合法原则包括两个方面：一是调解的程序要合法，即调解活动应当严格遵循法律规定的程序，包括调解的启动、方式、步骤，以及调解协议的形成与送达等都必须符合法律的规定。《人民调解法》第四章专门规定了调解程序，这是人民调解必须遵循的法律依据。二是实体方面要合法，即调解协议的内容不得违反法律、法规的规定，也不能损害国家、社会、集体或他人的合法权益。当然，调解的依据相对宽泛一些，在不违背法律、法规的强制性规定的前提条件下，调解过程中可以援引或参考一些非正式规范，如政策、判例、良俗习惯和伦理道德等。

3. 尊重当事人权利原则。国家保护当事人的实体权利，也保护当事人的程序性权利。当纠纷发生后，当事人可以根据自身的愿意来选择诉讼或非诉讼的方式解决自身的纠纷，人民调解委员会的工作人员不得因调解而阻止当事人依法通过仲裁、行政、司法等途径维护自己的权利。

（二）人民调解委员会

1. 人民调解委员会的性质及任务。人民调解委员会是依法设立的调解民间纠纷的群众性组织。人民调解委员会的任务为及时解决民间纠纷、维护社会和谐稳定。

2. 人民调解委员会的设立、组成及任期。村民委员会、居民委员会设立人民调解委员会。企业事业单位根据需要设立人民调解委员会。人民调解委员会由委员 3 至 9 人组成，设主任 1 人，必要时，可以设副主任若干人。人民调解委员会应当有妇女成员，多民族居住的地区应当有人数较少民族的成员。村民委员会、居民委员会的人民调解委员会委员由村民会议或者村民代表会议、居民会议推选产生；企业事业单位设立的人民调解委员会委员由职工大会、职工代表大会或者工会组织推选产生。人民调解委员会委员每届任期 3 年，可以连选连任。

3. 人民调解委员会的管理、监督和工作保障。县级人民政府司法行政部门应当对本行政区域内人民调解委员会的设立情况进行统计，并且将人

民调解委员会以及人员组成和调整情况及时通报所在地基层人民法院。人民调解委员会应当建立健全各项调解工作制度，听取群众意见，接受群众监督。村民委员会、居民委员会和企业事业单位应当为人民调解委员会开展工作提供办公条件和必要的工作经费。

（三）人民调解员

1. 人民调解员的任职条件及聘任。人民调解员应当由公道正派、热心人民调解工作，并具有一定文化水平、政策水平和法律知识的成年公民担任。县级人民政府司法行政部门应当定期对人民调解员进行业务培训。人民调解员由人民调解委员会委员和人民调解委员会聘任的人员担任。

2. 人民调解员的罢免或解聘。人民调解员在调解工作中有下列行为之一的，由其所在的人民调解委员会给予批评教育、责令改正，情节严重的，由推选或者聘任单位予以罢免或者解聘：①偏袒一方当事人的；②侮辱当事人的；③索取、收受财物或者牟取其他不正当利益的；④泄露当事人的个人隐私、商业秘密的。

3. 人民调解员的工作保障。人民调解员从事调解工作，应当给予适当的误工补贴；因从事调解工作致伤致残，生活发生困难的，当地人民政府应当提供必要的医疗、生活救助；在人民调解工作岗位上牺牲的人民调解员，其配偶、子女按照国家规定享受抚恤和优待。

（四）调解程序

1. 调解程序的启动。启动调解程序有两种形式，一是应当事人的申请启动，二是依职权主动启动。但当事人一方明确拒绝调解的，不得调解。基层人民法院、公安机关对适宜通过人民调解方式解决的纠纷，可以在受理前告知当事人向人民调解委员会申请调解。

2. 人民调解员的确定。人民调解委员会根据调解纠纷的需要，可以指定一名或者数名人民调解员进行调解，也可以由当事人选择一名或者数名人民调解员进行调解。

3. 邀请民间权威人士参与调解。人民调解员根据调解纠纷的需要，在征得当事人的同意后，可以邀请当事人的亲属、邻里、同事等参与调解，也可以邀请具有专门知识、特定经验的人员或者有关社会组织的人员参与调解。人民调解委员会支持当地公道正派、热心调解、群众认可的社会人士参与调解。

4. 人民调解工作的要求和方法。人民调解员调解民间纠纷，应当坚持原则，明法析理，主持公道。调解民间纠纷，应当及时、就地进行，防止矛盾激化。人民调解员根据纠纷的不同情况，可以采取多种方式调解民间纠纷，充分听取当事人的陈述，讲解有关法律、法规和国家政策，耐心疏导，在当事人平等协商、互谅互让的基础上提出纠纷解决方案，帮助当事人自愿达成调解协议。人民调解员在调解纠纷过程中，发现纠纷有可能激化的，应当采取有针对性的预防措施；对有可能引起治安案件、刑事案件的纠纷，应当及时向当地公安机关或者其他有关部门报告。人民调解员应当记录调解情况。人民调解委员会应当建立调解工作档案，将调解登记、调解工作记录、调解协议书等材料立卷归档。

5. 当事人在人民调解中的权利和义务。当事人在人民调解活动中享有下列权利：①选择或者接受人民调解员；②接受调解、拒绝调解或者要求终止调解；③要求调解公开进行或者不公开进行；④自主表达意愿、自愿达成调解协议。当事人在人民调解活动中履行下列义务：①如实陈述纠纷事实；②遵守调解现场秩序，尊重人民调解员；③尊重对方当事人行使权利。

6. 调解的终止。人民调解员调解纠纷，调解不成的，应当终止调解，并依据有关法律、法规的规定，告知当事人可以依法通过仲裁、行政、司法等途径维护自己的权利。

（五）调解协议

1. 调解协议书的制作及形式。经人民调解委员会调解达成调解协议的，可以制作调解协议书。当事人认为无需制作调解协议书的，可以采取口头协议方式，人民调解员应当记录协议内容。

2. 调解协议书的内容及生效。调解协议书可以载明下列事项：①当事人的基本情况；②纠纷的主要事实、争议事项以及各方当事人的责任；③当事人达成调解协议的内容，履行的方式、期限。调解协议书自各方当事人签名、盖章或者按指印，人民调解员签名并加盖人民调解委员会印章之日起生效。调解协议书由当事人各执一份，人民调解委员会留存一份。口头调解协议自各方当事人达成协议之日起生效。

3. 调解协议的效力。经人民调解委员会调解达成的调解协议，具有法律约束力，当事人应当按照约定履行。人民调解委员会应当对调解协议的履行情况进行监督，督促当事人履行约定的义务。经人民调解委员会调解达成调解协议后，当事人之间就调解协议的履行或者调解协议的内容发生争议的，一方当事人可以向人民法院提起诉讼。

4. 司法确认。经人民调解委员会调解达成调解协议后，双方当事人认

为有必要的，可以自调解协议生效之日起30日内共同向人民法院申请司法确认，人民法院应当及时对调解协议进行审查，依法确认调解协议的效力。人民法院依法确认调解协议有效，一方当事人拒绝履行或者未全部履行的，对方当事人可以向人民法院申请强制执行。人民法院依法确认调解协议无效的，当事人可以通过人民调解方式变更原调解协议或者达成新的调解协议，也可以向人民法院提起诉讼。

二、法院调解

法院调解，又称为诉讼中调解，是指诉讼中在法院审判人员的主持和协调下，双方当事人就案件争议的问题通过自愿协商达成协议，从而解决纠纷所进行的活动。法院调解是我国法院在长期司法实践中形成的一项重要制度，也是我国司法工作的优良传统和成功经验。

（一）法院调解的原则

1. 自愿原则。自愿原则，是指人民法院在进行调解时，调解的启动、进行和调解协议的达成都必须以双方当事人完全自愿为基础，不能强迫。自愿包括程序上的和实体上的。首先是程序上的自愿，即双方当事人自愿用调解的方式解决纠纷。《民事诉讼法》第9条、96条均规定，人民法院审理民事案件，根据当事人自愿的原则进行调解。当事人起诉到人民法院的民事纠纷，适宜调解的，先行调解，但当事人拒绝调解的除外。当事人一方或者双方坚持不愿调解的，人民法院应当及时判决。其次是实体上的自愿，即是否达成调解协议和达成什么样的调解协议，必须遵从当事人的意愿。《民事诉讼法》第99条规定："调解达成协议，必须双方自愿，不得强迫"。调解协议的内容是当事人对自己权利自由处分的体现，是当事人之间民主协商的结果，必须充分反映当事人的意愿。审判人员可以根据法律和政策对当事人进行引导，向当事人提出调解的建议，但是，不能将自己对案件的处理意见强加给当事人。《民事诉讼法》第212条规定，当事人对已经发生法律效力的调解书，提出证据证明调解违反自愿原则的，可以申请再审。经人民法院审查属实的，应当再审。

2. 合法原则。合法原则是指人民法院主持调解活动必须依法进行，程序和实体都必须符合法律的规定。合法原则要求：①调解活动必须依照法定程序进行；②当事人双方达成的调解协议内容，不得违背国家政策、法律的强制性规定，不得损害国家的、集体的利益和其他公民的合法的自由和权利。

（二）法院调解的案件范围

法庭调解的案件范围包括民商事案件、部分行政案件和刑事自诉案件以及刑事附带民事诉讼案件。民商事案件的调解贯穿于民事诉讼的始终，一审、二审、再审程序和执行程序中都可以进行调解。适用特别程序、督促程序、公示催告程序的案件，婚姻等身份关系确认案件以及其他根据案件性质不能进行调解的案件，不得调解。人民法院审理行政案件，不适用调解。但是，行政赔偿、补偿以及行政机关行使法律、法规规定的自由裁量权的案件可以调解。人民法院审理刑事附带民事诉讼案件，可以进行调解。人民法院对告诉才处理的案件和被害人有证据证明的轻微刑事案件可以进行调解；但被害人有证据证明对被告人侵犯自己人身、财产权利的行为应当依法追究刑事责任，而公安机关或者人民检察院不予追究被告人刑事责任的案件不适用调解。对刑事公诉案件也不适用调解。

（三）法院调解的基本要求

法院调解不能和稀泥，而应当在弄清事实的基础上分清是非。人民法院在受理案件后，认为法律关系明确，事实清楚，有调解可能的，进行调解。民商事案件的调解贯穿于民事诉讼的始终，但对于绝大多数民商事案件来说，调解不是审判的必经程序。不过，根据《民法典》第1079条第2款的规定，人民法院审理离婚案件，应当进行调解；如果感情确已破裂，调解无效的，应当准予离婚。调解是法院审理离婚案件的必经程序。当然，一方被宣告失踪，另一方提出离婚诉讼的，应准予离婚而不必调解。人民法院受理案件以后，认为有调解可能的，或当事人一方申请调解对方没有异议的，可以促成当事人达成协议；当事人不同意调解，或调解不能达成协议的，应及时作出判决，或者另行开庭审理。

（四）法院调解的形式

根据《民事诉讼法》的规定，法院调解的形式灵活多样。由于调解贯穿于民事诉讼的整个过程，可以在开庭前进行调解，也可以在开庭审理时进行调解。人民法院进行调解，可以由审判员一人主持，也可以由合议庭主持。可以调解一次，也可以调解多次。可以在法院调解，也可以在法院之外调解，并尽可能就地进行。可以在线下调解，也可以在线上调解。人民法院进行调解，可以用简便方式通知当事人、证人到庭。

人民法院进行调解，可以邀请有关单位和个人协助。被邀请的单位和个人，应当协助人民法院进行调解。公民之间的纠纷可以邀请人民调解员或为双方当事人所信赖的人做协调工作。法人或非法人组织可以邀请双方

当事人的共同上级主管机关协助调解。人民法院应向被邀请的单位和个人介绍案情和争议焦点，可以提出具体调解建议，使其有所准备、有针对性地参与调解工作，同时法院可以给予适当经济补偿。

（五）调解协议和调解书

调解达成协议，必须双方自愿，不得强迫。调解协议的内容不得违反法律规定。调解达成协议，人民法院应当制作调解书。调解书应当写明诉讼请求、案件的事实和调解结果。调解书由审判人员、书记员署名，加盖人民法院印章，送达双方当事人。调解书经双方当事人签收后，即具有法律效力。下列案件调解达成协议，人民法院可以不制作调解书：①调解和好的离婚案件；②调解维持收养关系的案件；③能够即时履行的案件；④其他不需要制作调解书的案件。对不需要制作调解书的协议，应当记入笔录，由双方当事人、审判人员、书记员签名或者盖章后，即具有法律效力。第二审人民法院审理上诉案件，可以进行调解。调解达成协议，应当制作调解书，由审判人员、书记员署名，加盖人民法院印章。调解书送达后，原审人民法院的判决即视为撤销。当事人对已经发生法律效力的解除婚姻关系的判决、调解书，不得申请再审。

（六）特邀调解制度

为健全多元化纠纷解决机制，加强诉讼与非诉讼纠纷解决方式的有效衔接，规范人民法院特邀调解工作，维护当事人合法权益，特邀调解制度近年应运而生。特邀调解是指人民法院吸纳符合条件的人民调解、行政调解、商事调解、行业调解等调解组织或者个人成为特邀调解组织或者特邀调解员，接受人民法院立案前委派或者立案后委托依法进行调解，促使当事人在平等协商基础上达成调解协议、解决纠纷的一种调解活动。特邀调解是近年法院在调解方面的一大创新，目前已在各地法院普遍展开，已取得了较为理想的实践效果，

三、行政调解

行政调解，是指由国家行政机关主持的，以国家法律和政策为依据，以自愿为原则，通过说服教育等方法调停、斡旋，促使当事人友好协商、达成协议、消除争议的一种纠纷解决活动。行政调解具有如下特征：一是调解主体为行政机关；二是以解决发生在行政管理过程中的争议或纠纷为主，调解的对象既有民事纠纷也有行政争议，还包括轻微的刑事案件；三是以当事人自愿为前提条件；四是行政调解不能引起行政复议和行政诉讼。行政调解解决了大量的民间纠纷，促进了安定团结，减轻了人民法院

诉讼工作。它一般分为两种形式：①基层人民政府，即乡镇人民政府对民间纠纷的调解；②主管行政机关根据法律规定，对特定民商事纠纷或劳动纠纷进行的调解。行政调解属于诉讼外调解，没有法律效力，协议由当事人自觉履行。如果当事人反悔，可以由行政机关作出裁决、由当事人申请仲裁，也可以向人民法院提起诉讼。

（一）基层人民政府行政调解职能

将调解解决民间纠纷作为人民政府的行政职能之一，是我国行政机关的优良政治传统。中华人民共和国成立后，基层人民政府的行政调解工作逐步规范化、制度化。目前，随着法律的不断完善和发展，基层人民政府的调解职能得到了进一步规范。2011 年 4 月，中央社会治安综合治理委员会、最高人民法院等 16 个部门联合发布了《关于深入推进矛盾纠纷大调解工作的指导意见》。自 2011 年起，各个省市相继颁行了本地的行政调解规定或办法，建立由各级政府负总责、政府法制机构牵头、各职能部门为主体的行政调解工作体制。

1. 基层人民政府的行政调解人员。基层人民政府负责行政调解的人员是城市街道办事处和乡、镇政府的司法助理员和民政助理员。司法助理员是司法行政工作人员，其任务包括调解民事纠纷和轻微刑事案件，指导人民调解委员会的工作，进行法制宣传。民政助理员也负责调解民间纠纷。

2. 乡镇司法调解中心的建设。随着市场经济的发展，人民内部矛盾日益多样化和复杂化，调解的难度越来越大。相当数量的矛盾、纠纷在村级无法得到及时有效解决，引起了群众的不满。为探索新时期人民内部矛盾调解的新机制，全国司法部门进行了积极探索。2001 年 4 月，乡镇司法调解中心在全国开始推广，到 2001 年底，全国有 80% 的乡镇建立了司法调解中心。乡镇司法调解中心是农村民主法制建设发展的必然产物，是化解新时期人民内部矛盾的新机制，对维护农村的社会稳定和经济发展必然起到重要作用。

3. 劳动争议的调解和农村土地承包经营纠纷的调解。《劳动争议调解仲裁法》第 10 条规定，发生劳动争议，当事人可以到下列调解组织申请调解：①企业劳动争议调解委员会；②依法设立的基层人民调解组织；③在乡镇、街道设立的具有劳动争议调解职能的组织。企业劳动争议调解委员会由职工代表和企业代表组成。职工代表由工会成员担任或者由全体职工推举产生，企业代表由企业负责人指定。企业劳动争议调解委员会主任由

工会成员或者双方推举的人员担任。依据《农村土地承包经营纠纷调解仲裁法》第7条的规定，村民委员会、乡（镇）人民政府应当加强农村土地承包经营纠纷的调解工作，帮助当事人达成协议解决纠纷。

（二）行政主管机关的调解职能

我国行政主管机关对其职权范围内发生的有关民事纠纷、单位之间以及单位与个人之间发生的行政事务纠纷，都负有管理职责。在处理上述纠纷时，可以依法运用调解的方式解决纠纷。例如，根据《产品质量法》第47条的规定，协商、调解、仲裁和起诉均是解决产品质量民事纠纷的方式。当事人有权决定选择其中的任何一种方式来解决其纠纷。其中“调解”既包括民间调解，也包括行政调解。这里的行政调解是指由有关主管行政机关主持的调解，如技术监督部门、市场监督管理部门等。2022年第二次修正的《市场监督管理投诉举报处理暂行办法》第16条至19条规定，市场监督管理部门经投诉人和被投诉人同意，采用调解的方式处理投诉，但法律、法规另有规定的，依照其规定。市场监督管理部门可以委托消费者协会或者依法成立的其他调解组织等单位代为调解。受委托单位在委托范围内以委托的市场监督管理部门名义进行调解，不得再委托其他组织或者个人。调解可以采取现场调解方式，也可以采取互联网、电话、音频、视频等非现场调解方式。采取现场调解方式的，市场监督管理部门或者其委托单位应当提前告知投诉人和被投诉人调解的时间、地点、调解人员等。调解由市场监督管理部门或者其委托单位工作人员主持，并可以根据需要邀请有关人员协助。

另外关于土地、矿产、水、森林、草原、渔业等自然资源纠纷的处理，我国有关法律大都作出了进行行政处理或者实行行政处理与民事诉讼“双轨制”的规定。例如，根据我国《水法》第57条的规定，解决水事纠纷的方式包括协商、调解和诉讼，具体而言调解由县级以上地方人民政府或者其授权的部门进行。《草原法》第16条第1款至第3款规定，草原所有权、使用权的争议，由当事人协商解决；协商不成的，由有关人民政府处理。单位之间的争议，由县级以上人民政府处理；个人之间、个人与单位之间的争议，由乡（镇）人民政府或者县级以上人民政府处理。当事人对有关人民政府的处理决定不服的，可以依法向人民法院起诉。人民政府处理是起诉的前置程序。行政调解门类繁多、分工较细，其正在完善之中，未来还有广阔的发展空间。

第三节 其他类型的调解制度

一、律师调解

律师调解可以分为独立调解和代理过程中的调解。律师独立调解，是指当事人将争议直接提交给律师事务所，由律师事务所指派律师或当事人挑选律师进行调解的纠纷解决形式。国外已经出现独立调解人，一些律师事务所也开始从事调解业务。我国虽然没有出现专门从事调解的律师和律师事务所，但我国《律师法》第 28 条第 5 款规定，接受委托参加调解是律师可以从事的业务之一。由于当前经济快速发展，民事法律关系日益复杂化、多样化，当事人需要律师作为职业法律工作者，根据法律规定和律师丰富的专业知识与经验，使纠纷得到专业化解决。当事人在听取律师建议、通过律师解释知晓法律的相关规定之后，多数情况下能够按照法律规定达成协议、解决纠纷。与其他个人与组织相比，律师在调解上具有独特的优势。与民间权威人士和人民调解员相比，作为法律专业人士，律师拥有丰富的法律知识。与行政机关和法院的调解相比，作为社会法律工作者的律师，具有非官方性，更加容易赢得普通民众的信赖，使纠纷得到较好解决。但由于调解纠纷经济效益不高，目前许多律师在调解纠纷上的积极性不是很高，未来应该完善相关制度，激励律师们积极投身于调解工作，特别是要发挥律师在治理信访上的作用，让律师“坐诊”信访局成为常态化的社会实践。

二、消费者协会调解

消费者协会调解，是指消费者协会在受理消费者投诉以后，依法对投诉事项进行调查、调解的工作制度。《消费者权益保护法》第 37 条规定了消费者协会应履行的职责，其中包括“受理消费者的投诉，并对投诉事项进行调查、调解”；第 39 条第 2 款规定，消费者和经营者发生消费者权益争议的，可以请求消费者协会或者依法成立的其他调解组织调解。从这些规定看，调解是消费者协会的法定职能之一。具体来说，消费者协会的调解包括两种情形：一是消费者协会在受理消费者投诉事项时应当进行调解，其是消费者协会处理投诉事项时所采取的一个程序或步骤，是消费者协会的主动行为；二是消费者和经营者发生权益争议时，双方可以请求消费者协会调解，此时是消费者协会被动地受邀进行调解。

党的十八大以来，以习近平同志为核心的党中央，对完善人民调解、行政调解、司法调解联动工作体系，加强行业性、专业性人民调解组织建设，发展人民调解员队伍等作出决策部署，先后出台了一系列法律文件。2019 年 5 月召开的全国调解工作会议提出，到 2022 年要基本形成以人民调解为基础，人民调解、行政调解、行业性专业性调解、司法调解优势互补、有机衔接、协调联动的大调解工作格局，目前全国各地都在为建构和完善大调解工作格局而奋斗。

思考题

1. 什么是调解？其地位和功能如何？
2. 什么是人民调解？
3. 什么是法院调解？
4. 什么是行政调解？

拓展阅读

第九章　司法鉴定制度

学习目的和要求

通过学习，应当了解鉴定、司法鉴定的概念和基本特征，掌握司法鉴定的基本原理。掌握司法鉴定与诉讼制度、司法制度的深层次关系，以及司法鉴定的证据特性。熟悉司法鉴定基本功能、意义和基本原则，掌握司法鉴定的法定种类。掌握司法鉴定管理制度、鉴定主体准入制度、司法鉴定实施程序制度、司法鉴定证据制度。

第一节　司法鉴定概述

一、鉴定与司法鉴定

司法鉴定作为一个专业术语、法律概念，由“司法”和“鉴定”两词组成，“司法”为修饰词，承担限制鉴定之场域的作用，“鉴定”则是该法律概念的核心。因此，我们可以从“鉴定”说起。

从鉴定之词义角度观察：鉴定，由“鉴”和“定”组成。“鉴”，《新华字典》之释义有三：其一，作为名词，有镜子之义；其二，作为动词，有照（镜子之类）的行为或动作之义；其三，作为动词，有观看、洞察之义。[1]“定”，《新华字典》之释义有五：其一，不可变更的，规定的，不动的；其二，使确定，使不移动；其三，安定，平靖；其四，镇静，安稳（多指情绪）；其五，预先约妥。[2]据此，“鉴定”，从字面释义审视，应当指涉如是意义，主体深入观察、深度洞察并使这一观察、洞察而来的信息、资料或者意见、推论以一定形式得到确定；如果引申而言，意指观察、甄别并得出结论或意见，是系列行为的集合，也是一个蕴含一定目的的过程。

---

〔1〕 中国社会科学院语言研究所编：《新华字典》，商务印书馆2000年版，第228页。
〔2〕 中国社会科学院语言研究所编：《新华字典》，商务印书馆2000年版，第103页。

就鉴定指涉主体而言，鉴定可以分为普通个体之鉴定和机构、机关等组织之鉴定，具体而言：

1. 普通个体之鉴定。该情况下的鉴定意指普通个体就鉴定对象作深入观察、甄别，并作出结论的行为或活动。这一情况下的鉴定，在生活中很少发生，而且也没有必要如此，因为其并不产生社会所需要的意义，即使作为个体间的信息交流也不必如此，更不要说其能产生法律意义上的效果。因此，普通个体之鉴定，当属于一种理论上或者理想的鉴定。

2. 作为一般组织机构作出的鉴定。具有一定资质（包括物与人的配备）的鉴定机构指派或者委托选定的鉴定人，由其利用专业知识，专门设备、仪器等工具对鉴定对象作出判断或意见，如高等教育学校、科研机构内部成立的鉴定组织作出的鉴定即属于这一意义下的鉴定。

3. 与国家权力相关的机构、组织作出的鉴定。国家权力机关或者相关机关的组织作出的有权威性的鉴定。因与国家权力有关，组织一旦成立即具有一定资质，或者说通过立法赋予其资质。该组织指派或者委托选定鉴定人，他们对鉴定对象作出的具有一定权威性的判断或者意见，如公安机关、人民检察院内部成立的鉴定机构作出的鉴定意见之行为或活动即属此种意义下的组织鉴定。

司法鉴定，一般来说是指与司法有关的鉴定，也有多重含义，可以初步描绘如下：

1. 司法鉴定指涉司法机关作出的鉴定，司法机关之鉴定的行为或活动。2005 年《关于司法鉴定管理问题的决定》（以下简称《决定》）颁布前的司法鉴定即在这种意义上使用，包括公安机关、人民检察院和人民法院内部设置的鉴定机构作出鉴定意见的活动或行为。这是一种组织鉴定，而且是权威组织展开的鉴定活动。2005 年《决定》颁布后的司法鉴定，取消了司法行政部门和人民法院的鉴定业务，仅保留了公安机关、人民检察院的鉴定业务，其作出的鉴定仍然是一种组织鉴定。

2. 与诉讼相关的鉴定。2005 年《决定》颁布后的司法鉴定多在这一意义上使用，既包括公安机关、人民检察院内设的鉴定机构作出的鉴定，还包括具备一定资质（经过申请、审核和登记程序获得，即符合法律规定的资质条件）的机构作出的鉴定。前述组织、机构下展开的鉴定，一般都与诉讼相关或者为诉讼提供服务。

3. 司法鉴定之成果，鉴定意见。司法鉴定形成了当下《刑事诉讼法》《民事诉讼法》和《行政诉讼法》规范的一类法定证据，即鉴定意见，是

（司法）鉴定行为或者活动的最终成果。对作为司法鉴定成果的鉴定意见，应当根据其证据属性审查，不属这里讨论的问题。

根据前述对鉴定、司法鉴定的描绘、分析，关于司法鉴定的内涵可以作如下初步概括：其一，它是一种组织、机构进行的鉴定活动，不应当是一种纯粹的个体意义上的鉴定活动，虽然鉴定最终由具有资质的个体展开和负责。其二，从事鉴定活动或者行为应当以组织的名义接受委托，并以鉴定人名义从事鉴定事项、展开鉴定活动。

二、司法鉴定的基本特征：基于立法的描绘

2005 年 2 月 28 日，全国人民代表大会常务委员会通过《决定》，这是第一部规范司法鉴定的法律文件。2015 年，全国人民代表大会常务委员会对其作出修正。[1]修正后的文件第 1 条对司法鉴定作出定义：司法鉴定是指在诉讼活动中鉴定人运用科学技术或者专门知识对诉讼涉及的专门性问题进行鉴别和判断并提供鉴定意见的活动。2016 年 3 月，司法部颁布的《司法鉴定程序通则（2016 修订）》（以下简称《通则 2016》）[2]第 2 条不仅仅对司法鉴定作出界定，亦对司法鉴定程序作出界定：司法鉴定是指在诉讼活动中鉴定人运用科学技术或者专门知识对诉讼涉及的专门性问题进行鉴别和判断并提供鉴定意见的活动。司法鉴定程序是指司法鉴定机构和司法鉴定人进行司法鉴定活动的方式、步骤以及相关规则的总称。

根据前述法律文本对司法鉴定作出的定义、界定，我们可以对其特征作如下概括：

1. 根据《决定》第 1 条，司法鉴定是鉴定人之鉴定，根据第 8 条，[3]该鉴定不能是因个体接受委托而启动鉴定，只能依托某一鉴定机构启动、展开司法鉴定业务，亦即司法鉴定应当是鉴定人在司法鉴定机构中从事的鉴定行为或活动。还有，根据《通则 2016》第 2 条，鉴定人之鉴定应当在法律规定的司法鉴定程序中从事系列活动或者行为。简言之，司法鉴定应当是鉴定人之鉴定，是在组织、机构中的鉴定，并且无论是鉴定人，还是鉴定机构都应当遵守法律确定的鉴定程序。

---

〔1〕 2015 年修正《关于司法鉴定管理问题的决定》时对司法鉴定的概念并无修改。

〔2〕 2007 年最高人民检察院出台《司法鉴定程序通则（2007）》，对司法鉴定程序作出定义，2016 年对其修订时，对司法鉴定程序、司法鉴定都作出定义。

〔3〕 2015 年《关于司法鉴定管理问题的决定》第 8 条如下：各鉴定机构之间没有隶属关系；鉴定机构接受委托从事司法鉴定业务，不受地域范围的限制。鉴定人应当在一个鉴定机构中从事司法鉴定业务。

2. 根据《决定》第1条、《通则2016》第2条，鉴定人鉴定应当凭借其拥有的专门知识或者运用科学技术，利用《决定》第5条规定[1]的鉴定机构提供的仪器、设备和实验室从事鉴定活动。进而言之，鉴定人完成司法鉴定不是通过简单观察、生活常识即可作出判断或意见，而应当根据拥有的专业知识（内在于鉴定人），利用实验室、仪器、设备等外在可利用的体现技术的手段，通过逻辑、推理等方法作出严谨的具有形式理性的判断和意见。

3. 司法鉴定仅就诉讼中的专门性问题作出鉴定。何谓专门性问题？《决定》并无进一步说明，即使在现行《民事诉讼法》《刑事诉讼法》《行政诉讼法》中也仅仅对其作了原则性规定，如现行《刑事诉讼法》第146条规定，"为了查明案情，需要解决案件中某些专门性问题的时候，应当指派、聘请有专门知识的人进行鉴定。"即使这样，我们仍然可以根据文义解释的基本立场，对其矛盾命题作否定解读，即普通问题、常识问题肯定不能、也毋庸鉴定机构、鉴定人做司法鉴定。

因此，立法意义上的司法鉴定，不仅描绘了司法鉴定的组织性、过程性和程序性，还突出了另一个特点，指涉一种科学技术意义上的鉴定或者说司法鉴定之技术性特性：司法鉴定是鉴定人通过鉴定之科学性、技术性将已知材料、待鉴资料与蕴含新知识、新结论的鉴定意见[2]有效勾连起来的一种职业行为或者系列活动。

第二节　司法鉴定的技术原理：科学与（司法）鉴定

《决定》将司法鉴定界定为利用知识或技术对诉讼中的专门性问题作出判断并提供意见的过程或活动。该界定抓住了司法鉴定之核心问题，即司法鉴定的技术性问题，亦即科学原理、技术规则在司法鉴定中的应用，

---

[1] 2015年《关于司法鉴定管理问题的决定》第5条如下：法人或者其他组织申请从事司法鉴定业务的，应当具备下列条件：（一）有明确的业务范围；（二）有在业务范围内进行司法鉴定所必需的仪器、设备；（三）有在业务范围内进行司法鉴定所必需的依法通过计量认证或者实验室认可的检测实验室；（四）每项司法鉴定业务有三名以上鉴定人。

[2] 1979年和1996年《刑事诉讼法》均为"鉴定结论"，2012年《刑事诉讼法》将"鉴定结论"修改为"鉴定意见"。

蕴含三项基本原理，分别为物质交换原理或者物质转移原理、种属认定理论和同一认定理论。

一、物质交换或者物质转移原理

物质交换原理或者物质转移原理，又称“洛卡德物质交换原理”或“洛卡德物质转移原理”。该原理由法国著名刑事侦查学家埃蒙德·洛卡德在20世纪初叶提出，并作出独特贡献，同时代的法医学家亚历山大·拉卡桑、柯南·道尔和汉斯·格罗斯等在此也作出不少贡献。[1]该理论利用科学技术、科学方法表达了如是原理：两种或者两种以上的物质客体在外力作用下，相互作用、相互接触或相互撞击等后，产生物质、能量或者信息交互交换、转移；或者说一种物质带走另一种物质的物质或物质微粒或痕迹，同时也在另一客体留下一些物质或物质微粒或痕迹。对此，我们可以从以下方面把握和理解：

1. 原理中的“物质”应当涵盖如下内容：其一，实物性物质。一般指涉有形的，能够被普通人看到、感知到的物，或者说凭借简单科学仪器即可观察到的物。诸如电视、冰箱、刀具、汽油、衣物、泥土、飞机、汽车等，即是我们根据生活经验或常识就可以认可或者承认的物。其二，痕迹。它通常情况下指涉前述物质由于机械力作用（如摩擦、撞击等）或者自然演化或者其他因素的影响而在载体上留下的痕迹，如汽车刹车时因为机械力而导致汽车轮胎与地面摩擦而留下的痕迹。其三，信息类物质。随着科技的发展，物质的表现形态越来越丰富和多元、多样，除了前两类物质外，出现了新的物质类型，如浏览计算机、网络等媒介中产生或留下的痕迹、物质，除此之外还有诸如视频、音频、光碟等视听资料储存的信息。

2. 物质之交换或者转移应当满足如下条件：其一，一般来说，交换或者转移在两个物质之间发生，即使有两个以上，也应当通过技术将其范围缩小至两个物质之间发生交换或者转移。两个物质中，其中之一为源物体，当其部分或者微量物质被转移或交换到另一物质时，该物质为源物体；从源物体中带走的残片或者微量物质；这些残片或者微量物质带到所至之物，亦即（残片或者微量物质转移到了）目标物。其二，必须有能够产生物质转移或者交换的能量、动力，藉此实现物质的交换或者转移。以故意杀人案犯罪行为人以刀捅向被害人而导致的血往外溅事项为例：从刀具角度看，被害人之身体为源物体，犯罪工具刀具为目标物，血迹被转移

---

〔1〕 参见郭金霞编著：《司法鉴定学总论》，中国政法大学出版社2019年版，第50页。

到刀具上，血迹（血印）即为残留物，犯罪行为人捅之行为为物质转移的动力；从被害人伤口角度看，刀具为源物体，刀具之微量物质、刀具之形状在被害人身体上留下（成为痕迹或者残留物），身体为目标物，伤口之痕迹为残留物，捅之犯罪行为是物质转移或者交换的动力。

二、种属认定理论

种属认定，在本质上是一种认识活动，也是一种判断活动，是指具备专业知识、经验、技能之鉴定人，根据专业知识、专门检验手段对鉴定客体种类是否相同的问题所作的检验和判断。种属认定，一般来说可以分为三种类型，分别为人的种属认定（对人的性别、种族、年龄等的认定）、物的种属认定和事实的种属认定。[1]

对这一概念，我们可以作如下解读：

1. 种属认定之主体应当由具有专业知识、专业经验和专业技能的鉴定人充任，普通人不能充任，否则不产生种属认定之法律效果。

2. 鉴定人鉴定的客体种类间的关系应当是种属关系：鉴定客体所属种类，或者为判断鉴定对象为何物而进行的种属认定（又被称为“单一型种属认定”），或者判断两种物质之属性或者来源是否相同（又被称为“比较型种属认定”），或者根据客体所留的物质性反映形象或特征确定人或物的类型（又被称为“客体型种属认定”）。[2]

鉴定人进行种属认定，应当注意如下事项：①应当依托鉴定机构，应当注重检材本身的纯洁性；②应当注重对仪器、设备、实验室的利用；③尊重科学技术之规律（以物理学、化学、生物学等检测方法为基础）；④通过比较、对照和综合分析的方法得出是否有种属关系的鉴定意见。

三、同一认定理论

同一认定，从本质上说是一种认识活动，是鉴定人利用一些仪器、设备、实验室等并运用专业知识认识鉴定客体是否同一的认识活动。对这一认识活动，可以作如下解读：

1. 同一认定的主体应当是具有资质，具有专业知识（以学历为基础认定标准）、经验和技能（以经历或职称为认定标准）的鉴定人进行，不能由非鉴定人从事或充任。如果是没有鉴定资质的普通人进行同一认定活

---

〔1〕 参见郭金霞编著：《司法鉴定学总论》，中国政法大学出版社 2019 年版，第 71～72 页。

〔2〕 参见杜志淳、宋远升：《司法鉴定证据制度的中国模式》，法律出版社 2013 年版，第 3 页。

动，则不是根据专业知识，也不需要利用仪器、设备，而是根据常识、一般经验作出的同一认定（如被告人或证人对犯罪工具的辨认），不产生诉讼法上的法律效果。

2. 对鉴定客体作同一认定，而不是相似、相同的认定：刑事案件的发生一般与特定人、特定场所、特定物相联系，比如说在故意杀人罪中作为犯罪工具的刀具，虽然日常生活中表现为种类物即同一批次或者同一工艺生产的刀具相同或者相似，但在个案中则表现出特定的属性，呈现出特定物的属性。因此，鉴定人之同一认定的鉴定必然是同一客体，而非对其的相同、类似认定。

3. 同一认定之“同一”包括两方面内容：[1]其一，鉴定之客体的自我同一，亦即鉴定的客体应当是犯罪过程中的客体，而不是两个、甚至两个以上的客体的同一。其二，来源同一或唯一，即前后出现的客体来源于同一个客体，如指纹鉴定，在犯罪现场提取的指纹与作为对比提取的指纹，当其来源于同一个人，则是同一，反之则否。这两方面一般情况下并不需要同时存在或者出现，只需其中之一种情况出现，即为同一认定。

4. 如果同一认定与种属认定对照、比较的话，它们既有相同点，也有差异。种属认定是通过鉴定确定其间的种属关系，为侦查提供线索或方向；同一认定是通过鉴定确定其间的同一关系，确定某一事实或者事项，而且进行同一认定，一般应先进行种属认定。

在同一认定活动中，鉴定人需要识别被认定同一客体、供认定同一客体、被寻找客体和受审查客体四种客体，并在区分、比较、对照中通过综合分析方法得出是否同一的结论或意见。

综上所述，当司法鉴定被视为一门科学，或者说作为科学技术的组成部分时，它首先得服从物理、化学、生物学等自然科学规律。根据司法鉴定的技术原理、司法实践经验，前述的物质交换或物质转移原理、种属认定理论、同一认定理论是基础性的技术规律，三者间也有内在的逻辑关系，亦为制定和确立合法、高效司法鉴定制度的基础：在某一刑事案件中，因人、物、事件在时间中互动而产生物质交换、物质转移现象，当司法机关在侦查、公诉和审判程序中收集相关证据时，需要对特殊事项进行鉴定时，由依法成立的鉴定机构的鉴定人作种属认定和同一认定，而且在

---

〔1〕 参见李学军：《物证论——从物证技术学层面及诉讼法学的视角》，中国人民大学出版社 2010 年版，第 75 页。

作同一认定前一般先作种属认定。

第三节 司法鉴定制度：法律与（司法）鉴定

司法鉴定中的技术问题，或者说司法鉴定与科技的关系问题，是司法鉴定的基础性问题，遵循物理、化学、生物等学科的科学规律，属司法鉴定的实质性事项。在此基础上，法律亦对（司法）鉴定作出规范，是为鉴定之形式性事项，形成了法律（文本）中的司法鉴定制度，主要包括鉴定主体规则（鉴定人、鉴定机构）、鉴定程序规则、司法鉴定的证据规则及其所属的法定种类等。在本节，我们先从法律与司法鉴定关系角度对其作初步描绘，具体如下：

一、司法鉴定之法定种类：司法鉴定之范围

对司法鉴定的法定种类作出规定的法律、司法解释主要有两项：《决定》和《关于将环境损害司法鉴定纳入统一登记管理范围的通知》。据此，我们对中国司法鉴定的范围或者种类作如下描绘：

《决定》第2条第1款对司法鉴定之种类作出规定：国家对从事下列司法鉴定业务的鉴定人和鉴定机构实行登记管理制度：①法医类鉴定；②物证类鉴定；③声像资料鉴定；④根据诉讼需要由国务院司法行政部门商最高人民法院、最高人民检察院确定的其他应当对鉴定人和鉴定机构实行登记管理的鉴定事项。

2015年最高人民法院、最高人民检察院、司法部颁布的司法解释《关于将环境损害司法鉴定纳入统一登记管理范围的通知》，司法部等出台的《关于规范环境损害司法鉴定管理工作的通知》共同明确了一种新的司法鉴定种类，即环境损害司法鉴定。

因此，司法鉴定已明确的法定种类有四种，[1]即法医类鉴定、物证类鉴定、声像资料鉴定和环境损害司法鉴定。

---

〔1〕 因为其他需要登记管理的事项需要国务院的司法行政部门与最高人民检察院、最高人民法院会商，以确定新的类型，再明确以司法解释、法律文件的方式确定之，否则从文义解释的角度看，根据当时的法律，司法鉴定之种类只有三种；2015年最高人民法院、最高人民检察院、司法部颁布的司法解释《关于将环境损害司法鉴定纳入统一登记管理范围的通知》，则增加为四种：法医类鉴定、物证类鉴定、声像资料鉴定和环境损害司法鉴定。

第一，法医类鉴定：以医学、生物学、心理学等科学为基础，研究和分析人的精神状态、人身损害、死亡等情况的一种鉴定，包括诸如法医病理鉴定、法医临床鉴定、法医精神病鉴定、法医物证鉴定和法医毒物鉴定等分支领域。

第二，物证类鉴定：具有专业知识、资质的鉴定人对物证之来源、形成原因、基本现状进行分析和检验并作出判断的一种鉴定活动，包含的内容非常丰富，有痕迹物证鉴定（如指纹类、足迹类、工具痕迹类等）、笔迹类物证鉴定、文书物证鉴定、化学物证鉴定、生物物证鉴定、电子物证鉴定等分支领域。

第三，声像资料鉴定：声像资料又称为视听资料，包括声音、图像或者声音与图像的结合而形成的资料，以录音、录像、照片、光盘、胶卷、计算机等为表现媒介或形式；声像资料鉴定主要运用物理学、计算机等技术和基本原理对记录的声音、图像及其组合等作种类鉴定或同一鉴定。

第四，环境损害司法鉴定：[1]根据2015年出台的《关于规范环境损害司法鉴定管理工作的通知》第2条之规定，所谓环境损害司法鉴定主要指涉有资质的鉴定人采用监测、检测、现场勘察、实验模拟或者综合分析等技术方法，对环境污染或者生态破坏诉讼涉及的专门性问题进行鉴别和判断并提供鉴定意见的活动，主要包括污染物性质鉴定、地表水和沉积物环境损害鉴定、空气污染环境损害鉴定、土壤与地下水环境损害鉴定、近海海洋与海岸带环境损害鉴定和生态系统环境损害鉴定。

二、司法鉴定的基本原则

第一，依法鉴定原则。鉴定人依照法律进行鉴定，依照《全国人民代表大会常务委员会关于司法鉴定管理问题的决定》《司法鉴定机构登记管理办法》《司法鉴定人登记管理办法》《司法鉴定程序通则》《司法鉴定文书规范》等现行有效法律、法规、司法解释从事鉴定活动，无论是从实体上的权利、义务分配到鉴定程序的展开，还是从形式到内容、从技术手段到技术标准都应按照前述法律的具体规定渐次展开。以鉴定主体获得鉴定资格为例：①鉴定机构应当具备现行有效法律、法规、司法解释等规定的资质条件，并且经过相关行政主管部门或者法律授权的组织审核、批准登记并公告；②鉴定人，必须是自然人，也应当按照法律规定的条件进行申请，由法定机关审核批准、登记在册并公告。

---

〔1〕 参见郭金霞编著：《司法鉴定学总论》，中国政法大学出版社2019年版，第21页。

第二，科学鉴定原则。科技因素是司法鉴定的基础性内容。鉴定人应当以物理学、化学、生物学等自然科学规律为基础，以观察、实验、比较等为方法，尊重科学、尊重规律，从事鉴定活动时态度严谨，通过严格推理得出客观结论，不能以主观直觉判断代替逻辑分析和推理。进而言之，科学鉴定原则要求，无论是鉴定人，还是鉴定程序、鉴定活动、鉴定结论或意见都应当体现出客观性、形式化和技术化的特点，即使是其中的人为因素也应当有科学或者可以标记客观性的特征。

第三，独立鉴定原则。鉴定人在鉴定活动中，根据法律规定的程序，根据鉴定所要求的科学、技术标准独立作出判断，独立鉴定原则蕴含以下几层意思：①鉴定人之鉴定应当独立进行，鉴定机构内部的其他鉴定人或鉴定机构的领导不能干预、干涉鉴定事项，鉴定机构之外的力量或因素也不得影响、干预鉴定事项；②鉴定人之鉴定应当只忠实或服从科学、程序、法律和事实，忠实于鉴定人之职业伦理；③对鉴定意见独立负责。

第四，中立性原则。司法鉴定是对诉讼或者与诉讼有关的专门性问题作出鉴别和判断的活动，司法鉴定机构、司法鉴定人应当是被委托的第三方，由其居中、中立地出具鉴定意见。缺少利害关系的牵连，并且严格依据程序、根据专业知识作出的判断才具有客观性、中立性，值得信赖，能够保证其相关性、可采性和权威性。[1]该中立性原则提出了如下要求：①回避原则。如果鉴定人是涉及鉴定事项案件的当事人或者与该案件有其他关系，鉴定人应当主动回避或者委托人申请回避；②在鉴定过程中，鉴定人对接触的事实、检材和事项应当不持偏见，应当秉持技术立场，应当不私下会见或者接触一方当事人。

三、司法鉴定制度的功能、意义

现代社会是科技社会、信息社会。日常生活事项的判断和选择，重要事项的判断和抉择，如案件事实的确定、纠纷的解决，均需要在有限的时间内完成，因而最新的科技、最丰富的信息（及其收集的手段）成为有效解决问题、纠纷的重要工具。科学技术、信息的最新成就、成果在司法领域、诉讼程序，特别是司法鉴定事项上也得到迅速和广泛应用，并逐渐发挥了基础性作用。两者之结合、交融或者说以交叉学科知识、方法确定的事实和信息发挥了以其技术性属性服务于诉讼程序、服务于裁判者认定事

---

〔1〕 杜志淳、宋远升：《司法鉴定证据制度的中国模式》，法律出版社 2013 年版，第 14～16 页。

实之活动和辅助事实真相的探求的作用，此即司法鉴定在司法活动中可以发挥的作用、应当承担的功能。对此，我们申述如下：

首先，推进诉讼程序。诉讼程序的启动、展开和终结，不仅需要裁判者、当事人的参与，更需要参与者以证据推动诉讼程序，通过举证、质证和认证的方式确定待证事实。司法鉴定之成果、鉴定意见作为重要的一类法定证据，在现代社会的地位和作用越来越重要，因而越来越多的鉴定人、专家也参与到诉讼程序中，发挥着辅助法官确定某些事实的作用。以环境损害的公益诉讼为例：关于环境侵权案件之损害，通过司法鉴定确定是否存在因果关系及因果关系的程度。对此鉴定的意见决定着人民检察院或者公益组织是否提起公益诉讼，当进入诉讼程序后，还决定着能否说服法官，是否中止审理、判决胜诉与否等体现程序运行阶段的基础性事项。

其次，扩展裁判者之认知范围。裁判者之基本职能是认定事实和适用法律，认定事实是前提和基础。认定之事实实为生活事实的组成部分，无所不包，但并没有可以知晓一切事实的人。对于裁判者来说，通过系统训练掌握了法律专业知识、法律专业技能，但在社会分工日益严密的非法律领域，他们仍然可能一无所知，至少是掌握不准确、不精确，进而出现无法判断、甚或不能判断的现象。但是，法官们并不能拒绝判断、裁判，他们可以借助司法鉴定、鉴定意见获知特定事实之真实与细节事项，借此扩张了裁判者之认知范围，也辅助他们达至内心确信的状态或境界。

最后，对其他证据有补强与印证作用。根据中国现行《刑事诉讼法》《民事诉讼法》《行政诉讼法》等法律，法定证据共有八类，不同证据的证明力有大小、强弱差异，证据力弱小的证据需要其他证据作补充，通过补强或者印证的方式形成完整的证据链，正如现行《刑事诉讼法》第 55 条第 1 款的规定，“对一切案件的判处都要重证据，重调查研究，不轻信口供。只有被告人供述，没有其他证据的，不能认定被告人有罪和处以刑罚……”即要求对口供也就是对犯罪嫌疑人、被告人的供述补强，否则不能定罪。在能够发挥其他证据补强作用的证据中，具有浓厚科技因素、专家因素的鉴定意见具有的补强最具有说服力，可以更好印证、补强其他证据的证明力，有利于裁判者形成（更高程度的）内心确信。

基于前述，本书关于司法鉴定的理解可以简单总结如下：

1. 作为一种技术，应当遵循自然科学的规律、定律，它是司法鉴定最基础的组成部分，法律、法规、司法解释和司法文件对其并不作直接规范，也很难对其作出规范，属于鉴定人、鉴定机构自主、自治的领域，但

应当接受行业内规范的约束和监督。在诉讼程序或者相关活动中，其他人也可以对其质疑、提出异议，在符合条件时可以对其做实质上的否定。

2. 作为司法体制的一部分，司法鉴定制度是一种制度性参与诉讼活动的行为，旨在为诉讼活动服务，为证明服务，在诉讼程序或者相关程序、活动中提供事实真相，为裁判者之判断提供依据以解决纠纷。司法鉴定作为科学证据从人类社会早期即与纠纷解决密切相关，[1]但只是“偶尔”参与纠纷解决，亦即法官可以作技术性的鉴定，也可以选择对其视而不见，直接根据自己的理解作出判断，不是一种制度性的参与。近现代工业社会以来，当需要鉴定介入时，司法鉴定成为诉讼活动或者相关活动的一种必须行为；作为一种制度性实践，如果缺之，则判断者的决定、判断缺少依据、基础，甚至合法性，而且是否启动司法鉴定也不完全掌控在法官一方，其他方也可以通过申请方式启动并推动诉讼程序的向前运行。

3. 司法鉴定作为一种司法实践不仅仅是鉴定意见或专家意见在程序中被举证、质证、认定的运行过程，还需要预先设置准入标准或者事项以确定鉴定的质量。主要有如下事项需要确定：其一，鉴定机构之准入问题。在2005年《决定》颁布之前，中国的司法鉴定机构混乱，常常出现多头鉴定、重复鉴定等现象，2005年《决定》第7条明确规定，法院、司法行政部门不得设立鉴定机构，亦即取消其鉴定主体资格。其二，鉴定业务之准入或调整问题。《决定》颁布前，公、检、法与高校等鉴定机构业务范围并无清晰界定；《决定》颁布后，侦查机关仍然保留鉴定主体的法律地位，却不允许其向社会提供鉴定服务，其鉴定（意见）只能为侦查服务。其三，鉴定人之准入问题，即具有何种资质方是鉴定人，具有从事司法鉴定业务之资格。

简言之，司法鉴定及其成果、鉴定意见，不仅体现科学性、技术性特性，还因为有各种法律、司法解释、司法文件的规制与约束，拥有法律性、规则性特点。相关法律（文本）不仅对鉴定意见作出规范，也对鉴定机构、鉴定人和鉴定事项作出规范，在这一规范下的司法鉴定、鉴定意见或专家意见具有了形式上的合法性。除此之外，还有对司法鉴定管理体制进行规范，如对司法鉴定机构、司法鉴定人之管理，是为司法鉴定管理体制。因此可以说，司法鉴定作为一种活动，一种诉讼活动或诉讼行为，从广义看属于司法制度、司法体制的组成部分。

---

〔1〕霍宪丹主编：《司法鉴定学》，北京大学出版社2018年版，第36页。

进而言之，司法鉴定是一个具有丰富内涵的概念，既可以指涉纯粹的技术问题即鉴定行为背后的科学技术原理和规律，也可以指涉司法鉴定行为本身，即鉴定之启动、运行和终结的全过程，还可以指涉一种法律制度，既包括诉讼制度（司法鉴定及其成果、鉴定意见在诉讼程序的举证、质证和认证问题），也包括对其进行管理的司法行政管理制度。

第四节 司法鉴定的基本制度

司法鉴定制度是科学技术得到发展后对社会生活、司法实践产生影响的产物，是司法制度的重要组成部分，是指一国现行法律体系下所规范的、涉及司法鉴定各项活动、事项的法律规范和鉴定体制的总称。中国目前还没有统一的由全国人民代表大会制定的《司法鉴定法》，只有数部单行法律规范，主要有全国人民代表大会常务委员会颁布的法律《决定》和诸如《司法鉴定机构登记管理办法》《通则2016》《人民检察院鉴定规则》等部门规章、司法解释、法律文件。[1] 国家出台的法律、司法解释已初具规模，形成了中国当下的司法鉴定法律体系；它们主要围绕着司法鉴定主体之结构、组成、权限、责任等事项展开，并初步规范了以司法鉴定管理制度、司法鉴定主体制度、司法鉴定程序制度为中心的司法鉴定制度。[2]

一、司法鉴定管理制度

司法鉴定管理制度主要关注司法鉴定机构、司法鉴定人之准入、执业范围、权利义务、职业道德等事项的管理。经过数十年的实践，中国已形成行政管理与行业管理、侦查机关内部管理等多元并存的司法鉴定管理机制。

（一）行政管理

《决定》第3条规定：国务院司法行政部门主管全国鉴定人和鉴定机构的登记管理工作。省级人民政府司法行政部门依照本决定的规定，负责对鉴定人和鉴定机构的登记、名册编制和公告。

---

〔1〕 对此有详细描绘的文献，参见郭金霞编著：《司法鉴定学总论》，中国政法大学出版社2019年版，第96～98页。

〔2〕 杜志淳等：《司法鉴定法立法研究》，法律出版社2011年版，第19～20页。

据此，国务院司法行政部门和省级人民政府司法行政部门，即司法部和司法厅（包括省、自治区司法厅，直辖市司法局、兵团司法局，以下统称为“司法厅”）负责对司法鉴定的行政管理：

1. 国务院司法行政部门。国务院司法行政部门，即司法部负责全国司法鉴定的行政管理。根据《司法鉴定机构登记管理办法》第9条，司法部在鉴定机构事项上负责如下事项：①制定全国司法鉴定发展规划并指导实施；②指导和监督省级司法行政机关对司法鉴定机构的审核登记、名册编制和名册公告工作；③制定全国统一的司法鉴定机构资质管理评估制度和司法鉴定质量管理评估制度并指导实施；④组织制定全国统一的司法鉴定实施程序、技术标准和技术操作规范等司法鉴定技术管理制度并指导实施；⑤指导司法鉴定科学技术研究、开发、引进与推广，组织司法鉴定业务的中外交流与合作；⑥法律、法规规定的其他职责。根据《司法鉴定人登记管理办法》第8条，司法部在鉴定人事项上负责如下事项：①指导和监督省级司法行政机关对司法鉴定人的审核登记、名册编制和名册公告工作；②制定司法鉴定人执业规则和职业道德、职业纪律规范；③制定司法鉴定人诚信等级评估制度并指导实施；④会同国务院有关部门制定司法鉴定人专业技术职称评聘标准和办法；⑤制定和发布司法鉴定人继续教育规划并指导实施；⑥法律、法规规定的其他职责。

据此，司法部负责鉴定机构、鉴定人职业准入、职业发展的宏观政策，负责司法鉴定的质量控制标准，负责鉴定人之职业伦理和继续教育，负责鉴定机构、鉴定人的考核问题，负责指导下级司法机关司法鉴定的登记和管理，亦即司法部负责宏观层面的司法鉴定规则、制度的确立、健全和完善。

2. 省级司法行政部门，即司法厅负责一省范围内司法鉴定的行政管理，主要事项如下：根据《司法鉴定机构登记管理办法》第10条，省司法厅对鉴定机构的登记管理有如下事项：①制定本行政区域司法鉴定发展规划并组织实施；②负责司法鉴定机构的审核登记、名册编制和名册公告工作；③负责司法鉴定机构的资质管理评估和司法鉴定质量管理评估工作；④负责对司法鉴定机构进行监督、检查；⑤负责对司法鉴定机构违法违纪的执业行为进行调查处理；⑥组织司法鉴定科学技术开发、推广和应用；⑦法律、法规和规章规定的其他职责。根据《司法鉴定人登记管理办法》第9条，省司法厅对鉴定人负责如下事项：①负责司法鉴定人的审核登记、名册编制和名册公告；②负责司法鉴定人诚信等级评估工作；③负责对司法鉴定人进行监督、检查；④负责对司法鉴定人违法违纪执业行为进行调查处理；⑤组织开展司法鉴定人专业技术职称评聘工作；⑥组织司法鉴定人参加司法鉴定岗前培训和继续教育；⑦法律、法规和规章规定的其他职责。

据此，省级司法行政部门负责省级范围内司法鉴定机构和鉴定人登记、注册、公告、考核等具体事项。

3. 根据《司法鉴定机构登记管理办法》第 11 条、《司法鉴定人登记管理办法》第 10 条，省级司法行政机关可以委托下一级司法行政机关负责前述事项，亦即地市司法局可以成为司法鉴定机构和鉴定人的管理主体。

总而言之，当下中国已经形成以国务院司法部、省司法厅和地市司法局为基础的关于司法鉴定的三级管理体制。截至目前，司法鉴定机构登记超过 5 000 家，鉴定人注册人数超过 50 000 名，[1] 主要展开法医类、物证类、声像资料类三大类的司法鉴定；以及环境损害司法鉴定。

（二）行业管理

近现代社会以来，社会分工日益细密，行业管理成为普遍现象，是成熟法治国家各行各业自我管理的重要组成部分。司法鉴定之行业管理也同样如此，即使有行政机关参与管理，也是以行业管理为基础。以德国为例。德国于 1961 年成立司法鉴定行业协会。该组织属于民间行业组织，负责德国司法鉴定领域的鉴定人员、鉴定机构准入、考核、质量控制、监管与惩罚。[2] 而且，还可能根据不同类型的司法鉴定成立各自的行业协会，对具体的司法鉴定规则、事项进行行业管理。再以日本为例。日本二战以来逐渐形成了法医学会、药协会、赔偿科学会、DNA 分型学会等多元并存的关于司法鉴定的行业组织，由这些协会负责鉴定事项的管理。[3]

根据《司法鉴定机构登记管理办法》第 4 条、《司法鉴定人登记管理办法》第 4 条，中国司法鉴定管理实行行政管理与行业管理相结合的管理制度，具体情况如下：到目前为止，还没有建立全国性司法鉴定管理的行业组织，只有省级以下的行业组织。2003 年黑龙江省成立第一家司法鉴定行业协会，此后各个省、自治区、直辖市陆续成立本辖区范围的司法鉴定行业协

〔1〕 霍宪丹主编：《司法鉴定统一管理机制研究》，法律出版社 2017 年版，第 57 页。

〔2〕 霍宪丹主编：《司法鉴定统一管理机制研究》，法律出版社 2017 年版，第 69 ~ 71 页。

〔3〕 参见郭金霞编著：《司法鉴定学总论》，中国政法大学出版社 2019 年版，第 100 页。

会。作为自我管理的行业协会，主要负责如下事项：①协助司法鉴定行政管理机构，负责司法鉴定机构、鉴定人资质的审核、查验；②根据行业特点，可以制定自律性行业规范、职业伦理道德规范；③负责鉴定人的上岗培训和在岗人员继续培训、培育鉴定人员后备人才。

（三）侦查机关内部管理

《决定》第7条有如下规定："侦查机关根据侦查工作的需要设立的鉴定机构，不得面向社会接受委托从事司法鉴定业务。人民法院和司法行政部门不得设立鉴定机构。"该条文赋权侦查机关在其内部设置司法鉴定机构，由侦查机关管理，人民法院、司法行政部门不得设置鉴定机构，因而不可能有关于司法鉴定之内部管理权限。

就侦查机关内部设立鉴定机构之管理而言，根据《人民检察院鉴定机构登记管理办法》第4条、《人民检察院鉴定人登记管理办法》第4条和《公安机关鉴定机构登记管理办法》第5、6条，人民检察院鉴定机构由最高人民检察院和省检察院两级管理，公安机关内部司法鉴定机构由公安部和各省、自治区、直辖市公安厅、局设立或者指定统一的登记管理部门负责管理。

就侦查机关内部的司法鉴定机构的实际设置情况而言，一般按照行政区划的标准设立，中央国家层面、省级、地市、县四级鉴定机构。内部鉴定机构之鉴定业务并不对外，仅服务于侦查机关的侦查事项；就数量而言，鉴定机构数量众多，根据学者考察，全国省级有34个、地市级有333个、县区级有2862个，鉴定人员总计达4万余人。〔1〕

综上所述，中国已经形成以国家机关管理为基础，行业管理为方向，内部管理为补充的多元管理格局，正如中共中央办公厅、国务院办公厅颁布的《关于改革社会组织管理制度促进社会组织健康有序发展的意见》的倡导，要求实现行政管理和行业管理相统一，形成以行政管理为主导，行业自律管理、侦查机关内部管理为补充的管理模式。

二、司法鉴定主体制度

司法鉴定主体是指具有法律赋予的从事司法鉴定资格，享有一定权利、履行一定义务的自然人、法人或者其他组织。司法鉴定主体制度主要规范主体的资格取得、权利义务和资格注销等问题。

---

〔1〕霍宪丹主编：《司法鉴定统一管理机制研究》，法律出版社2017年版，第104页。

（一）鉴定机构

鉴定机构根据法律、法规、部门规章等可以分为鉴定组织和司法机关内设的司法鉴定机构。前者根据《司法鉴定机构登记管理办法》通过申请、批准、登记等程序实现，后者通过备案的方式确立。在这里，我们只谈及根据《决定》《司法鉴定机构登记管理办法》等法律设立的司法鉴定机构。

1. 鉴定机构资格之取得。

（1）申请之条件。《决定》第5条确定了申请设立鉴定机构的条件：①有明确的业务范围；②有在业务范围内进行司法鉴定所必需的仪器、设备；③有在业务范围内进行司法鉴定所必需的依法通过计量认证或者实验室认可的检测实验室；④每项司法鉴定业务有3名以上鉴定人。《司法鉴定机构登记管理办法》第14条对该申请条件作了细化：①有自己的名称、住所；②有不少于20万元至100万元人民币的资金；③有明确的司法鉴定业务范围；④有在业务范围内进行司法鉴定必需的仪器、设备；⑤有在业务范围内进行司法鉴定必需的依法通过计量认证或者实验室认可的检测实验室；⑥每项司法鉴定业务有3名以上鉴定人。

（2）申请登记与审核。符合上述条件的主体可以向司法鉴定管理机关提出申请，并准备申请资料，保证提交资料的真实性、完整性和可靠性，《司法鉴定机构登记管理办法》第14、15、16条对其有如下规定：①申请表；②证明申请者身份的相关文件；③住所证明和资金证明；④相关的行业资格、资质证明；⑤仪器、设备说明及所有权凭证；⑥检测实验室相关资料；⑦司法鉴定人申请执业的相关材料；⑧相关的内部管理制度材料；⑨应当提交的其他材料，如司法鉴定机构章程、名称。

同时，不得有除外性、禁止性情况，根据《司法鉴定机构登记管理办法》第19条有两种情况属于除外性情形：①法定代表人或者鉴定机构负责人受过刑事处罚或者开除公职处分的；②法律、法规规定的其他情形。

对符合条件的申请，司法鉴定管理机关应当受理，并组织专家评审申请材料。通过评审的申请，省级司法行政机关应当在法律规定的时间内作出准予登记的决定并颁发《司法鉴定许可证》。自此，司法鉴定机构成立，获得从事鉴定资格。

2. 鉴定机构之变更、注销。鉴定机构应当在《司法鉴定许可证》《司法鉴定章程》范围内从事司法鉴定。当相关事项如名称、注册资本、鉴定

人员、鉴定事项发生变化时，鉴定机构应当向司法行政机构提出登记事项变更的申请，经审核符合法律规定的，司法行政机关依法变更登记手续，并应当在《司法鉴定许可证》副本上注明。

《司法鉴定许可证》规定的使用期限届满，司法鉴定机构可以申请延续。司法鉴定机构应当在届满前30日，向司法行政机关提出申请，司法行政机关以申请之条件审核延续申请，符合条件的，作出同意延续申请的决定。当期限届满，司法鉴定机构没有申请延续的，司法行政机关应当办理注销登记手续。

司法鉴定机构在一定条件下应当被注销。根据《司法鉴定机构登记管理办法》第27条，符合下列条件应当被注销：①依法申请终止司法鉴定活动的；②自愿解散或者停业的；③登记事项发生变化，不符合设立条件的；④《司法鉴定许可证》使用期限届满未申请延续的；⑤法律、法规规定的其他情形。

3. 权利、义务、责任。鉴定机构从事司法鉴定业务，应当遵守法律、法规、部门规章、相关司法文件，应当遵守职业道德，遵守职业纪律，也享有依法从事鉴定的权利，有接受当事人委托、获得报酬的权利。

鉴定机构违反法律规定，省级人民政府司法行政部门可以依照法律作出警告、责令改正的行政处罚。违反法律规定达到一定程度、符合一定条件，司法行政机关还可以作出停业整顿，甚至撤销登记的决定。根据《决定》第13条，符合下列条件可以作出前述处罚：①因严重不负责任给当事人合法权益造成重大损失的；②提供虚假证明文件或者采取其他欺诈手段，骗取登记的；③经人民法院依法通知，拒绝出庭作证的；④法律、行政法规规定的其他情形。

（二）司法鉴定人

司法鉴定人是指取得法律资格的，以其专业技术从事鉴定活动并为诉讼或者相关活动提供鉴定意见等服务的自然人。《决定》《司法鉴定人登记管理办法》《人民检察院鉴定人登记管理办法》等法律、法规、司法解释对其有规范。

1. 担任司法鉴定人的条件。

（1）根据《决定》第4条和《司法鉴定人登记管理办法》第12条，担任司法鉴定人的条件非常明确：首先得具备最基本的道德与政治性条件。在此基础上具有与所申请从事的司法鉴定业务相关的高级专业技术职称，此乃职称条件；或者具有与所申请从事的司法鉴定业务相关的专业执业资格或者高等院校相关专业本科以上学历，从事相关工作五年以上，此乃学历条件和实践或者实习经验条件的结合；或者具有与所申请从事的司法鉴定业务相关工作十年以上经历，具有较强的专业技能，此乃工作经验条件与技能条件相结合。

具备以上三个条件之一的自然人有申请从事司法鉴定的资格。除外，还需注意如下的限制性条件：因故意犯罪或者职务过失犯罪受过刑事处罚的，受过开除公职处分的以及撤销鉴定人登记的人不能申请从事司法鉴定。

（2）司法部颁布的《司法鉴定人登记管理办法》第 12 条规定：个人申请从事司法鉴定业务，应当具备下列条件：①拥护中华人民共和国宪法，遵守法律、法规和社会公德，品行良好的公民；②具有相关的高级专业技术职称；或者具有相关的行业执业资格或者高等院校相关专业本科以上学历，从事相关工作 5 年以上；③申请从事经验鉴定型或者技能鉴定型司法鉴定业务的，应当具备相关专业工作 10 年以上经历和较强的专业技能；④所申请从事的司法鉴定业务，行业有特殊规定的，应当符合行业规定；⑤拟执业机构已经取得或者正在申请《司法鉴定许可证》；⑥身体健康，能够适应司法鉴定工作需要。

根据该规定，申请从事司法鉴定的人员应当具备前述所有条件，包括道德、身体健康方面的要求，也包括学历条件，还包括经验条件和技能条件，它们不能是选择性的，与《决定》第 4 条的规定有异。通过对照、比较可以知道，《司法鉴定人登记管理办法》对鉴定人之资质要求更高、准入也更严格。

2. 鉴定人资格之取得、注销。符合条件的自然人向司法行政机关提出申请，提交证明符合条件的基本材料，根据《司法鉴定人登记管理办法》第 14 条，申请人应当提交的材料包括：①申请表；②身份证、专业技术职称、行业执业资格、学历、符合特殊行业要求的相关资格、从事相关专业工作经历、专业技术水平评价及业务成果等证明材料；③应当提交的其他材料。个人兼职从事司法鉴定业务的，应当符合法律、法规的规定，并提供所在单位同意其兼职从事司法鉴定业务的书面意见。

符合条件的申请人，省级司法行政机关应当作出准予执业的决定，并颁发《司法鉴定人执业证》，获得从事司法鉴定活动的资格。

获得鉴定资格的鉴定人，如果违反法律规定，司法行政机关可以依法予以警告、责令改正，甚至暂停（一段时间的）执业。违反法律规定情节

严重的，司法行政机关应当依法撤销登记，鉴定人失去司法鉴定的从业资格。

3. 鉴定人的权利、义务。鉴定人的权利，是指鉴定人在从事司法鉴定活动中依法享有的资格、利益或行为的可能性。鉴定人的义务，是指鉴定人在鉴定活动中应当承担的法律责任，应当遵守的职业伦理规范。《司法鉴定人登记管理办法》对此作出详细规范。

根据《司法鉴定人登记管理办法》第21条，鉴定人享有如下权利：①了解、查阅与鉴定事项有关的情况和资料，询问与鉴定事项有关的当事人、证人等；②要求鉴定委托人无偿提供鉴定所需要的鉴材、样本；③进行鉴定所必需的检验、检查和模拟实验；④拒绝接受不合法、不具备鉴定条件或者超出登记的执业类别的鉴定委托；⑤拒绝解决、回答与鉴定无关的问题；⑥鉴定意见不一致时，保留不同意见；⑦接受岗前培训和继续教育；⑧获得合法报酬；⑨法律、法规规定的其他权利。

根据《司法鉴定人登记管理办法》第22条，鉴定人应当履行的义务如下：①受所在司法鉴定机构指派按照规定时限独立完成鉴定工作，并出具鉴定意见；②对鉴定意见负责；③依法回避；④妥善保管送鉴的鉴材、样本和资料；⑤保守在执业活动中知悉的国家秘密、商业秘密和个人隐私；⑥依法出庭作证，回答与鉴定有关的询问；⑦自觉接受司法行政机关的管理和监督、检查；⑧参加司法鉴定岗前培训和继续教育；⑨法律、法规规定的其他义务。

三、司法鉴定程序制度

司法鉴定程序是指司法鉴定机构、司法鉴定人从事司法鉴定活动应当遵循的程序、手续或规则。它包括狭义上的鉴定程序，即司法鉴定的启动问题（申请、决定和委托）、司法鉴定的运行（受理、实施）和鉴定意见出具等程序，还包括鉴定资料的收集、提取、固定和保全程序等属于广义上的鉴定程序。在这里，我们只讨论狭义上的司法鉴定程序。

（一）司法鉴定程序的启动

司法鉴定与诉讼活动相关。是否启动、进行司法鉴定，大陆法系与英美法系国家有不同的规定。大陆法系国家采用职权主义诉讼模式，法官、检察官在诉讼程序中居主导地位，一般将鉴定人视为“法官助手”，是法官认识、确定事实的助手。因此，是否启动鉴定程序由法官决定，当事人只有申请权。英美法系贯彻当事人对抗诉讼模式，法官居中、消极庭审和裁判，提供鉴定意见的鉴定人作为证人证据（专家证人）的一种特殊形式，由当事人提供，即由当事人委托启动鉴定程序。

中国采用大陆法系国家立法体例，诉讼程序中权力的主导色彩非常明显，但又有差异，具体而言：司法鉴定不采用纯粹的当事人启动模式，是否进行司法鉴定，公安机关、检察官、法官有主导、决定权，同时法律赋予当事人申请权、委托权。因而，中国司法鉴定程序之启动包括前后相继的三个环节：申请、决定和委托。

申请。民事案件的当事人应当根据《民事诉讼法》等法律、行政法规、部门规章向法院提出鉴定的申请。行政案件的原告或者第三人应当根据《行政诉讼法》《行政复议法》等法律向法院或相关行政机关提出鉴定申请。虽然2018年《刑事诉讼法》并无对此的明确规定，[1]刑事案件的犯罪嫌疑人、被告人仍然可以根据相关法律向司法机关提出鉴定之申请。有权提出鉴定申请的主体应当在申请书中详细说明需要鉴定的理由、被鉴定之内容和要求，此为司法机关作出是否进行司法鉴定决定的基础。

决定。《民事诉讼法》第79条对民事案件司法鉴定的决定作出规范："当事人可以就查明事实的专门性问题向人民法院申请鉴定。当事人申请鉴定的，由双方当事人协商确定具备资格的鉴定人；协商不成的，由人民法院指定。当事人未申请鉴定，人民法院对专门性问题认为需要鉴定的，应当委托具备资格的鉴定人进行鉴定。"据此，是否进行民事案件司法鉴定，首先由当事人协商决定，在协商不成或者没有申请的情况下，由人民法院决定。刑事案件司法鉴定的决定，根据《刑事诉讼法》第146条、《人民检察院刑事诉讼规则》第218条和《公安机关办理刑事案件程序规定》第248条，侦查阶段由公安机关或者人民检察院作出。根据《监察法》第27条，监察机关在调查取证的过程中也可以作出进行鉴定的决定。在公诉阶段，由人民检察院作出决定；审判阶段由人民法院作出决定。作出鉴定决定的机关应当根据鉴定的需要确定其鉴定种类、鉴定对象的范围和基本要求；如果是当事人协商决定的鉴定应当对前述事项达成共识。

委托。作出决定的机关或者当事人，或者非诉案件的行政机关、企事业单位、社会团体和个人均可以向有资质的司法鉴定机构委托，但不能直接向司法鉴定人委托。向司法鉴定机构提出委托，鉴定程序的启动者应当

---

〔1〕 郭金霞编著：《司法鉴定学总论》，中国政法大学出版社2019年版，第163页。

提交鉴定材料，根据《通则2016》第12条第1款，应当提交“……真实、完整、充分的鉴定材料，并对鉴定材料的真实性、合法性负责……”同时，司法鉴定机构也应当“核对并记录鉴定材料的名称、种类、数量、性状、保存状况、收到时间等”。当相关方有异议时，他们也可以向司法鉴定机构提出或说明。

总而言之，在民事案件中，当事人可以通过协商直接向司法鉴定机构委托以启动司法鉴定程序；当不能协商或者协商不能达成一致时，则由司法机关作出决定后方可委托司法鉴定机构；在刑事诉讼案件或者相关事项中，一般由司法机关根据职权作出是否启动的决定，以直接委托鉴定机构或者指派自己内设鉴定机构的方式启动鉴定程序。

（二）司法鉴定程序的运行

当司法鉴定程序启动后，司法鉴定机构、鉴定人应当根据提交的材料、鉴定要求等作出判断，即司法鉴定程序之运行，包括受理程序与实施程序两个环节。

1. 司法鉴定的受理。具备法律赋予的鉴定资质，有3名以上鉴定人的鉴定机构可以接受他人委托，以鉴定机构的名义统一接受委托，办理相关手续。接受委托后，鉴定机构应当根据法律规定审查提交的鉴定资料以确定是否属于受理范围、是否属于本鉴定机构的业务范围。《通则2016》第13、14和16条对其有明确规范：①司法鉴定机构应当对鉴定事项、鉴定材料等资料进行审查。如果属于该鉴定机构所属的业务范围，而且鉴定用途合法，提供的鉴定材料满足鉴定需要，应当受理；当提供的鉴定材料不完整、不充分，委托人应当补充，补充后的鉴定材料满足鉴定需要的，也应当受理。②司法鉴定机构受理的决定应当在7日之内作出，复杂、疑难或者特殊事项的鉴定可以与委托人协商受理的时间。③当作出受理决定后，委托人与司法鉴定机构应当签订司法鉴定委托书以明确双方的权利与义务，主要包括委托人名称、司法鉴定机构名称、委托鉴定事项、是否属于重新鉴定、鉴定用途、与鉴定有关的基本案情、鉴定材料的提供和退还、鉴定风险，以及双方商定的鉴定时限、鉴定费用及收取方式、双方权利义务等其他需要载明的事项。

然而，在法律禁止的规定下，鉴定机构不能受理委托人之委托事项，根据《通则2016》第15条，如下事项包括在内：①委托鉴定事项超出该鉴定机构司法鉴定业务范围的；②发现鉴定材料不真实、不完整、不充分或者取得方式不合法的；③鉴定用途不合法或者违背社会公德的；④鉴定要求不符合司法鉴定执业规则或者相关鉴定技术规范的；⑤鉴定要求超出该鉴定机构技术条件或者鉴定能力的；⑥委托人就同一鉴定事项同时委托其他司法鉴定机构进行鉴定的；⑦其他不符合法律、法规、规章规定的情形。如果鉴定机构作出不受理的决定，应当向委托人说明理由并退还鉴定材料。

2. 司法鉴定的实施程序。司法鉴定的实施程序可以简单描绘为鉴定人在司法鉴定过程中应当遵循的方法、步骤和顺序等事项，根据《通则2016》可以作如下申述：

（1）确认鉴定人。作出受理委托决定后，司法鉴定机构应当指派或者指定具有委托事项鉴定资质的鉴定人，并且指定2名以上的鉴定人。如果有特殊需要，或者对于复杂、疑难的鉴定事项，双方应当通过协商方式在该鉴定机构中选择2名以上符合条件的鉴定人。

鉴定人在实施鉴定程序中应当遵循回避原则。根据《通则2016》第20条，鉴定人应当在下列情况下回避：本人或者其近亲属与诉讼当事人、鉴定事项涉及的案件有利害关系，可能影响鉴定的独立性、客观性和公正性；或者司法鉴定人参加过同一鉴定事项鉴定；或者曾经作为专家提供过咨询意见；或者曾被聘请为有专门知识的人参与过同一鉴定事项法庭质证。

（2）司法鉴定的准备活动。司法鉴定人在鉴定前应当作若干准备工作：应当熟悉鉴定事项所涉及的案情，也应当事先熟悉提交的鉴定资料并明确鉴定要求；应当拟定鉴定方案，以更好地保全提交的检材、确定优质的鉴定方案、获取更好的鉴定效果；除此之外，还应当对检材作前期处理，以免送交的检材灭失或者失去再次鉴定的可能。

（3）司法鉴定的实施、记录与复核。鉴定人以专业知识、专业方法对鉴定对象通过观察、检测和评断等方式作识别工作，并对鉴定过程、程序进行记录和签名。鉴定人完成鉴定后，司法鉴定机构还应当另外指派符合条件的鉴定人对鉴定意见进行复核，作出复核意见、签名并存入鉴定档案。

3. 鉴定终止、补充鉴定、重新鉴定。司法鉴定可能因为某些条件的出现而终止，也可能一次鉴定不能终结，甚至可能对第一次鉴定意见有重大异议而提出再次鉴定，此即所谓的鉴定终止、补充鉴定和重新鉴定规则。

鉴定终止，根据《通则2016》第29条，符合下列条件之一的，应当终结鉴定：①有《通则2016》第15条第2项到第7项情形的；②鉴

定材料发生耗损，委托人不能补充提供的；③委托人拒不履行司法鉴定委托书规定的义务、被鉴定人拒不配合或者鉴定活动受到严重干扰，致使鉴定无法继续进行的；④委托人主动撤销鉴定委托，或者委托人、诉讼当事人拒绝支付鉴定费用的；⑤因不可抗力致使鉴定无法继续进行的；⑥其他需要终止鉴定的情形。

补充鉴定，根据《通则 2016》第 30 条，符合下列条件之一的，应当由原司法鉴定人进行补充鉴定：①原委托鉴定事项有遗漏的；②委托人就原委托鉴定事项提供新的鉴定材料的；③其他需要补充鉴定的情形。

重新鉴定，根据《通则 2016》第 31 条，符合下列条件之一的，应当进行重新鉴定：①原司法鉴定人不具有从事委托鉴定事项执业资格的；②原司法鉴定机构超出登记的业务范围组织鉴定的；③原司法鉴定人应当回避没有回避的；④办案机关认为需要重新鉴定的；⑤法律规定的其他情形。

（三）鉴定程序的结束：司法鉴定意见（书）

司法鉴定通过启动、运行程序最终将走向结束。无论是终止，还是完成，抑或补充鉴定、重新鉴定，其成果都需要通过司法鉴定文书体现，即司法鉴定意见（书）。司法鉴定意见书是一种法律文书，它记载了司法鉴定机构、司法鉴定人依照法律规定的条件和程序，运用专业知识、专业方法、专业技能对鉴定对象、鉴定材料进行的观察、检测和识别，并出具意见的系列活动，在三大诉讼法上均被确立为一种法定的证据种类。

司法鉴定意见书应当由司法鉴定人签名，如果司法鉴定人有异议，应当注明，并且加盖司法鉴定机构的司法鉴定专用章。任何一份司法鉴定意见书，根据《通则 2016》第 39 条，应当一式四份，三份交委托人收执，一份由司法鉴定机构存档。

司法鉴定意见书的结构应当包括如下方面：①封面；②目录；③正页（或正文）；④副页；⑤图片（或图谱）等。

司法鉴定意见书出具后，可以补正，根据《通则 2016》第 41 条，补正应当符合下列条件之一：①图像、谱图、表格不清晰的；②签名、盖章或者编号不符合制作要求的；③文字表达有瑕疵或者错别字，但不影响司法鉴定意见的。

四、司法鉴定与鉴定意见证据规则

司法鉴定是具有资质的鉴定人依法以专业知识、专业方法通过观察、仪器检测的方法得出意见或者结论的一种活动。这一活动的成果最终以司法鉴定意见书的形式体现。司法鉴定意见书，或者被称为“司法鉴定意见”“鉴定意见”，是诉讼证据的一种，中国现行三大诉讼法对此均有规定，以《刑事诉讼法》为例，其第 50 条有“……证据包括……（六）鉴定意见……”此外，还有诸如《通则 2016》其他法律、法规对司法鉴定人的出庭作证，鉴定意见的举证、质证等制度作出规定。这些法律、法规和司法解释共同形成有关司法鉴定的证据规则，是中国证据制度的重要组成部分。对此，可以申述如下：

首先是鉴定意见的证据属性。不同法系、不同国家对司法鉴定意见采取不同的立法体例：[1]英美法系国家，鉴定意见并不单列，法律要求鉴定人以专家证人身份出庭应诉、接受控辩双方的质证，将其视为证人制度的一部分。从主体看是专家证人，从内容看是专家意见。[2]大陆法系国家，常常将鉴定意见、鉴定人视为法官审判案件的助手，为法官等司法官员提供关于专门问题的知识或判断。因此，鉴定意见在大陆法系国家被视为科学证据。

在中国，司法鉴定意见作为一种法定证据，三大诉讼法均对其有明确规定：《民事诉讼法》第 66 条作有如是规定，“证据包括……（七）鉴定意见……”；《行政诉讼法》第 33 条规定，“证据包括……（七）鉴定意见……”；《刑事诉讼法》第 50 条有如下规范：“可以用于证明案件事实的材料，都是证据。证据包括……（六）鉴定意见……”。如果从《刑事诉讼法》角度观察的话，1979 年《刑事诉讼法》即有对此的规定，当时被称为“鉴定结论”，1996 年《刑事诉讼法》修正时在此并没有着墨，2012 年修正的《刑事诉讼法》将“鉴定结论”修改为“鉴定意见”，体现了中国诉讼法学界对司法鉴定成果认识有所变化。

鉴定意见是对法医类、物证类、声像资料类和环境损害类四类检材作鉴定的最终成果，是鉴定人利用科学原理、科学知识、科学仪器和设备，在严格的科学方法的引导下观察、检测、扫描检材，记录鉴定过程，体现了其科学性、客观性特点；同时，鉴定人通过观察、记录的基本情况，根据专业知识、专业方法作出推理和得出结论，体现了专家的知识性、推理

---

〔1〕 参见杜志淳、宋远升：《司法鉴定证据制度的中国模式》，法律出版社 2013 年版，第 132～138 页。

〔2〕 英美法系的证人范围包括：狭义上的证人、被害人陈述（中国将其作为一种单独的证据，即被害人陈述）、被告人放弃沉默权时的作证（中国将其称作“犯罪嫌疑人、被告人的供述与辩解”）和专家证人。

性，具有相当的客观性，同时也兼具些许主观性特性。[1]因此，在中国的司法体制、诉讼程序，鉴定意见既不同于物证、书证，又不同于一般的诸如证人证言、被告人供述与辩解和被害人陈述的言词证据，是一种独立的法定证据，与其他七类法定证据并列。

根据《刑事诉讼法》第50条第3款，“证据必须经过查证属实，才能作为定案的根据。”可知，证据，无论是哪种证据，并不自然而然成为法官判案的基础，而是应当经过法定程序的举证、质证和认证方可作为判案的基础。鉴定意见亦然，即使其科学性、技术性因素浓厚，并有严格方法论支撑，也应当举证，即应当经过鉴定人出庭作证，接受控辩双方的质证、审查之程序，属实后方可作为判决的基础。

其次是鉴定人的出庭程序。①鉴定人出庭作证的条件。鉴定意见为鉴定人制作，属于鉴定人工作作品，当对方当事人对鉴定意见有异议并且与案件主要事实的认定有密切关系时，可以申请人民法院要求鉴定人出庭接受质问。《刑事诉讼法》第192条第3款如是规定，“公诉人、当事人或者辩护人、诉讼代理人对鉴定意见有异议，人民法院认为鉴定人有必要出庭的，鉴定人应当出庭作证”；《民事诉讼法》第81条也如是规定，“当事人对鉴定意见有异议或者人民法院认为鉴定人有必要出庭的，鉴定人应当出庭作证”。②鉴定人出庭作证程序：需要出庭的鉴定人应当由人民法院通知，如《通则2016》第43条的规定，“经人民法院依法通知，司法鉴定人应当出庭作证，回答与鉴定事项有关的问题。”鉴定人所属的鉴定机构应当配合，并积极支持鉴定人出庭作证。经通知出庭作证的鉴定人在作证之前，法官还应当核对其身份、基本信息。

最后是司法鉴定意见的质证。根据不同的启动方式，有不同的质证方式：对于某一方提出申请鉴定人出庭作证的，申请人作主询问，再由另一方作反询问或者交叉询问，法官也可以询问；如果双方当事人协商申请鉴定人出庭作证的，询问方式也可以协商或者由法院确定；如果由法院要求鉴定人出庭作证的，应当由法院先询问。司法鉴定意见是一种专家证据、科学证据，专业性很高，必要时可以聘请或者邀请有相关专业知识的人出庭参与质证或协助质证。当事人可以就鉴定人资格、鉴定意见本身作出质疑、提出问题，也可以对鉴定意见所使用的技术、知识、方法等提出质

---

〔1〕这里的客观性，是指知识和方法上的客观性；这里的主观性是指通过推理获得知识、观点和结论具有主观性。

疑。法官根据前述质证的程序、方式和内容情况对鉴定意见作出判断，是是否将其作为判决或裁定或决定的基础。

总而言之，司法鉴定制度作为证据规则、证据制度的重要组成部分，作为诉讼制度、司法制度的重要组成部分，除了遵守科学、技术的基本规律外，还应当遵循诉讼制度和证据制度的基本规律、法律规则。

思考题

1. 如何理解司法鉴定具有技术性、法律性双重属性?

2. 司法鉴定的技术性原理有哪些，原理间的关系如何?

3. 如何理解司法鉴定与诉讼模式、司法制度的深层次关系?

4. 司法鉴定之行政管理有哪些模式，中国司法鉴定采用哪一种行政管理模式?

5. 简述司法鉴定机构、鉴定人准入规则。

6. 司法鉴定及其成果鉴定意见作为一种证据，通过何种程序可以成为司法裁判的依据?

7. 司法鉴定的独立性和中立性应当如何体现?

拓展阅读